高等学校本科教材

Falü Wenshu

法律文书

宁致远　主编

高等教育出版社·北京

内容提要

本书遵循高等学校法学专业的教育教学规律，注重联系实际，注重能力与素质的提高。全书共分十章，系统地、有重点地介绍了百余种公、检、法等法律部门以及律师应用的实务文书。

本书适用于各类高等学校本专科教学和自学考试教学，也可供法律部门在职工作人员参考使用。

图书在版编目（CIP）数据

法律文书/宁致远主编. —北京：高等教育出版社，2011.2（2023.3重印）

ISBN 978-7-04-031269-0

Ⅰ. ①法… Ⅱ. ①宁… Ⅲ. ①法律文书-中国-高等学校-教材 Ⅳ. ①D926.13

中国版本图书馆 CIP 数据核字(2010)第 230596 号

策划编辑 宋 军　　责任编辑 王清云　　封面设计 张志奇
版式设计 王艳红　　责任校对 殷 然　　责任印制 刘思涵

出版发行	高等教育出版社	咨询电话	400-810-0598
社　　址	北京市西城区德外大街 4 号	网　　址	http://www.hep.edu.cn
邮政编码	100120		http://www.hep.com.cn
印　　刷	唐山市润丰印务有限公司	网上订购	http://www.landraco.com
开　　本	787 × 960　1/16		http://www.landraco.com.cn
印　　张	21.25	版　　次	2011 年 2 月第 1 版
字　　数	390 000	印　　次	2023 年 3 月第 11 次印刷
购书热线	010-58581118	定　　价	41.80 元

物 料 号 31269-00

作者简介

（按姓氏汉语拼音排序）

顾克广，中国政法大学教授，中国法学会法律文书学研究会顾问。主编及参编《司法文书学》、《法律文书写作》、《新编法律文书范本——写法、格式与实例》、《法律文书》、《司法文书概论》、《公安机关刑事诉讼文书写作方法与技巧》等。

宁致远，中国政法大学教授，中国法学会法律文书研究会名誉会长，北京市诉讼法学学会顾问，北京语言学会理事，为“法律文书”这一学科的主要奠基人之一。主要著作有《司法文书学》、《中国司法文书》、《同政法工作者谈语法》、《公文知识》等，其主编的高校统编教材《司法文书学》荣获国家级优秀教材奖。

潘庆云，华东政法大学法学教授，上海市中信正义律师事务所律师，中国法律语言学研究会副会长。出版《法律语言艺术》、《法律语体探索》、《中国法律语言鉴衡》等多部专著。主编或独著教材《法律文书》、《法律文书教学教程》等多部。在国内外学术刊物上发表文章三百余篇。

吴兆祥，法学博士。现任最高人民法院研究室民事处处长。主要从事民事法律适用、司法解释和司法政策研究工作、发表论文数十篇，出版作品十多部。

阎敏才，法律硕士，最高人民检察院一级高级检察官，全国检察业务专家。曾任刑事检察厅处长、副厅长，公诉厅副厅长。参与主持刑事检察法律文书格式修订、刑检部门法律文书制作质量检查培训提高等有关工作。曾参加《检察文书通论》、《法律文书》等文书教材和研究书籍的撰稿。

张弥恩，最高人民检察院原资深高级检察官。检察机关重建后，主持设计制定检察机关法律文书格式样本，是检察法律文书理论研究和司法实践的领军者。主编《检察文书通论》、《检察机关法律文书》等多部检察文书教材和研究书籍。

周加海，法学博士。现任最高人民法院研究室刑事处处长。独著《自首制度研究》，合著《中国刑法实用》、《中国刑法案例学理研究》等，发表学术论文四十余篇。

周水清，公安部刑侦局办案指导处处长，中国法学会公安文书研究会副会长。主要著作有《公安机关法律文书的制作与使用》、《审讯办案技巧》等 23 部著作。

作者简介

目　录

第一章　绪　　论

第一节　法律文书的概念、性质和类别

一、法律文书的概念、性质

法律文书是指我国司法机关（含公安机关、国家安全机关、海关缉私机关、检察院、法院及监狱等机关，下同）、公证机构、仲裁组织依法制作的处理诉讼案件和非诉讼案件的法律文书，以及案件当事人、律师和律师组织自用或代书的法律文书的总称。这些法律文书的制作主体不尽相同，有的是国家司法机关，有的是法律组织，有的是案件当事人或律师。因此，它们的作用也有很大区别。有的具有明显的强制性和最直接的法律效力，有的只具有一定的法律意义或证明作用，有的只有在相应的司法机关受理之后才能发挥推动法律活动进展的作用。从这些法律文书所涵盖的内容来看，大体包括三部分法律文书：(1) 国家司法机关为处理诉讼案件而制作的具有明显的法律效力的司法文书；(2) 国家授权的法律机构或法律组织所制作的办理或裁决非诉讼案件的公证文书和仲裁文书；(3) 案件当事人、律师和律师组织出具或代书的民用法律文书。这是三部分性质不尽相同的法律文书。但是，从根本性质和功能上说，它们都属于具体实施法律或保障有效实施法律的文字载体和重要工具，具有推动各项法律活动正常运作和顺利开展的法律功能和性质。

了解上述法律文书的概念、性质和所涵盖的内容之后，还应当注意区别它与相关的两个文书名称之间的联系和区别。(1) 司法文书这一名称，这一文书术语是我们以前曾经长期使用过的，并以它作为我们这一教材的总称。但是严格意义上的司法文书，应该是指司法机关处理诉讼案件的法律文书，而不应包括公证文书和仲裁文书，更不包括民用的法律文书。因为公证文书一般不具有处置性，而只具有法定的证明力；仲裁文书虽具有裁处作用，但它又要受到当事人原有协议的制约，其约束力也受到一定的限制。因此这两部分文书与司法文书的作用和效力还是有着明显的区别。至于案件当事人、律师等出具或代书的民用法律文书与司法机关制作的司法文书之间的区别，更是显而易见的，因为它的主

要作用在于陈述或表达案件当事人或律师对某一法律事件的意向和主张，谈不到法定的约束力或强制作用，但是这部分文书在启动和推进法律活动中却有着不容忽视的作用，是独立于司法文书之外的民用法律文书。(2) 诉讼文书这一名称，也是某些司法机关经常使用的一个文书术语。顾名思义，诉讼文书应该是专指涉及诉讼案件的法律文书，既包括司法文书，也包括涉及诉讼的民用法律文书，如案件当事人自书或律师代书的各类诉状等法律文书就是其中的主要部分。而民用法律文书中的非诉讼文书以及公证文书、仲裁文书等自然应该排除在诉讼文书之外。总之，学生在了解法律文书这一概念内涵的同时，也应了解法律文书与司法文书、诉讼文书这两个名称间的交叉或包容的错综关系。

二、法律文书的类别

法律文书的大的类别（已如前述）是三部分不同性质的法律文书。具体的类别划分则要依据不同的划类标准。主要有以下几种划分的标准：

1. 以文书制作主体为划分标准，可分为：公安机关（含国家安全机关、海关缉私机关，下同）的法律文书，通常称为侦查文书，检察机关的法律文书称检察文书，人民法院的法律文书称诉讼文书或裁判文书。以此类推，还有公证文书、仲裁文书、律师实务文书及监狱文书等。

2. 以文书的具体功能为划分标准，可分为：报告类文书、命令类文书、通知类文书、决定类文书、裁判类文书、诉状类文书、笔录类文书等。

3. 以不同的制作方式为划分标准，可分为：文字叙述式文书、填空式文书、笔录式文书、表格式文书。

此外，以文书的行文体式的不同为划分标准，还可划分为：信函式文书、致送式文书、宣告式文书等。

本教材主要以制作主体的不同为划分标准分章讲授，这样既便于结合不同制作主体的法律职能来讲解各种法律文书的用途和写作要求，又符合一般的法律程序进展过程。对于某些不同制作主体共同使用的文书，则集中在一章内予以讲授，例如笔录。这样既有助于讲清楚其共同的写作要求，又可避免重复。

第二节　法律文书的沿革

一、中国古代法律文书的产生和演变

中国是一个具有悠久历史的文明古国，有着深远的文化渊源和丰厚的文化

遗产。尽管古代的文化遗产不可避免地要受到时代和阶级的局限,包含着一定的糟粕,但也必然保留着多少代人智慧的结晶和文化的精华,可供后人学习和借鉴。我国古代的法律文书也不例外,它同样属于中国古代文化中的一个重要的组成部分。因此,我们今天学习我国的法律文书,对于我国的法律文书从古至今的发展演变,也应有一个概括的了解。

法律文书属于上层建筑中的一种文化现象,它的产生必然要经过一个较长的时期,而且要随着经济基础的演变而不断演变,演变过程必然是十分漫长的。因此现在我们很难判明它绝对准确的产生年代。但是法律文书的产生必须具备两个条件:(1) 一定社会中的法律必须达到相当完备的程度,因为法律文书是伴随着法律的产生而产生的,是为实施法律而服务的。(2) 必须具有较为系统的文字工具,因为文书是要用文字来书写的。而这两个条件,在我国已有数千年的历史了。早在我国西周时代就已经有了较为系统的法律,而且已经有了成文法。《左传》昭公六年和二十九年先后记载了郑国和晋国把法律铸造于铜鼎之上的史实,史称"刑鼎",是国家具有重要成文法律的标志。另外,战国初期的魏国宰相李悝也整理各国法律,编成《法经》六篇。足见我国两三千年前就有了适用于当时社会的各种法律,而且是成文法。另外,我国早在3000多年前就已经有了较为完整的文字体系,这就是学术界一致公认的甲骨文。所以说,在这两方面的条件都已具备了的我国古代社会,产生法律文书应该是水到渠成的事情。这一点也可以从现代出土的历史文物和古代的典籍中得到证实。下面,我们分别从上述两方面列举一些例证,以便从中查找出一些古代法律文书的遗迹。

1975年,我国考古学家在陕西岐山县发现了一件出土的青铜器——匜(yí)(古代洗涤用具),上面铸有文字,共157个字。学术界称之为"亻朕匜铭文",内容是记述一起诉讼案件的事实和法官对当事人的裁处决定。由于文字简古,不便引用。大意是说某某人指控一个名叫牧牛的人抢走了他的奴隶,最后由一位名叫伯扬父的法官,对牧牛处以鞭刑和罚金(铜)。这篇铭文近似后来的判决书。据专家考证,这一匜器属于西周晚期的青铜器,距今也将近3000年了。另外,就在同一年内,在我国湖北云梦县睡虎地发掘了一组墓葬,其中在墓葬主人的随葬品中,出土了一大批竹简,墓葬的主人公名叫"喜",是当地的一名地方法官(官名"令史"),他是在秦始皇统一天下前后担当法官职务的。死后将他常用的竹简随葬于他的棺墓之中。学术界称这批竹简为"秦墓竹简",这些竹简多是与该法官从事的法律工作有直接关系的。其中的一部分名为"封诊式"的竹简,有不少内容为各种笔录的模式。诸如查封笔录("封守")、勘验笔录("经死"、"贼死"、"穴盗")。下面举一篇文字实物的译文,供学生了解当时的法律文书的内容。

经死(吊死)

如实记录:某里的里典甲说:"本里人士伍丙在家中吊死,不知什么缘故,前来报告。"当即命令令史(官名——引者注)前往检验。令史某如实记录:本人和狱卒某随甲、丙的妻、女对丙进行了检验。丙的尸体悬挂在他家中东侧卧室靠近北墙的房椽子上。面向南,用拇指粗的麻绳做成套,束在颈上。绳套的系束处在颈后部。绳索系在上面椽子上,绕椽子两周后打成死结,留下绳头有二尺长。尸体的头部上距房椽子二尺,脚离地面二寸,头和背贴近墙,舌吐出与嘴唇齐,流有便溺,沾污了双脚。解开绳索时,尸体的口鼻中排出气体,像叹息的声音。绳索与身体接触处留下了淤血的痕迹,只差颈后二寸不到一周。其他部位经检验没有发现兵刃、木棒、绳索的痕迹。椽子粗一围,长三尺。西边地面上有土坎高二尺,在土坎上可以系挂绳索。地面坚硬,不能查知人们的足迹。绳长一丈,死者身穿络制(丝制)的短衣和裙(裤)各一件,赤脚。当即命甲和丙的女儿把丙的尸体运送到县府……

——《睡虎地秦墓竹简·封诊式》

这是一个虚拟的笔录实例,并非实际的案件笔录,因为下面还有勘验和制作笔录的一些注意事项,如勘验时要认真检查绳索,看头部是否能脱出,还要观察死者的舌头是否吐出,头脚距离上下的尺寸等,并应详细记清。足见这是以列举实例的形式规定勘验和制作笔录的一种模式,近似我们今天的文书格式。秦始皇统一天下为公元前221年,距今两千多年了,两千多年前,连各种重要的笔录都定出了规格模式,可见当时的法律文书已经使用得相当广泛。笔录还只不过是法律文书中一种稍稍次要的文书,法律文书中的"判"、"帖"(状子)才是最重要的文书。较次要的文书都使用得较为广泛、经常,那么,"判"等重要的法律文书的频繁使用就自不待言了。

从我国的历史典籍中是不易找到古代的法律文书的。因为秦汉时代一般人认为法律文书多为处理政务的文书,缺少文学价值,因而从先秦直到隋唐,绝少把法律文书保存于典籍之中。正如南北朝时期的文章理论家刘勰在其巨著《文心雕龙》中对各种政务文书(包含法律文书)所作的论断:"虽政事之先务,然艺文之末品。"这既反映了当时法律文书的实际状况,也反映了一般人对法律文书的评价。总之,认为法律文书缺少文学价值,因而不予重视。尽管如此,我们在先秦的典籍中,还是能从记述的历史事件中,偶尔看到一两篇类似后来的判决书之类的法律文书的实录。下面我们摘引一段先秦历史典籍《国语·晋语》中的一段文字予以说明。这段文字是晋惠公处理臣下庆郑的一份类似判决书的文字:

夫韩之誓曰:失次犯令,死;将止("止"为被人抓获——引者注,下同)而不面夷("夷"为伤,将帅被俘,下属面部应有伤),死;伪言误众,死。今郑失次犯令,而罪一也;郑擅进退,而罪二也;女(假借为汝,下同)误梁由靡,使失秦公,而罪三也;君亲止,女不面夷,而罪四也。郑也就刑。

这份古代的判决书,先引用在战前所发誓词中明确规定的三条军法,而后对照庆郑的罪行,作出裁处;最后要求庆郑接受处刑。这一事件发生于公元前645年,由于庆郑对晋惠公不满,当秦晋交战中,晋惠公被围困时,自己不去营救,而令即将抓获秦穆公的梁由靡前去营救,结果这边既放跑了秦穆公,那边又因救助晋惠公不及时,致使晋惠公终为秦国所俘。这是这段文字的历史背景。事后晋惠公又被秦穆公释放,晋惠公回国后,立即宣布对庆郑的判处。上引文字就是当时判处庆郑的法律文书。其中矛盾较为复杂,也掺杂着晋惠公挟私报复的成分。但作为一篇古代的判决书,还是比较典型的。特别体现在引证法律、据法判刑方面,为尔后的裁判文书提供了范例。但是类似这样完整的判决书,在隋唐以前的历史典籍以及其他著述中是很难找到的。

及至隋唐,大兴科举,特别是唐代的科举取士中,增添了"试判"的内容。据《旧唐书·选举志》载:"凡择人之法有四:一曰身,体貌丰伟;二曰言,言辞辩证;三曰书,楷法遒美;四曰判,文理优长。"在授官考试中专门设有"拔萃"一科,规定"试判三则",这样一来,就把最具代表性的法律文书——"判"的地位大大提高了。不少文人举子,为了应试和取得官职,在参加科考之前,做了大量模拟写作书判的准备工作,写了不少"判"类的法律文书,后人称之为"拟判",与现实生活中的"实判"相区别。因其案情是虚拟的,文字是经过雕琢的,而且由于受六朝骈俪文风的影响,也多为骈体文、四六对仗,引经据典,后人称之为"骈判"。文字华丽,不切实用,诸如白居易、王维等大家都有这类的"判"传于后世。白居易的《甲乙判》就仍保留着他的102篇判决书。这种骈俪文风对当时现实的判决自然也有一定的影响。及至宋代,开始有所扭转。明人徐师曾在其《文体明辨序说》一书中,论及古代判词时说:"唯宋儒王回之作,脱去四六,纯用古文,庶乎能起二代之衰。"所以我们目前看到的宋代的《名公书判清明集》中的判,多为散体,也可以说明这一问题。

"判"发展到明清之际,体例类别已日趋细密完备。徐师曾对唐宋直至明代的"判",加以归纳,划分为十二个具体类别。即:"一曰科罪,二曰评允,三曰辨雪,四曰番异,五曰判罢,六曰判留,七曰驳正,八曰驳审,九曰末减,十曰案寝,十一曰案候,十二曰褒嘉。"作者虽未对各类"判"的功能详加解释,但仅从字面看,也可以分辨出,判决有直接科刑的,有评论公允的,有明辨昭雪的,有加以改正的,等等。因为古代审理案件是民刑不分的,或是以刑代民的,所以从判决的角度来看,是很难划分出案件是刑事还是民事。目前保留下来的古代判决实例,以明清最多,有许多著名审官的判决专集,清代判决专集最多,后人称之为某某人"判牍",诸如于成龙判牍、袁枚判牍、樊增祥判牍、张船山判牍等。判词虽无固定格式，但叙述案情事实简赅明晰，列举证据确凿无疑，分析说理精当透辟，引证法律准确无误。这些优长之处，仍然是值得我们认真学习借鉴的。下面让我们举一篇清人张船山所写的刑事判决，供学生学习鉴赏。

拒奸杀人之判

清·张船山

审得陶丁氏戳死陶文凤一案，确系因抗拒强奸，情急自救，遂致出此。又验得陶文凤赤身露体，死在丁氏床上，衣服乱堆床侧，袜未脱，双鞋并不整齐，搁在床前的脚踏板上。身中三刀，一刀在左肩部，一刀在右臂上，一刀在胸。委系重伤毙命。本县细加检验，左肩上一刀最为猛烈，当系丁氏情急自卫时，第一刀砍下者，故刃痕深而斜。右臂上一刀，当系陶文凤被刃后，思夺刀还砍，不料刀未夺下，又被一刃，故刃痕斜而浅。胸部一刀，想系文凤臂上被刃后，无力撑持，即行倒下，丁氏恐彼复起，索性一不做二不休，再猛力在胸横戳一刀，故刃痕深而正。又相验凶器，为一劈柴作刀，正与刀痕相符。而此作刀，为死者文凤之物。窗前台上，又有银锭两只，各方推勘，委系陶文凤乘其弟文麟外出时，思奸其弟媳丁氏，又恐丁氏不从，故一手握银锭两只，以为利诱；一手执凶刀一把，以为威胁。其持刀入门之际，志在奸而不在杀也。丁氏见持凶器，知难幸免，因设计以诱之。待其刀已离手，安然登榻，遂出其不意，急忙下床，夺刀即砍。此证诸死者伤情及生者供词均不谬也。按律因奸杀死门载，妇女遭强暴而杀死人者，杖五十，准听钱赎。如凶器为男子者免杖。本案凶器，既为陶文凤持之入内，为助成强奸之用，则丁氏于此千钧一发之际，夺刀将文凤杀死，正合律文所载。应免于杖责。且也，强暴横来，智全贞操，夺刀还杀，勇气加人，不为利诱，不为威胁，苟非毅力坚强，何能出此？方敬之不暇，何有于杖。此则又敢布诸彤管而载于方册者也。此判。

——清·《清朝名吏判牍》

这是一篇叙述案情事实明白清晰，分析证据精辟入理，引证法律严丝合缝，而且注重宣传法制观点的优秀“散判”，尽管含有某些封建社会的道德理念，但瑕不掩瑜，不失为一篇古代法律文书中的精粹之作。

明清之际，不但为我们保留下大量的实判，还总结出一套写作法律文书的理论和写作要领。这些理论和要领既适用于“判”的写作，也适用于书状之类的写作。如清人王又槐在其所著《办案要领》中，对反映案情事实的法律文书，在写作上提出了“八不可”的要求，即：供不可文（不通俗，引者注，下同），供不可野（粗俗），供不可混（模棱不清），供不可多（不精要），供不可偏（偏颇），供不可奇（玄虚），供不可假（虚假），供不可忽（疏漏）。现在看来，这些写作要求，也是很有借鉴意义的。

再者,中国古代对于民用法律文书的书状也是十分重视的,因为中国长期的封建社会里,没有现代意义的检察制度,没有今天的公诉机关,更谈不到“起诉书”。很多案件,多是靠案件的当事人或利害关系人的控诉和书写诉状,政府机关才会受理的。因此,诉状的法律功能就是十分重要的了。基于这种情况,明清时代,对于诉状的写法,也就有了专门的研究著述。如明代的《肖曹遗笔》中就有对诉状写作的基本要求。即:“一、硃书(案由),二、缘由(由来),三、期由(时间),四、计由(案件发端),五、成败(构成犯罪的条件),六、得失(讲究计谋),七、证由(证据),八、截语(断语),九、结尾(要求),十、事释(目的)。”并要求书状应该达到“字字超群,句句脱俗,款款合律,言语紧切,事理贯串”的标准。

我国法律文书,发展到清末,由于受到西方政治的侵扰和文化的东渐,当时的执法者和法学家,开始注意法律文书的改革,在我国已有法律文书的基础上,逐步吸收一些国外法律文书中可取的东西。宣统年间,由我国著名的法学家沈家本主持、编纂的《考试法官必要》中,正式对刑、民判决书规定了统一的文书格式和写作内容。即:

1. 刑事审判词应包括:(1) 罪犯之姓名、籍贯、年龄、住所、职业。(2) 犯罪之事实。(3) 证明犯罪之理由。(4) 援引的法律条文。(5) 援引法律之理由。

2. 民事审判词应包括:(1) 诉讼人之姓名、籍贯、年龄、住所、职业。(2) 呈诉事项。(3) 证明理由之缘由。(4) 判之理由。

这样就为我国法律文书中最为重要的裁判文书——判决书确定了一个基本的框架,对于后来的法律文书的发展也具有深远的影响。

二、中国现代法律文书的发展变化

旧中国建立民国之后,基本上沿用了清末的主要的法律文书。在裁判文书中大体沿袭着逐步形成的“主文—事实—理由”这样一种三段论的固定的格式,并在此基础上增加了案件当事人履历等内容,但裁判文书仍以叙述案情事实、阐明理由为主。目前保留下来的平子襟先生于 1923 年编辑出版的《刀笔菁华》中,保留了不少民国初期的著名判决书,也足以说明这一点。如《毁人名誉之判》、《教堂争产之判》等。

此间,也逐步吸收国外法律文书的写作体例,也制定过法律文书的有关格式,如诉讼文书格式,检察厅使用文书格式等,但基本都没有脱开上述几部分基本内容,即:(1) 当事人的基本情况;(2) 案情事实和证据;(3) 处理理由和法律依据;(4) 处理决定或处理意见、要求。各部分的前后次序可能不尽相同。但对于重要的法律文书来说,这些内容是必不可少的。直到解放区时期,也仍然沿用未变。

新中国成立以后,1951年司法部统一制定了一套《诉讼用纸格式》和一套《公证文书格式》,一直沿用到“文化大革命”时期,但经过那场史无前例的浩劫,公检法都已被砸烂,法律文书更是遭到极大的破坏。直到粉碎“四人帮”之后,恢复了公检法司等司法机关的正常工作和职能,才又逐步健全规范法律文书的使用,并随着法制建设的逐步完善而不断修订和改进、增删。人民检察院于1983年制定了统一的检察文书格式,即《刑事检察文书样式》40种和《直接受理案件文书样式》45种。公安部于1989年统一制定了《预审文书格式》48种。恢复建立的司法部于1980年制定了《诉讼文书样式》8类64种,次年又制定了《公证文书样式》24种。此后诉讼文书这项工作交由最高人民法院自行管理,最高法院于1982年由民庭、经济庭共同制定了《民事诉讼文书样式》70种,以补充原司法部制定的《诉讼文书样式》的不足。而且后来又独立建立了一个从事文书改革工作的小组,专门负责研究诉讼文书,配合有关法律的不断更新变化而制定或改进相应的法院的法律文书格式,并于1992年正式通过并颁布了新的法律的《诉讼文书样式》,共14大类,314种文书。此后,随着我国《刑事诉讼法》、《刑法》等重要法律的重大修改,公检法各机关都对本系统所使用的法律文书,进行了修改和补充。如公安部新修订的侦查文书格式,已达到92种,检察院新修订的检察文书格式,已达到159种。人民法院又先后制定了《法院刑事诉讼文书样式》53种,目前,又公布了一套《关于民事诉讼证据若干规定文书样式》31种和一套《海事诉讼文书样式》87种。总之,随着法律的日趋完善,公、检、法等司法机关的法律文书还会有所增删和变化,法律文书在各项法律活动中,也会随之发挥更为直接地推动法律实施的重要作用。

第三节 法律文书的主要特点

法律文书作为一种处理法律实务的文书,有许多不同于一般文章的显著特点,现在就其主要特点介绍如下:

一、主旨的鲜明性

法律文书具有鲜明突出的主旨。主旨是指制作某种文书的目的和文书的中心意思。因为法律文书都是为了解决一定的法律实际问题而制作的,自然必须具备明确的目的,这一点不同于仅是为了泛泛宣传而写的文字。这就是说,法律文书的制作都有其明确具体的目的。如司法机关的某种法律文书都有明确单一的制作目的。检察院的起诉书是为了指控某某被告人构成某种犯罪,应追究其刑事责任而将其移送人民法院予以审判的法律文书;人民法院的判决书是为处理某个具体案件而制作的依法予以裁决处理涉案当事人的法律文书。就是一份讯问案件当事人的笔录也是为了查清案情事实而制作的文字依据。法律文书的制作既然有明确具体的目的,其中心意思的鲜明性自然是不言而喻的了,如起诉书的目的是为了指控某某被告人构成某罪,应当追究刑事责任,那么,文书的中心意思就必须为实现这一目的而在文书中将被告人的犯罪事实叙述清楚,列举主要证据,阐明其构成某罪的理由和法律依据,最后申明对其提起公诉交付审判的明确意见。判决书既是对涉案人员予以裁处的文书,那自然就必须把案情事实写清,明确案件的性质,涉案人员的责任,写清处理的理由和法律依据以及最后的具体的处理意见。这就决定了法律文书的主旨必须鲜明突出,否则,就不能很好地发挥该文书的应用效能。当然这并不是说一般文章不应该有它的主旨,只是说法律文书在主旨的表达形式和集中鲜明的程度上有其明显的特点。文学作品的写作目的显然没有法律文书那样鲜明具体,它的宣传感染他人的目的是十分宽泛的,它的中心意思的表述方式也不一定是直接的、单一的。

二、材料的客观性

文书的主旨要靠材料的叙写、说明予以反映、表达,包括事实材料和文字材料。法律文书所使用的材料必须是绝对客观真实的材料,来不得半点虚假,也不能进行所谓合理的想象。这一点与文学作品中所使用的材料截然不同。文学作品中所使用的材料可以集中概括、编造虚构,只要不是有意歪曲生活真实,都是容许的;而法律文书中所使用的材料则是绝对排斥虚构的,甚至不容许稍加夸大或缩小,必须做到绝对真实。在这方面必须注意以下几点:

1. 必须明确材料和主旨在文书制作过程中的辩证统一关系。材料是第一位的。文书制作者首先接触到的是材料,通过对大量事实材料(包括文字材料,下同)的搜集、整理、分析、认识,经过从感性到理性的认识阶段,认清了事物的本质,产生和形成了制作某种文书的主旨。从这个意义上说,文书的主旨是第二位的。但是主旨一旦形成,在制作文书的过程中,主旨又处于支配的地位,上升为第一位,成为选择材料、使用材料的统帅;反过来,要求用典型的材料去说明和表达主旨。这就是材料和主旨在文书制作的整个过程中的辩证统一关系。

2. 运用材料表达主旨时,必须对材料加以选择。也就是说,要围绕主旨选择材料。不能自然主义,有材必用,事无巨细,现象罗列。那样势必形成漫无中心,冲淡主旨,以致不能发挥文书的实际效能。这是法律文书在表达主旨方面的大忌。

3. 文书的文字表述,还应善于把对材料的具体叙述方法和概括叙述方法两者自然地结合起来。如在有关刑事类的法律文书中,对被告人的多起同类的犯罪事实,必须对其典型的犯罪事实加以具体叙述,而对其较为次要的犯罪事实可以概括叙述,并使具体叙述与概括叙述自然地结合起来,以具体事实材料说明其罪行的危害深度,以概括的事实材料说明其罪行的危害广度。当然,某些基础性法律文书需要对逐个行为事实都必须具体叙述的,不在此列。

三、内容的法定性

法律文书的写作内容,不同于一般文章的写作之处,在于它既要符合一般写作规律的要求,更必须符合有关法律对某种法律文书的法定要求,写清必须具备的法定要素。多数重要的法律文书应具备的法定内容是:案件当事人的基本情况,案情事实和证据,对案件性质是非正误的认识判断,对案件处理的意见。在上述几方面法定要求写明的内容中,还有其法律上要求必须提供的具体要素。这些法律上要求提供的要素在一般文章的写作中不一定是必须提供的,如在案件当事人基本情况中,除应提供姓名、性别外,还必须提供准确的出生年、月、日,特别是在 14 岁至 18 岁左右的涉案当事人,因为确切的年龄对于他们有特定的法律意义。这在其他一般文章中就不一定是十分必要的。在事实部分的叙述中,除应写明涉及的人物、事件发生的时间、地点、事件本身外,还应写明必要的证据。这在一般的文章中也不是必须提供的。在叙写对案件性质的认识判断方面,则必须把事件放在法律的天平上予以衡量。用法律的尺度评判其是非曲直,是否有罪。对案件的处理意见更必须依法裁处,按律量罚。这些都属于法律文书在写作上的法定要求。

四、形式的程式性

法律文书是一种在形式上具有明显程式性特点的文书。形式的程式性虽属于外在的表现形式,但是它对于写作内容也起到一种规定性的作用。对整个文书的逻辑结构也给以严格的限定,以便于体现法律文书的规范要求和文书主旨。法律文书的程式性特点具体表现在以下两个方面:

(一)结构的固定化

多数的法律文书形式都由较固定的结构组成,可以分解如下:

1. 首部
   - 制作机关(单位)、文种名称、编号
   - 当事人基本情况
   - 案由、审理经过等

2. 主体（正文）
- 案情事实
- 处理（请求）理由
- 处理（请求）意见

3. 尾部
- 交代有关事项
- 签署、日期、用印
- 附注说明

其中，主体（正文）部分中的处理（请求）意见，在民用法律文书的诉状类文书中，按格式规定放置在案情事实之前，即：

主体（正文）
- 请求意见（诉讼请求）
- 案情事实
- 请求理由

（二）用语的成文化

不少法律文书都有部分相同的专业术语和表述方法。为文书制作者使用时提供方便，也为表述统一的法律意向，在文书格式中，设定了部分固定的文书用语，使其文字成文化。这既便于文书的制作，又避免法定要求在语言文字上的不准确或不统一，这也是其程式性特点的具体表现。从下面的文书格式中，这一具体特点就表现得十分明显，如公安机关的《提请批准逮捕书》中最后有一段成文化的用语，即："上述事实证明，犯罪嫌疑人________的行为已触犯《中华人民共和国刑法》（以下简称《刑法》）第________条第________款，涉嫌________罪，根据《中华人民共和国刑事诉讼法》（以下简称《刑事诉讼法》）第六十条、第六十六条之规定，特提请批准逮捕。"

在这里只需填出犯罪嫌疑人的姓名，触犯我国《刑法》的条款，以及涉嫌的罪名就可以了。对于提请批准逮捕的意见及法律根据都有明确统一的文字表述，自然不必每制作一份这类文书都去再重新叙写一遍，时间上既不经济，又容易出现疏漏差错。所以把这段成文化用语，索性印在格式之上，有利于文书的制作。总之，法律文书在形式上的程式性特点是由法律文书的性能所决定的。

五、解释的单一性

法律文书在语言运用上要求做到精确无误、解释单一。只有达到这种要求，才能更好地发挥它的实效。如前所述，法律文书都是为解决一定的法律实务问题而制作的。有的要起到法律上的证明作用，有的要起到法律上的凭证作用，有的要求当事人不折不扣地按处理意见去执行，有的要求有关人员按期兑现等。因此，它的语言文字不能有半点含混、模棱两可、语义两歧的现象出现。语义必须绝对精确,文字必须解释单一。但是,在汉语的书面语言中,如使用不当,又有可能出现歧义现象,某些词语的搭配不当或组合错位,就可能产生语义两歧的弊病。如下面这样的语言片段就是这样:

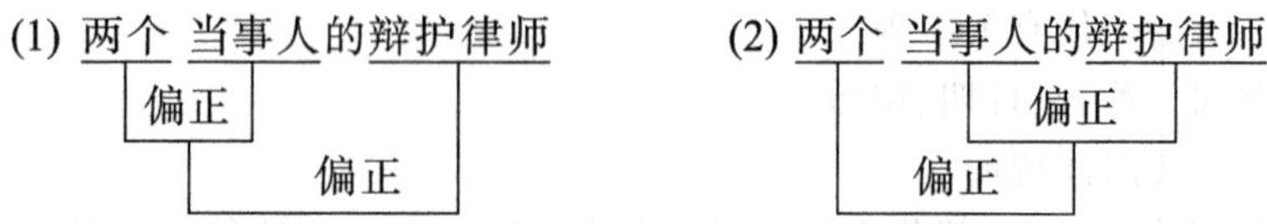

上面的两个语言片段文字完全相同,但词语组合的先后不同,则整个语段的表意就不同。(1) 中"两个"与"当事人"先组合起来,然后再去限制"辩护律师",说明的是"谁的辩护律师",但没有说明有几个律师;(2) 中的"当事人"与"辩护律师"先组合起来,前面再用"两个"加以限制,说明的是两个"辩护律师",这两个律师是属于"当事人"的。两种组合,文意完全不同。再如下面这样的语言结构,也会产生歧义现象:(3) 指的是一个人,(4) 指的是两个人。诸如此类,不一而足。总之,为了保障法律文书的语言精确、解释单一,这类有歧义的语言结构是绝对不能使用的。这就要求文书制作者在制作文书时必须认真推敲,不断提高自身的语言运用技能和水平,以便做到法律文书的语言的单一解释,更好地发挥其效能。

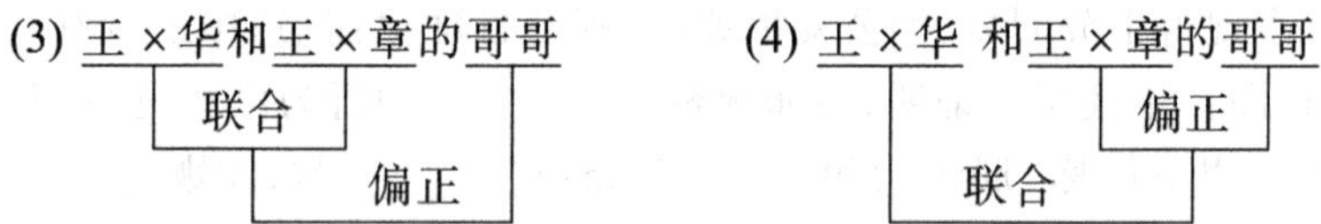

但是,有些歧义结构在语言使用中,又不能完全排除,而且有使用的习惯性和必然性,如"以上"、"以下"、"以内"等表示数字的语言结构,像"三年以上"、"七年以下"等,这些结构是否包括本数,可能产生歧义,遇到这种情况,就必须设法加以限定。我国刑法中为避免产生歧义,就专门规定了一条限制性条款。如我国刑法第 99 条规定:"本法所称以上、以下、以内,包括本数。"这样就保证了语义的单一解释。

六、使用的实效性

严格地讲,任何文章都有一定的实效,没有实效的文章也就没有存在的意义。但是,必须承认,有的文章的实效性是不明显的,或者说其实效的显现要经过漫长时间,是潜移默化的;而法律文书的实效则不同,它是十分具体的、明显的,是可以摸得着、看得见的,有的还具有强制性。特别是司法机关制作的司法文书,都是为法律的执行和法律的贯彻实施而制作和发布的,而且它的制作和发布，都是要收到具体的实效的。人民法院的刑事有罪判决书就是对某某刑事案犯予以裁处的决定，必须收到对案犯裁处的实效；公安机关的强制性法律文书，它的实施就是必须对某某犯罪嫌疑人给以某种强制措施，一经发布，立即产生实效。当然有些不具有处置性的法律文书，虽不具有明显的强制性，但仍要求发挥其实效性，如审讯、询问等各种笔录，孤立地看，似乎它本身不单独产生什么实效，但它为查清案情事实，直到最后对案件作出处理，也具有不容忽视的实际效用。至于大量民用的法律文书，同样也要求发挥其应有的实际效用。各种诉状或申请书都要求其在诉讼或非诉讼法律活动中产生一定的实效，起到启动或推进法律活动不断进展，乃至对解决诉讼中的各种争议、非诉法律活动中的各种有关问题，发挥一定的实效作用。总而言之，法律文书的实效性是其使用过程中的突出特点。

第四节　法律文书的作用

法律文书是进行各种法律活动和处理法律事务的产物，因此法律文书的作用是和各种法律活动的进展以及法律事务的处理同步发挥的。它对各种法律活动的启动和深入发展以及法律实务问题的解决都具有明显的作用。以下我们具体说明它在法律活动的各个方面所发挥的明显作用。

一、具体实施法律的重要手段

法律文书是一个国家法律规范和法律职能的具体体现。以具有法律效力的法律文书而论，它的制作目的和制作内容就是为了具体地贯彻和实施国家有关的某项法律。如人民法院的刑事裁判文书，其制作目的和内容就是为了贯彻实施我国的刑法，以保障国家的安全和我国的社会主义制度；有关民事类的裁判文书，其制作目的和内容就是为了调整我国的各种民事法律关系，维护合法的民事权益，制裁各种民事侵权行为，保障社会的健康和谐的发展。这种具有明显法律效力的法律文书在实施法律方面的作用是毋庸置疑的。另外，不具有上述法律文书那样明显的法律效力，仅有一定法律意义的法律文书，也必须体现法律的规范，符合法定的要求，从一定意义上讲，对实施法律也具有某种作用。如案件当事人或律师自书或代书的民用法律文书，对于推进法律活动的有序运作和法律问题的合法解决，也具有不容忽视的作用。因此，我们认为，法律文书的首要作用就在于保障法律的具体实施，包括诉讼活动和非诉讼法律活动的启动运作，法律文书在这些方面也体现着实施法律的功能。所以说，它是具体实施法律的重要手段。

二、生动宣传法律的现实教材

法律的宣传要靠正面讲解各种法律规定的具体内容。但是，仅靠单纯地宣讲法律的条文规定还是远远不够的，还必须通过具体处理各种法律事务的文书来阐释有关的法律规定，而且后者往往能起到更加有力的宣传和教育广大群众的作用。在这方面，无论是具有明显法律效力的法律文书，还是仅具有法律意义的民用法律文书，都有不容低估的宣传作用。因为凡是公开对外的法律文书，它都会有读者或听众，也就是说它都会有宣传对象，只要是它的内容符合法律规范，体现法律的法定要求，它就必然要产生一定的法制宣传作用。由于法律文书一般都是和具体案件结合在一起的，因而法律文书的宣传效果是生动的、具体的，较之于单纯讲解法律规定更易发挥作用。所以，我们说它是一种宣传法律的生动教材。

三、记录法律活动的文字载体

各种法律活动的推动和进展，都必须用一定的文字加以记载。这种文字的载体就是各种法律文书。有的法律活动的启动和转接也必须制作一定的法律文书才能实现。以刑事案件为例，从立案开始，就必须首先制作有关立案的法律文书；案件立案后，开始侦查破案，必须制作侦查计划；在侦查过程中又必须制作各种笔录；案件告破后，必须制作破案报告，然后交付预审；预审终结后，必须制作预审终结报告；如认为犯罪嫌疑人构成犯罪，必须制作起诉意见书，交付检察院审查起诉。以此类推，直至检察院提起公诉，又必须制作起诉书，交付人民法院审判。在这一过程中又必然制作大量的审查、讯问犯罪嫌疑人、被告人以及询问有关证人的笔录。所有这些说明，各种法律文书都是记录法律活动整个进程的文字载体，重要的文书还往往是启动和推进下一段进程的文字手段。这种作用是极为明显的，特别是司法机关的司法文书更是如此。

四、考核法律人才的重要内容

由于法律文书是实施法律的重要手段，因而它的质量的高低对于能否更好地实施法律就有着密不可分的关系。例如，一份起诉被告人的法律文书，能否如实地写清被告人的犯罪事实和证据，充分阐述指控被告人犯有某种罪行的理由和法律依据，就显得十分重要。一份判处某人对他人构成侵权的民事裁判文书，写明当事人之间的法律关系、产生纠纷及侵权的事实，阐明处理侵权行为的理由及法律依据，同样必须用准确精练的文字表述，否则，就不可能发挥应有的法律效力。甚至于律师代理案件当事人书写的各种诉状，也必须写明诉讼的事实、理由、法律依据和明确的诉讼请求，否则，将不可能被司法机关所受理。正是基于法律文书具有这样十分突出的实效性，所以作为各种法律文书的制作者，必须具备较高的制作法律文书的技能，才符合法律工作对他们的严格要求。鉴于此，我国各司法机关、法律组织对从事各项法律工作的专门人才，在考核他们是否能够胜任其工作时，都把他们所制作的法律文书的质量作为一项必不可少的考核内容，因为法律文书制作质量的高下，较为全面地反映着一个法律工作者综合素质水准的高低。今后，随着广大公民的法律意识的不断提高，逐渐要求通过对司法机关所制作的法律文书的质量的评析来对案件的处理是否正确给予评估，这样法院文书的高质量就显得更为重要。

五、保存法律事务的文书档案

如前所述，法律文书是法律活动的文字载体和忠实记录，因而保存法律文书必然是健全法律活动的文书档案的重要工作内容。保存下来的法律文书档案，既对于检查总结法律的具体实施有着重要的文字凭证作用，同时也对进一步修订和改进法律具有重要的参考价值。根据我国档案工作的有关规定，司法机关的法律文书档案规定为国家的一级档案，有法定的保存时间和严格的要求。因此，我们对法律文书这方面的重要作用，同样不容忽视。

第五节　法律文书写作的基本要求

根据法律文书的特点和功能，法律文书的写作，主要应遵循以下基本的要求。

一、依法制作，突出主旨

法律文书既是实施法律的重要工具和手段，必须依法制作。就是说必须严格遵循法律活动的规律和运作进展情况，按照法律的规定，依法制作。特别是应依照法律的程序规定，合法有序地制作。以涉及刑事案件的法律文书为例，当公安机关接到报案、控告或举报的材料时，必须依照我国的《刑事诉讼法》第85条的规定，由公安人员制作笔录，并且经当面宣读无误后，由报案人、控告人或举报人签名或盖章。这份笔录才算是一份合法有效的法律文书。又如当公、检、法等司法机关接到报案、控告、举报和自首的材料，就要依照管辖规定，予以迅速审查;经审查认为确有犯罪事实,需要追究刑事责任时,就要根据我国《刑事诉讼法》第86条之规定,制作有关立案的法律文书——立案报告,报请领导批准立案。这说明法律文书的制作是有严格的法律依据的,而不是根据想当然的意思而随意制作的。有关民事案件或非诉讼案件的法律文书,同样要依法制作,其法律依据主要是由我国的《民事诉讼法》或其他相关的法律规定的。

法律文书的制作既然要有明确的法律依据,那它自然就必须确立明确的主旨——即明确的制作文书的目的和中心意思,而且必须用明晰有力的文字在法律文书中把主旨凸显出来,如人民检察院的起诉书,目的是要通过指控某某被告人涉嫌某种犯罪,要求审判机关经审理后追究其刑事责任。这样就必须用确凿的犯罪事实、证据说明某某被告人确实犯有某种罪行,依法应该处以某种刑罚。人民法院的判决书是对某一案件裁决处理的法律文书,它必须在文书中写清查证属实的案情事实,判明案件的是非曲直,明确违法或犯罪的性质和相关人的法律责任,并阐明裁处的理由、法律根据以及最后的处理决定。律师代案件当事人书写指控他人侵权的诉状,就应用确凿的事实和证据写明某甲对某乙具有侵权行为,申明控告的理由和法律依据,提请法院秉公处理。诸如此类,都必须根据不同的法律文书的功能和制作的目的,在文书中充分有力地阐明其中心意思,力求文书的主旨鲜明突出,一目了然,以期更好地发挥它的法律效能。

所以,我们说,制作一份法律文书,首先要考虑它是否具有明确的法律依据,做到依法制作,然后在制作时就要考虑用什么样的文字凸显文书的主旨。

二、遵循格式,事项规范

当前,随着法律的日臻完善,法律条文的不断修订、补充和增多,各司法机关、法律组织等所制定的各类法律文书格式也日益增多和不断修改补充。各种法律文书一般都有可以遵循的格式和写作要求。为了有效地发挥法律文书的具体效能,严格遵循既定的文书格式制作文书,是各司法机关、法律组织的一致要求。这样做既有助于文书制作者有规律可循,便于制作,也有助于司法机关及时依法处理和日后的保存归档。对于程式化特点十分明显的法律文书来说,依格式制作是十分重要的一条规则,这一点在前文法律文书的程式化特点一节中已有翔实论述,不再重复。现在只就各类法律文书常见的几种通用的体式补充说明如下:

所谓体式,是指文书的整体的行文体例格式,即从整体上看采取的是一种什么体例。绝大多数法律文书可以被归纳为信函式、致送式、宣告式、表格式和笔录式等体式。因表格式、笔录式比较简明,不需多加说明。现仅对信函式、致送式、宣告式简要说明如下:

（一）信函式

信函式体式的文书主要是有上款（受文单位）和下款（发文单位）。形式近似于通常的书信。如公安机关的《对保证人罚款决定书》：

××公安局

对保证人罚款决定书

____________________：

因你担保的犯罪嫌疑人________在被承保候审期间有违反《刑事诉讼法》第五十六条规定的行为，你未及时向公安机关报告，根据《刑事诉讼法》第五十五条之规定，我局决定对你处以罚款________元。

（公安局印）

年 月 日

大部分通知书采取这种体式。

（二）致送式

致送式体式是把受文单位放在文书的正文之后，用致送用语（此致）相连接。受文单位另行顶格书写，以示郑重。如检察院的《通缉通知书》就用这种体式：

××人民检察院

通缉通知书

检通（ ）号

××人民检察院正在侦查的犯罪嫌疑人________涉嫌________一案，该犯罪嫌疑人应当逮捕，但现已在逃，请接到本通知后，在________范围发布《通缉令》予以追捕。

此致

________（单位名称）

年 月 日

（院印）

（三）宣告式

宣告式体式的文书多数在文书首部先列明当事人的基本情况，而后转入正文。既无上款，文末也无致送单位。人民法院的裁判文书均为此种体式。

××人民法院
民事判决书

( )×民初字第 号

原告
被告
第三人
案由及审判经过等
案情事实及证据
处理理由
处理决定
交代上诉权等事项
附注说明

合议庭组成人员
(院印)
年 月 日
书记员

另外,也有把两种体式结合使用的文书,如有的把表格式的内容纳入致送式或信函式中,这里就不多加说明。

制作法律文书除应遵循规定的格式以外,还必须按规范要求认真写清各种事项,特别是一些法定要求写明的事项,如在当事人基本情况中要求写明的各种事项就必须写全写清,又如年龄问题,对于某些当事人具有法律意义,特别是刑事案件中的青少年罪犯,年龄对其是否应负法律责任有着直接的法律意义,因此必须写明其具体的出生年、月、日。职业一项对于某些案犯是否属于职务犯罪也是重要的法律条件。至于事实、理由、处理或请求意见中的有关法定的要素,更必须写全、写实。有关这方面的要求,在以下的有关章节还将详细说明,这里不再详述。

三、综合表达,叙议为主

法律文书采用的表达方法,可以说是以记叙、议论、说明等几种表达方法加以综合运用的一种表达形式。现在列举一份案情较为简单的刑事判决书予以说明:

××县人民法院
刑事判决书

(2002)×刑初字第××号

公诉机关 ××县人民检察院

被告人 于×红,男,19××年5月10日出生于河北省××县,初中文化,个体商贩,住××县××镇,因涉嫌交通肇事罪于2002年3月15日被依法逮捕,现押××县看守所。(以上为说明的表达方法,说明被告人已然存在的基本情况)

××县人民检察院以×检刑诉(2002)××号起诉书指控被告人于×红犯交通肇事罪,于2002年4月5日向本院提出公诉,本院依法适用简易程序,实行独任审判,公开开庭审理了本案,××县人民检察院派检察员张××出庭支持公诉,被告人于×红及其辩护律师刘××到庭参加诉讼。现已审理终结。

××县人民检察院指控:被告人于×红于2002年2月5日上午10时左右,驾驶冀字××号大解放卡车从××县××村拉木材返回县城,途经××村南口,由于超载和制动不良等原因,造成将正常穿过马路的老年人吴×天轧死的严重后果,其行为已构成交通肇事罪,应依照《中华人民共和国刑法》第一百三十三条之规定,予以处刑。

被告人于×红对被指控的犯罪事实如实供认,别无异议。辩护律师主张被告人有从轻情节,请法庭从轻处理。

经审理查明:2002年2月5日上午10时,被告人于×红驾驶冀字××号大解放卡车从××县城南××村拉木材返城路上,途经××村南口时,见一老年人过马路,由于车速较快,刹车不及,加之货物超载,前冲力过大,将老人撞倒,并拖挂出5米左右,致老人头部严重撞伤,经抢救无效,20分钟后即气绝身亡。

上述事实有以下证据:县交通大队的事故现场勘验笔录,现场示意图、照片,道路交通事故责任认定书,车辆技术鉴定书,县公安局法医的尸体检验报告(其结论为颅脑严重损伤致休克死亡)。副司机马××的证言及被告人的供述,内容与结论完全一致,证据确凿,证明老人吴××确为被告人于×红驾车撞死。(以上为记叙的表达方法,记叙审理经过、控辩意见、法院认定的事实和证据)

本院认为:被告人于×红违反道路交通运输管理法规,驾驶机动车,造成轧死一人的严重后果,其行为已触犯我国《刑法》第一百三十三条,构成交通肇事罪,公诉机关指控的罪名成立。被告人于×红肇事后认罪服法,并能积极赔偿被害人的经济损失,判决前,已与被害人家属就民事赔偿问题达成协议,认罪态度较好。根据《中华人民共和国刑法》第一百三十三条、第七十二条、第七十三条之规定,判决如下:(以上为议论的表达方法,对法庭处刑的主张和法律依据的分析论证)

被告人于×红犯交通肇事罪,判处有期徒刑二年,缓刑三年。缓刑考验期限,从判决确定之日起计算。

如不服本判决，可在接到判决书的第二日起10日内，通过本院或者直接向××市中级人民法院提出上诉，书面上诉的，应交上诉状正本一份，副本两份。（以上为说明的表达方法，说明处理决定并交代有关不服上诉的规定）

审判员××

（院印）

本件与原本核对无异　　2002年×月×日

书记员××

从上述实例，可以明显地看出，该判决书使用了多种的表达方法，公诉机关、被告人基本情况及判决结果均为说明的表达方法；案件来源、审理经过、控辩意见及法庭查明认定的事实和证据，均为记叙的表达方法。法院最后的处理理由及法律根据部分为议论的表达方法。但是总的说来，该法律文书是以记叙、议论为主的。就整体而言，也应属于一种特定形式的说理文，是以静态的事实（当事人的基本情况）和动态的事实（当事人的犯罪行为事实）为根据，运用法律，论证被告人触犯某种刑律构成某种罪行，应依法处以某种刑罚。所以，我们可以说，许多重要的法律文书，都具有综合运用多种表达方法的特点，但以叙议为主，最后归结为对某种意见的论证，从而构成一种特殊结构的说理文。当然部分填空式、表格式的法律文书只是简单地说明处理意见和理由，谈不到完整的议论。

四、写清事实，掌握要领

法律文书中叙述事实，必须做到材料真实、脉络清楚、要素完备、把握关键。下面提出一些具体的写作要领。

（一）写清事实，材料真实

凡要求写明案情事实的法律文书，首先必须把当事人所发生的行为事实，具体写清。使人看过之后，对事件的起因、发生、发展直至造成的结局有一个清楚明晰的了解，要把事件的来龙去脉写清。要写清事实，必须使用已经掌握的事实材料来说明事实情况。法律文书使用事实材料，必须遵循绝对客观真实的原则，既不能夸大也不能缩小，更不能编造虚构，这是与文学作品严格相区别的。但是，这也并非要求将文书制作者所掌握的所有的事实材料，事无巨细、有闻必录地全部写入特定的法律文书之中。法律文书中叙写案情事实，对所了解到的有关当事人的材料，也要根据特定的法律文书的要求，有所选择。也就是说，法律文书使用客观真实的事实材料也有选材问题。选材的标准和依据，最根本的是文书制作者根据大量的事实材料的分析认识，所得出的对案件性质的认识。刑事类案件，犯罪嫌疑人、被告人的行为或者属于有罪，或者属于无罪；或者属于此罪,或者属于彼罪。民事类案件,或者属于违法,或者属于合法。根据这一认识形成了制作某种文书的主旨,然后以此主旨为准绳,确定选用足以说明该主旨的典型材料,舍弃一些不能说明主旨的或者非常次要的材料。只有这样,才能更好地发挥该文书的法律效能。

(二)事实要素,齐全完备

叙述案情事实,还必须写清事实的基本要素。法律文书中的事实基本要素,除应写清记叙一般事件所必须写清的时间、地点、人物、过程和结果外,还应根据法律文书的特定要求,写清其反映法律特点的要素,而且要区别案件的不同性质写清不同的具体要素。根据案件的不同性质,事实要素可以分为两类。凡记叙有关刑事类的案情事实,应写明犯罪嫌疑人(或被告人)作案的时间、地点和关涉到的人物(作案人和被害人),作案的原因(目的、动机),作案的过程(情节、手段)和造成的后果,案犯的认罪态度以及证据。凡叙述有关民事、行政类的案情事实,应写明纠纷发生的时间、地点、关涉的各方(原告、被告、第三人等)、纠纷的起因、发展过程、造成的结局、各方的争执意见和理由以及有关的证据。其中行政诉讼的案情事实,在叙述纠纷事实时,还应注意写清原告被行政处罚的行为事实(不涉及行政处罚的案子自然不写)。叙述上述事实要素,力求写明其法律上的特点和要求。当然叙述上述事实要素也不宜平均使用力量,有些要素是不言自明的,自然也可不写,如盗窃罪犯的盗窃目的是极其显然的,一般可不写。

在叙述事实(广义的事实包括当事人的情况)时,还应该注意写清、写全有关的具体事项,特别是当事人的基本情况要素一定要提供齐全。因为当事人的基本情况要素是说明当事人确切身份的必备要素。倘或不能提供齐全、准确,就有可能把当事人搞错。当事人基本情况中的某些事项,在一些人中间可能是完全相同的。在现实生活中,同名同姓、同性别、同年龄甚至于同籍贯的人是并不少见的,但是在众多基本情况要素中完全相同的则是少见的。所以说把当事人基本情况中的事项要素提供齐全,对于避免出现差错,说明涉案的人员是一特定的人是有重要意义的。

(三)关键情节,具体叙写

法律文书中的事实叙述,要求具体写明关键情节。因为只有写明关键情节,才有助于判明案件的性质和涉案人员的是非正误、谁有罪和谁无罪、谁有法律责任、谁无法律责任。通常所说的关键情节,主要有以下几类:

1. 决定或影响案件性质的情节。刑事类案件的事实中决定其是否属于犯罪的情节,或决定其属于此罪或彼罪的情节;民事类案件的事实中决定其是否构成侵权行为的情节,都属于此类的事实情节,必须具体写清。如某人对不法侵害行为的反抗是否超过了必要的限度，就必须把侵害人所持的凶器、打击被侵害人的具体强度、被侵害人持有何种工具、如何具体反抗以及造成何种结果等写清、写实。只有这样，才能判明被侵害人的行为究竟是正当防卫还是防卫过当。前者不构成犯罪，后者则构成犯罪。

2. 涉及当事人有无法律责任的情节。如合同纠纷的案情事实，必须具体写明根据合同规定，在合同执行过程中，究竟是哪方违约，给对方造成损失，抑或双方均有违约行为，孰轻孰重，孰先孰后等。只有这样，才能判定谁有责任、谁无责任，或哪个责任较大，哪个责任较小。如属裁判文书，才能为正确裁决处理提供准确的事实依据。

3. 涉及问题严重程度的情节。问题的严重程度有时可以影响案件的性质，如有的刑事犯罪手段恶劣，表面上看来似乎仅属于罪行轻重问题，但实际上它影响到罪行的性质，在处刑上可能从有期徒刑升级为无期徒刑甚至极刑。

总之，这三类关键事实情节，在叙述时必须力求具体详明。

（四）因果关系，交代清楚

法律文书中叙述案情事实，特别重视有关事实的因果联系，对于“行为目的—行为本身—造成后果”这三者之间有无因果关系，要叙述清楚。因为只有这样，才能判明行为的性质，应否承担法律责任。如同样是致人死命，有明确的杀人目的与无明确的杀人目的，在法律上属于两种不同性质的罪行，前者属于故意杀人，后者或是属于伤害致人死亡或是属于过失致人死亡。再者某一行为造成后果与未造成后果也有很大的区别。同样是犯罪行为，造成了严重后果的与未造成后果的，在最后的处刑上也会有重与轻的很大差别。因此，在叙述案情事实时，必须把上述三者之间的关系交代清楚。

目前在这方面存在的写作问题，常常是有果无因或因果脱节，令人感到事实叙述的因果关系模糊不清，甚至于有违事理。如下面的文字叙述就存在这方面的问题：

> 例 1：被告人向被害人头部猛砍一刀，以致造成被害人头部、左臂、右手背三处刀伤。
>
> 例 2：由于王×兰的丈夫不在家，致使王×兰及同村的李×花、王×春三名妇女遭到歹徒杨××的奸污。

例 1 的“因”是某被告人向某被害人头部猛砍一刀，“果”却是被砍出了三处刀伤，这主要是缺少了对被害人举手护卫的行动的交代，造成因果脱节。例 2 的“因”是由于王×兰的丈夫不在家，“果”却是王×兰和同村另两名妇女都遭到歹徒的奸污，不合乎事理。因为王×兰一人的丈夫，无法保障除王×兰之外的妇女不被奸污 。换句话说，就是其他两名妇女遭歹徒奸污与王×兰丈夫不在家不存在因果关系。甚至于王×兰遭歹徒强奸的原因也不完全是由于其丈夫不在家，而是歹徒的凶残性所致。

在法律文书中，常见的用“致”、“致使”，或“由于……，因而……”等表示因果联系的连词，使用这些词语时，要对前后叙写的内容，予以认真推敲，酌量其中是否存在因果联系，这在运用文字表述事实内在联系上，是值得注意的一个问题。

（五）争执焦点，抓准记清

有关反映或处理民事、行政纠纷的法律文书，在叙述案情事实时，应特别注意把原被告之间乃至于与第三人之间的争执内容和焦点把握准确，并记叙清楚。当事人之间的争执意见可能是十分复杂的，理由也会有千条万条。作为文书制作者，必须紧紧围绕当事人之间在民事权益之争的关键问题上，抓住焦点，准确记叙，而不能采取“有闻必录”的方法，不分主次轻重，一概予以记述。对于刑事类文书，应如实反映公诉一方与被告人一方在事实的提供和理由的辩解上的重要分歧，以使裁处机关作出有针对性的判断、认定和理由的阐明。下面我们选一份民事案件的判决书在反映原被告的争执意见上写得较为符合要求的实例，供学习参考。

原告来院诉称：我公司与××镇编织厂所签订的购销合同明文规定，该编织厂必须在200×年4月底以前将我公司订购的1 000领竹编单人凉席全部送至××市我公司门市部，然后由我公司将全部货款一次付给编织厂。但该编织厂在合同执行过程中，有明显的违约行为，将其中的一半竹席迟至200×年5月底才分两次送到，严重地影响了我公司的销售时机，给我公司造成了一定的经济损失，编织厂应负赔偿责任。被告辩称：我编织厂为××市土特产公司订购的竹编凉席有部分迟送的情况（约50%），但这是因为我镇遭受到一次山体滑坡的自然灾害造成的，使通往××市的公路有一段距离受到破坏，交通阻碍，不能及时送到。这属于合同中所规定的不可抗力的原因，因而不属违约行为。且5月将竹席全部送到，并未严重影响凉席的销售季节，故不同意××市土特产公司所说的遭受重大经济损失的说法，也不同意赔偿。

叙述双方的争执焦点及理由根据较为清楚明确，真实可信。

（六）财务数量，记叙确切

法律文书中的事实叙述，常常涉及财物或其他事物的数量，特别是财物数量更是比比皆是。如民事案件中的财产分割、遗产继承、金钱借贷、合同纠纷都会涉及财物的数量；刑事类案件中有关盗窃、抢劫、诈骗、贪污和受贿也都离不开财物数量。因而在记叙财物数量时就必须掌握如下的要求:一是要求记明确切数量,一般排斥模糊数量;二是在不可能查明确切数量时容许写明近似数量,但必须写明基本数量。如盗窃犯多次盗窃,随盗窃随挥霍,难以查明绝对的确切数量,这时容许记写近似的基本数量,如"盗窃 3 000 余元",基本数量 3 000 是确切的,余数则是模糊的。但不容许全部数量都是模糊的,如"盗窃若干元",这样就难以确定案件性质,是否构成犯罪也难以判断。还要附带说明的是,财物不仅要求写明数量,而且还应注意说明财物的特征,如品牌、型号规格和新旧程度等,这对于确定其价值高低也极为重要。

（七）叙述事实,平实有序

在法律文书中叙述事实,语贵平实,不追求辞藻的华丽,不采用文艺性的修辞手法。一般排斥夸张、比喻等积极的修辞辞格的使用。但是语言平实也并不意味着语言干瘪、枯燥无味。因为生活本身就是复杂多变的,因而反映生活中的法律问题也必然是丰富多彩的。在记叙事件的顺序和方法上,是有一定的规律可循的。常见的有以下几种方法:

1. 自然顺序法。自然顺序法即通常所说的"顺叙"的方法,也就是按照事件的发展过程记叙事实的方法。在法律文书中,通常是以时间为线索,以行为人的行为过程为内容记叙发生的事件。这也是表现法律文书中叙事平实的一个方面。不去追求文艺效果,不采取文艺上常用的"倒叙"、"插叙"、"补叙"等手法,而是让人从事件的发生、发展过程中去了解事情的性质、行为的对错及法律责任的有无。这种方法是法律文书所采用的最基本的方法。对于记叙刑事类的案件事实,这种方法最适于记叙一人一次一罪和一人一次多罪的犯罪事实,一罪或多罪是就所触犯的罪名多少而言的。

2. 突出主罪(重罪)法。这种方法是对记叙刑事类案情事实而言的。其要领是主罪提前记叙、次罪移后记叙,主罪详写、次罪略写的一种记叙方法。适于一人多次一罪和一人多次多罪的案情记叙。

3. 突出主犯法。这也是记叙刑事类案情事实的方法,而且是专指记叙共同犯罪的事实。其要领是,围绕主犯的犯罪事实,记叙有哪个从犯参加哪次犯罪活动。除共同犯罪,还有单独犯罪的,先写共同犯罪,后写单独犯罪。这适用于多人一次一罪、多人多次一罪、多人一次多罪和多人多次多罪等各种共同犯罪的案情记叙。

4. 综合归纳法。这种方法是记叙同类性质犯罪事实的方法,通常也称为概括记叙案情的方法。这种方法不宜单独使用,即不能将全部案情只用这种方法记叙,否则就不能准确深刻地反映案件的本质特征。一般情况下,对主罪采取具体记叙的方法,而对其同类的次要罪行可以采用这种方法予以记叙。通过具体记叙案犯的主罪了解其犯罪的深度,通过综合归纳记叙其次罪了解其犯罪的广度,两者相辅相成,互为补充。当然有些法律文书要逐案具体记叙的除外。

5. 纵横交错法。这种方法主要适用于记叙民事或经济纠纷的案情。所谓"纵",是指记叙事件的发展过程;所谓"横",是指记叙有关情况的说明介绍,类似一个事件的横断面。以合同纠纷案件的裁判文书为例。记叙其案情事实时,先要写明甲乙双方于何时何地签订了何种内容的合同,这属于一"纵",然后介绍合同约定的内容,这属于一"横",接下来再写合同的执行情况及纠纷产生的情况,又属于一"纵",最后介绍双方的分歧意见和各自所持的理由,又属一"横"。这就叫做纵横交错。很多民事案件的案情叙述采取这种方法。

除此以外,还有诸如"有总有分"、"详略结合"等记叙事实的方法,或独立运用,或结合其他方法运用,但都必须明确,其中自然顺序法为法律文书记叙案情事实的基本方法,无论是突出主罪法或突出主犯法,还是综合归纳法或纵横交错法,其主要事实的记叙都不能脱离开自然顺序法。下面我们举一份刑事案件中有关案犯犯罪事实的记叙,足以说明上述论断的正确性。

> 19××年1月,被告人陈××再次去广州与高××(另案处理)等人策划逃往香港的路线、费用等问题。被告人陈××主动承担去香港的所需费用,并确定到北京故宫盗窃珍宝。2月1日上午,被告人陈××到京后,即窜入故宫珍宝馆窥测作案路线,选定盗窃目标,随后即购买了改锥等作案工具。同日下午,被告人潜入故宫内,暗藏在珍宝馆附近。闭馆后,被告人即越墙到珍宝馆院内,撬开院内西暖阁的玻璃窗,进入室内,用改锥撬开陈列柜,将故宫博物院收藏的清代文物珍妃之印(金制,重13斤6两)盗出,当其逃跑时被抓获。
>
> 被告人陈××自19××年10月至19××年1月,曾先后窜到湖北省的应山县、孝感市、大悟县、广水镇和河南的洛阳市,河北的宣化市、保定市等地的部队、工厂、机关、医院、车站、仓库、商店和银行等处,盗窃作案30余次,计窃得手表36只,人民币2 500余元……

上述案情事实的记叙既运用了突出主罪法,也运用了综合归纳法,但对主罪的记叙仍然运用的是自然顺序法。足见上述各种方法往往是结合使用的,而又以自然顺序法为基本方法。

(八) 材料选择,真实典型

法律文书中记叙事实所选择的事实材料,必须绝对真实,不容有半点虚假。但是文书制作者所掌握的材料往往是大量的,其中有真有假,有反映表象的,也有反映本质的。这就需要在叙述事实时加以认真地选择,进行由表及里、由此及彼、去粗取精、去伪存真的选择工作,其根本的标准是选用足以说明问题本质的材料,也就是要选择足以说明案件根本性质的典型材料。刑事类案件的文书,要选择能够说明案犯是否构成犯罪的材料。如果案犯确已构成某罪,就要选择足以说明构成此罪的材料,不构成犯罪的材料就应予舍弃。民事类案件的文书,如经分析认定,一方确已构成对另一方的侵权,就应在文书中选用足以说明构成侵权的材料,不构成侵权的材料就应予舍弃。再者,对于多起罪行或多种罪行的刑事案犯,在叙述其罪行事实时,重要的法律文书要求必须逐起罪行或逐种罪行逐一写清,不能随意取舍,但反映每起罪行或每种罪行的具体材料中也有最能说明罪行性质与并不能充分说明罪行性质的区别,这样就必须选用前者而非后者,也就是说,选用最典型的足以说明罪行性质的材料予以具体叙写,其他的予以概写。至于有的文书可以采用突出主罪法的写法时,更应在叙写主罪时,注意选择典型的材料。如上文所引用的陈××盗窃故宫珍宝的案情叙述中,案犯在盗窃“珍妃之印”过程中还有一些具体材料,如开始曾选定某一盗窃目标,之后又如何改变主意,确定盗窃珍妃之印,以及在盗窃中曾触动警报器等情节,均与反映陈××盗窃罪行的本质无关,自然可以舍弃。

(九)列举证据,确凿可信

在法律文书中,写清案情事实之后,列举充分有力的证据以证明案情事实的确凿性和可信性,既是对事实部分的内容要求,又是理由部分中认定事实理由的坚实基础。多年来,在法律文书的写作中存在着不重视列举证据的倾向,往往用“上述事实,证据确凿,足以认定”几句空话予以搪塞,成为法律文书的一大积弊。近年来,虽经有关司法机关多次在制定文书格式时予以大力纠正,并明确在格式中作为误区予以限制,在实际工作中已经收到了明显的效果。但是因为积重难返,这种弊病还不可能在各级司法机关的重要的法律文书中得到根本的改观。加之,在我国的审判方式的改革中,有人又提出,某些法律文书(如起诉书)如把证据写得过于具体翔实,容易产生负面影响,易为对方做好反驳留下把柄。当然这种疑虑不可毫不顾及,但是这仍不能成为不写证据的借口。首先,这种观念一旦形成,容易造成对证据的不够重视。其次,这种认识往往基于对证据的证明力缺乏信心。如果文书制作者所掌握的证据是确凿无疑的,经得起检验质证的,那就无须顾及他人对证据的质疑和反驳。所以,我们主张在重要的法律文书中要写清证据,包括人民法院的裁判文书和检察机关的起诉类文书,因为证据是认定事实的基础,是确定案件性质的坚实柱石。

五、分析事理,以法为据

理由论证是法律文书中的灵魂,是体现文书主旨的核心内容,必须依法论述，说理有据；但同时应注意加强事理分析，剖解透辟，令人信服，以期更好地收到法律文书的实效。所以说，一篇好的法律文书应该是一篇论证精辟的说理文，既能有效地折服当事人，又能发挥很好的宣传教育作用。论证理由的具体要求如下：

（一）认定事实，以实为证

严格说来，一篇重要的法律文书，如检察院的起诉书、人民法院的判决书和律师代书的起诉状等，其理由应该有两个组成部分：一是认定事实的理由，二是适用法律提出处理意见或请求意见的理由。目前各司法机关的重要法律文书，习惯地把认定事实的理由和事实中的列举证据部分合二为一，即在列举完证据之后，做一个认定事实理由的结论。通常是用这样的表述模式予以表达："上述犯罪事实，有……为证，证据确凿、充分，足以认定。"最后的"证据确凿、充分，足以认定"实际是认定事实理由的结论。所以，不能把这段文字单纯地看成事实中叙述证据的部分，实际是列举证据与认定事实的理由相结合的部分。当然，目前有的判决书把庭审中的举证、质证和法庭认证的过程翔实地予以反映，这自然是法律文书进一步的改进写法，但最后也必然有一个明确的结论。如云南省高级人民法院对红塔集团的原某领导人的判决，就采取了这种写法，其叙述证据和阐明理由的界限就更难以分清了。下面所摘引的判决书部分内容，叙述证据与阐明认定事实的理由浑然一体、紧密结合，是裁判文书改进的一个方向。

起诉书对被告人褚××、罗××、乔××分别提出三项指控，法庭审理中，控、辩双方针对指控的事实、罪名及相关情节，当庭举证、质证和辩论，三被告人作了最后陈述。综合双方争议及各自理由，本院评判如下：

起诉书指控：1993 年至 1994 年，××卷烟厂在下属的香港××贸易发展有限公司（简称××公司）存放销售卷烟收入款（也称浮价款）和新加坡卷烟加工利润留成收入款共计 285 707 485 美元。褚××指使罗××将该款截留到××卷烟厂和××公司的账外存放，并规定由其签字授权后才能动用。1995 年 6 月，褚××与罗××、乔××先后两次策划将这笔款先拿出 300 万美元进行私分。褚××决定自己要 100 多万美元，给罗××、乔××每人60~70万美元，××公司总经理盛××（在逃）、××公司副总经理刘××（另案处理）也分一点，并把钱存放在新加坡商人钟××的账户上。1995 年 7 月 15 日，罗××身带褚××签字的 4 份授权委托书到达深圳，向盛××、刘××转达了褚××的旨意，盛××、刘××亦同意。罗××在授权委托书上填上转款数额，褚××为 174 万美元，罗××681 061 美元，乔××68 万美元，盛××和刘××45 万美元。罗将填好转款数额的授权委托书和向钟××要的收款银行账号交给盛××，叫盛××立即办理。7 月 19 日，盛××将3 551 061美元转到钟××的账号上。罗××返回××卷烟厂后，将办理情况报告了褚××、乔××。上述款项案发后已追回。

对指控的这一事实,公诉机关当庭宣读和出示了下列证据:

1) ××公司的账页,以证明××卷烟厂在××公司存放销售卷烟收入款(浮价款)和卷烟加工利润留成款共计285 707 485美元。褚××等人汇出的3 551 061美元属上述款项中的一部分。

2) 被告人褚××、罗××、乔××在侦查期间的陈述,以证明三被告人预谋私分美元的经过。

3) ××公司的调账凭证,××公司副总经理刘××记录的调账备注和刘××的证言,以证明被告人罗××持被告人褚××签字的授权委托书到××公司调账的经过。

4) 银行转款凭证和银行收款凭证,以证明从××公司汇出款项的时间、金额及收款银行和账号。

5) 新加坡商人钟××证言,以证明被告人褚××等人将款汇到他在香港汇丰银行账户存放的经过。

6) 扣押款项凭证,以证明案发后款项已全部追回。

公诉机关认为,被告人褚××、罗××、乔 ××利用职务之便,共同私分公款,数额特别巨大,均已构成贪污罪。在共同犯罪中,被告人褚××提出犯意,起指挥作用,系主犯;被告人罗××实施转款行为,被告人乔××参与私分,均系从犯。

被告人褚××、罗××、乔 ××当庭陈述的事实与指控事实基本一致。被告人褚××提出,预谋私分美元的数额与指控贪污的数额有出入。

被告人褚××的辩护人对指控提出三点异议:(1) 各证据间反映出的数额与起诉书认定的数额存在矛盾;起诉书认定三被告人各自贪污的美元数额,只有罗××的供述,没有其他证据证实。(2) 三被告人私分的是销售卷烟浮价款,属账外资金,私分的决定是集体作出的,故应定集体私分国有资产罪,指控贪污的罪名不能成立。(3) 款项转到新加坡商人钟××账户,被告人并未实际占有,属犯罪未遂。

被告人罗××的辩护人提出,被告人褚××指使被告人罗××将3 551 061美元从××公司账上转到新加坡商人钟××在香港的银行账户存放,这一行为只是为三被告人私分创造了条件,款项并未按预谋的份额为各人控制,公款的性质没有改变,事后也以××卷烟厂的名义将款全部转回,故三被告人的行为属犯罪预备。

被告人乔××的辩护人提出,被告人乔××仅有犯意表示,没有实施犯罪行为,也没有实际占有私分的美元,指控其犯有贪污罪不能成立。

本院认为,指控被告人褚××、罗××、乔××共同私分公款3 551 061美元的基本事实清楚，基本证据充分，三被告人亦予供认。对争议的数额，本院确认三被告人在预谋私分美元时，商定褚××100多万元，罗××、乔××各60~70万元，最后实际转款3 551 061美元的事实。

关于被告人褚××的辩护人提出的应当定集体私分国有资产罪的观点，本院认为，集体私分国有资产罪属单位犯罪，犯罪的主体是单位，犯罪的客观方面表现为单位决定，集体私分。被告人褚××、罗××、乔××以个人非法占有为目的，利用职务上的便利，采用秘密的方式私分公款，既不属单位行为，也不是集体私分，不符合集体私分国有资产罪的基本特征。因此，对辩护人的这一意见不予采纳。

关于被告人褚××的辩护人提出属犯罪未遂的观点，被告人罗××的辩护人提出属犯罪预备的观点，被告人乔××的辩护人提出乔××属犯意表示的观点，本院认为，三被告人主观上有共同私分公款的故意，客观上已将公款从××公司的银行账户转到钟××的账户，这一过程完成后，××卷烟厂和××公司都对该款失去了占有和控制，实际支配权在被告人，款项的所有权已被非法侵犯，三被告人的行为符合贪污罪的全部构成要件，属犯罪既遂，故三辩护人的意见均不予采纳。

综上所述，被告人褚××、罗××、乔××利用职务之便，共同私分公款3 551 061美元（按当日外汇牌价折合人民币28 741 577元），其行为均已构成贪污罪且数额特别巨大。在共同犯罪中，被告人褚××起主要作用，系主犯；被告人罗××、乔××系从犯。公诉机关指控的基本事实和罪名成立，本院予以确认。

（二）分析事理，以法为据

法律文书适用法律和提出处理意见的理由，既要严格遵循法律，更要注意事理分析。做到以法诲人，以理服人。这是我国当前法律文书写作中的一个薄弱环节，亟待加强。对于有关刑事类法律文书来说，在适用法律和处理意见方面的理由，应着重在定罪和量刑两个问题上进行分析，即依法阐明案件当事人有罪无罪，所犯何罪以及如何量刑等方面的理由。对于民事、行政类案件的法律文书，则应依据有关的法律，阐明案件当事人各方在其权益纠纷中的是非曲直、正确错误，明辨违法合法、侵权受害及其各自应负的法律责任。当前的某些法律文书存在的主要问题是说理不清不透，难以服人。我国历代的法律文书在分析事理方面有着优良的传统，在法律文书的沿革一节中我们所举的清人张船山的判词就有这方面的突出特点。现在不妨举一份1942年我国解放区的一份民事判决，从中亦可见一斑。仅摘其正文部分：

主文：上诉驳回

事实:缘张明之妹侯张氏于民国22年,经媒说与侯贤儒之次子侯丁×结婚。婚后始知侯丁×为神志不清之傻子,且有羊角风。初冀请医疗治,病可痊愈,时经9年,医治无效。侯张氏以侯丁×有不治之神经错乱病,不堪同居,要求离异。诉于庆阳地方法院,经法院判决侯张氏与侯丁×离婚。侯丁×不服,由其父代理上诉。主张:侯丁×年轻力壮,并无不治症果;今后无子,亦可以侯丁×之侄为嗣。并诉张明从中唆使侯张氏诉请离婚,图另嫁贪财,要求废弃原判。经本院传讯两造(原被告——引者注)侯丁×确为不识五以上之数(在庭上数六个凳子为八个),不晓自己之年龄(二十七岁说十岁);不知农时(说正月应种粟子);更不知男女之乐(同床各睡,不省房事)。神经错乱,傻且有羊角风之恶疾。侯张氏以其空有夫妇之名,不能享天伦之乐,坚主离婚,自属人情之常,侯贤儒谓为由于张明唆使,另嫁贪财一节,殊属无据。案经证明,记录在卷。

理由:查侯丁×神经错乱,不识五以上之数,不知自己之年龄,更不知男女之乐及夫妻之情,且患有羊角风病,既已当庭证明(这是认定事实之理由——引者注)。上诉人谓侯丁×年轻力壮,并无不治之症,显属遁词。而欲以侯丁×之侄与侯张氏为嗣子,亦何能弥补侯张氏终身幸福之缺陷。侯张氏结婚以来,苦恼九年,侯丁×病愈无望,自念青春瞬逝,前途悲观,要求离异,实出诸不得已之衷心。更何得指为张明之教唆图财。原判依边区婚姻条例第十一条第二款、第十一款之规定,判决侯张氏与侯丁×离婚,于法于情均无不合,本件上诉为无理,故判决如主文(这是适用法律和处理的理由——引者注)。

这是我延安革命老区1942年的一份有关婚姻案件的二审判决,格式仍沿用国民党统治区的判决书格式,主文在前,事实、理由在后。该判决书在叙写事实、证据,特别是阐明理由方面很有特色,说理透辟,一针见血,既有法律依据,又重事理分析,理由阐述得入情入理,而且语言精要,有破有立,令人折服。这对我们今天在法律文书中加强说理性,仍有借鉴意义。

(三)引证法律,明确具体

法律文书要以法论理,在引证法律条款方面,就必须注意引证法律的准确性和针对性。要力求做到引用适用于本案的外延最小的法律条款,以保证法律依据的针对性。因此,凡法律有条、款、项之分的,应引证到与案情相适应的条、款、项,说明是法律的哪一条、哪一款、哪一项适用于本案。再者,在不影响文字表述的情况下,尽可能引出法律条款的原文,以保证说理的明确性,这样让不熟悉法律的人听过或看过之后,都能理解法律的依据。倘或引用了多条或多种法律,不便一一引出原文时,也可在正文部分不引出原文,以免文字难于驾驭,而采用在文书的附注说明中具体引出原文以资补充的做法。另外,引证法律时,还要注意保证所引用法律含义的完整性和准确性,避免断章取义、有悖法律本义的做法。此外在引证法律时,涉及论证案件实体问题时,应引证实体法,涉及程序问题时,应引证程序法。一般在分析论证案件性质时引证实体法,而在提出文书制作根据时引证程序法。

在文字表述方面,应该是分人、分问题分别引证法律,而不宜采用“算总账”或“一揽子”式地引用法律,即在论证了许多问题或许多涉案人员的问题后总引一笔的写法,那样势必造成模糊混乱的结果,令人看过之后,有如丈二和尚摸不着头脑。像下面这种对众多被告人构成各种不同犯罪的判决书总引一笔的写法,是不足取法的:

> “根据《刑法》第十四条、第二十二条、第二十六条、第二十四条、第六十六条、第六十四条、第一五一条、第一五二条、第一六零条、第一七二条的规定,上述各被告人已构成犯罪。”

看过之后,令人眼花缭乱,不得要领。

(四) 前后照应,统领全文

法律文书的理由实为整个文书的灵魂,必须做到瞻前顾后,一以贯之。只有这样才能起到统领全文的作用。我国古人把好文章的内在逻辑结构概括为四个字,即起、承、转、合。“起”是开头,“承”是承接展开,“转”是转折提炼,“合”是归结或作出结论。目前我国的重要的法律文书,如公安机关的起诉意见书、检察机关的起诉书和法院的判决书等,其基本结构正是上述逻辑结构的固定化和程式化。我们可以图示如下:

起——当事人的基本情况
承——案情事实
转——处理理由
合——处理决定

可见,我们是用格式化的手法,把一种严谨的论证问题的文章结构加以固定化,使它更能有效地表达文书的主旨,实现文书的功效,惟其如此,法律文书的理由就更必须达到前后照应、统领全文的标准和要求。

六、说明情况,简洁明晰

说明的表达方法主要用于说明介绍客观存在的事物或某种主张规定等。在法律文书中也经常使用。如对案件当事人的基本情况的客观说明介绍,对案件当事人的处理决定,对现场情况的如实介绍等都属于此种方法。在重要的法律文书(如起诉书、判决书)中,多半是与记叙、议论的表达方法结合使用的,而在表格式、部分填空式的文书中,说明则是一种主要的表达方法。下面我们就常用于重要的法律文书中所采用的说明部分举例如下:

(一) 起诉书、判决书中有关案件参与人员情况的介绍说明

1. 起诉书

被告人王×文,男,60岁,汉族,××省××县人,高中文化程度,原××省××县文化局副局长,住××省××县××街××号,于2003年9月4日被刑事拘留,2003年9月10日经××省××县人民检察院批准逮捕,当日被××县公安局逮捕。

2. 判决书

原告:中国人民银行××市分行

法定代表人:王×华

委托代理人:××律师事务所律师×××

被告:××市德源商贸公司

法定代理人:李×田

委托代理人:××市中衡律师事务所律师×××

以上两种文书中的案件当事人基本情况的介绍,均系说明的表达方法,因为既非记叙,又非议论。

(二) 文书中处理决定的具体说明

仅以判决结果加以说明:

被告人吴×良犯交通肇事罪,判处有期徒刑一年,缓刑二年。(缓刑考验期从判决确定之日起计算,自××年×月×日起至××年×月×日止)

以上文字也属于说明的表达方式,采用说明表达方法,要求做到:明确、具体、简洁、完整,排斥模糊、疏漏、烦琐。

七、语言精确,朴实庄重

法律文书必须通过语言文字予以表达。因此它在语言文字方面也必须有其相应的要求。基于法律文书的实效性和法定性等方面的特点,对法律文书的语言文字要求很高,必须做到精确无误,严肃庄重。具体说来有以下几点要求:

(一) 表义精确,解释单一

如前所述,法律文书是要求收到明显实效的文书,因此,文书的语言在意思

表达上必须十分精确明晰、解释单一，不能模棱含混、语义两歧。一是一，二是二，是则是，非则非。无论是反映案情事实，还是阐述理由，都必须做到"如实"二字，即如实地反映事实，如实地说明理由，如实地表述处理意见。做到准确无误，解释清晰，语意单一，排除歧义。法律文书都有一个"制作"过程。也就是说，法律文书的制作，首先要有一系列的法律活动，在一定的法律活动中，形成制作某一种法律文书的主旨，为反映某种法律活动的进程和推动法律活动的开展，才开始制作某种法律文书。一般说来，在具体制作前已有了明确的写作目的和写作内容，只要能把文书制作者早已经形成的意见、认识如实地反映在文书之中，就实现了文书写作的任务。因此，我们认为，法律文书制作者的具体任务，就是用什么样的精确语言，把已经形成的对某一法律活动或法律事务的认识意见准确地表达出来。但是要真正较好地完成这一任务，也不是一件容易的事，因为这涉及文书制作者的思想水平（包括对法律事务的认识水平）、文化素养（包括文化修养和语言文字的表达能力等）、法律专业知识等诸多因素。从写作角度讲，语言文字表达能力是一个重要方面。

（二）文风朴实，格调庄重

法律文书属于一种公文语体，就其文书的风格讲，语贵平实，庄严郑重。叙事一律采用直笔，直书其事，不刻意追求文学效果，不要求渲染烘托；应少用特殊修辞手法，多用一般修辞手法。法律文书的语言风格虽然朴实无华，严肃庄重，但也并非语言干瘪、枯燥无味或套话连篇、千篇一律。再者，法律文书作为一种具有法律专业特点的书面语言，一般排斥口语，而一些专业用语和文言虚字却常常使用，如"证据确凿"、"供认不讳"、"验明正身"、"反驳无效"等专业术语及"该、系、之"和其他文言虚字，在文书风格前后协调的情况下，并不排斥，而且运用恰当，还能更好地体现法律文书的庄重风格。

（三）文字精练，言简意赅

法律文书的语言文字应力求精练，做到言简而意赅，就是要求语言简洁，文意赅备。这是一个很高的语言要求。因为法律文书要体现法律的规范和法定的要求，因而必须在语言精确的条件下做到精练；但是，另一方面又必须内容完备，应该具备的内容不可缺少，不能有所疏漏。目前，在法律文书的制作中，啰嗦重赘和随意苟简的毛病都不同程度地存在。要么拉拉杂杂，语言拖沓；要么过于简略，文意不清。有的法律文书引述案件当事人的原话，不加剪裁，有闻必录，而且是口语对话，充斥全篇。如下面的一份文书对诉辩意见的转述：

……被告辩称，他说我对他老人不好，我不爱说话，叫妈少些，今后叫几句妈就是。我对他有感情，每天做好了饭菜都等着他，晚上也等着他，他的衣服都是我洗,孩子们都是我管。三个孩子一律看待,吃穿一样。

……

作者无非是说“对老人没有歹意,对男方有感情,三个孩子一律看待”,完全没有必要这样琐碎地照录原话。有的法律文书却过于粗略简化,如下面的例文:

被告人王××,于20××年以来,先后在本市的东城区、南城区以破门入户的相同手段,盗窃作案30余起,共窃得人民币××元、衣物30余件。

全篇文书对30起案件概写一笔,所有作案细节一概省略,难以说明案犯的犯罪恶性程度和危害的严重性,这是不符合要求的。

(四) 语言规范,语句规整

法律文书所采用的是较规范的书面语言。为使文书表意明确、语句力求规整,通常使用常式句型,较少使用简化句型。句子成分力求完整齐全,慎用省略。特别是涉及案件当事人的法律称谓和姓名,一般都应写全,而不能随意省略。如“原告王××”,“被告李××”,因其在句中多充当主干成分(主语、宾语),不能轻易省略,否则就容易混淆法律责任。被告常常是某种违法或犯罪行为的施动者(发出动作的违法犯罪者),而原告常常是违法犯罪行为的受动者(接受侵害行为的被害人)。如一旦因省略而使文意不清,就有可能混淆了法律责任。加之有时被告人不止一个,而且又是同姓或兄弟,其名字只差一字,如不写全写清,那就很可能搞混搞错。当然,在讯问或询问被告人或证人时所制作的笔录,由于时间的限制,往往不可能把答话一字不差地记全,但必须注意把当事人的行为内容记下,有关人员的姓名、法律称谓要在事后补全。在记写对话内容时,由于有上下文的照应,可以在不影响内容明确的条件下,予以必要的省略。

(五) 褒贬恰切,爱憎分明

法律文书也是一种具有明显感情色彩的文字,但它与文学作品中所采用的表达方式和修辞手法是不尽相同的。由于法律文书有相当部分是处理坏人、坏事的文字,所以带有贬义感情色彩的词语使用较多。如对作案人用“歹徒”、“凶犯”、“暴徒”等称谓说明,对他们的罪恶活动也常用“互相勾结”、“阴谋策划”、“为非作歹”和“到处流窜”等词语予以形容。对于被害人,文书中则是寄予同情的,如说其被害是“无辜受害”、“含冤死去”,对他们反抗侵害的行动称之“奋力反抗”、“毫无惧色”等。对于这一点,我国古代的文章理论家刘勰在其《文心雕龙》一书中,论及类似法律文书的表达时也讲到:“眚灾肆赦,则文有春露之滋;明罚敕法,则辞有秋霜之烈。”意思是说,对于过错祸患,要放宽赦免时,那么文字就犹如春天的雨露那样滋润温和;如果要彰明刑罚,用法律加以整敕,那么它的文辞就得像秋天的严霜那样凛冽无情。这后半段话的意思,实际讲的就是有关法律文书的修辞有贬斥的感情色彩。这类的话,后人也有不少近似的论述。当前法律文书在这方面存在的问题,主要是由于对词语的含义了解不清而误用褒贬的情况时有发生。如前几年讲持枪拒捕的逃犯将我公安战士打死的情况,在文书中竟然写作"当场将我公安战士击毙。"这就属于褒贬误用的例子。另外,在一般民事裁判文书中,对调整一般民事法律关系案件的文书,如果使用过多的贬义词,则往往不能发挥法律文书的正面教育作用,也不利于调解双方的纠纷。

(六)语言诸忌,力求避免

法律文书中有相当数量的文书是代表国家司法机关制作的司法公文,有其明显的严肃性和庄重性,所以对某些明显的不规范、不庄重的语言应予排斥,力求避免。这些禁忌主要有:一是忌用方言土语。因为法律文书是进行法制宣传教育的文字教材,而且对于全国各地的人民群众都有宣传作用,所以在法律文书中不能使用大量的方言土语。个别为公众认同的方言词语也应慎重使用,以免发生误解。如我们看到有的地方的判决书中把某某农村青年在城市中游逛写作到城内去"耍"。"耍"是四川的方言,不宜在法律文书中使用。有的地方把"打架"叫"打仗",也见于法律文书,属于大词小用。二是忌写污言秽语。污言秽语不仅有碍司法公文的庄严性,也是一种语言污染的现象。有的把涉案人双方对骂的原话写入正式的文书,也是不能容许的。类似这种内容只能采取概写的笔法,不能照录。最后一点是忌写流氓黑话。记写黑话这种情况往往出现于讯问笔录之中,这也是应当力求避免的。流氓用黑话隐语招供,应予斥责,指令其讲清真实意思,退一步讲,即使记下其黑话内容,也必须在问清真实意思后予以注明。作为一名司法干部,了解一些流氓黑话的内容是应该的,目的在于掌握其交流的意思内容,但不能以此写入法律文书。

八、行文章法,因文而异

法律文书一般均有统一的格式,固定的结构,但部分以说理为主的法律文书(包括一些法庭演说词)的行文章法,却是多种多样的。下面介绍几类不同的法律文书行文章法。

(一)由事而理,由理而断

由事而理,由理而断的写作章法是司法机关中经常使用的较重要的具有总结性的法律文书的写作章法。从公安机关的起诉意见书,到检察院的起诉书,再到法院的判决书都属于这种行文章法。略同于我国对较典范的说理文内在逻辑结构的高度概括。即起、承、转、合的文章结构和行文章法。“起”是基本情况的介绍;“承”是对事态的发展变化的记述,“转”是文章的转折或分析论证;“合”是自然而然地得出的处理结论。以我国的判决书为例,正是这种文章结构的程式化和固定化。“起”为案件当事人的基本情况的介绍说明;“承”是对案情来龙去脉的具体叙述;“转”是对案件性质的分析和处理理由的阐述;“合”是对处理决定的明确说明。这里不再具体举例,可参照本书有关章节中对判决书的实例加以理解。

(二) 突出重点,兼顾一般

在某些法律文书的案情叙述中,可以采取突出重点、兼顾一般的行文章法,如对作案多起的刑事案犯,所采用的手段、作案的具体情节、造成的后果基本相同,而案犯又供认不讳,各方均无异议的案件,可以采用具体记述其最具典型意义或是最为严重的一两起作案的具体情节,而其他相类似的案件可以采取综合概述的写法。前者目的在于揭露被告犯罪活动的深度和严重危害,后者在于揭露被告犯罪活动的广度及其广泛影响,两者结合,才能充分如实地反映案犯的犯罪危害。如前文对惯盗陈××的起诉书就采用了这种行文的章法,可供参考。

(三) 把握焦点,明辨是非

法律文书中对于案件的事实叙述,一般需要先把原被告(或指控方和被告人)间因某种纠纷(或可能构成犯罪的行为)而提出的控诉和答辩的内容写清,这一点在民事判决书、民事调解书中反映得更加明显。它实际是起揭示矛盾、明确焦点的作用,这对于法庭有针对性地写明查证的事实和明辨是非正误,分清违法合法,阐述处理的理由是非常必要的,因为叙述法庭查证的事实和阐述适用法律处理案件的理由,就要对原被告供述的虚假事实和无理的诉讼要求予以驳斥,对提供的真实事实和正当诉讼要求予以肯定和支持。所以,在法律文书中要力求准确如实地反映当事人间的诉讼要求和争执焦点。下面这份民事判决书就是这种写法:

> 原被告为发还其继母刘××在“文革”中被查抄的财物折款 16 511.3 元的分割问题发生争执。原告诉称,被告未对继母刘××尽过赡养义务,应追回不该由他继承的财产,并要求对上述财产及本区××大街××号的刘××的三间房产确认其应有的继承权。被告辩称,原告在继母刘××生活困难时期,也未尽过任何义务,无权继承刘××的财产。自己虽未与继母刘××形成抚养赡养关系,但给过她部分生活费,亦要求照顾部分财产。

这是对原被告所提诉讼要求和答辩内容的叙述。但是双方都没有提出要求继承财产的足够理由和事实根据。这应该说是一个缺点。另外也有的判决书,在概括原被告的诉讼要求和理由时，不够准确或没有抓住争执焦点，这在法律文书中也并不鲜见，如下面这份民事判决书，就有这方面的缺点：

> 女方于1981年11月以男方怀疑自己有生活作风问题，男方生活作风不好，两性生活不协调，没有感情为由，诉至本院，坚决要求与男方离婚。男方辩称：自己生活作风没问题；自己年龄大了，对女方有感情，女方没孩子，条件好；怀疑女方有生活作风问题，要求和好，坚决不同意离婚。

这是对一方要求离婚、一方不同意离婚的诉讼和答辩的理由的叙述。一般说来，这类案件，双方的理由应该是明显对立的，理由的根据也不应是共同的事实。而这份文书在叙述这些内容时，却没能把它写清。女方提出的离婚要求，根据有三：(1) 男方无根据地怀疑她有生活作风问题；(2) 男方生活作风不好；(3) 双方性生活不协调。男方答辩的理由只有一条，是和女方所提的理由根据相对立的，即自己生活作风没有问题。提出“自己对女方有感情”这一点还可以算作一条不同意离婚的正面的理由，但是诸如“自己年龄大了”、“女方没孩子，条件好”等都不能成为有力的不同意离婚的事实根据，相反倒有可能给对方提供坚持离婚的理由根据。特别令人费解的是，双方有一条共同的事实根据，即怀疑女方有生活作风问题。女方根据这一条得出了坚决离婚的结论，男方却根据这一条得出了“要求和好，坚决不同意离婚”的结论。这显然是与事理相悖的。我们认为，这很可能不是当事人提出答辩理由时缺乏理智，而是法律文书的制作者没有把握住男方所提理由的中心意思，没有在文书中反映出双方的争执焦点。

有时双方争执焦点十分明确，在经过分析论证的基础上，直接明确地提出焦点，而后明确指出谁是谁非，哪个错误，哪个正确，如下例：

> 本院再审认为，本案诉争的焦点是：××市公安局对李××立案侦查、拘留、监视居住、扣留钱财等系列行为，是滥用职权的行政行为，还是刑事侦查行为，根据××市公安局对李××采取的该系列行为的动机目的及行为表现，应确认××市公安局对李××采取的该系列行为是滥用职权的行政行为而不是刑事侦查行为。因为××市公安局在对李××采取该系列行为时，违背了我国《刑事诉讼法》授权公安机关实施刑事侦查行为追究犯罪嫌疑人刑事责任的立法目的，其真实目的不是为了查明犯罪事实。而是企图通过对李××采取该系列行为，为其机关捞取好处和为另方当事人讨债。这一点已有相关的事实证据足以证明。

这样抓住争执焦点，明辨是非正误，违法合法，一针见血，十分有力。

(四) 论辩说理，章法多样

在法律文书中，有一种是侧重说理的文书，如检察机关的抗诉书、公诉意见书，当事人书写的上诉状、申诉状、答辩状等，以及虽不属于正规的文书，却需要事先写成文稿的辩护词和代理词等，都是侧重于申辩说理的，富有驳辩性。在论辩说理方面也有许多写作的不同章法，以公诉意见书为例，它是对起诉书的补充和发挥，因而有的采用具体细致地揭露被告人罪行危害的章法，有的则以对比或衬托的方法来突出被告人罪行，以此来强调被告人所犯罪行的严重性和危害性。再如辩护词，在写作上也有许多不同章法。如有的采取“欲进先退”的章法，有的采用“针锋相对”的章法。有关这方面的写作方法，留待讲授法庭发言部分讲解，这里从略。

以上就是我们对法律文书写作所提出的八个方面的基本要求，这些要求对各类文书是普遍适用的，当然有的应该突出强调，有的不甚明显，应该在学习各种法律文书中认真体会。

思考与练习题

1. 法律文书与司法文书、诉讼文书之间是何种关系？
2. 法律文书在司法实践中有哪些重要作用？
3. 法律文书的主要特点有哪些？
4. 法律文书中叙述案情事实应掌握哪些要点？
5. 法律文书中阐述理由应侧重哪些方面？

第二章　公安机关的法律文书

第一节　概　　述

一、概念、功能

公安机关的法律文书主要是指有关刑事诉讼的文书，也称侦查文书，是公安机关（含国家安全机关，下同）在刑事诉讼活动中依法制作或者认可的具有法律效力或法律意义的文书。

公安机关是人民民主专政的重要工具。它的主要职责，一是依法对各种刑事案件进行侦查、预审和对犯罪嫌疑人、被告人执行拘留、逮捕等强制措施，揭露和证实犯罪；二是依法管理社会治安和对违反治安管理的行为予以处罚。因此，公安机关在行使其职权过程中所制作的文书主要包括刑事诉讼文书和治安管理处罚文书。本教材所讲授的是公安机关在刑事诉讼中所制作的文书——公安机关的刑事诉讼文书。

公安机关的刑事诉讼文书，不仅限于公安机关制作的各种文书，而且包括公安机关认可的其他机关、团体和诉讼参与人依法制作的各种文书，犯罪嫌疑人的亲笔供词、证人亲笔证词，等等。公安机关的刑事诉讼文书是整个刑事诉讼文书的一个重要组成部分，它与人民检察院的刑事检察文书和人民法院的刑事裁判文书有密切的联系，共同构成刑事诉讼文书体系，充分体现了公检法三机关分工负责、互相配合、互相制约的原则。

公安机关的刑事诉讼文书是侦查活动的产物，是公安机关刑事诉讼活动中行使侦查权的文字形式，是对侦查活动的真实记载。侦查程序是否合法、有效，案件事实、证据是否确实、充分，法律手续是否完备，都要通过公安机关的刑事诉讼文书反映出来。因此，制作公安机关的刑事诉讼文书对保证严格执法，提高办案质量，研究犯罪活动规律，总结侦查工作经验教训，都具有十分重要的意义。

二、文书分类

公安机关的刑事诉讼文书的分类方法较多，有的是从公安机关的刑事诉讼文书的制作方式上划分，即从公安机关的刑事诉讼文书的写作方法上去分类；有的是从公安机关的刑事诉讼文书的表现形式上划分，即按照公安机关的刑事诉讼文书的文种进行分类；有的是从诉讼程序上来划分，即按照侦查办案的程序来编排组合公安机关的刑事诉讼文书。最后一种分类，大体上符合侦查办案活动的过程，使每种公安机关的刑事诉讼文书的制作与办案程序融为一体，具有连贯性。故本书采用此种分类方法。按照此种分类方法划分，现行的公安机关的刑事诉讼文书可分为以下 8 类：

1. 立案、破案类。包括接受刑事案件登记表、呈请立案报告书、不予立案通知书、不立案理由说明书、移送案件通知书、立案决定书，呈请移送案件报告书，刑事犯罪现场勘查证，现场勘查笔录，指定管辖决定书，回避/驳回申请回避决定书，呈请破案报告书通缉令，撤销通缉令的通知，协助通报等 14 种。

2. 律师介入类。包括安排律师会见非涉密案件在押犯罪嫌疑人通知书，涉密案件聘请律师申请表，涉密案件聘请律师决定书，会见涉密案件在押犯罪嫌疑人申请表，准予会见涉密案件在押犯罪嫌疑人决定书、通知书，不准予会见涉密案件在押犯罪嫌疑人决定书等 6 种。

3. 强制措施类。包括呈请拘传报告书、拘传证，呈请取保候审报告书，取保候审决定书及执行通知书、呈请解除取保候审报告书，不予取保候审通知书，对保证人罚款/没收保证金复核决定书，退还保证金决定书、通知书，对保证人罚款决定书，取保候审保证书，解除取保候审决定书，呈请监视居住报告书，监视居住决定书及委托书，责令具结悔过通知书，呈请解除监视居住报告书，解除监视居住决定书、通知书，拘留证、拘留通知书，呈请拘留报告书，呈请逮捕报告书，提请批准逮捕书、逮捕证，逮捕通知书，变更强制措施通知书等 26 种。

4. 讯问犯罪嫌疑人类。包括传唤通知书，提讯证，讯问笔录，犯罪嫌疑人诉讼权利义务告知书，未成年犯罪嫌疑人法定代理人到场通知书，亲笔供词等 6 种。

5. 调查取证类（含搜查、扣押类）。包括询问笔录，亲笔证词，呈请辨认报告书，辨认笔录，呈请侦查实验报告书，侦查实验笔录，呈请复验复查报告书，复验复查笔录，呈请鉴定报告书，鉴定聘请书，鉴定结论，呈请搜查报告书，搜查证，搜查笔录，呈请调查取证据报告书，调取证据通知书，及有关扣押邮件、扣押电报，查询犯罪嫌疑人汇款、冻结犯罪嫌疑人汇款、查询犯罪嫌疑人存款等问题的报告书、通知书和扣押物品清单，调取证据清单等 39 种。

6. 延长羁押期限类。包括呈请延长拘留期限报告书，延长拘留期限通知书，提请批准延长羁押期限意见书，延长羁押期限通知书，呈请批准重新计算侦查羁押期限报告书，重新计算羁押期限通知书等 5 种。

7. 侦查终结类。包括呈请侦查终结报告书，起诉意见书，呈请撤销案件报告书，撤销案件通知书，释放通知书，处理物品文件清单，随案移交物品文件清单，销毁物品文件清单，发还物品文件清单，换押证等10种。

8. 补充侦查、复议复核类。包括补充侦查报告书、要求复议意见书、提请复核意见书，复议决定书等4种。

三、制作要求

（一）内容要真实

内容真实是对制作公安机关的刑事诉讼文书最根本的要求。公安机关的刑事诉讼文书只有内容真实可靠，才能切实保证办案的顺利进行，反之刑事法律文书内容虚假，必然会将办案活动引向歧途，影响刑事诉讼活动的顺利进行。公安机关的刑事诉讼文书内容真实大致包括涉及的有关人员基本情况要真实，如姓名、性别、年龄、住址、单位及职业、简历等都必须真实无误；所列举的事实必须真实；所列举犯罪嫌疑人的犯罪事实必须是经过查证属实的；所列举的证据必须真实，是经过查证无误的。

（二）时间要及时

制作公安机关的刑事诉讼文书还应在时间上及时。公安机关的刑事诉讼文书都是在办案活动中遇到特定案情时依法制作的，具有较强的时限性。因此，制作刑事法律文书必须及时，尤其是对那些时限性要求极强的刑事法律文书，更应当在法定时期内及时制作。例如，犯罪嫌疑人在被拘捕之后的24小时之内必须进行第一次讯问，同时必须制作讯问笔录，否则，超过24小时后再进行讯问和制作讯问笔录就是违法行为。

第二节　立案、破案文书

一、呈请立案报告书

（一）概念、功能

呈请立案报告书，是公安机关的侦查人员对接到报案、控告、举报、自首的材料进行审查后，认为符合立案条件的案件，决定立案时制作的报请领导审批决定是否立案的文书。我国《刑事诉讼法》第 83 条规定,公安机关、人民检察院或者人民法院对于报案、控告、举报,都应当接受。立案是全部侦查活动的起点,其他所有的侦查活动都是在立案后进行的。根据公安部制定的《公安机关办理刑事案件程序规定》(以下简称《办案程序规定》)第 162 条第 1 款之规定,公安机关受理案件后,经过审查,认为有犯罪事实需要追究刑事责任,且属于自己管辖的,由接受单位制作刑事案件立案报告书,经县级以上公安机关负责批准,予以立案。呈请立案报告书是公安机关办理刑事案件必经的法律程序,它经县以上公安机关负责人批准,便成为公安机关开展侦查工作的依据。

(二) 结构、内容和写法

1. 首部。首部要写清文书的名称,即“呈请对××案立案报告书”,不必编写文号。

2. 正文。正文包括如下内容:

(1) 报告导语。主要概括写明案件来源,接受案件后的处置,现场勘查所获得的证据得出是否有犯罪事实已经发生的结论,然后用“现将有关情况报告如下:”引出下文。

(2) 案件受理情况。这部分要写明案件来源,即案件是怎样发现的,是报案、控告、举报,还是犯罪嫌疑人自首或是其他机关转来的,或者是上级公安机关交办的。

要写明报案、控告、举报人、自首者的基本情况,包括姓名、性别、年龄、民族、职业、住址以及与案件的关系。

要写明案件的基本情况,要根据报案、控告、举报人或犯罪嫌疑人提供的情况以及抓获或者发现的经过,写清犯罪嫌疑人的犯罪事实,包括犯罪的时间、地点、手段、后果和被害人的简要情况等,不明确的情况可暂不列入。

(3) 立案根据。这部分是刑事案件立案报告书的重点,是案件成立的关键。它一般包括现场勘查情况、现场调查访问情况及鉴定结论。

现场勘查情况。现场勘查的目的是为了发现和搜集犯罪的痕迹、物证,为研究分析案情,判断案件性质,确定侦查方向,明确侦查范围,为侦破案件提供线索和依据。因此要按照现场勘查的基本要求步骤,写明现场方位、现场状态、现场的变动和各种痕迹、物证的情况以及提取的痕迹物证名称、数量等。具体内容要与现场勘查笔录的内容相一致。

现场调查访问情况。要把侦查人员深入细致的调查访问所了解和收集的案件情况和证人证言叙述清楚。重点要写明被害人所提供的关于案件发生、发现以及报案的经过和提出的与案件有关的情况。

鉴定结论。这部分内容并不要求每个刑事案件立案报告书都必须具备。鉴定结论,主要是指赃物估价、伤情鉴定、司法精神病鉴定结论等,因这些鉴定结论直接关系到案件是否成立。

(4) 立案理由。这部分内容主要是对报案、控告、举报或者犯罪嫌疑人自首的交代、现场勘查、调查访问及鉴定结论的综合判断,说明立案的条件和依据。

首先说明在什么时间、什么地点发生了什么性质的刑事案件,以及收集到的一定的证据,证明案件事实已经发生;然后写明行为人的行为已触犯刑律,行为人实施犯罪行为的动机、目的、手段等;最后写明行为人的行为造成的后果,依法应当追究其刑事责任。在分析判断时,要引用我国《刑法》和《刑事诉讼法》的具体条款来认定案件性质和提出立案请求。还要写明案件的严重程度,是一般案件还是重大或者特大案件。

(5) 侦查计划。要根据对案件情况的分析、判断,提出侦查方案和具体措施。这部分内容中要明确侦查力量的组织与分工;侦查的步骤、方法和措施;侦查的范围和方法等。

3. 尾部。要写明呈请立案的单位,两名或两名以上侦查员签名注明文书的成文日期。

(三) 应注意的问题

1. 刑事案件立案报告书一般用于重大、特大案件,一般刑事案件,填写刑事案件立案报告表即可。

2. 侦查计划中如果要使用技侦手段,应另写报告。

二、呈请破案报告书

(一) 概念、功能

呈请破案报告书,是公安机关办案部门对于查清了犯罪事实,查明了犯罪嫌疑人,并收集了确凿的证据的刑事案件,报请领导批准破案的法律文书。《办案程序规定》第167条规定,对于符合破案条件的案件,办案部门应当制作破案报告,报县级以上公安机关负责人批准。制作破案报告书,报请领导审核,对于确保办案质量,检查侦查破案工作具有重要作用。

(二) 结构、内容和写法

1. 首部。包括文书的名称和发文字号,名称可写为“呈请×××抢劫案件破案报告书”,发文字号写在文书标题的右下方。

2. 正文。正文是破案报告书的主要部分。根据《办案程序规定》和侦查破案的实践，正文部分主要写清以下内容：

(1) 案件侦查的结果。在这部分内容中，要写明案件的来源，是报案、举报、控告，还是自首的，以及受理案件的情况；现场勘查情况以及对案情的分析，获取了哪些痕迹物证。通过勘查、调查访问对案件性质、作案时间、犯罪动机、犯罪目的、犯罪嫌疑人等情况的分析判断结果；采取侦查措施的情况，即根据对案情的分析判断，采取了哪些侦查措施，取得了什么样的结果。

(2) 破案的理由和根据。在这部分中主要说明收集到的证明是犯罪嫌疑人实施犯罪的证据，犯罪嫌疑人的犯罪行为涉嫌什么罪名，是否应当追究犯罪嫌疑人的刑事责任，是否应当采取强制措施，采取什么强制措施，等等。

(3) 破案的组织分工和方法步骤。破案的组织分工和方法步骤要根据具体的案件来写，破案的主要任务是抓获犯罪嫌疑人，因此要如实反映拘、捕犯罪嫌疑人的法律手续，详细了解犯罪嫌疑人的姓名、特征，具体的落脚点或藏匿处，为抓捕犯罪嫌疑人作准备。组织破案力量，做好交通、通讯工具以及其他必要的物质准备。对于重大、特大案件，如何成立若干小组，保证破案一举成功，并拟定具体的破案方法和步骤，是采取拘传的方法，还是采取拘留或者逮捕的方法，以及抓捕的时间、地点等。

(4) 其他破案措施以及下一步的工作意见。在这部分内容中，要写明在破案过程中采用的其他破案措施，是公开抓捕，还是秘密捕获。如果犯罪嫌疑人已逃跑的，如何组织力量追捕，发布通缉令，或者采取的其他技术侦破手段等。同时还要反映所拟出的破案后的工作意见，如怎样组织讯问，怎样开展调查，如何补充证据；如果是共同犯罪案件，还要反映拟出如何追捕同案犯罪嫌疑人的措施，等等。

3. 尾部。尾部包括结语和落款。结论要用请示性语言，如“妥否，请批示。”落款依次写明承办单位，两名侦查员签名，制作文书日期，并加盖呈报单位印章。

(三) 应注意的问题

1. 要准确全面地反映案件情况，要把案件发生、发现及侦查过程客观全面地叙述清楚，以便领导审查时作出正确决策。

2. 破案报告要突出重点，特别是在叙述案件侦查结果时，要把案件事实、证据作为重点来阐述。

3. 对案情比较简单的案件，可填写刑事案件破案报告表，写清破案的简要情况即可。

第三节　强制措施文书

一、呈请拘传报告书和拘传证

（一）呈请拘传报告书

1. 概念、功能。呈请拘传报告书，是承办案件的单位在侦查过程中，需要犯罪嫌疑人到案接受讯问时报请县级以上公安机关负责人审批的文书。《办案程序规定》第60条规定，需要拘传的，应当制作呈请拘传报告书并附有关材料，报县级以上公安机关负责人批准。制作呈请拘传报告书，是法定的审批程序的要求，以期保证拘传活动的合法性。

2. 结构、内容和写法。应注意写明以下内容：

（1）首部。首部只需写明文书的名称，即“呈请拘传××报告书”。

（2）正文。这是呈请拘传报告书的主要部分，它的内容包括拘传的理由及法律依据两部分。

拘传的理由。首先，要写明犯罪嫌疑人犯罪的时间、地点、手段、经过、后果等基本案情。如果犯罪嫌疑人仅有犯罪嫌疑，则要写明嫌疑的根据；其次，要说明对犯罪嫌疑人经过合法传唤而无正当理由不到案受讯的情况。如果对犯罪嫌疑人未经传唤，直接拘传时，要说明直接拘传的理由。

拘传的法律依据。拘传的法律依据是我国《刑事诉讼法》第50条，但这一条规定得比较笼统，只讲了对犯罪嫌疑人可以拘传，没有对拘传的条件以及有关程序作出明确具体的规定。拘传是一种刑事强制措施，拘传的对象只能是犯罪嫌疑人。在制作这部分内容时，要针对犯罪嫌疑人的犯罪事实，说明其行为触犯我国《刑法》的哪一条、哪一款，涉嫌什么罪，或者存在何种犯罪嫌疑，并且要说明通过拘传所要达到的目的（如需要通过讯问查明的事实情节），最后根据我国《刑事诉讼法》第50条之规定，说明拟对犯罪嫌疑人予以拘传，特呈请领导审查批示。

（3）尾部。尾部用“妥否，请批示”作结，然后写明承办单位的名称，承办人签名以及制作日期，最后应注明所附案件材料多少页。

3. 应注意的问题。呈请拘传报告书经县级以上公安机关负责人批准后，则由承办单位凭呈请拘传报告书制作拘传证。

（二）拘传证

1. 概念、功能。拘传证，是公安机关在侦查过程中，依法拘传犯罪嫌疑人到案接受讯问的凭证文书。这种凭证具有法律强制性,被拘传人必须服从,不可违抗。

2. 结构、内容和写法。拘传证是一种填空类文书,有正本和存根两联。

(1) 正本。正本是执行拘传的凭证。

首部。它包括制作文书的机关名称、文书名称(为印制的固定文字)以及文书编号。文书编号要具体填写。

正文。它包括拘传的法律依据,执行拘传的侦查人员姓名,被拘传人的详细地址及姓名。固定的文字是:"根据《中华人民共和国刑事诉讼法》第五十条之规定,兹派本局侦查人员(填执行拘传的侦查人员姓名)对居住在(填被拘传人户口所在地)的(填被拘传人姓名)予以拘传。"

尾部。它包括公安局长章和公安局印以及制作的年、月、日。最后是被拘传人填写的向其宣布拘传的时间及签名。

(2) 存根。这部分内容要依次填清文号、犯罪嫌疑人姓名、单位及职业、住址、拘传原因、拘传时间、批准人、执行人、填发时间、填发人。

3. 应注意的问题。包括以下方面:

(1) 拘传证正页上的被拘传对象是被拘传人,拘传证存根上的被拘传对象是犯罪嫌疑人,这两种称谓是同一人。被拘传人指的是被拘传的对象;而犯罪嫌疑人指的是被拘传人在案件中所处的地位。

(2) 正页中的"居住地"与存根中的"住址"是同一的,均是指被拘传人的户口所在地。

(3) 正页中向被拘传人宣布的时间与存根中"拘传时间"应当是相同的,但存根上的"拘传时间"只要求填写到年、月、日即可,计算拘传时限的时间则以向犯罪嫌疑人宣布的时间为准(应扣除途中的时间)。正页中制作日期(即公安局印下面的年、月、日)与存根中的"填发时间"是一致的。

(4) 存根中"拘传原因"分两种情况填写:一是对犯罪嫌疑人经合法传唤无正当理由而不到案的,可填写"经合法传唤而不到案";二是对犯罪嫌疑人直接采用拘传的,则就填写直接拘传的原因,即被拘传人的行为性质,如盗窃、抢劫、杀人等。不应填写"案情需要"、"侦查需要"等含糊用语。

(5) 对证人、被害人不能用拘传证拘传他们到案作证。

二、取保候审决定书、执行通知书和保证书

(一) 取保候审决定书

1. 概念、功能。取保候审决定书、执行通知书,是公安机关在侦查过程中依

法对犯罪嫌疑人采取取保候审措施的凭证文书。《办案程序规定》第66条规定,需要对犯罪嫌疑人取保候审的,应当制作呈请取保候审报告书。经县级以上公安机关负责人批准,并签发取保候审决定书。因此,取保候审决定书是根据县以上公安机关负责人批准的呈请取保候审报告书制作的,是对犯罪嫌疑人实行取保候审的法律依据。

犯罪嫌疑人具备下列情形之一的,才能制作取保候审决定书:

(1) 可能判处管制、拘役或者独立使用附加刑的;

(2) 可能判处有期徒刑以上刑罚,采取取保候审的方法,不致发生社会危险性的;

(3) 应当逮捕,但正在怀孕、哺乳自己未满周岁婴儿的妇女;

(4) 应当逮捕,但患有急性、恶性传染病或者其他严重疾病,采取取保候审的方法不致发生社会危险性的;

(5) 拘留后提请批准逮捕,而人民检察院不批准逮捕,需要复议复核的;

(6) 拘留后证据不符合逮捕条件的;

(7) 犯罪嫌疑人被羁押的案件,不能在法定期限内办结,需要继续侦查的;

(8) 逮捕后,发现犯罪嫌疑人具有上述第(3)、(4)项情形之一的。

2. 结构、内容和写法。取保候审决定书、执行通知书是一种一纸多联填空类文书,分《取保候审决定书》正本、副本、《取保候审执行通知书》和存根四联。

(1)《取保候审决定书》正本。正本是对犯罪嫌疑人采取取保候审的合法凭证,由首部、正文、尾部三部分组成。

首部。包括制作文书的机关、文书的名称、发文字号等。

正文。包括犯罪嫌疑人姓名,取保候审的原因和法律依据,保证人姓名和犯罪嫌疑人在取保候审期间应当遵守的具体规定等内容。这部分的文字在《公安机关刑事法律文书格式》式样中的固定文字是:"我局正在侦查的犯罪嫌疑人(填写犯罪嫌疑人姓名),因(填写取保候审的原因),根据《中华人民共和国刑事诉讼法》第(根据取保的原因填写相应的条款)条之规定,决定对其取保候审。犯罪嫌疑人应当接受保证人(填写保证人姓名)的监督或者交纳保证金(填写交纳保证金的数额)元。在取保候审期间应当遵守下列规定:一、未经执行机关批准不得离开所居住的市、县;二、在传讯的时候及时到案;三、不得以任何形式干扰证人作证;四、不得毁灭、伪造证据或者串供。"

犯罪嫌疑人取保候审期间违反上述规定,已交纳保证金的,没收保证金。

取保候审决定书既适用于对未被拘留、逮捕的犯罪嫌疑人直接采取取保候审,又适用于对已被拘留、逮捕关押的犯罪嫌疑人取保候审。因此,在填写取保候审的法律依据时,应根据犯罪嫌疑人的具体情况填写。如患有传染病,怀孕及哺乳自己婴儿等,不能填写"因案情需要"或"侦查工作需要"等含糊用语。对不是因传染病或怀孕、哺乳自己未满周岁婴儿而直接采用取保候审的,可填写犯罪嫌疑人的行为性质,如盗窃、伤害等。

尾部。包括公安局印和制作文书的日期。这部分内容根据实际情况填写。

(2)《取保候审决定书》副本,其内容与正本相同,只是在被取保候审人“本决定书已收到”下增加了“被取保候审人”签名并注明签收日期等。

(3)《取保候审通知书》这是执行机关对被取保候审的犯罪嫌疑人实施监管的凭证。由首部、正文、尾部三部分组成。① 首部。首部的内容与《取保候审决定书》相同。② 正文。包括执行单位名称,犯罪嫌疑人取保候审的原因及基本情况,取保起算时间,以及在取保期间应当遵守规定。③ 尾部。与《取保候审决定书》相同。

(4) 存根。由开具单位存档备查。这部分内容按照格式要求,依次填写文号、犯罪嫌疑人姓名、性别、年龄、住址、单位及职业、取保原因、批准人姓名、批准时间、保证人姓名、性别、年龄、住址、单位、办案人姓名、填发时间和填发人姓名。

填写存根中的“批准时间”,应以局长在呈请取保候审报告书上批准同意的时间为准,不能填制作取保候审决定书的时间,也不能填写犯罪嫌疑人在取保候审决定书上签字的时间。

3. 应注意的问题。包括以下几方面:

(1) 取保候审决定书制作完毕,即发生法律效力。承办人就可凭此决定书对犯罪嫌疑人实行取保候审,并让犯罪嫌疑人在取保候审决定书下面填写对其宣布的日期及签名。

(2) 当犯罪嫌疑人取保候审的条件消失时,应当及时对犯罪嫌疑人解除取保候审。

(3) 对犯罪嫌疑人取保的方式,限于或是人保或是财保,而不能同时并用。

(二) 取保候审保证书

1. 概念、功能。取保候审保证书,是保证人向决定取保候审机关出具的保证犯罪嫌疑人在取保候审期间不逃避侦查、起诉和审判,随传随到的具有法律约束力的文书,它是保证人履行担保义务的合法凭证。如果保证人在犯罪嫌疑人取保候审期间,不能按保证书中规定的要求履行担保义务,或者与犯罪嫌疑人合谋逃避侦查、起诉和审判,决定取保候审的机关可凭此保证书追究保证人所承担的法律责任。

保证人出具保证书之后,就要对决定取保候审的机关承担两个法律义务:一是监督被保证人遵守我国《刑事诉讼法》第 56 条的规定;二是发现被保证人可能发生或者已经发生违反我国《刑事诉讼法》第 56 条规定的行为的,应当及时向执行机关报告。如果犯罪嫌疑人在取保候审期间发生妨碍侦查、起诉和审判活动的行为,保证人要承担一定的法律责任。因此,保证人必须是与本案无牵连,有能力履行保证义务,享有政治权利,人身自由未受到限制,有固定住所和收入的公民。

2. 结构、内容和写法。保证书有固定格式由保证人填写,其内容在《公安机关刑事法律文书格式》式样中作了明确具体的规定。它由首部、正文、尾部三部分组成。

(1) 首部。包括文书的名称和保证人的简况。这部分内容在《公安机关刑事法律文书格式》式样中规定的具体文字如下:"我现住(填写保证人的具体地址),单位及职业(填写保证人从事的职业),与犯罪嫌疑人(填写犯罪嫌疑人姓名)是(填写保证人与犯罪嫌疑人的关系)关系。"在填写保证人所从事的职业时,如果保证人没有工作单位(如个体户),应填写保证人在什么地方所从事的职业。如果保证人是离退休人员,就填写保证人原工作单位并说明已离退休。

(2) 正文。正文的内容是保证人在取保候审期间向决定取保候审机关所承担的义务。这部分内容是事先印制在保证书上的,保证人只需在上面填写决定取保候审的公安机关的名称和犯罪嫌疑人的姓名。

(3) 尾部。包括保证书送达的单位(即××县(市)公安局)、保证人的签名以及制作日期。

保证书规定,保证人不履行担保义务愿接受法律制裁。在取保候审期间,保证人发现被取保人已经违反我国《刑事诉讼法》第56条的规定,却未及时报告的,对保证人处以罚款;如保证人故意放走犯罪嫌疑人或者有其他妨碍侦查的行为,则视其情节轻重以包庇罪、窝藏罪或者伪证罪追究保证人的法律责任。

三、监视居住决定书、执行通知书

(一) 概念、功能

监视居住决定书、执行通知书,是公安机关决定对犯罪嫌疑人采取监视居住措施时所制作的文书。监视居住决定书应当向被采取监视居住措施的犯罪嫌疑人当场宣布。执行通知书应当及时通知执行机关。

《办案程序规定》第95条规定,对犯罪嫌疑人监视居住,应当制作呈请监视居住报告书,经县级以上公安机关负责人批准,签发监视居住决定书。它是对犯罪嫌疑人采取监视居住强制措施的法律依据。

(二) 结构、内容和写法

监视居住决定书、执行通知书有固定的格式,分为决定书正本、副本、执行通知书、存根四联。

1. 监视居住决定书正本。包括以下内容:

首部。包括制作文书的机关、文书的名称和文书的编号。

正文。包括对犯罪嫌疑人进行监视居住的法律依据,犯罪嫌疑人的姓名,执行监视的委托机关以及犯罪嫌疑人在监视居住期间应当遵守的具体规定,这部分需要填写的内容比较简单,即"我局正在侦查的犯罪嫌疑人(填犯罪嫌疑人的姓名),因(填写监视居住的原因,如患病、怀孕、哺乳自己的婴儿等),根据《中华人民共和国刑事诉讼法》第(根据监视居住的原因填写相应的条款)条之规定,决定对其监视居住,并由(填写受委托单位名称)执行。在监视居住期间,犯罪嫌疑人应当遵守下列规定……"这部分内容的制作要求与取保候审决定书相同,可参照制作。

尾部。包括公安局印及制作文书的日期。

2. 监视居住决定书副本。其内容与正本相同,只是在最后增加了被监视居住人签收《监视居住决定书》并注明签收日期的内容。

3. 监视居住执行通知书。它是受委托单位对犯罪嫌疑人执行监视居住的合法凭证。由首部、正文、尾部三部分组成。首部(增加了受委托单位的名称)和尾部的内容与监视居住决定书大致相同,参照制作即可。

正文部分的内容除将犯罪嫌疑人的基本情况改为执行单位的名称外,其他内容与《监视居住决定书》基本相同,按照规定的格式填写。

4. 存根。由办案单位存档备查。按照固定格式依次填清文号、犯罪嫌疑人姓名、性别、年龄、住址、单位及职业、监视原因、决定监视时间、受委托单位、批准人、办案人、填发时间、填发人。需要说明的是"决定监视时间",各地填写的不一致,有的填写局长在呈请监视居住报告书上批准的时间;有的填写制作监视居住决定书的时间;有的填写填发时间;有的填写犯罪嫌疑人在监视居住决定书上签名的时间;等等。我们认为,"决定监视时间"应以监视居住决定书上的时间为准,即在年、月、日上面加盖公安局印的时间,它与"填发时间"、"执行监视居住"的时间是有区别的。

(三) 应注意的问题

1. 监视居住决定书制作完毕,办案部门即凭决定书对犯罪嫌疑人采取监视居住的措施,并让犯罪嫌疑人在监视居住决定书下面填写对其宣布的日期和签名。

2. 犯罪嫌疑人监视居住的条件消失后,应及时制作解除监视居住决定书,解除对犯罪嫌疑人的监视居住。

四、呈请拘留报告书和拘留证

(一)呈请拘留报告书

1. 概念、功能。呈请拘留报告书,是承办案件的单位对现行犯或者重大嫌疑分子采取拘留措施时所制作的报请县以上公安机关负责人审批的文书。

《办案程序规定》第106条规定,拘留犯罪嫌疑人,应当制作呈报拘留报告书,经县级以上公安机关负责人批准,签发拘留证。刑事拘留是一种较严厉的刑事强制措施,它涉及公民人身自由,因此,制作呈请拘留报告书,经县以上公安机关负责人审查把关,可以防止或减少错拘无辜的情况发生,保障公民的人身自由权利不受侵犯,同时可以防止办案人员"以拘代惩"、"以拘代侦"的错误做法。根据法律规定,全国人民代表大会代表或者县级以上地方各级人民代表大会代表,如果因为是现行犯需要拘留的,执行拘留的公安机关应向该级人民代表大会主席团或者常务委员会报告。对不享有外交特权和豁免权的外国人、无国籍人,依法应当刑事拘留的,由省、自治区、直辖市公安厅、局审批;执行拘留后,应当及时向当地外事办公室和有关外国人主管部门通报情况,并报公安部备案,按有关规定及时通知有关国家驻华使、领馆。

2. 结构、内容和写法。包括以下内容:

(1)首部。首部写明呈请拘留报告书、文书编号、被拘留人的基本情况及简历,包括姓名、年龄或出生年月日、民族、籍贯(如外国人应写明国籍)、户籍所在地、单位及职务、现住所。

(2)正文。它是呈请拘留报告书的重点,它的内容包括犯罪嫌疑人的基本情况、违法犯罪经历、拘留的理由和法律依据。

报告导语。概括报告书的中心内容,包括案件名称,立案时间,呈请拘留对象和请求,而后接现将有关情况报告如下:

犯罪嫌疑人的基本情况和违法犯罪经历。应依次写清姓名、性别、年龄或出生年、月、日,身份证件编号、民族、籍贯、户籍所在地、单位及职业、住址,以及违法犯罪经历,犯罪嫌疑人不讲真实姓名、住址的,按犯罪嫌疑人自报的姓名、住址及相关情况填写。暂不清楚的项目不要填写。

拘留的理由。首先,要把已经查清的被拘留人的犯罪事实或者重大嫌疑事实叙述清楚。如果被拘留人是罪该逮捕的现行犯,就要把罪该逮捕的已经查清的犯罪事实情节阐述清楚,包括犯罪的时间、地点、手段、经过、危害后果等情节。如果被拘留人有重大嫌疑(包括案情重大和嫌疑重大)的,要将认定其涉嫌的事实根据叙述清楚,一定是有根有据的,不能是无根据的推断。这些事实是适用拘留的基本理由。其次,要写明被拘留人具备我国《刑事诉讼法》第 61 条规定的拘留条件方面的事实,即正在预备犯罪、实施犯罪或者在犯罪后及时被发觉的;被害人或者在场亲眼看到的人指认他犯罪的;在身边或者住处发现有犯罪证据的;犯罪后企图自杀、逃跑或者在逃的;有毁灭、伪造证据或者串供可能的;不讲真实姓名、住址、身份不明的;有流窜作案、多次作案、结伙作案重大嫌疑的;并且应说明情况紧急,如果不把现行犯或者重大嫌疑分子拘留起来,就会发生新的社会危害性或者妨碍侦查工作的顺利进行。

拘留要根据上述拘留的理由,说明被拘留人的行为符合我国《刑事诉讼法》第 61 条第几项规定的情形,已具备拘留的条件,特呈请批准拘留。

(3) 尾部。写“妥否,请批示”,并写明承办单位的名称、承办人签名以及制作文书的日期。最后还应注明所附案件材料的件数和页数。

3. 应注意的问题。包括两方面:

(1) 呈请拘留报告书制作完毕由承办单位负责人审阅后连同案件材料、证据报县以上公安机关负责人审批。领导审查后,应在呈请拘留报告书上方“领导指示”一栏中明确写上同意或不同意拘留,或者采取其他措施的意见,并签署姓名和日期。

(2) 对不讲真实姓名的犯罪嫌疑人,在制作时,可按犯罪嫌疑人自报的姓名制作。

(二) 拘留证

1. 概念、功能。拘留证是公安机关依法对犯罪嫌疑人执行拘留时制作的具有法律效力的文书凭证。它是根据县级以上公安机关负责人批准的呈请拘留报告书制作的,是侦查人员对被拘留人执行拘留的合法凭证。

拘留证不仅具有证明执行拘留的侦查员的身份和执行拘留活动的合法性,而且具有严厉的强制性。持有拘留证执行拘留的侦查人员,是代表国家司法机关行使拘留权。因此,在执行拘留的过程中,对抗拒拘留的人可以采取相应的强制方法,在必要的时候还可以使用械具(包括武器)。对阻挠执行拘留的其他人员也可以采用相应的防范措施。在紧急情况下凭拘留证可对被拘留人的人身、住处及其他有关场所进行搜查。

2. 结构、内容和写法。拘留证具有固定格式,分为正本、副本、存根三联。

(1) 正本。它是侦查人员执行拘留的凭证,它是由首部,正文,尾部三部分组成。

首部。包括制作文书的机关、文书的名称、文书的编号。

正文。包括拘留的法律依据、侦查人员(两名)姓名、被拘留人的住址和姓名。《公安机关刑事法律文书格式》的式样规定的固定格式如下:“根据《中华人民共和国刑事诉讼法》第 61 条之规定,兹决定由本局侦查人员(填写执行拘留的侦查人员姓名)对居住在(填写被拘留人的住址)的(填写被拘留人姓名)执行拘留。"

关于拘留的法律依据问题,有的地方在拘留证上填写我国《刑事诉讼法》第 84 条第 3 款和第 89 条之规定,我国《刑事诉讼法》第 84 条第 3 款规定,公安机关对于报案、控告、举报,都应当接受,对于不属于自己管辖而又必须采取紧急措施的,应当先采取紧急措施,而紧急措施应当包括拘留在内。我国《刑事诉讼法》第 89 条规定的情形与拘留的条件也基本相同,但若以此作为拘留的法律依据,我们认为这种理解和写法是不妥的。我国《刑事诉讼法》第 84 条第 3 款中规定的紧急措施不应简单地理解为只是采取刑事强制措施,还包括保护现场等措施。如果被报案、控告、举报的人具有我国《刑事诉讼法》第 61 条规定的情形,可依法拘留。第 89 条规定的"对现行犯或者重大嫌疑分子可以依法先行拘留"。先行拘留的对象也必须符合我国《刑事诉讼法》第 61 条规定的 7 种情形之一。因此,不论是第 84 条第 3 款规定的条件,还是第 89 条规定的情形,都不能作为拘留犯罪嫌疑人的条件;拘留犯罪嫌疑人的条件只能是我国《刑事诉讼法》第 61 条规定的现行犯或者重大嫌疑分子的 7 种情形。因此我国《刑事诉讼法》的其他条款不能作为拘留犯罪嫌疑人的法律依据,而应以同法第 61 条规定为依据。

在正文之后还要填写两项内容:一是说明本证向被拘留人宣布的时间,并由被拘留人签名,捺手印。二是由看守所民警在"本证副页已收到,被拘留人已由我所收押","接收民警"处签名注明收押日期并加盖看守所印章。

尾部。它包括公安局长章和公安局印以及制作的年、月、日。

(2) 副本。它是羁押场所收押被拘留人的凭证。它由首部、正文、尾部三部分组成,首部和尾部与正页的首部、尾部的内容相同。正文部分除了正页的正文内容以外,增加了被拘留人羁押的场所、被拘留的原因和时间等内容。

(3) 存根。由办案单位存档备查。按照规定要求依次填清文书的文号、被拘留人姓名、住址、单位及职业、拘留原因、拘留时间、批准人、执行人、填发时间、填发人。

3. 应注意的问题。包括以下几方面:

(1) 在正本和副本中"对居住在______的"空格内,应当填写被拘留人的常住地,即户籍所在地。不应填写"旅店"、"招待所"等。它是表示对居住在××地点的×××人的身份情况的说明,并不表示在××地方对×××人执行拘留,即并不表示执行拘留的地点。

(2) 在填写存根上的"拘留时间"这一项时,各地不尽一致。有的填批准拘留的时间,有的填拘留证填发的时间,有的填被拘留人在拘留证上签名的时间,有的填被拘留人被关进看守所的时间，等等。我们认为，存根上的“拘留时间”是指执行拘留的时间，在一般情况下，存根上的“拘留时间”与正本上填写的时间（即制作日期）以及被拘留人在正本上签名的时间应当是一致的。因为拘留证一经签发，应立即对被拘留人执行拘留。如果当日未将拘留人抓获，副本中的“被拘留时间”以被拘留人在拘留证上签字的时间为准，以便掌握法定羁押期限。填写存根上的“拘留时间”和正本中的制作时间，只要填年、月、日即可，不必具体到×时×分。

（3）对被拘留人执行拘留时，侦查人员应当向被拘留人出示拘留证，不识字的，应向其宣读，并令被拘留人在《拘留证》下面填清对其宣布的时间及其姓名。如果被拘留人拒绝签名的，执行拘留的侦查人员应在拘留证上注明情况。

（4）对犯罪嫌疑人执行拘留后，除有碍侦查和无法通知的情形外，应当在24小时内将拘留的原因和羁押的处所通知被拘留人家属或者所在单位。

五、提请批准逮捕书和逮捕证

（一）提请批准逮捕书

1. 概念、功能。提请批准逮捕书，是公安机关根据我国《刑事诉讼法》第66条之规定，对有证据证明有犯罪事实且有逮捕必要的犯罪嫌疑人，提请同级人民检察院审查批准逮捕时制作的文书。

我国《刑事诉讼法》第66条规定，公安机关要求逮捕犯罪嫌疑人的时候，应当制作提请批准逮捕书，连同案卷材料、证据一并移送同级人民检察院审查批准。因此，制作提请批准逮捕书是公安机关逮捕犯罪嫌疑人的必经法律程序，同时也体现了公安机关与人民检察院分工负责、互相制约的原则，并表明公安机关是严格按照法定程序办案的。

制作提请批准逮捕书充分体现了“我国公民人身权利不受侵犯”的精神。我国《宪法》规定，任何公民非经人民检察院批准或人民法院决定，并由公安机关执行，不受逮捕。公安机关认为需要逮捕犯罪嫌疑人时，应将提请批准逮捕书和案件材料一并报人民检察院审批。人民检察院经过审查，认为案件事实不清，或证据不足则不批准逮捕，并向公安机关说明理由，需要补充侦查的，应同时通知公安机关补充侦查。这样就可以防止或减少错捕无辜的现象发生，充分保障公民的人身权利不受侵犯。

根据《全国人民代表大会和地方各级人民代表大会代表法》第30条的规定，县级以上的各级人民代表大会代表，非经本级人民代表大会主席团许可，在本级人民代表大会闭会期间，非经本级人民代表大会常务委员会许可，不受逮捕。

2. 结构、内容和写法。包括如下内容：

(1) 首部。它包括制作文书的机关、文书的名称、文号、犯罪嫌疑人的基本情况及违法犯罪经历等内容。制作方法与注意的问题与呈请拘留报告书基本相同。但在填写犯罪嫌疑人违法犯罪经历时还应注意：犯罪嫌疑人如果在拘留后被提请逮捕的，应当注明拘留的时间、期间和羁押地点，便于人民检察院在审查过程中依法提讯犯罪嫌疑人，同时，有利于人民检察院实行法律监督。

(2) 正文。这是制作的重点部分，包括犯罪事实和法律依据两方面内容。

犯罪事实。根据我国《刑事诉讼法》第 60 条第 1 款之规定，逮捕犯罪嫌疑人必须具备 3 个条件，其中首要的一条就是要说明有证据证明犯罪事实，包括犯罪事实和证明犯罪事实的证据，并写清犯罪的时间、地点、经过、手段、后果、动机、目的等。这里所讲的犯罪事实是从逮捕的角度出发的，而不是从结案的角度出发的，犯罪事实的含义，是指犯罪嫌疑人具备我国《刑法》条文中规定的犯罪构成要件的主要情节，即要查清犯罪嫌疑人的行为是否侵犯了我国《刑法》所保护的社会关系，犯罪嫌疑人是否达到了刑事责任年龄，是否具有刑事责任能力。如果一人犯数罪或者一罪包括数个犯罪行为（如多次盗窃，或多次抢劫或多次强奸等），经过侦查，只获取了犯罪嫌疑人的抢劫行为的证据，而强奸、盗窃行为尚未有证据证明。在提请批准逮捕书中，只要把犯罪嫌疑人的抢劫行为叙述清楚就可以了，其他两个犯罪行为不必叙述。再如，犯罪嫌疑人实施了 5 次盗窃行为，只有其中 1 次（可能判处徒刑以上刑罚）有证据予以证明，就足够了。在叙述多次犯有同类罪行时，可以按犯罪时间叙述，也可以综合叙述。在叙述证明犯罪事实的证据时，只把所查获的能证明犯罪事实的证据列举出来就可以了，不要求达到充分的程度，而是要求有证据证明即可，但证据必须是确实的。

在犯罪嫌疑人的犯罪事实叙述清楚之后，就要说明可能判处徒刑以上刑罚和有逮捕必要的事实。在叙述时，结合已有证据证明的犯罪事实，主要说明犯罪嫌疑人行为的情节恶劣程度，后果的严重性以及如果不对犯罪嫌疑人采取逮捕的措施，不足以防止发生社会危害性等事实。

法律依据。这也是提请批准逮捕书不可缺少的重要内容。这部分要根据犯罪嫌疑人的犯罪事实，得出逮捕犯罪嫌疑人的结论。这个结论既要写明犯罪嫌疑人涉嫌犯罪的实体法依据，又要写明提请批准逮捕犯罪嫌疑人的程序法依据。具体地讲，首先要阐明犯罪嫌疑人的行为触犯了我国《刑法》哪一条（或几条）哪一款，涉嫌什么罪。然后说明犯罪嫌疑人的行为符合我国《刑事诉讼法》第 60 条第 1 款规定的逮捕条件，根据我国《刑事诉讼法》第 66 条之规定提请审查批准逮捕。在引用法律条文时要做到三点：

第一，引用法律条文要准确。在引用实体法时，根据犯罪嫌疑人具有的犯罪

名、性别、年龄、民族、籍贯、单位及职业、住址、逮捕时间、批准或决定机关名称、批准或决定时间、执行人、填发时间、填发人。

需要说明的是,正本中的执行逮捕的“侦查人员”与副本和存根中的“执行人”应当是相同的。但是,在实际制作的过程中,有的办案人员把副本中的“执行人”理解为押解犯罪嫌疑人到看守所关押的人员。这样就会出现正本、副本和存根中的执行人不一致的情况。在一般情况下,执行逮捕的侦查人员同时也担任押解犯罪嫌疑人到看守所关押的任务。即使这样,副页中的“执行人”也不表示押解人,而是执行逮捕的侦查人员。

3. 应注意的问题。包括如下几方面:

(1) 对犯罪嫌疑人进行逮捕时,侦查人员应向被捕人出示《逮捕证》,不识字的应向其宣读,令被捕人在逮捕证下面填写对其宣布的时间及姓名。

(2) 办案部门派员到外地执行逮捕犯罪嫌疑人时,执行人员应携带原地人民检察院签发的批准逮捕决定书、批准逮捕决定书(副本)和逮捕证、介绍信及犯罪嫌疑人犯罪的主要材料等,到犯罪嫌疑人所在地的检察机关送达批准逮捕决定书(副本)后,由犯罪嫌疑人所在地公安机关协助执行逮捕。

(3) 对犯罪嫌疑人执行逮捕后,除有碍侦查和无法通知的情形外,应在24小时内将逮捕的原因和羁押的处所通知被捕人家属或者所在单位。

(4) 执行逮捕后,将执行情况及时通知原批准逮捕的人民检察院或原决定的人民法院。

第四节 通 缉 令

一、概念、功能

通缉令,是公安机关为抓获罪该逮捕而在逃的或者拘留、逮捕后脱逃的犯罪嫌疑人及从监狱内逃跑的罪犯而制作的一种法律文书。

通缉令具有法律强制性,对于被通缉的对象,各地公安机关都可以将其抓捕,任何公民都可以将其扭送公安、司法机关。通缉令只能由公安机关发布,其他任何单位都无权制作。

二、结构、内容和写法

通缉令分正本和存根两部分。

（一）正本

这是通缉犯罪嫌疑人、被告人、罪犯的正式文书，分为首部、正文、尾部三部分。

1. 首部。包括标题、发文字号、发布范围三项内容。

2. 正文。这是通缉令的主要内容。包括简要案情，被通缉人简介、体貌特征、携带物品，通缉令的工作要求和注意事项，附项等几部分。

（1）简要案情。要写明被通缉人的作案时间、地点，作案的简要情况及其潜逃的经过等简单案情。在制作时要注意两点：第一，在叙述被通缉人作案的简要情况时，主要写明其作案的具体性质，如杀人、盗窃、强奸等，但不必写作案的细节。第二，对发案的时间、地点也不要写得太细；对需要保密的单位，不写作案的时间、地点。

（2）被通缉人简介。要写明被通缉人姓名（别名、化名、绰号）、年龄（出生年、月、日，出生日期不详的，可写大约多少岁）、性别、职业、工作单位、籍贯（国籍）、住址、犯罪历史。

（3）被通缉人体貌特征。要根据被通缉人的不同特点，尽量写详细一些。应分别写明以下内容：被通缉人身高（不知具体身高，可写多少公分左右），体型（胖、较胖、瘦、较瘦）；脸型、发型、五官；并说明突出的特征，如脸上有斑、痣、疤痕，头发长短，有无白发，牙齿镶补情况，单眼皮还是双眼皮，视听觉有无缺陷，等等；突出特征、特长和生活习惯，走路姿势，步法特征，口音（是否口吃），是否左撇子，有无文身等；逃跑时的衣着，包括上衣、裤子、鞋、帽、内衣的式样、颜色、新旧程度等；是否会武术等。

（4）被通缉人携带物品。要写明被通缉人的身份证、护照号码、携带物品的数量及特征。要特别注意写明是否携带武器、弹药、匕首等凶器以及是否有行凶、自杀等情况。

（5）通缉令的工作要求和注意事项。主要是提出对被通缉人的查缉措施及抓获后如何处理等，要写明办案单位联系人、联系电话及通讯地址。

（6）附项。有条件的，要在通缉令中附上被通缉人近照、十指指纹、重要社会关系人名单（包括姓名、性别、单位、地址）。

3. 尾部。在正文右下方要署上发布时间并加盖发布机关公章。需要时，可在通缉令下方附上抄送单位名单。有照片的要在右上角印制照片。

（二）存根

这是制作通缉令正本后，由签发单位留存的部分。它的作用是作为签发通缉令的根据，存档备查。在这部分中，要按照规定格式依次写明制作单位名称、文书名称和文书发文字号。然后,依次写明犯罪嫌疑人姓名、性别、年龄、住址、单位及职业、原籍、通缉原因、通缉时间、批准人、承办人、填发时间、填发人等情况。

三、应注意的问题

1. 根据案件情况,确定通缉令发布的方式。根据案情需要,通缉令的发布方式有三种:

(1) 将通缉令发给有关单位,包括相关的公安机关,有关保卫部门、居民委员会和治保会等。

(2) 通过新闻媒介发布,如广播、电视、报刊等。

(3) 将通缉令张贴在有关场所,向全社会公开通缉。

2. 确定通缉令发布的范围。通缉令的发布范围由签发通缉令的负责人根据案件性质决定。根据我国《刑事诉讼法》第 123 条第 2 款和公安机关办理刑事案件的有关规定,县以上公安机关在自己管辖的地区内,可以直接发布通缉令;毗邻的和有固定协作任务的省、自治区、直辖市或行署、市、县公安机关,按协作规定可以互相抄发通缉令,同时报上级公安机关备案;需要在全国或者跨区协作通缉重要逃犯时,由省、自治区、直辖市公安厅、局报公安部,由公安部发布通缉令。

公安部发部的《通缉令》分为 A 级和 B 级两种,内容和制作方法相同,只是奖励金额和来源不同。A 级由公安部奖励 5 万元。B 级由省、区、市公安厅、局奖励 1 万元。

在实际工作中,发布《通缉令》采取传真的形式发布,制作《通缉令》没有存根,凭公安机关负责人批准的"呈请发布《通缉令的报告》发布,报告即为依据。有的通缉令一式多份,少则几百份,多则上万份,也是凭公安机关负责人批准的报告发布。

3. 被通缉的对象自杀、被抓获或被击毙,要及时制作关于撤销通缉令的通知撤销通缉。

第五节 延长羁押期限文书

一、呈请延长拘留期限报告书

(一) 概念、功能

呈请延长拘留期限报告书,是公安机关侦查人员审理拘留案件时,在 3 日内未能获取证明犯罪嫌疑人有犯罪事实的证据,但仍有继续审查必要时,报请县级以上公安机关负责人批准延长拘留期限所制作的文书。

我国《刑事诉讼法》第69条第1款规定,公安机关对被拘留的人,认为需要逮捕的,应当在拘留后3日以内,提请人民检察院审查批准。在特殊情况下,提请审查批准的时间可以延长1~4日。在实践中,常遇到的“特殊情况”主要是指以下几种:

1. 犯罪嫌疑人的行为构成犯罪的重大嫌疑,但犯罪事实尚未查清。

2. 案情复杂,证据材料的收集尚不足以提请批准逮捕。

3. 作为认定案件事实的主要证据的“鉴定结论”尚未作出,影响确定案件性质的。

我国《刑事诉讼法》第69条第2款的规定:对于流窜作案、多次作案、结伙作案的重大嫌疑分子,提请审查批准的时间可以延长30日。不具备上述特殊情况,或者不是流窜作案、多次作案、结伙作案的重大嫌疑分子,不能随意制作呈请延长拘留期限报告书。

(二)结构、内容和写法

1. 首部。这部分包括文书的名称,即“呈请延长×××(被拘留人的姓名)拘留期限报告书”、发文字号和被拘留人的基本情况。被拘留人的基本情况包括:被拘留人姓名、性别、出生日期、民族、籍贯、文化程度、职业、户籍所在地、现住址、拘留时间。

2. 延长拘留期限的理由和依据。延长期限的理由要根据案件的具体情况叙述。如果犯罪嫌疑人的犯罪事实尚未查明,要讲明犯罪嫌疑人是什么性质的犯罪,事实还未查清,还需要继续侦查;如果是收集的证据不足以证明犯罪嫌疑人有罪的,就要说明还需要补充什么证据;如果犯罪嫌疑人是流窜作案、结伙作案、多次作案的重大嫌疑分子,也要说明其具体情况;等等。延长拘留期限的法律依据是我国《刑事诉讼法》第69条第1款和第2款规定。如果需要延长1~4日的,则引用第69条第1款;如果需延长至30日,则引用第69条第2款。

3. 尾部。注明承办人姓名和制作日期。

(三)应注意的问题

《呈请延长拘留期限报告书》制作完毕后,报请县级以上公安机关负责人审批。如果批准延长拘留期限,则制作《延长拘留期限通知书》,通知被拘留人和看守所,以免超期羁押。如果不批准延长拘留期限,承办单位应及时对被拘留人变更强制措施,或者提请逮捕。

二、提请批准延长侦查羁押期限意见书

（一）概念、功能

提请批准延长侦查羁押期限意见书，是公安机关向上级人民检察院提请延长犯罪嫌疑人在侦查中羁押期限时所制作的文书。

我国《刑事诉讼法》第124条规定："对犯罪嫌疑人逮捕后的侦查羁押期限不得超过二个月。案情复杂、期限届满不能终结的案件，可以经上一级人民检察院批准延长一个月。"第125条规定："因为特殊原因，在较长时间内未能交付审判的特别重大复杂的案件，由最高人民检察院报请全国人民代表大会常务委员会批准延期审理。"第126条规定："下列案件本法第一百二十四条规定的期限届满不能侦查终结的，经省、自治区、直辖市人民检察院批准或者决定可以延长二个月：(一)交通十分不便的边远地区的重大复杂案件；(二)重大的犯罪集团案件；(三)流窜作案的重大复杂案件；(四)犯罪涉及面广，取证困难的重大复杂案件。"第127条规定："对犯罪嫌疑人可能判处十年有期徒刑以上刑罚，依照本法第一百二十六条规定延长期限届满，仍不能侦查终结的，经省、自治区、直辖市人民检察院批准或者决定，可以再延长二个月。"凡是符合上述情况之一的案件，都可以根据不同情况，向人民检察院提请批准延长羁押期限。犯罪嫌疑人逮捕后的侦查羁押期限，应从宣布逮捕之日起计算。逮捕前被刑事拘留的羁押期限不应计算在逮捕后的侦查羁押期限之内。

（二）结构、内容和写法

提请批准延长羁押期限意见书分为正本、副本和存根三部分。

1. 正本。这是送交人民检察院审查批准的部分。包括首部、正文和尾部三部分。

(1) 首部。填明制作单位名称、标题和发文字号。

(2) 正文。包括以下内容：

案件的简要情况。要写明犯罪嫌疑人的身份事项、涉嫌犯罪的性质和被批准逮捕的时间，并要写明犯罪嫌疑人已被逮捕，注明具体的执行日期，便于人民检察院审查批准。这部分的内容虽然比较简单，却非常重要，是公安机关依法向人民检察院提请批准延长犯罪嫌疑人羁押期限的基础。

提请批准延长羁押期限的理由。制作时要根据案件的具体情况叙述。如提请延长一个月的，则应说明案情复杂；如需延长两个月的，则应说明案件发生在交通十分不便的边远地区或重大案件，或者是重大集团犯罪案件，流窜作案的重

大案件,犯罪涉及面广、取证困难的重大复杂案件;等等。

提请批准延期的法律根据。提请批准延长羁押期限的法律根据,要根据案件延长期限的具体情况,分别引用不同的条款。如果延长一个月的,应引用我国《刑事诉讼法》第124条;如果需延长两个月的,应引用同法第126条;如需再延长两个月的,应引用同法第127条;如需报请全国人大常委会批准的,应引用同法第125条,并应明确提出具体的延长时间要求。

(3)尾部。要按照格式规定写明受文机关名称和制作日期,并加盖制作机关公章。公安机关制作的提请批准延长羁押期限意见书需要报送上一级检察机关批准,一律要经同级人民检察院转报,公安机关不得超级报送。

2. 副本。副本是公安机关提请延长犯罪嫌疑人侦查羁押期限的凭证,制作方法与正本相同。

只是尾部下面注明"本意见书"已收到,并由检察院收件人签名,填写收到意见书的具体时间。

3. 存根。这是由签发单位存档备查的部分。要按规定格式填明制作机关名称、文书名称和发文字号。然后依次填明犯罪嫌疑人姓名、性别、年龄、住址、单位及职业、执行逮捕时间、延长羁押期限的原因、批准人姓名、办案人姓名、受文单位名称以及填发时间和填发人姓名。这些内容要与"正本"相同项目一致。

(三)应注意的问题

1. 办案人员要在犯罪嫌疑人羁押期限届满的7天前,将该文书连同案件材料一起,送交同级人民检察院转报。对于需要延长两个月或者再延长两个月以及需提交全国人民代表大会常务委员审查批准的,应当在期限届满的15天前,将本文书报请同级人民检察院转报。

2. 公安机关收到人民检察院批准延长羁押期限决定书,应向犯罪嫌疑人宣读,并制作延长羁押期限通知以通知看守所。

3. 公安机关收到人民检察院不批准延长羁押期限决定书时,必须在规定期限届满前将犯罪嫌疑人先行释放,并发给释放证明书。同时可将逮捕的强制措施变更为取保候审或者监视居住的强制措施,并抓紧对案件的审理,尽快结案。

三、呈请重新计算侦查羁押期限报告书

(一)概念、功能

呈请批准重新计算侦查羁押期限报告书,是办案单位在侦查过程中,发现已被逮捕羁押的犯罪嫌疑人另有重要罪行,依法呈请县级以上公安机关负责人批

准重新计算侦查羁押期限的文书。

根据我国《刑事诉讼法》第 128 条规定:“在侦查期间,发现犯罪嫌疑人另有重要罪行的,自发现之日起依照本法第一百二十四条的规定重新计算侦查羁押期限。”根据这一规定,制作呈请批准重新计算侦查羁押期限报告书时,必须符合以下条件:

1. 必须是在侦查期间,发现犯罪嫌疑人另有重要罪行的案件。即发现犯罪嫌疑人在提请批准逮捕书所列的犯罪行为之外,还有其他的重要犯罪行为。

2. 有重新计算侦查羁押期限必要的案件。如果发现犯罪嫌疑人的新罪情节复杂,工作量较大,在原侦查羁押时限内不能侦查终结,就应呈请批准重新计算侦查羁押期限。

3. 必须是在侦查期间发现新罪的案件。即在对犯罪嫌疑人报捕之后至移送起诉之前发现犯罪嫌疑人另有新罪。在报捕之前不能呈请批准重新计算羁押期限。在案件移送人民检察院审查起诉之后发现犯罪嫌疑人另有重要罪行的,也不能呈请重新计算侦查羁押期限,可采取补充起诉意见书的形式解决。

制作呈请批准重新计算侦查羁押期限报告书,对在侦查过程中发现犯罪嫌疑人另有重要罪行的案件,依法重新计算侦查羁押期限,有利于办案部门充分发挥其职能作用,积极深挖余罪,扩大战果,彻底查清犯罪嫌疑人的全部犯罪事实,确保办案质量。

(二) 结构、内容和写法

1. 首部。首部只需制作文书名称。即“呈请重新计算×××侦查羁押期限报告书”。

2. 正文。包括以下内容:

(1) 犯罪嫌疑人的基本情况,包括姓名、出生年月日、住址、民族等。

(2) 犯罪嫌疑人被逮捕的原因、时间。即犯罪嫌疑人因涉嫌什么罪,经××人民检察院批准,于××年××月××日被执行逮捕,现押在××看守所。

(3) 发现的犯罪嫌疑人所犯新罪的情况及重新计算羁押期限的理由和依据。要写明在侦查过程中,又发现犯罪嫌疑人在提请批准逮捕书中所列的罪行之外,还有其他的重要犯罪行为。而且所发现的新罪,依照我国《刑法》的有关规定,可能判处徒刑以上刑罚。如果所发现的新罪,不够判处徒刑以上刑罚,不能视为“另有重要罪行”。并且还要写明,所发现的重要罪行情节比较复杂,调查取证工作量大,在原侦查羁押期限内不能侦查终结,有重新计算侦查羁押期限的必要。最后写根据我国《刑事诉讼法》第 128 条之规定,特呈请批准重新计算侦查羁押期限。

3. 尾部。尾部写明承办案件的单位名称及日期。

（三）应注意的问题

1. 对犯罪嫌疑人的新罪一定要尽量写得详细一些。在实际办案过程中，有的在叙述犯罪嫌疑人的新罪时，过于简单，如“在侦查过程中发现犯罪嫌疑人×××还有盗窃行为”，“犯罪嫌疑人在讯问中交代，还强奸妇女一名”、“犯罪嫌疑人×××还在外省抢劫作案二次”等，这样不能反映新罪的具体情节。

2. 重新计算侦查羁押期限的理由一定要写充分。如要到外地调查取证，需要作司法鉴定等。

3. 如果批准重新计算侦查羁押期限的，应立即制作《重新计算侦查羁押期限通知书》，通知看守所，同时向被羁押人宣布，并报原批准逮捕的检察院备案。如不批准时，应在羁押期限内移送本案或在羁押期限届满前变更强制措施。

第六节　侦查终结文书

一、呈请案件侦查终结报告书

（一）概念、功能

呈请案件侦查终结报告书，是公安机关侦查人员对所审理的案件，认为具备结案条件时，向县级以上公安机关有关负责人报告案件审理情况，请示结案处理时所制作的文书。

公安机关侦查的案件，经过预审，取得能够证实犯罪嫌疑人有罪或者无罪以及犯罪情节轻重的各种证据，没有发现遗漏罪行和应当追究刑事责任的人，法律手续完备，应当及时结案。结案时，侦查员要写出结案报告，连同案件材料，送请领导审批。

呈请案件侦查终结报告书是公安机关有关领导决定是否可以侦查结案的重要依据。一经批准就成为制作起诉意见书或者撤销案件通知书等文书的依据和基础。

（二）结构、内容和写法

1. 首部。这部分内容包括文书名称（即标题）和犯罪嫌疑人基本情况。

文书名称的文字是：“呈请×××（犯罪嫌疑人姓名）××（涉嫌的罪名）案侦查终结报告书”。如果是集团案件，一般要写集团首犯或主犯的姓名，即呈请×××（首犯或主犯姓名）××（涉嫌罪名）案侦查终结报告书”。如果是一名或数名犯罪嫌疑人涉嫌几种罪行的,一般要把犯罪性质严重或为主的罪名放在前面,依次排列,如杀人、抢劫、强奸、抢夺、盗窃等。

犯罪嫌疑人的基本情况,要写明犯罪嫌疑人的姓名、性别、年龄、籍贯、民族、文化程度、职业、住所和简要经历。叙述犯罪嫌疑人的简要经历时,一般要按时间先后写明该人学历、职业变更情况。对受过刑事、治安处罚的,应在相应的年度中,写明处罚的日期、原因、决定处罚机关的名称和处罚的案由等主要违法犯罪经历的情况。最后,顺序写明在本案中对该案犯罪嫌疑人采取强制措施的情况。

有两名以上犯罪嫌疑人的案件,要根据他们在案件中的主、从地位顺序排列,逐个写清上述各项内容。

2. 正文。这部分要叙述案件的来源、案件事实和审查情况,特别要注意写清以下几项内容:

(1) 案件来源情况。简要说明发案、侦查破案、查获犯罪嫌疑人(包括投案自首)和受理案件的情况。制作时,首先,要写明案件发生的时间、地点及立案的情况;其次,要写明侦查破案的方法及经过,并写明对犯罪嫌疑人采取强制措施的情况;最后,要写明犯罪嫌疑人被羁押的地点。制作以上内容时,可以参考案卷中的破案报告,有的案件也可以根据证据材料证实的有关情况制作。

(2) 对犯罪嫌疑人是否采取了强制措施及其理由。这部分应具体写明犯罪嫌疑人于何时、何地、因涉嫌何种罪名,被采取了何种强制措施。对犯罪嫌疑人采取逮捕的,则要写明由××人民检察院批准,被××公安机关逮捕。如果犯罪嫌疑人先行拘留后转捕的,还要注明被拘留的时间等。

(3) 案件事实情况。写明经过讯问和调查,已经查证属实的案件事实,无论证实犯罪嫌疑人有罪或者无罪,罪轻、罪重的事实,在侦查终结报告书中都应当实事求是地写清楚,客观全面地反映办案过程。对于构成犯罪的,应当写明犯罪嫌疑人于何时、何地、在什么条件下、出于什么动机、想达到什么目的、实施了哪些犯罪前的准备活动、采取了哪些手段、实施了哪些行为、造成了什么程度的后果,以及犯罪嫌疑人对自己行为的态度等;如果犯罪嫌疑人的行为具有法定从轻、减轻或免除处罚的情节,要交代清楚;如果犯罪嫌疑人的行为不构成犯罪的,也要写明依据和理由,以便领导审批时作出正确决策。

案情比较简单的案件,案件事实按上述要求叙述即可。对于比较复杂的案件,一般可以考虑用以下三种叙述方式:

第一,按案件事实发生的时间先后叙述,把前后各项事实自始至终地叙述清楚。采用这种方法,可以比较清楚地看出案件事实的演化过程。不足之处,有可能对主罪的叙述不够突出,会使某些比较严重的犯罪行为排在文内的次要位置上。

第二,按犯罪的不同罪名和情节、后果的轻重,分类进行叙述。罪重的先叙,罪轻的后叙,经查证不构成犯罪的放在最后。采用这种方法制作,能够突出主罪,层次清晰,条理性强。犯罪嫌疑人作案多起,构成犯罪的,多采用此种写法。

第三,把原办案单位侦破的案件和在办案过程中"深挖"查破的案件分别进行叙述。制作时结合第一、二种写法,先写原办案单位侦破的犯罪事实,后写在办案过程中深挖出的犯罪嫌疑人的犯罪事实。在叙述"深挖"查破的罪行时,还要注意分清哪些是犯罪嫌疑人坦白交代的;哪些是侦查人员采用讯问和查证的技巧,迫使犯罪嫌疑人交代的和侦查员侦破的;哪些是其他犯罪嫌疑人揭发的。采用这种方法能够突出反映犯罪嫌疑人的认罪态度和侦查工作的成效。

共同犯罪的案件,如果其中有的犯罪嫌疑人还单独涉嫌其他罪行的,可以先叙述共同犯罪部分,然后再叙述单独涉嫌罪行部分。

(4) 不能认定的问题。在有些案件中,原拘捕文书中所认定的犯罪事实,经过审理发生了变化,不宜认定或不构成犯罪的,以及其他必须向主管负责人说明的问题,都要在本文书中阐述清楚。这部分可以作为"问题说明"部分,根据具体案件情况叙述清楚。主要内容一般应当包括:第一,对原报捕罪行中部分犯罪事实的否定意见及否定根据;第二,通过审理,对原报捕文书中犯罪事实中个别情节的匡正;第三,对犯罪嫌疑人交代的某些犯罪事实和情节未能查清的理由;第四,对因故不能及时归案的犯罪嫌疑人的情况说明;第五,证明本案事实的各种证据收集到了哪些,哪些证据由于客观原因未能收集到等情况也要予以说明。

在叙述案件事实时,还要说明哪些事实是原办案单位查清后经审理认定的,哪些事实是在侦查中新发现的,在侦查中还挖出哪些线索等。对于案件被害人或其法定代理人在侦查期间提出附带民事诉讼的,也要将其诉讼请求摘要写明。

(5) 法律依据和处理意见。根据犯罪嫌疑人犯罪事实、认罪态度及有关的法律规定,提出处理意见。对已构成犯罪,需要追究刑事责任的犯罪嫌疑人,提出起诉意见;如果犯罪嫌疑人虽然构成犯罪,本应追究刑事责任,但具备我国《刑法》规定的免除处罚的条件,提出不移送起诉意见;对于不构成犯罪的犯罪嫌疑人,提出撤销案件的意见。对于青少年犯罪嫌疑人,还可以根据案情提出送劳动教养、工读学校的意见。根据我国《刑事诉讼法》的有关规定,还应对办案过程中扣押、调取的物品提出处理意见。

二、起诉意见书

(一) 概念、功能

起诉意见书,是公安机关对依法受理的刑事案件侦查终结后,认为应当追究犯罪嫌疑人刑事责任，向同级人民检察院移请审查起诉时制作的文书。

我国《刑事诉讼法》第129条规定："公安机关侦查终结的案件，应当做到犯罪事实清楚，证据确实、充分，并且写出起诉意见书，连同案卷材料、证据一并移送同级人民检察院审查决定。"根据这一规定，公安机关侦查终结的案件，对于犯罪事实清楚、证据确实、充分，依法应当追究犯罪嫌疑人刑事责任的，应当制作起诉意见书。经县级以上公安机关负责人批准，连同案卷材料、证据一并移送同级人民检察院审查起诉。

公安机关制作起诉意见书的目的，是向人民检察院阐明案件事实，表明对犯罪嫌疑人的处理意见，提请人民检察院依法提起公诉，追究犯罪嫌疑人的刑事责任。它实际上是公安机关对犯罪嫌疑人的指控书，说明犯罪嫌疑人的行为已涉嫌犯罪，并应受刑事处罚。

起诉意见书是对案件侦查活动的总结，集中反映公安机关办理刑事案件的质量，同时也是检察、审判工作的基础材料，因此，必须认真制作。

（二）结构、内容和写法

1. 首部。包括制作文书的机关名称、文书名称、发文字号、犯罪嫌疑人的身份情况（依次写明姓名、身份证号码、性别、年龄、民族、籍贯、文化程度、单位及职业、住址）和违法犯罪经历等5个方面的内容。这部分内容与提请批准逮捕书首部内容基本相同，可参照制作，但应注意以下几个问题：

（1）对犯罪嫌疑人的化名、别名、乳名、笔名、艺名、绰号等曾经使用过的名字，不必全部在犯罪嫌疑人栏内列出。但是，那些利用化名、别名等进行犯罪的，应当在犯罪嫌疑人栏内列出。特别是有些流窜犯罪分子，大都利用化名进行犯罪活动，在犯罪嫌疑人栏内列出化名、别名是非常必要的。如有的犯罪嫌疑人进行犯罪活动时，使用了多个化名，可在犯罪嫌疑人栏内填写经常使用的化名，其他化名在叙述犯罪事实时注明。

犯罪嫌疑人姓名未查清的，按其供称的姓名填写。

（2）写犯罪嫌疑人违法犯罪经历时，对犯罪嫌疑人的前科情况以及受到治安处罚的情况应尽量表述清楚。对于服刑期间逃跑后又犯罪的或者刑满释放后又犯罪的以及被劳动教养解教后3年内犯罪的，逃跑后5年内犯罪的，应当写明逃跑或者刑满释放、劳教、解除劳教或逃跑的具体时间。上述情节按照全国人大常委会《关于处理逃跑或者重新犯罪的劳改犯和劳教人员的决定》的有关规定，属于从重处罚的条件。

共同犯罪案件有几个犯罪嫌疑人应当追究刑事责任时，犯罪嫌疑人的违法犯罪经历要分别叙述，按照首犯、主犯、从犯、胁从犯的顺序排列。

（3）单位犯罪的，应当写明单位的名称、所在地址、法定代表人的姓名、性别和职务，如××省××市××公司；地址××市××路××号；法定代表人×××，男，经理。

2. 正文。这是该文书的核心部分，包括案件侦办情况、犯罪事实、主要证据、提出起诉意见的理由及法律依据四部分。

（1）案件侦办情况。首先写明案件名称和来源，如报案、举报、控告、自首、上级交办、有关单位移送或者侦查部门利用侦查手段获取的案件线索等，其次应简要叙述案件侦查过程中的各个法律程序的开始时间，如接受案件、立案时间和犯罪嫌疑人到案的时间、地点，最后写明犯罪嫌疑人×××涉嫌××案，现已侦查终结。

（2）涉嫌的犯罪事实。犯罪事实部分要突出犯罪构成要件。构成犯罪的要件齐全，是认定犯罪的基本要求，也是起诉意见书赖以存在的基础。因此，要通过对事实的叙述，反映犯罪嫌疑人构成犯罪的四个要件，即犯罪嫌疑人在实施犯罪时所侵害的客体，实施犯罪的具体行为，行为人是否达到刑事责任年龄和具有刑事责任能力，主观上是否具有故意或过失。在制作文书时，并不要求按照犯罪构成的四个要件进行全面具体的叙述，只要在叙述犯罪事实时，把构成犯罪要件的情节反映出来就可以了。具体地讲，要反映出犯罪嫌疑人出于什么动机和目的，实施了什么犯罪行为，作案的时间、地点、方式、方法、经过、危害后果等情节以及证明这些情节的主要证据。由于刑事案件错综复杂，在叙述犯罪事实时，要根据案件的具体情况，因案而异，因人而异，采用不同的方法叙述，尽可能地把犯罪嫌疑人的犯罪事实叙述清楚、明白、扼要。根据实际办案的经验，总结出以下四种叙述方法：

第一，按时间顺序叙述，即按照犯罪嫌疑人作案时间的先后顺序来叙述。这种写法适用于一人一次涉嫌犯罪，多人一次涉嫌犯罪和一人多次涉嫌同一性质罪行的案件。

第二，按犯罪性质来叙述，即按照犯罪嫌疑人犯罪性质的轻重程度来叙述，先写重罪，再写轻罪。这种写法主要适用于一人或者多人多次犯罪，且涉嫌不同罪名的案件。如一人涉嫌杀人、抢劫、盗窃3种罪名，可先叙述杀人罪行，后叙述抢劫罪行，最后叙述盗窃罪行。采用这种写法，重点突出，主次清晰，数罪分明。

第三，按综合归纳法叙述，这种写法适用于两人或者多人多次涉嫌同一罪名，而且作案的方式、方法、经过、手段等情节又基本相同的案件。如多次盗窃、多次抢劫或者多次强奸等案件，可选择其中最严重、最有代表性的一次或两次犯罪事实加以详尽叙述，而对其他几次犯罪事实则可采用综合归纳的方法进行叙述。采用这种写法，既可避免重复啰嗦、文字冗长的弊病，又可以比较全面，具体地把全部犯罪事实叙述清楚。

第四，多种写法并用，对于共同犯罪和集团犯罪案件，由于各个犯罪嫌疑人在犯罪过程中所处的地位不同，罪行交错，情节各异，罪责不一，触犯的法律条款也不尽相同，对这类案件，大都采用综合归纳兼用其他方法进行叙述。即先用综合归纳法把共同犯罪的主要事实(可以性质为序,也可以时间为序)叙述清楚,然后按照主犯、从犯、胁从犯的顺序,把每一个犯罪嫌疑人在犯罪过程中的地位、作用和应负的责任叙述清楚。有的犯罪嫌疑人除了参与共同犯罪外还单独犯有其他罪行的,在叙述其参与共同犯罪事实后,再写单独犯罪的事实,如单独犯罪性质严重的,可作另案处理,即单独制作起诉意见书。

在叙述犯罪事实时,应做到以下几点:

第一,要全面、准确地反映犯罪嫌疑人的犯罪事实。所谓全面,包含三层意思:一是犯罪的全部行为,涉嫌几条罪行就写几条罪行;二是犯罪的法定从重、从轻、减轻处罚或者免除处罚的情节;三是犯罪嫌疑人在侦查过程中检举、揭发他人犯罪活动或具有悔罪、立功表现的事实。所谓准确,是指对犯罪嫌疑人的犯罪事实不夸大、不缩小,不主观臆断,真实地反映案件的本来面目。

第二,分清罪与非罪的界限。对不构成犯罪的事实,不能在正文中叙述。如犯罪嫌疑人违反行政法规和其他规定,而受党纪或政纪处罚的事实,不得在正文中列举,可在犯罪嫌疑人违法犯罪经历中注明。对与认定犯罪无关的事实,不要列入起诉意见书。

第三,对共同犯罪的案件,要分清每个犯罪嫌疑人在案件中的不同地位、作用、罪责。主犯的行为对整个犯罪活动起着主导作用,在叙述时要作为重点;对首犯,要着重叙述其组织、策划犯罪活动的事实,并阐明其在犯罪过程中处于主导的地位;对从犯、胁从犯,要叙述他们在共同犯罪活动中的直接责任,并说明他们处于从属地位。

第四,叙述犯罪事实时,要列举一定的证据予以证明。写证据,并不是要把证明犯罪嫌疑人犯罪的全部证据一一列举出来,而是根据不同性质的案件的不同特点,有针对性地列出部分主要证据,而且要叙述得简明扼要。

(3) 主要证据情况。在规定格式“认定上述事实的证据如下”,要列举认定案件事实的主要证据予以证明。写证据时,并不是要把证明犯罪嫌疑人犯罪的全部证据详细列举,而是根据不同性质的特征,将证据的名称列举即可。

(4) 提出起诉意见的理由和法律依据。提出起诉意见的理由,就是要说明犯罪嫌疑人的行为触犯的实体法、涉嫌的罪名、依法应当受到刑罚处罚。移送起诉的法律依据是我国《刑事诉讼法》第 129 条之规定。在制作时应做到以下要求:

第一,要全面引用法律条款。应根据案件的实际需要,分别不同的犯罪性质,正确引用法律条款。有些案件不仅要引用确定犯罪性质(罪名)的条款,而且要引用反映犯罪预备、未遂、中止、自首、累犯、教唆犯、共同犯罪以及犯罪地位(主犯、从犯、胁从犯)的法律条款;不仅要引用我国《刑法》、《刑事诉讼法》的有关条款,而且要引用全国人大常委会对刑法、刑诉法作出的补充规定的条款。

第二,定性要准。即根据犯罪嫌疑人的犯罪事实来认定其行为性质(罪名)。有的起诉意见书中叙述的是犯罪嫌疑人盗窃犯罪的事实,但在结论中却认定犯罪嫌疑人涉嫌抢夺罪,罪名与事实不符,出现定性不准的问题。

第三,被害人在侦查期间提出附带民事诉讼的,一定要在结论中明确提出。否则是不符合法律规定的。

3. 尾部。这部分包括受文机关名称、制作日期、公安局长章和公安局印。

在文末附注中要写明四项内容:(1) 侦查结案时,本案犯罪嫌疑人所在的地点;(2) 附送本案卷宗多少卷、多少册;(3) 附送本案赃、证物情况;(4) 如被害人已提出附带民事诉讼的,要说明"被害人已提出附带民事诉讼,随案移送刑事附带民事诉讼证据多少份、证明材料多少页。"

(三) 应注意的问题

1. 客观地反映案件情况。客观如实地反映案件的事实是制作起诉意见书最起码的要求,为此,力求做到以下四点:

(1) 要以事实为根据。在制作起诉意见书时,要从案件的实际出发,是什么就写什么,不能脱离案件的事实情况,先入为主、随心所欲、任意扩大或缩小犯罪事实,更不能把无罪写成有罪,轻罪写成重罪;或者把有罪写成无罪,重罪写成轻罪。这两种倾向都是错误的,是影响办案质量的重要因素。

(2) 未经审查核实的材料,不能在起诉意见书中使用。起诉意见书中认定的每一项犯罪事实,都要有根有据,确实可靠。使用证据材料必须是查证属实的,对于那些未经查实或似是而非、模棱两可的材料,不要在制作起诉意见书时使用。

(3) 引用犯罪嫌疑人的口供和证人证言时,不能断章取义,以偏概全,一定要注意不失原意。

(4) 对于犯罪嫌疑人犯罪事实的叙述要明确、具体,不要过于抽象、笼统、概念化。如"犯罪嫌疑人一贯表现好"或"表现不好"、"手段极其残忍"、"态度十分恶劣"等。但对一些涉及性犯罪的案件,则不要把犯罪嫌疑人进行流氓犯罪活动的具体情节详细叙述。

2. 准确地认定犯罪事实。起诉意见书认定的犯罪事实,是对犯罪嫌疑人提出起诉意见的事实根据。因此,起诉意见书中认定犯罪嫌疑人的犯罪事实、性质、涉嫌罪名,要准确无误。要正确地区分罪与非罪的界限,不能把犯罪嫌疑人轻微的违法行为、一般的违纪行为以及民事违法行为或不道德行为当成犯罪行为写入起诉意见书。

三、撤销案件决定书

（一）概念、功能

撤销案件决定书，是公安机关在侦查案件过程中，发现不应当追究犯罪嫌疑人的刑事责任或者犯罪嫌疑人已死亡的，需要撤销案件时而制作的文书。

我国《刑事诉讼法》第130条规定："在侦查过程中，发现不应对犯罪嫌疑人追究刑事责任的，应当撤销案件，犯罪嫌疑人已被逮捕的，应当立即释放，发给释放证明，并且通知原批准逮捕的人民检察院。"第15条规定："有下列情形之一的，不追究刑事责任，已经追究的，应当撤销案件，或者不起诉，或者终止审理，或者宣告无罪：（一）情节显著轻微、危害不大，不认为是犯罪的；（二）犯罪已过追诉时效期限的；（三）经特赦令免除刑罚的；（四）依照刑法告诉才处理的犯罪，没有告诉或者撤回告诉的；（五）犯罪嫌疑人、被告人死亡的；（六）其他法律规定免予追究刑事责任的。"

根据以上法律规定，制作撤销案件决定书必须同时具备三个条件：一是已经立案的刑事案件；二是犯罪嫌疑人的行为不构成犯罪或者具备免除处罚的情节；三是经县级以上公安机关负责人批准。这三个条件缺一不可。如果发现犯罪嫌疑人不应当追究刑事责任，但没有被逮捕，就只需撤销案件，没有必要制作撤销案件通知书。

（二）结构、内容和写法

撤销案件决定书属于一纸多联填空式文书，由正本、副本及存根组成。

1. 正本。正本是公安机关撤销案件的凭据，由首部、正文、尾部组成。

（1）首部。首部包括文书名称、发文字号，按规定要求制作即可。

（2）正文。正文包括三项内容：

① 犯罪嫌疑人的基本情况内容同于上述各种文书，年龄要注意14岁至18岁者写明年月日。

② 案由。要写清人民检察院批准逮捕的日期，发文字号以及被逮捕人姓名等情况，便于人民检察院与原批准逮捕材料核对。

③ 撤销案件的原因。根据案件的具体情况说明犯罪嫌疑人的行为不应追究刑事责任或应当免除刑罚，具备我国《刑事诉讼法》第15条规定中的哪一种情形，应具体写明。应明确说明具体的情节，如不构成犯罪、犯罪已过追诉的时限、已构成犯罪但依法不应追究刑事责任或不负刑事责任、犯罪嫌疑人死亡等。不能笼统地写符合我国《刑事诉讼法》第15条规定的情形。犯罪嫌疑人已释放

的应当注明。

④ 法律依据。即根据我国《刑事诉讼法》第 130 条之规定,不应当追究刑事责任,公安机关决定撤销案件,通知检察院备查。

(3) 尾部。填写制作文书的日期并加盖公安局印。

2. 副本。副本是公安机关发给犯罪嫌疑人,不追究其刑事责任的凭证。制作与正本一致。

3. 存根。依次填写发文字号、案件名称、案件编号、原案犯罪嫌疑人基本情况、撤销案件原因、批准人姓名、批准时间、办案人姓名、办案单位名称、填发时间、填发人。

(三) 应注意的问题

1. 在制作撤销案件通知书之前,应先制作撤销案件的内部请示报告,说明原立案侦查的情况,经过讯问和调查查清的事实及撤销案件的理由和依据,经县级以上公安机关负责人批准同意后方能制作撤销案件通知书。

2. 撤销案件通知书只适用于全案撤销的案件。对共同犯罪案件中,有部分已被逮捕的犯罪嫌疑人不应当追究刑事责任的不适用本文书,可以用释放通知的方式处理。

3. 如果案件已经移送起诉,公安机关发现犯罪嫌疑人不应追究刑事责任,需要撤销案件时,应制作撤回起诉意见书,将案件撤回;如果犯罪嫌疑人是被逮捕的,在制作撤回起诉意见书的同时,还应制作撤销案件通知书,通知人民检察院审查决定批准逮捕的部门撤销案件;如果犯罪嫌疑人未被逮捕,只需制作撤回起诉意见书,不必制作撤销案件通知书。

第七节　补充侦查和复议、复核文书

一、补充侦查报告书

(一) 概念、功能

补充侦查报告书,是公安机关向决定退回补充侦查的人民检察院报告补充侦查结果时所制作的文书。

我国《刑事诉讼法》第 140 条规定,人民检察院审查案件,对于需要补充侦查的,可以退回公安机关补充侦查,也可自行侦查。对补充侦查的案件,应当在 1 个月内补充侦查完毕。公安机关补充侦查后,应当重新制作提请批准逮捕书,不需要制作补充侦查报告书。

公安机关都要认真制作补充侦查报告书,将补充侦查结果报告人民检察院。这也是公安机关侦查工作的一个组成部分,是其应尽的职责。这样有利于查清案件事实,准确地打击刑事犯罪分子,有效地保障无辜公民免遭刑事追究,防止发生冤假错案,确保办案质量。

(二)结构、内容和写法

1. 首部。首部包括制作文书的机关名称、文书名称、发文字号及受文机关的名称。

2. 正文。包括以下三部分:

(1) 案由。写明人民检察院补充侦查决定书的发文字号,日期以及退回补充侦查案件的名称,并告知已经补充侦查完毕,这部分内容均有固定的格式要求,按照实际情况填写即可。

(2) 补充侦查的结果。这是本文书的重点。要详细地写明补充侦查的有关情况和结果。要针对人民检察院退回补充侦查决定书中所列的补充侦查提纲,逐条予以说明。对补充侦查的结果要根据案件的具体情况,尽量叙述得清楚、明白。要能反映出补充侦查的方式和所获物证、证人证言等证据情况,做到根据充分,结果有据。对于已查清的问题,要把补充侦查的方法和结果如实叙述出来,以便检察院审核;对于案卷材料中已有材料证明,不需要补充侦查的问题,要注明在案卷中第几册、第几页上已经说明,没有补充侦查的必要;对于法律手续不完备而退查的案件,要说明按照法定程序补办法律手续的情况。

(3) 附项。说明补充侦查报告书所附卷宗的册数和补充侦查的证据材料的页数以及随案移送的物证情况。

3. 尾部。写明制作文书的日期并加盖公章。

(三)应注意的问题

1. 补充侦查报告书应当在法定的时限内制作完毕,并要在法定时限内送达决定退查的人民检察院。如果因案情复杂,在法定的时限内不能补充侦查完毕,可提请批准延长羁押期限;如果在补充侦查期间发现犯罪嫌疑人另有新的重要罪行,可呈请批准重新计算侦查羁押期限,并制作相应的文书。

2. 利用秘密侦查手段所获的证据材料或者属于国家重要机密的材料,不宜在补充侦查报告书中反映,非写不可的,一定要转为合法的证据材料后,才能使用。

3. 经过补充侦查,发现不应移送起诉的,应撤回起诉意见书。如果发现新的同案嫌疑人或者新的罪行,可根据情况重新制作起诉意见书,不再制作补充侦查报告书，但应说明情况。

4. 人民检察院认为公安机关提请批准逮捕、移送起诉的案件中遗漏同案嫌疑人，要追加逮捕，移送起诉的，经公安机关补充侦查后，对需要逮捕的应制作提请批准逮捕书，连同案卷、证据一并移送同级人民检察院审查决定。对于应当起诉的，应当制作起诉意见书，连同案卷材料、证据一并移送同级人民检察院审查决定。

二、要求复议意见书

（一）概念、功能

要求复议意见书，是公安机关对同级人民检察院不批准逮捕、不起诉决定认为有错误时，依法要求同级人民检察院对其原决定重新进行审议时所制作的文书。

根据我国《刑事诉讼法》第 70 条、第 144 条的规定，公安机关要求复议的有以下两种情况：

1. 公安机关对人民检察院不批准逮捕的决定，认为有错误的。

2. 公安机关移送起诉的案件，人民检察院作出不起诉决定而公安机关认为不起诉决定有错误的。

制作要求复议意见书，依法行使复议权，对同级人民检察院办理刑事案件的活动进行制约，可以促使人民检察院正确执行法律，严格依法办事，避免应当受到刑罚处罚的犯罪嫌疑人逃避打击，保证办案质量。

（二）结构、内容和写法

1. 首部。包括制作单位名称、文书名称、发文字号、受文单位名称。

2. 正文。包括案由、要求复议的理由、法律依据及要求三部分内容。

（1）案由。应说明要求复议的案件的简要情况。要写清同级人民检察院作出不批准逮捕，或不起诉决定书的签发日期，发文字号和案件名称。在填写案件名称时，一定要与人民检察院决定书中案件名称相符。这样写的目的是便于人民检察院核对原案件材料。

（2）要求复议的理由。这是本文书的重点。制作时，要针对人民检察院作出决定的具体事项，结合案件的具体情况，阐明公安机关要求复议的理由。对人民检察院不批准逮捕决定提出复议的，如决定认为犯罪嫌疑人没有构成犯罪，在说明复议理由时，要说明犯罪嫌疑人的行为触犯了刑法哪一条或哪几条，涉嫌什么罪，应当追究刑事责任；如决定认为犯罪嫌疑人没有逮捕的必要的，则要说明对犯罪嫌疑人不采取逮捕的强制措施不足以防止发生新的社会危险性或不能保证侦查、起诉和审判活动的顺利进行。对人民检察院不起诉决定提出复议的,要针对不起诉决定的理由,结合案件的具体情节进行叙述。如果人民检察院认为犯罪嫌疑人的行为不构成犯罪,而作出不起诉决定的,在阐述复议理由时,要紧紧围绕犯罪构成的四个要件,说明犯罪嫌疑人的行为已经涉嫌犯罪,触犯了刑法的哪一条或哪几条,涉嫌什么罪名,依法应当追究刑事责任;如果人民检察院认为犯罪嫌疑人的行为虽已构成犯罪,但因犯罪已过追诉时效期限的或经特赦令免除刑罚的或其他法律、法令规定免予追究刑事责任而作出不起诉决定的,要说明犯罪嫌疑人不具备上述法定条件的事实,并要有充分的证据予以证明。在说明要求复议理由后,要根据案件具体情况,相应提出正确的处理意见。

(3) 提出复议的法律依据和要求。提出复议的法律依据应根据要求复议的内容来决定,如针对人民检察院不批准逮捕的决定提出复议的,应引用我国《刑事诉讼法》第70条;如针对人民检察院不起诉决定提出复议的,应引用我国《刑事诉讼法》第144条。引用法律条款后,提出明确要求,即要求检察院进行复议。

3. 尾部。其内容与补充侦查报告书的尾部内容基本相同。如对人民检察院不批准逮捕的决定提出复议的,同时要附案件材料,并注明附侦查卷宗多少册。

(三) 应注意的问题

1. 要求复议意见书是一种"驳论"性的文书,用语一定要注意分寸,做到有理有节,要注重分析说理,不要简单武断,否定对方意见,叙述事实情节要清楚、具体,要用一定的证据予以证明。

2. 公安机关收到人民检察院的复议决定后,如果复议意见被人民检察院采纳,作出批准逮捕决定的,要及时办理逮捕手续,对犯罪嫌疑人进行逮捕。作出起诉决定的,应将复议决定书存档备查。如复议意见不被接受,认为有再议必要的,应制作提请复核意见书,提请上一级人民检察院复核。

3. 对人民检察院作出不批准逮捕、不起诉决定的案件,如果犯罪嫌疑人在押应立即释放,不得以复议为由继续关押犯罪嫌疑人。对需要复议的案件,可在释放犯罪嫌疑人的同时,对犯罪嫌疑人采取取保候审或监视居住的强制措施。

三、提请复核意见书

(一) 概念、功能

提请复核意见书,是公安机关要求复议的意见未被同级人民检察院接受,并认为同级人民检察院的复议决定有错误时，向上级人民检察院申明理由，请求对案件重新审核而制作的文书。

我国《刑事诉讼法》第 70 条、第 144 条规定，公安机关认为人民检察院不批准逮捕、不起诉的决定有错误时，可以要求复议，如果意见不被接受，可以向上一级人民检察院提请复核。提请复核时，必须制作提请复核意见书，报请上一级人民检察院审查决定。据此，制作提请复核意见书的案件应具备以下三个条件：

1. 必须是经过复议的案件。未经复议的案件，不得直接向上一级人民检察院提请复核。

2. 必须是公安机关要求复议意见未被接受而认为有再议必要的案件。

3. 制作提请复核意见书，必须是原制作要求复议意见书的公安机关。其他机关没有要求复核的权利。

制作提请复核意见书，依法行使复核权，是法律赋予公安机关的权力，是公安机关对人民检察院进行制约的一种形式，是稳、准、狠地打击犯罪，保证办案质量的有效措施。

（二）结构、内容和写法

1. 首部。同要求复议意见书的首部。

2. 正文。包括以下三部分：

（1）案由。即说明提请复核一事的缘由。首先，要写明公安机关要求同级人民检察院进行复议的简要情况，包括要求复议意见书的签发日期、发文字号和要求复议的具体内容；其次，要写明同级人民检察院复议的简要情况，包括人民检察院复议决定书的签发日期、发文字号和复议决定的具体内容；最后，要明确表明公安机关的态度，认为同级人民检察院的复议决定有错误。

（2）提请复核的理由和意见。要针对人民检察院复议决定书中的决定事项和理由，逐条予以反驳，指出复议决定的事项不能成立。如复议决定书仍然维持原不批准逮捕的决定，就应针对维持原决定的理由，说明犯罪嫌疑人的行为已经符合逮捕的三个条件，并有确实的证据予以证明，从而明确指出同级人民检察院的复议决定是错误的。如复议决定仍然坚持不起诉，则要阐明犯罪嫌疑人的行为涉嫌的犯罪，应当予以处罚。在叙述提请复核的理由时，应把犯罪嫌疑人犯罪的时间、地点、经过、手段、动机、目的、后果等情节交代清楚，做到有理有据。对人民检察院因适用法律不当而导致错误决定时，可以从法理上进行论证，要根据犯罪嫌疑人的犯罪事实，说明应当引用哪一条法律才符合本案的实际情况。对一些比较复杂的案件，应抓住重点问题进行论述，说明复核的理由。在说明提请复核理由的基础上，提出对案件的正确处理意见，即应逮捕或起诉。

(3) 提请复核的法律依据和要求。提请复核的法律依据,要根据提请复核的具体内容,分别引用我国《刑事诉讼法》第70条、第144条。然后依法提出请求上一级人民检察院对此案复核。

3. 尾部。写明送达机关名称、日期和加盖公章,还要注明附本案案卷多少册。

(三) 应注意的问题

制作提请复核意见书应注意的问题与制作复议意见书的相应部分要求相同。

附:

【实例一】

领导批示	同意。 王×× 200×年4月30日
审核意见	拟同意。请王局长批示。 郝×× 200×年4月30日

呈请立案报告书

蔡××被杀案,刘××于200×年4月30日报案,经审查,蔡××被他人加害的犯罪事实已经发生,应当立案侦查。现将有关情况报告如下:

据报案人刘××讲,甘谷胡同4号是其同事王××的住房,因空闲于200×年3月出租给一四川籍女子居住。200×年4月25日以来房内不时飘出臭味,到30日已臭得呛人,加之多日无人往来,刘××甚觉蹊跷,便于30日下午4时从窗户缝隙向内观望,发现床上有一具尸体,于是马上到派出所报案。

经勘查,甘谷胡同为一死胡同,共有8户居民,4号房间位于胡同最里侧。房门有一明锁,没有撬压痕迹,室内面积15平方米,靠东南角窗下双人床上有一女尸,面部朝上,盖着被子。揭开被子发现全身赤裸,已中度腐烂。

经访问房主和邻居得知,死者叫蔡××,26岁,四川省德阳市人,200×年3月来此租住。蔡××与邻居很少交往,平日多上午休息,下午外出,晚上回归,打扮入时,偶带陌生男子同居,邻居最后与蔡××见面是4月20日下午。

经尸体检验,死者颈部有明显的勒痕,系窒息而死。

综上所述,我们认为蔡××之死系被他人加害,应当追究加害人的刑事责任,且案件发生地属我刑侦大队管辖。为此，根据《中华人民共和国刑事诉讼法》第八十六条之规定，拟对蔡××被杀案立案侦查。

妥否，请批示。

刑侦支队八大队
孙××　武××
二〇〇×年四月三十日

【实例二】

×××公安局

提请批准逮捕书

×公刑捕字［200×］28号

犯罪嫌疑人边×，男，19××年2月25日出生，××省××县人，身份证件号码12008619××02256430，××市无缝钢管厂工人，住××市体育学院内家属宿舍5号楼3门205室。200×年4月4日因涉嫌故意杀人被拘留。

犯罪嫌疑人边×涉嫌故意杀人一案，由发现人×××报案至我局。我局经审查，于200×年3月16日立案侦查，犯罪嫌疑人边×于200×年4月4日被抓获归案。

经依法侦查查明：200×年3月15日下午4时许，犯罪嫌疑人边×在本市和平区劳务市场，以雇佣保姆为名，将××省无为县来本市打工的女青年陈××骗至其处所××体育学院家属宿舍5号楼3门205室，欲与陈××发生性关系，被害人陈××不从。犯罪嫌疑人边×即强行脱陈衣服，遭陈极力反抗。犯罪嫌疑人边×恼羞成怒，当即抽出随身携带的自制尖刀，朝陈××胸部猛刺数刀，陈××当场死亡。

犯罪嫌疑人边×将陈杀死后，为了逃避惩罚，销毁现场痕迹，肢解被害人尸体，于当晚用塑料桶、背包、塑料袋将肢解的尸块及被害人衣物分别弃于体育学院地下防空洞通风口、下水道处，随后又将作案时的衣物焚毁。

认定上述犯罪事实的证据如下：报案记录，现场勘查材料，尸体、现场提取检材检验报告，作案用的尖刀、弃尸用的容器以及被害人衣物等，犯罪嫌疑人边×供认不讳。

综上所述，犯罪嫌疑人边×采取暴力手段，故意剥夺他人生命，其行为触犯了《中华人民共和国刑法》第二百三十二条，涉嫌故意杀人罪，为防止其毁灭、伪造证据或逃跑情况的发生，根据《中华人民共和国刑事诉讼法》第六十条第一款、第六十六条之规定，特提请批准逮捕。

此致

××市人民检察院

局长（印）

××市公安局（印）

二○○×年四月十日

附：1. 本案卷宗×卷××页。

2. 犯罪嫌疑人边×现羁押在××市看守所。

【实例三】

××市公安局××分局

起诉意见书

×公刑诉字［200×］第18号

犯罪嫌疑人杨×，别名杨××，男，21岁（19××年9月18日出生），身份证号码12010619××09185836，汉族，××市人，高中文化，无职业，住本市红桥区西沽三江里18门405室。200×年3月19日被刑事拘留，同年3月27日经和平区人民检察院批准被逮捕。

犯罪嫌疑人杨×涉嫌盗窃一案，由张××于200×年3月1日报案，我局于3月2日立案并展开侦查。3月16日晚，被害人张××在本市南开区新安购物广场游戏城发现犯罪嫌疑人杨×后电话报警，刑侦支队将犯罪嫌疑人杨×抓获，当场缴获摩托罗拉V60型移动电话1部。现该案已侦查终结。

经依法侦查查明：200×年3月1日晚8时许，犯罪嫌疑人杨×在本市和平区滨江道华联商厦6楼游戏厅内，先以借打电话为由，探明同在此厅内打游戏的张××存放移动电话之处，而后趁张不备，从张的外衣右下口袋内盗窃摩托罗拉V60型移动电话1部（价值人民币4 580元整）。逃出华联商厦后，将磁卡丢弃。

认定上述事实的证据如下：1. 被害人张××陈述200×年3月1日晚8时许在华联商厦游戏厅被盗摩托罗拉V60型移动电话的事实经过；2. 证人夏××证言及书证证实抓获犯罪嫌疑人杨×的过程；3. 证人耿×、李×证实张××被盗手机后寻找杨×的情况；4. 查询电话清单、赃物照片、估价鉴定结论，证实犯罪嫌疑人杨×使用赃物及赃物的价值；5. 犯罪嫌疑人杨×亦供认不讳。

上述犯罪事实清楚，证据确实、充分，足以认定犯罪嫌疑人涉嫌盗窃罪。

综上所述，犯罪嫌疑人杨×以非法占有为目的，采取秘密窃取手段盗窃他人财物,数额较大,其行为触犯了《中华人民共和国刑法》第二百六十四条之规定,涉嫌盗窃罪。根据《中华人民共和国刑事诉讼法》第一百二十九条之规定,特将此案移送审查起诉。

此致

××市××区人民检察院

局长(章)

××分局(印)

二〇〇×年四月十八日

附:1. 本案卷宗2卷380页;

2. 犯罪嫌疑人杨×现押于××区看守所;

3. 随案移交物品1件。

思考与练习题

1. 立案、破案的主要文书有哪些?

2. 制作提请批准逮捕书中的犯罪事实部分有哪些具体要求?

3. 制作起诉意见书应注意哪些问题?

4. 简述要求复议意见书和提请复核意见书的写作内容和制作方法。

5. 根据下列案情拟写一份起诉意见书:

犯罪嫌疑人周×天于199×年×月×日在××市××区××早市摆摊售货时,因顾客王×明指出他出售的罐头已经过期而发生争执。顾客王×明要拉他去工商管理人员处辩理,周×天大打出手,将顾客王×明的头部用砖头打破,血流不止。后被众多顾客和工商管理人员扭送派出所。王×明经医院诊断为颅骨破裂,头部软组织严重挫伤,经医院抢救脱险。公安机关随即将其拘留,一周后报区检察院批准逮捕。经预审,犯罪嫌疑人对其伤害无辜的罪行不得不承认。经××区公安分局决定,以触犯《中华人民共和国刑法》第234条,涉嫌伤害罪报同级检察院审查起诉。

主要证据:1. ××人民医院关于王×明的伤情诊断证明;

2. 周×天所售过期罐头的实物;

3. ××区工商管理局干部贾×田的证言。

犯罪嫌疑人:周×天,男,33岁,××市人,个体商贩,住××市××区××街×号。

第三章　人民检察院法律文书

第一节　概　　述

一、人民检察院法律文书的概念

人民检察院法律文书,简称检察法律文书,是各级人民检察院依法履行法律监督职责中制作的具有法律效力或法律监督意义的司法公文。

人民检察院法律文书,是各级人民检察院依照法律实行法律监督,保证法律正确实施的重要载体,是行使检察权、办理案件的重要凭证。因此,又是办案质量的重要反映,是总结经验、宣传法制的重要材料。提高人民检察院法律文书制作质量,对于依法行使检察权,强化法律监督,维护公平正义,提高司法公信力,都具有重要意义。

人民检察院法律文书的性质与作用,是由人民检察院的性质及职能决定的。《中华人民共和国宪法》第一百二十九条规定,“人民检察院是国家的法律监督机关”。《中华人民共和国刑事诉讼法》、《中华人民共和国民事诉讼法》和《中华人民共和国行政诉讼法》三部诉讼法律中分别明确规定了“人民检察院依法对刑事诉讼实行法律监督”、“人民检察院有权对民事审判活动实行法律监督”、“人民检察院有权对行政诉讼实行法律监督”。全国人大常委会批准的《国务院关于劳动教养补充规定》第 5 条规定了“人民检察院对劳动教养机关的活动实行监督”。《中华人民共和国人民检察院组织法》中还具体规定了各级人民检察院行使下列职权:(1) 对于叛国案、分裂国家案以及严重破坏国家的政策、法律、法令、政令统一实施的重大犯罪案件,行使检察权。(2) 对于直接受理的刑事案件,进行侦查。(3) 对于公安机关侦查的案件,进行审查,决定是否逮捕、起诉;对于公安机关的侦查活动是否合法,实行监督。(4) 对于刑事案件提起公诉,支持公诉;对于人民法院的审判活动是否合法,实行监督。(5) 对于刑事案件判决、裁定的执行和监狱、看守所等机关的活动是否合法,实行监督。

根据《中华人民共和国国家赔偿法》的有关规定,人民检察院作为行使检察职权的机关与其工作人员,在行使职权时如有法律规定的侵犯人身权或侵犯财产权情形之一,依法应当予以赔偿。因此,人民检察院也有刑事赔偿监督工作任务。

近年来,最高人民检察院经有关领导机关同意,决定对各级地方人民检察院办理的自侦案件试行人民监督员监督制度。目前,人民监督员工作正在全国检察机关普遍开展。

人民检察院依法实行法律监督,行使上述检察职权,办理各类案件,进行刑事赔偿审查,履行刑事赔偿义务,以及实行人民监督员制度,都需要依照规定的格式制作相应的法律文书。这些文书统称为人民检察院法律文书。

二、人民检察院法律文书的概况

(一)格式改进和增补

人民检察机关成立后,1950年,根据开展检察工作的需要,国家检察机关曾制定了一批检察文书。1979年检察机关重建后,最高人民检察院根据《中华人民共和国刑事诉讼法》和《中华人民共和国刑法》,制定了《批捕、起诉用的法律文书格式》和《直接受理案件用的法律文书格式》共40种文书格式。1983年以后,最高人民检察院进一步总结经验,根据办案实际需要,对原规定文书格式,进行了补充修改,重新制定了《刑事检察文书格式》和《直接受理案件法律文书格式》;有关业务部门分别制定了《监所检察文书格式》、《控告、申诉检察文书格式》、《民事、行政诉讼法律文书格式》和《刑事技术文书样表》等,总共制定了文书格式143种。1996年,我国的刑事诉讼法修改之后,最高人民检察院将原来由院及各业务部门分别规定的主要刑事诉讼文书格式,统一规定为《人民检察院刑事诉讼法律文书格式》,共119种;其余的人民检察院内部使用的工作文书格式共102种,由各业务部门分别规定。2002年1月,最高人民检察院对原规定的刑事、民事、行政诉讼等各种法律文书格式,再次作了全面、系统的修改,并印发了《人民检察院法律文书格式(样本)》。其中,共规定了刑事法律文书139种,民事、行政法律文书15种,通用法律文书5种,共计159种法律文书格式。2004年以来至今,根据业务工作需要,最高人民检察院有关部门对新近制发了人民监督员、职务犯罪预防等检察工作文书格式多种。与此同时,为提高检察工作质量和水平,对个别的文书格式进行了修改完善。随着近年司法体制改革顺利开展,人民检察院法律监督业务进一步发展健全,其法律文书格式仍会随之不断健全完善,质量内容规定也会不断深化。

(二)文书分类方法

人民检察院法律监督范围宽广,因而其法律文书格式繁多。正确进行分类,有利于加强分门别类研究指导,提高法律文书制作质量。具体分类方法是:

1. 按照案件诉讼性质的不同,可以分为刑事法律文书,民事、行政法律文书和各类诉讼监督皆可使用的通用法律文书三类。

2. 按照法律文书适用程序和范围的区别,人民检察法律文书又可以分为诉讼法律文书和检察内部工作文书两种。诉讼法律文书具有很强的执行性和严格的法定性,是可以让律师和其他辩护人以及诉讼代理人等依法查阅的检察文书。包括各级人民检察院在办理刑事、民事和行政诉讼案件中,依法制作的决定书、通知书、意见书和告知书等法律文书。检察内部工作文书,是人民检察院在诉讼监督过程中,按程序制度、规定,内部进行程序流转、审查审批、请示报告、研究讨论、工作记录等形成的法律文书。是人民检察院内部的工作载体凭证,只供检察机关内部适用。

3. 按照法律文书所处诉讼阶段及其作用的不同,可分为:立案法律文书;侦查法律文书;公诉法律文书;执行法律文书;刑事申诉法律文书;刑事赔偿法律文书;其他刑事法律文书;民事、行政法律文书,又可以分为民事法律文书,行政法律文书;其他文书。

4. 按照业务分工和案件程序的不同,可分为刑事检察文书;直接受理侦查(反贪污贿赂与渎职侵权检察)案件文书;监所检察文书;控告申诉检察(包括刑事赔偿)文书;民事、行政检察文书;人民监督员法律文书等。

5. 按照文书制作形式的不同,可分为文字叙述式文书(如起诉书)、填充式文书(如批准逮捕决定书)和表格式文书(如送达回证)等。文字叙述式文书制作较为复杂,既要叙述清楚案件事实,又要写明充足理由,引用针对性的法律根据,难度较大。填充式、表格式文书较易制作。

(三)现行格式(样本)简介

为进一步提高人民检察院法律文书规范化和制作质量,最高人民检察院于2002年1月1日起施行至今的《人民检察院法律文书格式(样本)》,首次综合规定了刑事、民事、行政诉讼等各种法律文书标准的规格、样式。对于在此之前最高人民检察院有关厅、局规定的内部工作文书格式,同时作出了"现行的人民检察院有关诉讼内部工作文书格式在作出修订前继续使用"的规定。为适应新的司法实践,根据有关规定,近些年来最高人民检察院有关部门陆续制定或修改了一些文书格式,对提高检察工作质量起了重要作用。

根据现行的《人民检察院法律文书格式(样本)》,以及近年制发的检察文书

格式规定,现行检察法律文书格式(样本)情况是:

1. 刑事法律文书。这是指人民检察院依法履行法律监督和刑事诉讼职责过程中,所适用的同类法律文书格式。包括:

(1) 立案法律文书。即:答复举报人通知书,指定管辖决定书,移送案件通知书,提请批准直接受理书,批准直接受理决定书,不批准直接受理决定书,立案决定书,补充立案决定书,不立案通知书,要求说明不立案理由通知书,不立案理由审查意见通知书,通知立案书。

(2) 侦查法律文书。即:回避决定书,回避复议决定书,批准聘请律师决定书,不批准聘请律师决定书,批准会见在押犯罪嫌疑人决定书、通知书,不批准会见在押犯罪嫌疑人决定书,询问通知书,调取证据通知书,调取证据清单,勘查证,解剖尸体通知书,搜查证,扣押物品、文件清单,扣押决定书,解除扣押决定书,退还、返还扣押(调取)物品、文件决定书,退还、返还扣押(调取)物品、文件清单,处理扣押物品、文件决定书,处理扣押物品、文件清单,移送扣押、冻结物品、文件决定书,移送扣押、冻结物品、文件清单,扣押邮件、电报通知书,解除扣押邮件、电报通知书,查询犯罪嫌疑人存款、汇款通知书,协助查询存款通知书,冻结犯罪嫌疑人存款、汇款通知书,解除冻结犯罪嫌疑人存款、汇款通知书,协助冻结存款通知书,解除冻结存款通知书,聘请书,委托勘验书,委托鉴定书,复验、复查通知书,未成年证人法定代理人到场通知书,未成年犯罪嫌疑人法定代理人到场通知书,传唤通知书,提押证,拘传证,取保候审决定书、执行通知书,保证书,解除取保候审决定书、通知书,监视居住决定书、执行通知书,解除监视居住决定书、通知书,拘留决定书,拘留通知书,拘留人大代表报告书,报请许可采取强制措施报告书,逮捕决定书,逮捕通知书,通缉通知书,批准逮捕决定书,应当逮捕犯罪嫌疑人意见书,不批准逮捕决定书,不予批准逮捕决定书,不予批准逮捕案件补充侦查提纲,撤销不(予)批准逮捕决定通知书,撤销强制措施决定书、通知书,提请批准延长侦查羁押期限报告书,批准延长侦查羁押期限决定书,延长侦查羁押期限通知书,不批准延长侦查羁押期限决定书,延长侦查羁押期限决定书、通知书,重新计算侦查羁押期限决定书、通知书,提供法庭审判所需证据材料意见书(侦查监督部门使用),撤销案件决定书,决定释放通知书,驳回申请决定书,起诉意见书,不起诉意见书。

(3) 公诉法律文书。即:补充侦查决定书,提供法庭审判所需证据材料通知书(公诉部门使用),报送(移送)案件意见书,交办案件通知书,委托辩护人告知书,委托诉讼代理人告知书,辩护律师收集案件材料许可证,补充移送起诉通知书,起诉书(普通程序案件适用),起诉书(单位犯罪案件适用),起诉书(简易程序案件适用),刑事附带民事起诉书,提起公诉案件证人名单,提起公诉案件证据目录,派员出席法庭通知书,换押证,适用简易程序建议书,适用简易程序意见书，公诉意见书，延期审理建议书，撤回起诉决定书，不起诉决定书（根据《刑事诉讼法》第142条第1款、第2款，第140条第4款规定决定不起诉时分别适用），移送不起诉案件材料通知书，移送有关主管机关处理违法所得意见书，移送有关主管机关处理违法所得清单，撤销不起诉决定书，提请抗诉报告书，抗诉请求答复书，支持刑事抗诉意见书，刑事抗诉书（分别为二审程序、审判监督程序适用），抗诉（上诉）案件出庭检察员意见书，撤回抗诉决定书、通知书，纠正审理违法意见书、通知书。

(4) 执行法律文书。即：停止执行死刑意见书，撤销停止执行死刑意见通知书，纠正不当假释裁定意见书，纠正不当减刑裁定意见书，纠正不当暂予监外执行决定意见书。

(5) 刑事申诉法律文书。即：刑事申诉审查结果通知书，刑事申诉复查决定书，刑事申诉复查通知书，纠正案件错误通知书。

(6) 刑事赔偿法律文书。即：刑事确认书，审查刑事赔偿申请通知书，重新确认通知书，刑事确认复查决定书，刑事赔偿立案决定书，同意撤回赔偿申请（复议申请）决定书，刑事赔偿决定书，受理复议请求通知书，刑事赔偿复议决定书，共同赔偿决定书。

(7) 其他刑事法律文书。即：复议决定书，复核决定书、通知书，纠正案件决定错误通知书。

2. 民事、行政法律文书。这是指人民检察院依法履行民事、行政检察和诉讼法律监督过程中，所适用的同类法律文书格式。

包括：民事（行政）案件申诉书，民事行政检察立案决定书，民事行政检察不立案决定书，民事行政检察询问通知书，民事行政检察证据材料收据，民事行政检察终止审查决定书，民事行政检察不抗诉决定书，民事行政检察不提请抗诉决定书，民事行政检察提请抗诉报告书，民事抗诉书，行政抗诉书，民事行政检察撤回抗诉决定书，民事行政检察撤销抗诉决定书，民事行政检察指令出庭通知书，民事行政检察出庭通知书。

3. 通用法律文书。这是指人民检察院在履行法律监督和检察职责过程中，可以通用的各种法律文书。

包括：调（借）阅案卷通知书，纠正违法通知书，检察意见书，检察建议书，送达回证。

4. 人民监督员工作文书。这是指人民监督员依照规定对人民检察院办理的自侦案件进行人民监督工作时所适用的相应法律文书。根据最高人民检察院的决定，以及部分省人大常委会的有关决议，人民监督员有权对不服逮捕、拟作撤案、拟作不起诉等类案件提出监督意见，有关检察机关应当依照规定办理。试行新制度，更需要准确适用相应的法律文书格式。这类文书包括：人民监督员登记表，解除人民监督员职务建议书，拟维持原逮捕决定书，拟撤销案件决定书，拟不起诉决定书，补充移送材料通知书，人民监督员回避事项告知书，回避决定书，人民监督员监督案件通知书，延长监督期限审批表，人民监督员表决票，人民监督员表决意见书，人民监督员监督案件处理结果通知书，人民监督员提请复核意见书，复核决定书，受理意见、建议登记表等。

5. 预防职务犯罪工作文书。这是指人民检察院在履行预防职务犯罪的职责过程中，所使用的检察工作文书。如行贿犯罪档案查询申请、审批文书等。

（四）近年发展

随着党的十七大提出的“全面落实依法治国基本方略，加快建设社会主义法治国家”的部署不断推进，社会和经济的不断发展，检察人员社会主义法治理念不断增强，司法行为规范化程度不断提高，检察法律文书制作水平也不断提高，认识不断深化，近几年有了新的发展变化。主要有：

1. 格式增多。由于认识到检察法律文书规范化的重要性，相对新开展的检察业务，以及过去没有规定法律文书格式的检察业务工作环节，都相继公布了检察法律文书或检察工作文书格式。如职务犯罪预防部门新规定了预防工作文书格式。

2. 重视说理。过去某些作出诉讼决定的法律文书只作决定，很少展开说理。有关部门、律师、当事人对此意见较多。对此，检察机关作了改革和改进，规定对不批捕、退回补充侦查、不起诉等法律文书都明确规定要增加说明理由的内容。对其他各种文书的制作，也强调要尽可能讲明理由。

3. 功能扩展。许多检察法律文书格式是按照一事一书、一个环节一个文书的标准设计的，利于规范、明确。但存在问题是纷繁、复杂，有的环节还没有格式。近几年司法实践中，出现了扩展某些文书格式功能和拓宽适用范围的做法，得到认同。比如，检察建议书，原本是检察机关在办案中发现发案单位预防犯罪存在问题，为综合治理、督促整改而发出的检察建议。由于该文书格式较为灵活，司法实践中检察机关向有关部门提出司法工作、诉讼意见建议时，也常常使用检察建议书的格式，收到较好效果。

4. 内容充实。根据实际需要，检察机关有的部门试行案件审查报告综合化写法。即将过去分别制作的审查意见、阅卷笔录等文书的内容，综合写进案件审查报告，根据案件材料，较为详细地叙明案件事实和相关证据，论证认定意见。这种案件审查报告综合化的改革，取得了一定经验，收效甚好。

5. 删繁就简。为降低司法成本，减少不必要的工作量，在不影响法律文书功能作用的前提下，有的部门提出对某些法律文书写法进行删繁就简的改革。如起诉书，对作案多起但手段、情节、危害后果等方面相同的一般刑事案件（如盗窃),也可以先对相同的情节进行概括叙述,然后再逐一列举出每起事实的具体时间、结果等,而不必详细叙述每一起犯罪事实的过程。在证据方面,只要指明主要证据种类、名称即可,不必作过多分析。

6. 电子版式。电脑制作电子版式法律文书优点很多,现在比较普遍使用。对此,只要不违背法律,只要与最高人民检察院印发的《人民检察院法律文书格式(样本)》规定的原则精神基本一致,都具有相应法律效力或相应法律意义。检察文书格式中有一部分是多联式印刷版本(各联之间带编号及骑缝章印),其制作使用还不够便当,有待进一步研究改进。

三、制作人民检察院法律文书的基本要求

人民检察院的法律文书,是人民检察院行使检察权的重要形式,是保证法律实施的重要载体。它与其他司法机关制作的法律文书一样,在发生法律效力以后,即由国家强制力保证实施。

人民检察院必须依法履行法律赋予的职责,而正确执行检察法律监督职务,一般都有制作相应检察文书的工作环节。因此,人民检察院检察人员制作各种法律文书、工作文书,必须从严从准,一丝不苟,不允许发生差错。否则,将给检察机关和国家司法机关工作及其公信力带来不良影响。

制作人民检察院法律文书的基本要求是:

(一)依法办理

检察机关是司法机关之一,检察法律监督工作是严肃的司法工作,必须"以法律为准绳",严格按照法律规定进行。因此,制作各种法律文书,都必须严格遵守法律和国家有关规定,符合司法机关规定的要求。在实体上,不论是认定情节轻重、故意或过失、有罪或无罪、刑罚轻重,以及民事、行政案件的法律责任,都必须依据实体法的规定,准确界定、清楚区分。在程序上,不论是否立案、批捕、起诉、抗诉等,都应当依据相应的程序法规定办理,并在所制作的各种文书中,准确、完整、规范和有针对性地引用相关法律条款。

(二)事实根据

检察法律文书通常是检察机关"以事实为根据,以法律为准绳"作出决定或提出意见的载体。司法机关作出决定、提出意见,都要以事实为根据,而准确认定事实,都要通过确凿的证据来支撑。因此,合法证据就是认定事实的依据和基础,也是制作法律文书的生命根基。没有合法证据或事实根据没有达到确实充分标准的,不能叫做事实,也不能写进法律文书。法律文书中所叙明的事实必须

以确实充分的证据作为根据和标准。

（三）理由充足

检察法律文书是有强制性的，但又必须是合法讲理的。各种叙述式文书提出认定、处理意见，都应当讲明理由和依据。把法律规定的“以事实为根据、以法律为准绳”的原则贯穿到各种文书当中。当然，由于不同案件所处的诉讼阶段不同，法律规定的程序不同，办案时限长短不同，制作文书的繁简要求也不同，因而各种文书写明理由的要求和方法也有所不同。填充式、表格式文书，简化了内容、手续，依照规定的格式，填写理由、依据也需简明。

（四）准确规范

制作各种法律文书，要严格遵循规定的格式要求。对文书的名称、项目的顺序，段落的区分，术语的使用，公章的位置，编号的方法等，都要符合规定。格式内的规定项目要填写齐全。案件事实必须准确有据。同时，准确写清事实要素，关键情节和因果关系。还要注意做到语言精练、语句通顺、语义单一、繁简适宜、表达准确和标点正确。

（五）办理及时

人民检察院办理各种案件制作法律文书，必须严格遵循规定的办案期限，保证在法定的期限内办结。特别对重大刑事案件，更应依法从快办理，以及时打击犯罪。

第二节 检察法律文书基本结构及各部分制作要求

检察法律文书格式种类繁多，形式各异，但从文书基本内容结构来分析，存在着共性。各种检察法律文书一般由首部、当事人基本情况、诉讼过程、事实、证据、适用法律、结论性意见、尾部等若干部分构成。各部分基本内容、作用及制作要求是：

一、首部

首部，是指检察法律文书文首部分。文书中首部的作用，是标明责任机关、文书性质和案件顺序。一般包括：制作文书的人民检察院名称，文书名称，文书编号。

制作要求：规范，明确。机关名称、文书名称，都不能随意简化。文书编号内容，一般排列顺序应当是：院名代字，部门代字，诉讼阶段代字，年度，文书序号。

二、当事人基本情况

检察法律文书中当事人基本情况部分，主要是指刑事诉讼中的被告人、犯罪嫌疑人，民事诉讼中的原告、被告等案件当事人的基本情况。这部分的作用，是标明诉讼主体的确定性和法律上的特征。刑事诉讼、民事诉讼、行政诉讼当事人概念是不完全一样的。法律文书中，当事人基本情况应按规定内容叙写，没有规定的内容不必赘述。一般包括：

1. 当事人姓名。应当写正在使用的正式姓名（即户口本、身份证等法定文件中使用的姓名）。根据本案诉讼需要，如果需要写曾用名、化名、笔名、绰号等，应选用相关的，加括号写明。根据《刑事诉讼法》规定，犯罪嫌疑人不讲真实姓名的，对于犯罪事实清楚，证据确实、充分的，也可以按其自报的姓名写入刑事法律文书（应注明系本人自报）。

2. 出生年、月、日。应写明有证据印证的公历年、月、日。证据证明刑事被告人犯罪时是成年人的，如不能准确认定其出生年、月、日，可以写明年龄。凡涉及刑法规定的几个责任年龄界限（犯罪时已满 14 周岁不满 18 周岁）的，为了准确无误地判定被告人的责任年龄，应当写明被告人出生的公历年、月、日，以便查证。

3. 特别情况。如果刑事被告人是聋哑人或盲人，应当在被告人年龄之后，写明这个法定可以从轻、减轻或者免除处罚的特征。写法应以刑法用语为规范，例如“是又聋又哑的人”。

4. 民族。应写该民族全称。

5. 文化程度。一般写明受正规教育学历学位。不识字的，写为“文盲”。

6. 职业或工作单位及职务。应当写得具体、明确。对一般主体，写明从事何种职业即可，没有正当职业的写为“无业”；对职务犯罪主体，还应写明与犯罪事实有关的工作单位和职务或岗位。

7. 刑事被告人、犯罪嫌疑人曾受行政处罚、刑事处罚情况。一般应先写行政处罚，再写受刑事处罚情况。叙写行政处罚限于与定罪有关的情况，注明处罚的时间、种类、处罚单位。叙写刑事处罚，应当注明处罚的时间、原因、种类、决定机关、释放时间。

8. 刑事强制措施情况。叙明原因、强制措施种类，批准或者决定以及执行机关、执行时间。被采取过多种多次强制措施的，按照时间先后分别叙写。

9. 被告单位的基本情况。写明经批准、登记注册或变更登记的单位名称；单位住所地，即注册登记地址；法定代表人姓名、职务等。有的文书要求加写诉讼代表人基本情况,即写明已确定为该被告单位诉讼代表人的姓名、性别、年龄、工作单位、职务。

被告单位与自然人被告人在同一案件的,应根据案情,以法律逻辑顺序酌定排列。一般是以法律责任轻重为标准,先重后轻,先主后从。

10. 外国人。名字一般写法是使用两国文字,中文本首次出现外国籍当事人名字时,应先写汉译名字,后用括号注明其外文原名。以后重复时可省略外文名。应注明国籍、护照号码、国外居所。

三、诉讼情况

检察法律文书中的诉讼情况,是指该案诉讼经过或所处的诉讼阶段及检察工作情况。其作用是注明案件办理经过、检察机关履行职责程序合法。一般包括:案由,案件来源,检察办理情况。

1. 案由。案由是指诉讼案件的缘由。进行刑事诉讼,是指何人被指控,何种罪名;进行民事、行政诉讼,是指何人、何种诉讼请求等。

2. 案件来源。案件来源是指案件受理渠道。所办案件经何种程序受理,经过何种机关办理,何时转至本院。

3. 检察办理情况。检察办理情况是指本案在检察环节是如何查办的情况,以体现检察程序合法。无论何种诉讼,经过何种渠道,检察院依法受理案件后,应当进行审查或侦查、调查。这些检察工作情况,应简要写明。如起诉书中检察办理情况这部分的写法为:“本院受理后,于×年×月×日已告知被告人有权委托辩护人,×年×月×日已告知被害人及其法定代理人(或者近亲属)、附带民事诉讼的当事人及其法定代理人有权委托诉讼代理人,依法讯问了被告人,听取了被害人的诉讼代理人×××和被告人的辩护人×××的意见,审查了全部案件材料……”

四、事实

检察法律文书中的事实,是指有证据证明的案件的客观真实情况。这部分是法律文书的核心和基础,其作用是如实反映案件客观实际,奠定适用法律的根据。

叙写事实部分,应注意下列问题:

1. 叙述检察机关依法审查认定的事实必须客观准确,应当事实情节清楚,证据确实、充分。如果案件事实本身没有查清,认定证据不足的,应当实事求是地予以说明。本文书概括引用其他文书的相关内容,也应当客观准确。扩大或缩小事实,以及形容、比喻或者其他可能对案件事实理解产生歧义的写法,都是法律文书所禁忌的。

2. 叙述事实必须要素完整。事实的叙述,包括结构要素和事实要素。结构要素,即构成法律行为要件事实,尤其是主观方面和客观方面特征的必要因素,必须具备。结构残缺,会使结论产生动摇。事实要素,即事件、行为的时间、地点、经过、手段、目的、动机、情节、后果等反映事物过程的必要因素。叙述事实,应当具备上述要素,反映事实才能清楚。写单位行为事实,必须突出单位行为的特点,写明单位行为构成要件的本质特征,如单位行为决策活动及其实施过程、行为结果、数额等。

对多人多项事实,应逐一列举或准确概括写明。

3. 叙述事实应当按照逻辑顺序进行。一般可按照时间先后、事实发生因果过程顺序叙写,符合通常认识习惯和思维方法。一般写法:一是"先重后轻"顺序。即将多次、多种行为事实按性质进行归纳,先叙述性质上、程度上、情节上都比较重的事实,依先重后轻的层次排列。这种以性质归类、重者先叙的方式,把不同时间所犯的同一性质的事实集中叙述,重点突出,观点鲜明。二是"客观过程"顺序,即按照各个行为事实的客观发展顺序进行叙述。比如,一个犯罪集团或共同犯罪案件,开始怎样纠合,后来进行了什么犯罪活动,先实施什么犯罪,又实施了什么犯罪,等等。这种顺序,客观性强,脉络清楚。三是"被告顺序",即分别以被告人为单位,将各被告人所犯之罪集中叙述。这几种顺序的选用,一定要结合案件实际情况,灵活运用,总体构思。民事、行政诉讼案件以及其他法律监督文书叙写事实,可以参照上述写法。

4. 叙述事实应当简明、清楚。用简洁的文字写明行为本质特征的那些事实,用事实说明行为人的行为具备了法定的构成要件。来龙去脉要清晰,要注意行为和结果之间的因果关系。为此,注意运用概括和归纳手段。根据新的规定,同一案件的各起事实应当分别叙述。如果犯罪手段、性质、过程大致相同,只是作案时间、地点、数额不同,作案次数又特别多的,也可以考虑用归纳法,集中概括写明犯罪事实。但也必须具体叙写其中最突出、最严重的一两起案件的全部行为过程。

5. 叙述事实要正确处理特殊问题。因为案件涉及面广,有些特殊问题,在事实部分的叙述中要妥善处理。如叙写刑事事实要注意:(1) 遇有涉及党和国家重大机密问题时,应当作笼统抽象的表述,注意保守机密。(2) 不写有伤风化的细节。叙述时要考虑社会影响,个别案件不写这一情节无法揭露犯罪性质的,也要概括地写,不作具体叙述。涉及被害人隐私的,应注意省略被害人的名字,保留姓氏。(3) 犯罪后自首的,一般是在叙述犯罪事实之后,用简要文字写明自首的时间、地点、受理自首的机关、自首行为等。如有立功表现的,也应一并叙明。(4) 必须涉及非本案当事人的人员姓名时,应当按具体情况,妥善处理。对行为已构成犯罪或严重违法,政法机关已经或正在另案处理的,应当在该人姓名后面用括号注明“另案处理”。对本案被害人一般应列明姓名,但对强奸等案件中的被害妇女,为保护她们的名誉,公开的法律文书,只留其姓,隐去其名。(5)共同犯罪案件,其中一名或数名共犯在逃的,写在逃犯姓名时,可在姓名之后用括号注明“另案处理”。过去,有的公开文书写“在逃”,被告人看到后,认为有隙可乘。这样做对诉讼工作不利。

五、证据

证明案件真实情况的一切事实都是证据。检察法律文书写证据部分,是指客观叙写、分析说明采信法定证据情况。这部分的作用,是说明认定事实的依据。

审查采信证据,应坚持合法、客观、关联原则。叙写证据同样应客观、准确。列举事实证据应当详略得当。应当在文书中指明主要证据(即能证明案件真实情况的直接证据或间接证据)的名称、种类,必要时,对证据与事实、证据之间的关系(如证据锁链关系)进行具体分析、论证。

叙写证据部分,一般采取“一事一证”的方式,即在每一起事实后,写明据以认定的主要证据。但此种方式易造成列举证据重复。对于多种行为的案件,如果案件事实是概括归纳叙述的,叙写证据也可以采取在该事实之后即概括写明主要证据情况。

六、适用法律

检察法律文书适用法律部分,是指针对案件事实和证据,以法律为准绳,具体对照引用相关法律法规。这部分的作用,是为结论性意见提供法律依据。

检察法律文书引用法律的基本要求是:针对、准确、完整、规范。针对,即所引用的法律条款与适用对象要有直接联系且系外延最小的规定;准确,即引用的法律条款与适用对象要对应一致;完整,即引用法律根据要完全,凡是直接适用的法条都应引用;规范,即引用法律名称、条款表述要规范。

关于检察法律文书引用法律的范围,包括两个问题:一是可以引用哪些法律规定?根据格式,公开的诉讼文书引用的应当是实体和程序直接适用的我国法律以及全国人大常委会制定的有关决定、规定。其他非专门法律,如宪法、人民检察院组织法、最高人民法院和最高人民检察院的内部文件等,一般都不能在公开的诉讼文书中引用。但是,在内部工作文书中,均可引用。二是在文书的哪部分引用法律?按照格式,对案件实体问题作出认定和对办案程序问题作出诉讼决定时,都应当引用相应法律条款。

关于法律文书引用法律的顺序、层次,要注意事实、结论与法律依据、各个法律条款之间的逻辑关系。引用法律的表述,也应当确切规范。引用法律,一般用动宾结构表述。

七、结论性意见

检察法律文书结论性意见部分,是指对案件进行调查、侦查、审查后,根据事实、证据和适用法律,提出案件定性处理意见及理由。这部分是文书的核心,其作用是对案件作出处理。

结论性意见主要包括三个方面内容:

1. 判断行为事实的性质,判明行为与结果的程度。即依据认定的事实和采信的证据,对照适用法律、法规,分析认定行为事实的特性、本质和结果的程度,为案件处理作出理性判断。

2. 阐明理由。即论证法理、缘由,阐述认定意见的逻辑结论。

3. 提出处理意见。即根据对案件的分析判断,适用法律,提出案件办理意见。

八、尾部

尾部是指检察法律文书结尾的构成。每种文书,尾部项目有所不同。一般包括:此致主送单位名称;承办人署名及法律职务;制作文书的机关名称(公开使用的和对外部使用的,还应加盖公章);制作文书的年、月、日。

有的叙述式文书尾部还有"附"项。如起诉书的"附"项内容:包括:(1) 被告人现在处所。具体包括在押被告人的羁押场所;未羁押被告人的,针对具体强制措施,分别写明监视居住、取保候审的处所;(2) 证据目录、证人名单和主要证据复印件,并注明数量;(3) 有关涉案款物情况;(4) 被害人(单位)附带民事诉讼的情况。

文书尾部的制作,要求格式规范,内容准确。

上述检察法律文书各部分,按照逻辑顺序构成法律文书的基本内容结构。为了便于学习者掌握文书的基本结构和大的框架,可将上述八部分内容分为三大部分。一、二、三统称为首部,四、五、六、七统称为正文(主体),八为尾部。上述文书结构在各类文书中表现形式略有不同。在叙述式文书类中,各部分紧密联系,相辅相成,结构完整,逻辑严密。在表格式文书类中,则根据需要,有些内容删减,简便易行。

第三节 人民检察院主要法律文书制作简介

人民检察院200多种法律文书格式中,制作叙述式文书较为复杂。现选择几种常用的重要法律文书格式,具体制作示例如下:

一、起诉书

(一)概念、功能、格式

起诉书是指人民检察院经侦查或审查确认被告人的行为构成犯罪,依法交付审判,向人民法院提起公诉时所制作的法律文书。

根据最高人民检察院《人民检察院法律文书格式(样式)》的规定,起诉书格式具体分为两类、三种。两类:一类为刑事案件提起公诉的起诉书,适用于普通刑事案件;另一类为刑事附带民事起诉书,适用于刑事附带民事诉讼的案件。三种起诉书格式,即:一是普通程序案件适用格式;二是单位犯罪案件适用格式;三是简易程序案件适用格式。为简洁文字,只介绍普通程序案件适用的格式,对其他两种格式作比照说明。

起诉书格式(样本)一:普通程序案件适用

人民检察院
起　诉　书

检　　刑诉〔　　〕　号

被告人×××(写明姓名、性别、出生年月日、身份证号码、民族、文化程度、职业或者工作单位及职务、住址、曾受到行政处罚、刑事处罚的情况和因本案采取强制措施的情况等)

本案由×××(侦查机关)侦查终结,以被告人×××涉嫌×××罪,于×年×月×日向本院移送审查起诉。本院受理后,于×年×月×日已告知被告人有权委托辩护人,×年×月×日已告知被害人及其法定代理人(或者近亲属)、附带民事诉讼的当事人及其法定代理人有权委托诉讼代理人,依法讯问了被告人,听取了被害人的诉讼代理人×××和被告人的辩护人×××的意见,审查了全部案件材料……(写明退回补充侦查、延长审查起诉期限等情况)。

〔对于侦查机关移送审查起诉的需变更管辖权的案件,表述为:"本案由×××(侦查机关)侦查终结,以被告人×××涉嫌×××罪,于×年×月×日向×××人民检察院移送审查起诉。×××人民检察院于×年×月×日转至本院审查起诉。本院受理后,于×年×月×日已告知被告人有权……"

对于本院侦查终结并审查起诉的案件,表述为:"被告人×××涉嫌×××罪一案,由本院侦查终结。本院于×年×月×日已告被告人有权……"

对于其他人民检察院侦查终结的需变更管辖权的案件,表述为:"本案由×××人民检察院侦查终结,以被告人×××涉嫌×××罪,于×年×月×日向本院移送审查起诉。本院受理后,于×年×月×日已告知被告人有权……"]

经依法审查查明……(写明经检察机关审查认定的犯罪事实包括犯罪时间、地点、经过、手段、目的、动机、危害后果等与定罪有关的事实要素。应当根据具体案件情况,围绕刑法规定的该罪构成要件叙写。)

(对于只有一个犯罪嫌疑人的案件,犯罪嫌疑人实施多次犯罪的犯罪事实应逐一列举;同时触犯数个罪名的犯罪嫌疑人的犯罪事实应该按照主次顺序分类列举。对于共同犯罪的案件,写明犯罪嫌疑人的共同犯罪事实及各自在共同犯罪中的地位和作用后,按照犯罪嫌疑人的主次顺序,分别叙明各个犯罪嫌疑人的单独犯罪事实。)

认定上述事实的证据如下:

……(针对上述犯罪事实,分列相关证据)

本院认为……(概括论述被告人行为的性质、危害程度、情节轻重),其行为触犯了《中华人民共和国刑法》第×条(引用罪状、法定刑条款),犯罪事实清楚,证据确实、充分,应当以×××罪追究其刑事责任。根据《中华人民共和国刑事诉讼法》第一百四十一条的规定,提起公诉,请依法判处。

此致

×××人民法院

检察员:

年 月 日

(院印)

附:

1. 被告人现在处所。具体包括在押被告人的羁押场所和监视居住、取保候审的处所。

2. 证据目录、证人名单和主要证据复印件,并注明数量。

3. 有关涉案款物情况。

4. 被害人(单位)附带民事诉讼的情况。

5. 其他需要附注的事项。

（二）适用

起诉书，是人民检察院经过侦查或审查确认被告人的行为构成犯罪，应依法交付审判，而将被告人向人民法院提起公诉及提起刑事附带民事诉讼时所制作的文书。

根据我国《刑事诉讼法》第 136 条、第 141 条的规定，凡需要提起公诉的案件，一律由人民检察院审查决定。人民检察院对公安机关、国家安全机关侦查终结移送起诉的案件，以及对本院直接侦查终结的案件进行审查后，认为犯罪嫌疑人的犯罪事实已经查清，证据确实、充分，依法应当追究刑事责任的，应当作出起诉决定，制作起诉书，按照审判管辖的规定，向人民法院提起公诉。对侦查机关来讲，起诉书是确认侦查终结的案件的犯罪事实、情节清楚，证据确实、充分，侦查活动合法的凭证；对检察机关来讲，起诉书是代表国家把被告人交付审判追究刑事责任的文书，又是出庭支持公诉、发表公诉意见、参加法庭调查和辩论的基础；对审判机关来讲，起诉书引起第一审程序的刑事审判活动，既是人民法院对公诉案件进行审判的凭据，又是法庭审理的内容范围；对被告人及其辩护人来讲，起诉书既是告知已将被告人交付审判的通知，又是公开指控其犯罪行为的法定文书。根据我国《刑事诉讼法》第 77 条规定，被害人由于被告人的犯罪行为而遭受物质损失的，在刑事诉讼过程中，有权提起附带民事诉讼。如果是国家财产、集体财产遭受损失的，人民检察院在提起公诉的时候，可以提起附带民事诉讼。附带民事诉讼起诉书即适用于此种情况。

（三）写法说明

1. 首部。应使用人民检察院标准名称。对涉外案件，各级人民检察院标准名称前均应注明“中华人民共和国”的字样。

文号：由制作起诉书的人民检察院的简称、案件性质（即“刑诉”）、起诉年度、案件顺序号组成。其中，年度须用四位数字。

2. 被告人（被告单位）的基本情况。包括：

（1）被告人、被告单位的基本情况，应当按照格式中所列要素的顺序叙写。被告单位，应写明单位名称、住所地、法定代表人姓名、职务等。之后，应另起一段，写明诉讼代表人姓名、性别、年龄、工作单位、职务。

（2）被告人如有与案情有关的别名、化名或者绰号的，应当在其姓名后面用括号注明；被告人是外国人的，首次出现译名时，应当在其中文译名后面用括号注明外文原名。

（3）除未成年人外，如果查不清被告人出生日期的，也可以注明年龄。

（4）被告人的住址应写被告人的经常居住地，被告人是外国人时，应注明国籍、护照号码、国外居所。

（5）对被告人曾受到过行政处罚、刑事处罚的，限于与定罪有关的情况。叙写行政处罚时，应注明处罚的时间、种类、处罚单位；叙写刑事处罚时，应当注明处罚的时间、原因、种类、决定机关、释放或逃跑时间。一般按时间顺序分别写明。

（6）对采取强制措施情况的叙写，必须注明原因、种类，批准或者决定的机关，执行的时间。被采取过多种强制措施的，应按照时间的先后分别叙写。

（7）同案被告人有二人以上的，或者既有自然人犯罪，又有单位犯罪的，其排列顺序，按照先重罪后轻罪、先主犯后从犯的顺序叙写。

3. 案由和案件的审查过程。根据案件的不同情况，分别依照格式的要求叙写。叙写退回补充侦查、延长审查起诉期限时，应注明日期、原由。

4. 叙述案件事实。应注意以下几方面：

（1）对起诉书所指控的所有犯罪事实，无论是一人一罪、多人一罪，还是一人多罪、多人多罪，都应逐一列举。

（2）叙述案件事实，一般可按照时间先后顺序；一人多罪的，应当按照各种犯罪的先重后轻顺序叙述；多人多罪的，应当按照重罪、轻罪的顺序叙述，突出主犯、重罪。

（3）要注意写明事实要素。即根据事实、证据，写明具体犯罪时间、地点、经过、手段、目的、动机、危害后果。特别要将属于犯罪构成要件或者与定罪量刑有关的事实要素列为重点。

作案多起但犯罪手段、危害后果等方面基本相同的案件事实，可以先对相同的情节进行概括叙述，然后再逐一列举出每起事实的具体时间、行为、结果等情况，而不必详细叙述每一起犯罪事实的全过程。

对共同犯罪案件中有同案犯在逃的，应在其姓名后写明“另案处理”字样。

（4）对于自然人犯罪与单位犯罪并存或交叉的案件，叙写事实时，应按照先重罪后轻罪的顺序，以及犯罪主体的行为过程叙明。这样写法，事实清楚，责任分明，效果比较好。

（5）对案发后被告人悔罪、认罪表现，或者自首等情节，列在犯罪事实之后叙明。

5. 叙写证据。应当在起诉书中列明本案主要证据的名称、种类。叙写证据时，一般应当采取“一事一证”的方式。为避免重复，也可以在列举案件事实后，集中写明据以认定的主要证据。

6. 提起公诉的要求和法律根据。应注意以下两方面：

（1）对行为性质、危害程度、情节轻重，要结合犯罪的各构成要件进行概括性地表述,突出犯罪的特征。

(2) 对法律条文的引用,要准确、完整、具体,写明条、款、项。

7. 尾部。应注意两点:

(1) 起诉书应当署具体承办案件公诉人的法律职务和姓名。

(2) 起诉书的年、月、日,为签发起诉书的日期。

8. 刑事附带民事起诉书的写法

刑事附带民事起诉书,是人民检察院在对刑事案件提起公诉时,对由于被告人的犯罪行为使国家财产、集体财产或其他个人合法财产遭受损失的,依法提起附带民事诉讼所制作的文书。本文书由首部、被告人(被告单位)、被害人(被害单位)基本情况、诉讼请求、事实证据、理由和法律依据、尾部等部分组成。与普通起诉书不同的是:

(1) 被告人(被告单位)、被害人(被害单位)的基本情况。被告人既包括本案刑事被告人,也应包括其他共同侵害人。要写明姓名、性别、年龄、民族、职业、工作单位及职务、住址。对于被告单位,应写明单位名称、住所地、法定代表人姓名、职务等;如果是刑事案件被告单位的,要予以注明。被害单位,即国家财产、集体财产遭受损失的单位。要写明单位名称、所有制性质、住所地、法定代表人姓名、职务等。

(2) 诉讼请求。即写明具体的民事诉讼请求事项。根据最高人民法院《关于刑事附带民事诉讼范围问题的规定》(2000 年 12 月 19 日起施行),诉讼请求的基本内容是物质损失赔偿。因人身权利受到侵犯而遭受物质损失或者财物被犯罪分子毁坏而遭受物质损失的,可以提起附带民事诉讼。人民检察院刑事附带民事起诉书诉讼请求内容,就是指国家、集体或个人财产被犯罪行为侵害而请求赔偿物质损失的具体要求。

(3) 事实、证据。应写明以下几点内容:一要写明检察机关审查认定的侵犯国家、集体或个人财产的犯罪行为事实。由于被告人(被告单位)的犯罪行为而使国家、集体或个人财产遭受物质损失的事实,是附带民事诉讼的前提和基础,应当按起诉书关于犯罪事实的制作要求予以写清,重点是写明犯罪行为与国家、集体或财产遭受物质损失的因果关系。二要写明因犯罪行为使国家、集体财产遭受物质损失的事实。因犯罪行为遭受的物质损失,是指被害人(被害单位)因犯罪行为已经遭受的实际损失和必然遭受的损失。应写明物质损失的具体数量、价额等情节。三要写明犯罪行为事实及致使国家、集体或个人财产遭受物质损失的证据情况。

(4) 理由和法律依据。应注意以下几方面:一要概括叙述被告人(被告单位)应当承担民事责任的理由。阐述理由时,重点阐述犯罪行为侵犯国家、集体或个人财产致使遭受物质损失的因果关系及违法性,应当承担损害赔偿民事责任的必要性。二要写明要求被告人(被告单位)承担民事责任的法律依据,即引用应承担民事责任的法律条款。之后,写明检察机关据以提起刑事附带民事诉讼的法律依据,即我国《刑事诉讼法》第 77 条第 2 款的规定。三要写明对本案涉案刑事被告人(被告单位)提起公诉情况。

(5) 尾部和“附”项内容。其中,“附”项内容:写明:① 刑事附带民事起诉书副本一式×份。② 主要证据复印件已移送。③ 其他需附注的事项。

9. 起诉书、刑事附带民事起诉书制作份数、送达、归卷要求。

起诉书及刑事附带民事起诉书以案件为单位制作一式多份。一个案件只有一名被告人时,向人民法院送达各八份(其中包括由法院送达被告人、辩护人、被害人及其诉讼代理人的份数),每增加一名被告人,向人民法院增送五份;抄送移送起诉的公安机关副本一份;附检察卷、检察内卷各一份。

(四) 注意的问题

1. 在少数民族聚居或者多民族共同居住的地区,应当根据实际需要使用当地通用的一种或者几种文字制作起诉书。

2. 对于外国人犯罪的案件,起诉书及刑事附带民事起诉书正本和若干副本使用汉字制作并盖人民检察院公章。同时,为方便诉讼,也应用外国籍被告人所在国官方语言文字制作若干起诉书翻译件(不盖公章),同时送达被告人及有关方面。中文本与外文本具有同等效力,发生歧义的,以中文正本为准。

二、公诉意见书

(一) 概念、功能和格式

公诉意见书(以前也称公诉词),是指公诉人在法庭上对证据和案件情况集中发表支持公诉意见时使用的法律文书,现已列为正式的法律文书。

根据最高人民检察院《人民检察院法律文书格式(样式)》的规定,公诉意见书的格式为:

人民检察院
公诉意见书

被 告 人×××
案　　由×××
起诉书号×××
审判长、审判员(人民陪审员):

根据《中华人民共和国刑事诉讼法》第一百五十三条、第一百六十条、第一百六十五条和第一百六十九条的规定，我（们）受×××人民检察院的指派，代表本院，以国家公诉人的身份，出席法庭支持公诉，并依法对刑事诉讼实行法律监督。现对本案证据和案件情况发表如下意见，请法庭注意。

结合案情重点阐述以下问题：

一、根据法庭调查的情况，概述法庭质证的情况、各证据的证明作用，并运用各证据之间的逻辑关系证明被告人的犯罪事实清楚，证据确实、充分。

二、根据被告人的犯罪事实，论证应适用的法律条款并提出定罪及从重、从轻、减轻处罚等意见。

三、根据庭审情况，在揭露被告人犯罪行为的社会危害性的基础上，作必要的法制宣传和教育工作。

综上所述，起诉书认定本案被告人×××的犯罪事实清楚，证据确实、充分，依法应当认定被告人有罪，并应（从重、从轻、减轻）处罚。

公诉人：

年　月　日当庭发表

（二）适用

公诉意见书，是公诉人在法庭上对认定事实、证据和适用法律，以及案件有关情况集中发表支持公诉意见时使用的法律文书。最高人民检察院 2002 年施行的法律文书格式，已将公诉意见书列为检察院法律文书。

根据《刑事诉讼法》第 153 条和第 160 条的规定，人民检察院应当派员出席人民法院审判公诉案件的法庭，支持公诉，但是依法适用简易程序的，人民检察院可以不派员出席法庭。出席法庭的公诉人，在法庭调查结束、法庭辩论阶段开始时，依法首先集中对该案证据、案件情况、定罪量刑、适用法律等重大问题，集中发表支持公诉的意见，提请法庭注意。为保证公诉人集中发表公诉意见的质量，应当在出庭准备时制作好公诉意见书，再根据法庭调查的新情况，作适当修改补充后当庭宣读。由此可见，发表公诉意见书，是刑事诉讼法规定的法庭审理公诉案件的必备内容，是公诉人集中对起诉书指控被告人罪行和适用法律等重要问题的进一步阐发和论证，也是法庭听取国家公诉人对法庭调查的事实及如何定罪量刑等问题的结论性意见的重要形式，对法庭正确审理案件，准确定罪量刑有重要意义。同时，公诉意见书对旁听群众也起着一种法制宣传教育的作用。

（三）写法说明

公诉意见书要与起诉书相辅相成。制作公诉意见书的基本要求是：论证有理有据，论点鲜明清楚，分析透彻深刻，语言准确通俗，逻辑严密，重点突出。

1. 首部。包括:制作文书的人民检察院名称,文书名称,被告人姓名、案由、起诉书文号,法庭审判人员称谓。在法庭宣读时,只宣读“审判长、审判员(人民陪审员)”及公诉意见书正文部分。首部其他内容不在法庭上读出,以免重复。

2. 正文。公诉意见书的正文是主体部分。先应阐明检察人员出庭支持公诉的法律根据、法庭上的身份、职责。这部分内容应当按规定程式写明。然后,结合案情,重点阐述以下问题:

(1) 根据本案证据和法庭调查的情况,概述法庭质证的情况、各证据的证明作用,并运用证据链条证明被告人犯罪事实清楚,证据确实、充分。

(2) 根据被告人的犯罪事实情节,论证应适用的法律条款并提出定罪及从重、从轻、减轻处罚的意见及理由。在研究实行公诉改革中,有关部门拟提出:适用普通程序审理的公诉案件,根据庭审具体情况,在公诉意见书中提出检察机关具体量刑建议。目前,已有部分检察机关试行在公诉意见书中向法院提出对被告人量刑建议的做法。

(3) 根据庭审情况,在揭露被告人犯罪行为的社会危害性的基础上,进行必要的法制宣传和教育。

以上各方面的基本内容,公诉意见书中都应具备。但是要注意根据具体案件的特点和出庭工作的实际情况,突出重点,有简有繁,有针对性地加强重点部分的论述。重点一般包括以下几方面:

第一,对可能出现争议的地方,要重点论证。例如,对案件定性定罪有争议时,应重点阐明有关犯罪构成理论和该类犯罪的本质特征,全面系统、有根有据地论证被告人只能构成本罪而不能构成他罪的意见。又如,被告人否认犯罪事实或诉讼参与人可能对认定事实有异议时,应着重充分运用证据证明犯罪事实。

第二,对某些以法定条件为犯罪要件的案件,要重点论证被告人犯罪行为具备有关法定条件的事实和证据。例如,以“情节严重”、“情节特别严重”为法定条件的犯罪案件,要重点阐述、分析其情节“严重”、“特别严重”的具体表现。

第三,对违反其他法规(海关、金融、外汇、工商、税收、文物保护等法规),需要追究刑事责任的,公诉意见也可以详细引用有关法律和政策,强化论证。

第四,对需要从重或从轻、减轻处罚的,要详细分析犯罪的社会危害性,系统分析从重、从轻处罚的法定理由和法律根据以及社会效果。

第五,对未成年人犯罪案件或者其他有法制宣传意义的案件,应着重剖析犯罪原因、思想和社会根源,有关单位疏于防范的漏洞等,以便通过法制教育,收到减少和预防犯罪,促进失足者悔过自新的效果。

第六,对共同犯罪案件,特别是犯罪集团,要在全面分析案情的基础上,重点揭露主犯的罪行和罪责,抓主要矛盾,带动其他问题。

公诉意见书的重点要突出。当一个案件有几个问题都需要重点论述时，可以分别详细论述，也可以有所侧重。总之，要根据案情，集中重点论述支持公诉和公正履行检察职责的意见。

正文结尾部分，要高度概括重申公诉意见书的基本论点。写明"综上所述，起诉书认定本案被告人×××的犯罪事实清楚，证据确实、充分，依法应当认定被告人有罪，并应（从重、从轻、减轻）处罚。"

3. 尾部。包括：法律身份"公诉人"并署名。公诉人为二人以上的，应当同时署名。注明×年×月×日当庭发表。

4. 公诉意见书以案件为单位制作，一式多份。归检察卷一份。

三、不起诉决定书

（一）概念、功能和格式

不起诉决定书，是指人民检察院依法对不追究刑事责任的，证据不足、不符合起诉条件的，以及对于犯罪情节轻微，依法不需要判处刑罚或者免除刑罚的案件，作出不起诉决定时制作的法律文书。

根据最高人民检察院《人民检察院法律文书格式（样本）》的规定，不起诉决定书格式具体分为三种。即：一是根据《刑事诉讼法》第一百四十二条第一款决定不起诉时适用；二是根据《刑事诉讼法》第一百四十二条第二款规定决定不起诉时适用；三是根据《刑事诉讼法》第一百四十条第四款规定决定不起诉时适用。为简洁文字，介绍第一种格式，对其他两种格式作比照说明。

不起诉决定书格式（样本）一：根据《刑事诉讼法》第一百四十二条第一款规定决定不起诉时适用。

人民检察院
不起诉决定书

检　　刑不诉〔　　　　〕　　号

被不起诉人×××〔写明姓名、性别、出生年月日、身份证号码、民族、文化程度、职业或工作单位及职务（国家机关工作人员利用职权实施的犯罪，应当写明犯罪期间在何单位任何职）、住址（被不起诉人住址写居住地，如果户籍所在地与暂住地不一致的，应当写明户籍所在地和暂住地），是否受过刑事处罚，采取强制措施的种类、时间、决定机关等。〕

（如系被不起诉单位，则应写明名称、住所地等）。

辩护人×××(写姓名、单位)。

本案由×××(侦查机关名称)侦查终结,以被不起诉人×××涉嫌×××罪,于×年×月×日移送本院审查起诉。(如果是自侦案件,此处写"被不起诉人×××涉嫌×××一案,由本院侦查终结,于×年×月×日移送审查起诉或不起诉。"如果案件是其他人民检察院移送的,此处应当将指定管辖、移送单位以及移送时间等写清楚。)

(如果案件曾经退回补充侦查,应当写明退回补充侦查的日期、次数以及再次移送审查起诉的时间。)

经本院依法审查查明:

……

〔如果是根据《刑事诉讼法》第十五条第(一)项,即侦查机关移送起诉认为行为构成犯罪,经检察机关审查后认定行为情节显著轻微、危害不大,不认为是犯罪而决定不起诉的,则不起诉决定书应当先概括叙述公安机关移送审查起诉意见书认定的犯罪事实(如果是检察机关的自侦案件,则不写这部分),然后叙写检察机关审查后认定的事实及相应的证据,重点反映显著轻微的情节和危害程度较小的结果。如果是行为已经构成犯罪,本应当追究刑事责任,但在审查过程中有《刑事诉讼法》第十五条第(二)至(六)项法定不追究刑事责任的情形,因而决定不起诉的,应当重点叙明符合法定不追究刑事责任的事实和证据,充分反映出符合法律规定的内容。〕

本院认为,×××(被不起诉人的姓名)的上述行为,情节显著轻微、危害不大,不构成犯罪。依照《中华人民共和国刑事诉讼法》第十五条第(一)项和第一百四十二条第一款的规定,决定对×××(被不起诉人的姓名)不起诉。

(如果是根据《刑事诉讼法》第十五条第(二)至(六)项法定不追究刑事责任的情形而决定的不起诉,重点阐明不追究被不起诉人刑事责任的理由及法律依据,最后写决定不起诉的法律依据。)

被害人如果不服本决定,可以自收到本决定书后七日以内向×××人民检察院申诉,请求提起公诉;也可以不经申诉,直接向×××人民法院提起自诉。

×××人民检察院(院印)

年 月 日

(二) 适用

不起诉决定书,是人民检察院依法对不追究刑事责任的,或者证据不足、不符合起诉条件的,或者犯罪情节轻微、依照我国刑法规定不需要判处刑罚或者免除刑罚的不起诉案件,作出不起诉决定的文书。

根据《刑事诉讼法》第15条、第140条第4款、第142条第2款的规定,以及人民检察院《刑事诉讼规则》有关规定,人民检察院对于在审查起诉环节的三种类型的案件,应当或者可以作出不起诉决定。

1. 第一种类型,有下列情形之一的,应当不起诉:(1) 情节显著轻微、危害不大,不认为是犯罪的;(2) 犯罪已过追诉时效期限的;(3) 经特赦令免除刑罚的;(4) 依照刑法告诉才处理的犯罪,没有告诉或者撤回告诉的;(5) 犯罪嫌疑人、被告人死亡的;(6) 其他法律规定免予追究刑事责任的。这种情形不起诉的,即所谓"绝对不起诉"。

2. 第二种类型,对于移送起诉后又经补充侦查的案件,人民检察院仍然认为证据不足,不符合起诉条件的,可以作出不起诉的决定。这种情况,即所谓"存疑不起诉"。

3. 第三种类型,对于移送起诉案件中犯罪情节轻微,依照我国刑法规定不需要判处刑罚或者免除刑罚的,人民检察院可以作出不起诉决定。这种情况,即所谓"相对不起诉"。

不起诉决定书是人民检察院对案件作出不起诉决定的凭据,具有终止本案刑事诉讼,不追究被不起诉人刑事责任的法律效力。

（三）写法说明

1. 首部。不起诉决定书首部,包括:制作文书的人民检察院名称、文书名称、文书编号。文书编号顺序及代字是:院名、部门、文书代字,年度,文书序号。如,津检一分不诉〔2007〕2 号。

2. 正文。包括:被不起诉人基本情况,辩护人基本情况,案由和案件来源,案件事实情况,不起诉理由、法律依据和决定事项,告知事项,共六部分内容。具体要求:

(1) 被不起诉人基本情况。根据《刑事诉讼法》的规定,本文书对当事人应当使用"被不起诉人"这一规范称呼。三种不起诉决定书此部分内容相同。要写明被不起诉人姓名、性别,出生年、月、日,身份证号码、民族、文化程度、职业或工作单位及职务(国家工作人员利用职权实施的犯罪,应当写明犯罪期间在何单位任何职),住址(被不起诉人住址与居住地,如果户籍所在地与暂住地不一致的,应当写明户籍所在地和暂住地),是否受过刑事处罚,采取强制措施的种类、时间、决定机关等。

如果是被不起诉单位,应写明名称、住所地等。

(2) 辩护人基本情况。案件明确了辩护人的,要写明辩护人有关情况,即姓名、单位。

(3) 案由和案件来源。这部分是要说明办案程序合法。案由应当写明"本案由×××(侦查机关名称)侦查终结,以被不起诉人×××涉嫌×××罪,于×年×月×

日移送本院审查起诉。”“案件来源”应当写明包括公安、安全机关移送本院侦查终结，其他人民检察院移送等情况。还应当写明移送审查起诉的时间和退回补充侦查的情况及本院受理日期。

（4）案件事实情况。如前所述，不起诉决定可基于三种法定情形。三种不起诉决定书应针对该案实际，分别选择表述方法：

① 绝对不起诉的案件事实部分写法：根据侦查机关的起诉意见书，概括写明侦查机关移送起诉认定的事实和证据情况，然后写明本院审查起诉中出现了《刑事诉讼法》第15条规定的某一具体情形。如果是“情节显著轻微、危害不大，不认为是犯罪的”情形，认定事实与侦查机关不一致的，应当具体叙述本院审查认定的情形；而认定事实与侦查机关一致的，只是性质看法不一，着重写明“不认为是犯罪”的情形。

② 存疑不起诉的案件事实部分写法：先概括写明移送起诉意见书认定的事实，再简要写明经补充侦查仍然证据不足、不符合起诉条件的情况。为慎重表述，该种情形，宜采用高度概括叙述的方法，尽量避免不利于下一步工作的内容、文字出现。

③ 相对不起诉的案件事实部分写法：这是该类不起诉决定书制作的重点和难点。这部分应当写明包括事实和证据两方面的内容，先写事实，后写相应证据，前后紧密联系。

关于事实方面的具体写法：先概括写明移送起诉意见书认定的事实，然后，用承接语“本院审查本明：”，接着，再简要写明本院审查认定的事实。

在写本院审查认定的事实时应注意：一要注意写出符合相对不起诉条件的事实特征。即从性质上说，相对不起诉案件的事实具有违法性，其基本特征是“犯罪情节轻微，依照我国刑法规定，不需要判处刑罚或者免除刑罚”。因此，要善于选择和归纳具有上述特征的事实，围绕相对不起诉的法定条件重点叙述。既要分清罪与非罪界限，与起诉书叙述事实相区别，又要与绝对不起诉、存疑不起诉事实部分相区别。使所叙事实与处理理由、结果，具有严密的逻辑关系。二要注意所叙事实的客观性、准确性，经得起复查、复议、复核，经得住历史检验。三要注意文字简练、精确，没有证据的内容不写，授人以柄的语言不用。四要注意处理叙述侦查机关起诉事实与检察机关相对不起诉事实之间的关系，以后者为重点。如果两者基本一致，则可前者较为概括，后者较为具体；如果两者差异较大，则在客观、真实、符合法定条件的前提下，对后者重点叙述差异之处。如果是检察机关侦查的案件需要作出不起诉决定的，只写检察机关统一认定的事实，不另写侦查部门认定的事实。

关于证据方面的具体写法：本文书格式中“案件事实情况”应当包括相应的证据内容。写证据时要注意的：一是坚持证据的客观性、相关性、合法性。因为是要认定被不起诉人"犯罪情节轻微",对于证据的要求标准,不能低于起诉的证据标准。二是写明证据要繁简得当,既不能事无巨细,统统列上,开成证据目录,也不能笼统归结为"上述事实证据确实、充分",不写具体证据,而是将主要证据及其证明作用概括作出说明。如:一起轻伤案,证据之一写为"有证人孙××、刘×证明被不起诉人手持木棍打人的证言"。

(5) 不起诉理由、法律依据和决定事项。这是不起诉决定书的结论部分,要以精炼语言写明三个层次的内容:

① 不起诉理由。这是对认定案件事实的法理分析和归纳。一要注意理由法定。每一个不起诉案件,都是适用《刑事诉讼法》第 15 条、第 140 条第 4 款、第 142 条第 2 款规定的具体体现。阐明理由,必须与法定理由相适应,不能超出法定范围。二要注意理由针对,理由与事实紧密相关,前后对应。三要注意理由充足,要以法定不起诉条件为标准。从主要方面去阐明理由。但是不能过于繁琐。

② 不起诉法律根据。阐明不起诉理由后,要引用相应的法律根据;绝对不起诉的,应引用《刑事诉讼法》第 15 条、第 142 条第 1 款;存疑不起诉的,应当引用同法第 140 条第 4 款。相对不起诉的,根据法律规定精神,应当先写明触犯的刑法条款和刑法有关不需要判处刑罚或者免除刑罚的条款,再引用《刑事诉讼法》第 142 条第 2 款。

③ 决定事项。应当写明对×××(被不起诉人姓名、被不起诉单位名称)不起诉。

(6) 告知事项。在决定事项之后,另一段写明对被不起诉人和被害人告知申诉事项。注意的是:① 凡是有被害人的案件,本部分应当写明被害人享有申诉权及起诉权;② 根据《刑事诉讼法》第 142 条第 2 款作出不起诉决定的(相对不起诉),应当写明被不起诉人享有申诉权;③ 不起诉决定同时具有《刑事诉讼法》第 145 条和第 146 条规定情形的,本文书应当按被不起诉人,被害人的顺序分别写明其享有的申诉权及起诉权。

3. 尾部。不起诉决定书尾部署名,统一署检察院院名。具文日期,应当是签发日期,并加盖院印。

4. 不起诉决定书的制作份数和送达、归卷要求。

本文书以被不起诉人一人为单位制作。应当有正本、副本之分。其中正本一份归入检察卷,副本送达被不起诉人及其所在单位、辩护人、被害人或者近亲属及其诉讼代理人、侦查机关(侦查部门)。

四、刑事抗诉书

（一）概念、功能和格式

刑事抗诉书,是指人民检察院对人民法院确有错误的刑事判决或裁定依法提出抗诉的法律文书,是引起审判监督程序的重要法律文书。

根据最高人民检察院《人民检察院法律文书格式(样本)》的规定,刑事抗诉书的格式分为两种:一为二审程序适用的,二为审判监督程序适用的。为简洁文字,只介绍二审程序适用的刑事抗诉书格式,对另一种格式进行比照说明。

刑事抗诉书格式(样本)一、二审程序适用

人民检察院
刑事抗诉书

检　　刑抗〔　　　　〕号

×××人民法院以××号刑事判决书(裁定书)对被告人×××(姓名)×××(案由)一案判决(裁定)……(判决、裁定结果)。本院依法审查后认为(如果是被害人及其法定代理人不服地方各级人民法院第一审的判决而请求人民检察院提出抗诉的,应当写明这一程序,然后再写“本院依法审查后认为”),该判决(裁定)确有错误(包括认定事实有误、适用法律不当、审判程序严重违法),理由如下:

……(根据不同情况,理由从认定事实错误、适用法律不当和审判程序违法等几方面阐述。)

综上所述……(概括上述理由),为维护司法公正,准确惩治犯罪,依照《中华人民共和国刑事诉讼法》第一百八十一条的规定,特提出抗诉,请依法判处。

此致

×××人民法院

×××人民检察院(院印)

年　月　日

附:

1. 被告人×××现羁押于×××(或者现住×××)。

2. 新的证人名单或者证据目录。

（二）适用

刑事抗诉书，是人民检察院对人民法院确有错误的刑事判决或裁定依法提出抗诉的文书。

根据《刑事诉讼法》第181条、第205条第3款，以及《人民检察院刑事诉讼规则》的规定，地方各级人民检察院认为本级人民法院第一审的判决、裁定确有错误时，在法定时限内，应当向上一级人民法院提出抗诉。通常称之为第二审程序的抗诉。最高人民检察院对各级人民法院已经发生法律效力的判决和裁定，上级人民检察院对下级人民法院已经发生法律效力的判决和裁定，如果发现确有错误，有权按照审判监督程序向同级人民法院提出抗诉。通常称之为审判监督程序抗诉。不论哪种程序提出抗诉，都必须制作抗诉书，送达人民法院。刑事抗诉书，是引起人民法院第二审或再审的法定程序之一。抗诉提出后，人民法院就要根据抗诉书，对全案进行审理，依法作出判决或裁定。因此，刑事抗诉书是检察机关行使审判监督职权的重要工具，对于纠正人民法院确有错误的刑事判决和裁定，保证法律正确实施，起着十分重要的作用。

（三）写法说明

本文书分为二审程序适用和审判监督程序适用两种格式。其内容结构略有不同：

二审程序适用刑事抗诉书的内容结构为：（1）首部；（2）原审判决、裁定情况；（3）审查意见；（4）抗诉理由；（5）结论性意见、法律根据、决定和要求事项；（6）尾部。

审判监督程序适用刑事抗诉书的内容结构为：（1）首部；（2）原审被告人基本情况；（3）诉讼过程、生效判决或裁定概况；（4）对生效判决或裁定的审查意见（含事实认定）；（5）抗诉理由；（6）结论性意见、法律根据、决定和要求事项；（7）尾部。

两种格式的刑事抗诉书各相关部分基本内容的制作要求是：

1. 首部。两种刑事抗诉书格式首部的内容相同。包括制作文书的人民检察院名称；文书名称，即刑事抗诉书；文书编号，即×检×刑抗〔 〕号。

2. 原审被告人基本情况。本部分内容是审判监督程序适用刑事抗诉书的正文部分必写的内容，而二审程序适用的刑事抗诉书则不写这部分内容。制作时，应按规定项目，依次写明原审被告人姓名、性别、出生年月日、民族、出生地、职业、单位及职务、住址、服刑情况。正在服刑的，写明刑期及监狱等服刑地；没有服刑的，写明释放时间或保外就医等情况。

有数名被告人的，依审查认定的犯罪事实、情节，由重至轻顺序分别列明。

3. 诉讼过程、生效判决或裁定情况（二审程序适用的刑事抗诉书为“原审判决、裁定情况”）。两种格式的刑事抗诉书都要写这部分内容，但二者在具体叙述内容时有所区别：

二审程序适用的刑事抗诉书，直接写明一审判决、裁定内容。如果在侦查、起诉、审判阶段没有超时限等程序违法现象，则不必写明侦查、检察、审判经过，直接写明××人民法院以××号刑事判决书（裁定书）对被告人×××（姓名）××（案由）一案判决（裁定）……（判决、裁定结果）。如果是被害人及其法定代理人不服一审判决而请求人民检察院提出抗诉的，应当写明这一程序。

审判监督程序适用的刑事抗诉书，一是应当写明生效判决或裁定情况；二是要写明提起审判监督程序抗诉的原因。下级人民检察院提请抗诉的，这一程序必须写明。然后，再写“经依法审查：”写出下文（认定事实部分）。

4. 对判决、裁定的审查意见。两种程序适用的刑事抗诉书，都要直接指出原判决、裁定的错误所在，告知法院抗诉的重点是什么。这部分要做到观点鲜明，简明扼要。即写明“该判决（裁定）确有错误（包括认定事实有误、适用法律不当、量刑畸轻畸重、审判程序严重违法等）”。

5. 检察机关认定的事实、情节及证据。这一部分是在审判监督程序适用刑事抗诉书格式中的重要内容，是下一步论证抗诉理由的基础。因此，叙述事实、情节，应当在结构要素和事实要素上完整无缺，特别是对认定有争议的事实、情节，要通过重点叙述或进一步详细叙述的手法，将犯罪构成要件事实、情节，本罪的法律特征，以及时间、地点、经过、目的、动机、手段、情节、后果等要素叙述清楚。目的在于用事实、情节本身增强抗诉机关的论证性，而不宜于就此展开对原判认定事实的批评，以防止叙述和论证理由散乱无章。对认定事实错误的批评，应集中在抗诉理由中阐述。抗诉书叙述事实、情节，也要求层次分明，文字简洁，正确处理特殊问题写法。具体写法，可以参照起诉书关于叙述事实的要求。

刑事抗诉书说明证据部分，比较复杂。抗诉机关与法院在认定事实、证据上没有分歧的，在刑事抗诉书中只是一般说明证据情况即可。但是，抗诉案件往往是在认定事实、证据上有分歧。对此，应针对法院作出的认定部分事实、情节、证据不足的判决或法院作出的“证据不足、指控的犯罪不能成立”的无罪判决，集中说明本案证据的确实、充分性，从犯罪构成理论的多个方面阐明事实的足以认定。

6. 抗诉理由。这部分集中论证抗诉理由，注意的问题有：

（1）要先对抗诉机关认定的犯罪事实、情节的本质属性作一概括评议，指出被告人行为危害程度、轻重程度。接着明确指出原审判决（裁定）的错误要点，写明抗诉焦点。指出原判错误之处，要概括简明，直截了当，用语规范。如“适用法律不当，量刑畸轻”，“犯罪情节特别严重，依法应当判处死刑，改判死刑缓期2年执行不当”。

(2) 充分论证抗诉理由。要有针对性地运用事实和证据,具体指出原审判决或裁定的错误,阐明为什么错误,同时论证检察机关抗诉意见的正确性。写抗诉理由时,必须针对原审判决的错误提出。要论点准确,论据有理,论证合理。根据我国刑事诉讼法规定和抗诉工作的实践经验,抗诉理由主要应针对以下几个方面提出:

第一,原判决或裁定认定事实有错误的,包括遗漏罪行,遗漏罪犯,应该依法认定的事实没有认定,或者认定事实有错误等情况。这是提起抗诉的主要因由之一。事实是适用法律、定性、量刑的基础,认定事实有错误,必然导致定性、量刑或适用法律错误。因此写抗诉理由时,要具体指出原判认定的哪些事实有错误,再论证检察机关查实认定的事实和证据的准确性。

第二,原判决或裁定适用法律有错误的,包括:定性(罪与非罪)、定罪(此罪与彼罪)、不处罚或免除处罚不当等情况,这些是判决错误的主要表现形式。应根据案件的不同情况,与刑事抗诉书上下文有机地结合起来写:如果原判决是因认定事实错误而导致适用法律错误的,应先将检察机关查清认定的事实和证据写明,然后具体指出原判在适用法律上的错误,再阐明本案应如何正确适用法律、认定犯罪性质;如果只是在适用法律上有错误,应在指出具体错误后,着重围绕行为事实的本质特征和相关法律的本义,论证如何正确适用法律,认定案件性质。

第三,原判决或裁定量刑不当的,包括:罪刑不相适应,刑罚过轻过重;具有法定从重或从轻、减轻情节,未依法准确量刑的;以及适用缓刑不当,无正当理由而未依法判处刑罚等情况。这些是判决或裁定错误的主要表现和抗诉的主要理由。要针对量刑不当的原因,阐述抗诉理由:如果是认定事实错误,致使定性、定罪适用法律错误,进而导致量刑不当的,应参照上述要求,在阐明认定的事实和论证准确适用法律的正确意见后,再写清量刑不当所在。如果认定事实和认定性质、确定罪名基本无误,只是量刑过轻过重的,应着重从情节、社会危害性等影响量刑的诸要素方面进行分析,指出原判量刑上的错误所在,进而提出准确量刑的原则意见。

第四,原判决或裁定违反法律规定的诉讼程序,影响正确判决的,要先写清原审法院违反诉讼程序的事实表现,包括时间、地点、审判人员或合议庭的违法行为等情况。然后,写明影响正确判决的现实表现。再阐述法律规定的正确诉讼程序。

第五,原判决将犯罪事实清楚、证据确实、充分的案件错误地认定为证据不足并判无罪的,要针对分歧焦点,充分运用犯罪事实和证据,逐条逐项论证本案符合法定规格,足以认定的道理。其中,在论证证据确实、充分的理由时,对于有新补充证据的，说明其证明力；对于认定失误的，指出认定证据失误之处，阐明正确认定的道理；对于“证据确实、充分”标准、规格认识分歧的，结合具体案情，阐明抗诉机关依法理解的标准、规格。

在司法实践中，写“审查意见和抗诉理由”部分，具体结构写法有：

① 分段列举。即将抗诉理由按论点、论据，加序号分为几个自然段叙述。这种方法的特点是，论点明确，论证清楚，条理性强。适用于抗诉理由论点较多的案件。

② 综合分析。即将抗诉理由分层次地在一个自然段内叙述。这种方法的特点是结构紧凑，观点概括集中。适用于抗诉理由集中、论点较少的案件。

③ 分人叙述。即在同时有几个被告人的抗诉案件中，参照上述方法，针对每个被告人的具体情况，分别叙述对各个被告人判决的抗诉理由。这种方法的特点，是各被告人的情况与抗诉理由联系紧密，针对性强，适用于抗诉理由各不相同的两名以上被告人的抗诉书。

7. 结论性意见、法律根据、决定和要求事项。两种文书格式这一部分内容及制作要求相同。

（1）阐明结论性意见。论证抗诉理由之后，作为全文概括性结论，以理由为根基，针对原判错误，阐述抗诉机关认定的关于被告人行为危害程度、罪名、量刑等意见。

（2）正确引用法律根据。刑事抗诉书要针对抗诉理由，引用据以指出和纠正原判决或裁定错误的法律条款。属于案件实体问题的，如定性、定罪、量刑等，要引用我国刑法等实体法相应的条款；属于程序问题的，如违反法律程序、错误的裁定等，要引用我国刑事诉讼法等程序法相应的条款，并引用据以抗诉的《刑事诉讼法》具体的条款。

（3）在要求事项部分，应写明：“特提出抗诉，请依法判处。”

8. 尾部。需要注意的是：（1）此致法院的名称，应当是依法受理抗诉案件的同级人民法院名称；（2）一律署检察院名称并盖院印；（3）“附”项：被告人现在处所，服刑的写羁押场所，未羁押的写现在处所地址。新的证据目录、证人名单，写明移送数量（页码）。

9. 本文书以案件或被告人为单位制作。其制作份数按实际需要计算。正本送达人民法院，副本（通过法院）送达被告人及其辩护人，附检察内卷一份。二审程序的抗诉书，要抄报上一级人民检察院；审判监督程序的抗诉书，要抄送原提起公诉和提请抗诉的人民检察院。

二审程序的抗诉书，应由起诉检察院在法定期限内，将抗诉书正本和送达被告人及其辩护人的副本，一并送达原审人民法院，由其分别向上一级人民法院移送和向被告人及辩护人送达。审判监督程序的抗诉书，应将正本和给被告人及辩护人的副本,一并由有权提出抗诉的检察院向生效判决、裁定法院的上一级人民法院送达。

五、民事抗诉书

(一)概念、功能和格式

民事抗诉书,是人民检察院对人民法院确有错误的民事判决或裁定提出抗诉的法律文书,功能同于刑事抗诉书。

根据最高人民检察院《人民检察院法律文书格式(样式)》的规定,民事抗诉书的格式为:

人民检察院
民事抗诉书

检 民抗〔 〕 号

×××(申诉人)因与×××(对方当事人)×××(案由)纠纷一案,不服×××人民法院×××(生效判决、裁定文号)民事判决(或裁定),向我院提出申诉。(由下级人民检察院提请抗诉的案件写为:向×××人民检察院提出申诉,×××人民检察院提请我院抗诉。)〔由检察机关自行发现的案件写为:我院对×××(原审原告)与×××(原审被告)×××(案由)纠纷案的×××(生效判决、裁定文号)民事判决(或裁定)进行了审查。〕〔由案外人申诉的案件写为:我院受理×××(申诉人)的申诉后,对×××人民法院对×××(原审原告)与×××(原审被告)×××(案由)纠纷案的×××(生效判决、裁定文号)民事判决(或裁定)进行了审查。〕我院对该案进行了审查……(简述审查过程,如审查了原审卷宗、进行了调查等),现已审查终结。

……(该部分写检察机关审查认定的事实,最后写明由谁提起诉讼)。

……(该部分写诉讼过程,写明一审法院、二审法院判决、裁定的作出日期、文号、理由、主文及诉讼费负担,如果法院判决、裁定与检察机关认定事实有不同之处,要在该部分简要写明。)(如经过了再审,还要将再审情况写明。)

本院认为……(结合案件具体情况,分析、论证生效判决、裁定存在的问题及错误)。

综上所述,×××人民法院(作出生效判决、裁定的法院)对本案的判决(或裁定)……(指出生效判决、裁定存在哪几个方面的问题)。经本院第×届检察委员会第×次会议讨论决定(未经检察委员会讨论的,可不写),依照《中华人民共和国民事诉讼法》第一百八十五条第一款第×项的规定(如包括多项的,均列出),

向你院提出抗诉，请依法再审。

此致

×××人民法院

年　月　日

（院印）

本件与原本核对无误

附：……（写明随案移送的卷宗及有关材料情况）

〔编者注：根据2007年10月28日第十届全国人大常委会第三十次会议《关于修改〈中华人民共和国民事诉讼法〉的决定》，民事诉讼法修改后部分条款内容变化，如人民检察院据以提出抗诉的条款，由原法的第一百八十五条修正为现法的第一百八十七条、第一百七十九条。为客观反映有关情况，仍印发法律文书格式原样。制作本文书时注意引用修改后的相关法律条款。〕

（二）适用

民事抗诉书，是最高人民检察院依照法律对各级人民法院，上级人民检察院对下级人民法院已经发生法律效力的民事判决、裁定，发现确有法定应当提出抗诉情形之一的，而按照审判监督程序提出抗诉，要求人民法院再审予以纠正，所制作的法律文书。

根据2007年修改后的《中华人民共和国民事诉讼法》第14条、第187条、第179条的规定，以及最高人民检察院《人民检察院民事行政抗诉案件办案规则》的规定，人民检察院有权对民事审判活动实行法律监督。最高人民检察院对各级人民法院已经发生法律效力的判决、裁定，上级人民检察院对下级人民法院已经发生法律效力的判决、裁定，发现有《民事诉讼法》第179条的规定情形之一的，应当提出抗诉：(1) 有新的证据，足以推翻原判决、裁定的；(2) 原判决、裁定认定的基本事实缺乏证据证明的；(3) 原判决、裁定认定事实的主要证据是伪造的；(4) 原判决、裁定认定事实的主要证据未经质证的；(5) 对审理案件需要的证据，当事人因客观原因不能自行收集，书面申请人民法院调查收集，人民法院未调查收集的；(6) 原判决、裁定适用法律确有错误的；(7) 违反法律规定，管辖错误的；(8) 审判组织的组成不合法或者依法应当回避的，审判人员没有回避的；(9) 无诉讼行为能力人未经法定代理人代为诉讼或者应当参加诉讼的当事人，因不能归责于本人或者其诉讼代理人的事由，未参加诉讼的；(10) 违反法律规定，剥夺当事人辩论权利的；(11) 未经传票传唤，缺席判决的；(12) 原判决、裁定遗漏或者超出诉讼请求的；(13) 据以作出原判决、裁定的法律文书被撤销或者变更的。对违反法定程序可能影响案件正确判决、裁定的情形，或者审判人员在审理该案件时有贪污受贿，徇私舞弊，枉法裁判行为的，人民法院应当再审。

地方各级人民检察院对同级人民法院已经发生法律效力的判决、裁定，发现有上述规定情形之一的，应当提请上级人民检察院按照审判监督程序提出抗诉。对于人民检察院按照审判监督程序提出抗诉的，人民法院应当再审。可见，民事抗诉书是人民检察院要求人民法院对确有错误的生效民事判决、裁定进行再审的有效依据，也是人民检察院对民事审判活动进行法律监督的法定方式。

（三）写法说明

1. 首部。包括：(1) 制作文书的人民检察院名称。(2) 文书名称，即《民事抗诉书》。(3) 文书编号。文书编号的编排顺序应为：提出抗诉人民检察院名称代字；文书名称代字，即"民抗"；发文年度，文书顺序编号。民事抗诉书按决定抗诉的时间先后统一编号。

2. 案件来源及本院审查过程。先根据本案件来源的不同情况，即：申诉人向本院提出申诉，并由本院直接抗诉的；申诉人向下级人民检察院提出申诉后，由下级人民检察院提请本院抗诉的；人民检察院自行发现的案件，由案外人申诉的案件等，选择相应格式直接写明。

再简述审查过程。如"审查了原审卷宗，进行了调查，作了鉴定，现已审查终结"。

3. 本院审查认定的法定抗诉情形。法定抗诉情形，是指《中华人民共和国民事诉讼法》第一百八十一条规定的应当抗诉的情形。即：最高人民检察院对各级人民法院、上级人民检察院对下级人民法院已经发生法律效力的判决、裁定，发现有下列情形之一的，应当按照审判监督程序提出抗诉：(1) 原判决、裁定认定事实的主要证据不足的；(2) 原判决、裁定适用法律有错误的；(3) 人民法院违反法定程序，可能影响案件正确判决、裁定的；(4) 审判人员在审理该案时有贪污受贿，徇私舞弊，枉法裁判行为的。这是分析判断抗诉与否的标准，是阐明抗诉理由的根据，应当表述准确恰当。对人民检察院与人民法院认定的事实不同时，具体写法是：

① 写明过渡语，即"现查明："或"现已查明："

② 结合案件具体情况，选择恰当的表述方法，准确写明本院审查认定的案件事实。注意写清所述事实的时间、地点、行为、情节、后果等反映事物全貌的诸要素。

③ 对于抗诉依据的情形事实，应重点叙述；对于分歧的关键点，或者是更正法院所认定的事实，更应具体叙述。

④ 为了说明本院认定事实的依据，可以简要列明认定事实的证据情况。

由于抗诉案件较为复杂，有的是在认定案件事实上检察院与法院没有分歧，但法院却具有法定抗诉情形。对于这类情况，可以直接写明判决认定事实。在过渡语“本院审查认为:”之后,叙写认定法院具有法定抗诉情形的事实,必要时进行论证。

写明检察机关审查认定的事实以后,再写明由谁提起诉讼。

4. 本案诉讼过程。应写明一审法院、二审法院判决、裁定的作出日期、文号、理由、主文及诉讼费负担,如果法院判决、裁定与检察机关认定事实有不同之处,要在本部分简要写明。如经过再审,还要将再审情况加以写明。

5. 审查意见、抗诉理由。这是抗诉书的重点部分。目前,民事检察部门正在加强抗诉书说理改革。通常以“本院认为”作过渡语。然后针对案件实际,抓住中心,突出重点,综合分析、论证下列内容:

(1) 指出原判决、裁定具有法定抗诉情形之一,指明违法时,应当准确概括,观点鲜明,文字简洁。

(2) 分析、论证抗诉理由。要根据事实和证据,依据法律、法规、政策,对原审裁判在认定事实、采信证据、适用法律、诉讼程序等方面存在的问题,进行分析评议。阐明为什么错误,同时论证检察机关抗诉理由的正确性。

对下列情形重点论证:对原审裁判“认定事实的主要证据不足的”,依照证据事实,深入分析论证原审裁判认定事实方面的错误;对原审裁判适用法律确有错误的,从法律和法理上深入剖析,准确界定;对违反法定程序的,以程序法为依据,论证再审理由;对审判人员有贪污受贿、徇私舞弊、枉法裁判行为的,以事实、证据论证。

6. 抗诉决定及法律根据。按照格式,写这部分时,先要综述抗诉结论性意见,将前一部分指出的错误要点概括写明,进一步阐明抗诉的必要性。然后写明本院抗诉的决定。如果本院检察委员会讨论决定的,也应写明。如:“综上所述,×××人民法院(作出生效判决、裁定的法院)对本案的判决(或裁定)……(指出生效判决、裁定存在哪几个方面的问题)。经本院第×届检察委员会第×次会议讨论决定(未经检察委员会讨论的,可不写),依照《中华人民共和国民事诉讼法》第187条第1款、第179条第×款第( )项的规定(如包括多项的,均应列出),向你院提出抗诉,请依法再审。”写明抗诉决定,必须同时写明据以抗诉的民事诉讼法律根据。

7. 尾部。包括:(1)“此致”和依法受理抗诉的人民法院名称。(2) 决定抗诉的年、月、日。(3) 盖人民检察院印。(4) 盖“本件与原本核对无误”章。本章应制成专用印章,加盖在正本末页的年、月、日的左下方,“附”项的上方。(5)“附”项,应写明随案移送的卷宗及有关材料情况。

(四) 应注意的问题

正本加盖“正本”章,副本加盖“副本”章,正本送同级人民法院,同时按当事人人数送达副本,副本还要报同级人大和上级人民检察院备案。副本存检察副卷一份。

六、行政抗诉书

(一)概念、功能和格式

行政抗诉书,是指人民检察院对人民法院确有错误的行政判决或裁定,提出抗诉的法律文书,功能同于刑事、民事抗诉书。

根据最高人民检察院《人民检察院法律文书格式(样本)》的规定,行政抗诉书的格式为:

人民检察院
行政抗诉书

检　　行抗〔　　〕号

×××(申诉人)因与×××(对方当事人)×××(案由)纠纷一案,不服×××人民法院×××(生效判决、裁定文号)行政判决(或裁定),向我院提出申诉。〔由下级人民检察院提请抗诉的案件写为:向×××人民检察院提出申诉,×××人民检察院提请我院抗诉。〕〔由检察机关自行发现的案件写为:我院对×××人民法院对(原审原告)与×××(原审被告)×××(案由)纠纷案的×××(生效判决、裁定文号)行政判决(或裁定)进行了审查。〕〔由案外人申诉的案件写为:我院受理×××(申诉人)的申诉后,对×××人民法院对×××(原审原告)与×××(原审被告)×××(案由)纠纷案的×××(生效判决、裁定文号)行政判决(或裁定)进行了审查。〕我院对该案进行了审查……(简述审查过程,如审查了原审卷宗、进行了调查等),现已审查终结。

……(该部分写检察机关审查认定的事实,最后写明由谁提起诉讼)。

……(该部分写诉讼过程,写明一审法院、二审法院判决、裁定的作出日期、文号、理由、主文及诉讼费负担,如果法院判决、裁定与检察机关认定事实有不同之处,要在该部分简要写明。)〔如经过了再审,还要将再审情况写明。〕

本院认为……(结合案件具体情况,分析、论证生效判决、裁定存在的问题及错误。)

综上所述,×××人民法院(作出生效判决、裁定的法院)对本案的判决(或裁定)……(指出生效判决、裁定存在哪几个方面的问题)。经本院第×届检察委员会第×次会议讨论决定(未经检察委员会讨论的,可不写),依照《中华人民共和国行政诉讼法》第六十四条的规定，向你院提出抗诉，请依法再审。

此致

×××人民法院

年 月 日

（院印）

本件与原本核对无误

附……（写明随案移送的卷宗及有关材料情况）

（二）适用

行政抗诉书，是最高人民检察院对各级人民法院，上级人民检察院对下级人民法院已经发生法律效力的行政判决、裁定，发现违反法律、法规规定，依法按照审判监督程序提出抗诉，要求人民法院再审予以纠正时所制作的法律文书。

根据《中华人民共和国行政诉讼法》第 10 条、第 64 条的规定，以及最高人民检察院《人民检察院民事行政抗诉案件办案规则》的规定，人民检察院有权对行政诉讼实行法律监督。最高人民检察院对各级人民法院的生效行政判决、裁定，上级人民检察院对下级人民法院生效行政判决、裁定，发现违反法律、法规规定情形的，应当依法按照审判监督程序向同级人民法院提出抗诉。有关人民法院应当再审，纠正错误。可见，行政抗诉书是人民检察院对确有错误的生效行政判决、裁定提出抗诉，要求人民法院进行再审的有效依据，也是人民检察院对行政诉讼进行法律监督的法定手段。

（三）写法说明

1. 首部。包括：(1) 制作文书的人民检察院名称。(2) 文书名称，即《民事抗诉书》。(3) 文书编号。按“×检 刑抗〔 〕号”顺序编排，与民事抗诉书这一部分写法相同。

2. 案件来源及本院审查过程。首先写明案件来源。由于案件来源和抗诉程序不同，写法稍有不同。对引起行政抗诉的不同案件来源，应当具体写明（具体写法可参考民事抗诉书这部分内容的写法）。

然后，再简述审查过程。如：“审查了原审卷宗，进行了调查，作了鉴定，现已审查终结。”

3. 本院审查认定的案件事实。案件事实是分析判断判决、裁定正确与否的基础，是阐明抗诉理由的根据，应当表述准确恰当。对人民检察院与人民法院认定的事实不同时，具体写法是：

(1) 写明过渡语，即“现查明：”或“现已查明：”。

(2) 结合案件具体情况，选择恰当的表述方法，准确写明案件基本事实。注意写清双方当事人的名称（对案件判决、裁定的人民法院名称和涉案的行政机关名称）及所述案件事实发生的时间、地点、行为、情节、后果等反映事物全貌的诸要素。

（3）对于抗诉依据的事实，应重点叙述；对于分歧的关键点，或者是需要更正法院所认定的事实，更应具体叙述。

（4）为了说明本院认定事实的依据，可以简要列明认定事实的证据情况。

由于抗诉案件较为复杂，有的是在认定案件事实上检察院与法院没有分歧。这种情况可以不再具体写案件事实。在过渡语“本院审查认为：”之后，直接进入对判决、裁定本身的分析论证。

写明检察机关审查认定的事实以后，再写明由谁提起诉讼。

4. 本案诉讼过程。应写明一审法院、二审法院判决或裁定的作出日期、文号、理由、主文及诉讼费负担，如果法院判决、裁定与检察机关认定事实有不同之处，要在该部分简要写明，如经过了再审，还要将再审情况写明。

5. 审查意见，抗诉理由。这是抗诉书重点部分。通常以“本院认为”作过渡语。然后针对案件实际，抓住中心，突出重点，综合分析、论证下列内容：

（1）指出原判决、裁定错误时，应当准确概括，观点鲜明，文字简洁。

（2）分析、论证抗诉理由。要根据事实和证据，依据法律、法规、政策，对原审裁判在认定事实、采信证据、适用法律、诉讼程序等方面存在的问题，进行分析评议。阐明为什么错误，同时论证检察机关抗诉理由的正确性。

6. 抗诉决定及法律根据。按照格式，写这部分时，先要综述抗诉结论性意见，将前一部分指出的错误要点概括写明，进一步阐明抗诉的必要性。然后写明本院抗诉的决定。如果本院检察委员会讨论决定的，也应写明。写明抗诉决定，必须同时写明据以抗诉的行政诉讼法律根据。如：“综上所述，×××人民法院（作出生效判决、裁定的法院）对本案的判决（或裁定）……（指出生效判决、裁定存在哪几个方面的问题）。经本院第×届检察委员会第×次会议讨论决定（未经检察委员会讨论的，可不写），依照《中华人民共和国行政诉讼法》第64条的规定，向你院提出抗诉，请依法再审。”

7. 尾部。包括：

（1）“此致”和依法受理抗诉的人民法院名称。

（2）决定抗诉的年、月、日。

（3）盖人民检察院印。

（4）盖“本件与原本核对无误”专用印章。抗诉书个别涂改之处，应加盖校对章。

（5）附项：应写明随案移送的卷宗及有关材料情况。

（四）行政抗诉书的制作份数及送达、归卷要求

正本加盖“正本”章，副本加盖“副本”章，正本送同级人民法院，同时按当事人人数送达副本，副本还要报同级人大和上级人民检察院备案。副本存检察副卷一份。

七、检察建议书

（一）概念、功能和格式

检察建议书，是指人民检察院在办案过程中发现有关单位在各种管理工作中存在问题，为及时纠正错误或要求有关单位配合司法机关同犯罪作斗争，而向有关单位正式提出建议时制作的法律文书。

根据最高人民检察院《人民检察院法律文书格式（样式）》的规定，检察建议书的格式为：

人民检察院
检察建议书

检建〔　　　　〕号

一、发往单位

（写明主送单位的全称）

二、问题的来源或提出建议的起因

（写明本院在办理案件过程中发现该单位在管理等方面存在的漏洞以及需要提出有关建议的问题。）

三、提出建议所依据的事实

（此部分为提出检察建议所依据的事实。对事实的叙述要求客观、准确、概括性强，要归纳成几条反映问题实质的事实要件，然后加以叙述。）

四、提出建议的依据和建议内容

（建议书引用依据有两种情况：一种情况是检察机关提出建议的行为所依据的有关规定；另一种是该单位存在的问题不符合哪项法律、法规和有关规章、制度的规定。

建议内容应当具体明确，切实可行。要与以上列举的事实紧密联系。）

五、要求事项

为实现建议内容或督促建议落实而向受文单位提出的具体要求。可包括：

1. 研究解决或督促整改;

2. 回复落实情况,可提出具体时间要求。

年 月 日

(院印)

(二) 适用

检察建议书,是人民检察院在依法检察法律监督过程中,对有关单位在管理上存在的问题和漏洞,为建章立制,改进管理,清除隐患,以及认为应当追究有关当事人的党纪、政纪责任的,向有关单位正式提出检察建议时所制作的文书。

民事、行政检察部门对符合法律规定以及《人民检察院民事行政抗诉案件办案规则》提出检察建议条件的案件,也可以用此文书,针对人民法院的具体生效民事、行政裁判的错误,向人民法院提出再审的检察建议。其具体内容参照民事抗诉书、行政抗诉书的写法,并在要求事项中明确写明:建议人民法院再审。

(三) 写法说明

1. 民事、行政检察部门对法院确有问题的判决、裁定提出再审或纠正的检察建议,适用《检察建议书》时,写明依据的案件事实后,应列举出相应的证据。必要时,还要对事实与证据的联系、认识,以及对适用法律的认识,都可以进行适当的论证。具体可参考民事抗诉书和行政抗诉书相关部分写法。

2. 对于人民检察院在办案过程中,对有关单位在管理上存在的问题和漏洞,为建章立制,改进管理,以及认为应当追究有关当事人的党纪、政纪责任的,向有关单位提出检察建议时,使用《检察建议书》,可以在遵循本文书基本结构、内容的前提下,具体情况具体分析:

(1) 问题来源或提出建议起因。要写明本院在办理何人、何案过程中发现了问题。写这部分时,要注意简明、确切。要注意涉及的问题必须与受文单位有密切的关系。如:“我院在审查李××、王××盗窃一案时,发现你单位下属的××货栈在企业管理和安全保卫方面存有严重问题。”

(2) 提出建议所依据的事实。检察机关是国家法律监督机关,提出检察建议是十分严肃的事情,必须依据确凿的事实。提出检察建议依据的事实,必须准确、真实、客观,与建议内容密切相关。这一部分是一份检察建议存在的基础,也是体现建议是否“有的放矢”的关键。提出建议所依据的事实。一般包括办案中发现的问题与打击犯罪、预防犯罪相关的情况等两方面的内容。

根据实践经验,存在下列问题或情况可以作为提出检察建议所依据的事实:① 安全保卫问题突出,疏于防范,屡次出现违法犯罪活动的;② 物资、财务管理混乱,规章制度不健全、不落实,有较大漏洞,给犯罪分子可乘之机的;③ 人民内部纠纷问题突出，调解、疏导不力，矛盾可能激化，或矛盾已经激化，出现恶果的；④ 有庇护犯罪分子、知情不举或者以说情等其他形式干扰办案，尚未达到追究刑事责任程度的；⑤ 被不起诉人，或其他有一般违法行为的人须由主管部门予以行政和处分的；⑥ 对积极协助检察机关同犯罪作斗争的人员，需建议主管部门予以表彰的；⑦ 认为应当追究有关当事人的党纪、政纪责任的；⑧ 其他影响国家法制和社会治安综合治理的重要问题，需要提出检察建议的。

建议书中叙述事实要讲求概括性，要将复杂的现象，进行分类综合、归纳、提炼，概括出反映实际问题实质的事实要件，加以叙述。

(3) 提出建议的法律依据和建议内容。检察建议书是检察机关制作的有法律意义的文书，提出的建议意见应当有明确的法律依据。建议书应当引用两个方面的法律根据：一是受文单位存在的问题，不符合哪些法律规定，应当按哪项法律规范去调整；再就是检察机关提出建议的行为所依据的法律。

建议内容是建议书的核心部分。应当符合实际情况，实事求是，具体明确、切实可行。凡是涉及对有关人员作出处理建议的，尤应慎重。要注意理由、证据和法律政策根据的充足性。必须摒弃那种寥寥数语，只有建议而不讲理由的做法。说理，既可以用被建议单位已经发生案件的事例来论证对存在问题采取相关措施的必要性，也可以用其他单位或系统内发生问题的案例来说明其存在隐患的危害性。还可以附上必要的证据和材料，以进一步明确检察建议的依据。

(4) 要求事项。为了督促建议的落实，人民检察院可以在建议中提出具体的要求。要求事项包括：一要求研究解决或督促整改；二要求回复落实情况，可提出具体时间要求。

(四) 应注意的问题

1. 建议书主要适用于社会治安综合治理，防范、减少犯罪工作等方面的建议。对刑事诉讼上的问题，人民检察院法律监督业务范围以内的问题已有专门的法律文书，不能使用建议书。

2. 检察建议书不具有强制性，为了促使建议内容的落实，承办人员应及时主动地了解、掌握建议的落实情况。如发现建议书内的部分内容不妥，但不影响建议效果的，可及时向有关部门说明、更正，不必撤销建议书。

3. 为确保检察建议书的质量，体现检察建议书的严肃性，向有关单位发出的建议书应坚持审批程序。

附：

【实例一】

××省人民检察院

起 诉 书

×检诉起字〔1998〕第1号

被告人 褚××，男，70岁，汉族，高中文化，××省××县人，身份证号码（略），原系××××有限责任公司董事长、总裁，住××厂职工宿舍。因巨额财产来源不明一案，1997年2月8日被本院监视居住，同年7月8日本院决定逮捕，7月10日由××省公安厅执行逮捕。现关押于××省公安厅看守所。

辩护人 ×××，××律师事务所律师。

被告人 罗××，男，45岁，汉族，大专文化，××省××县人，身份证号码（略），原系××××有限责任公司总会计师，住××卷烟厂职工宿舍，因贪污一案，1997年8月8日本院决定刑事拘留，同日由××省公安厅执行拘留，同年8月20日本院决定逮捕，同日由××省公安厅执行逮捕。现关押于××省公安厅看守所。

辩护人 ×××，××律师事务所律师。

被告人 乔××，男，57岁，汉族，研究生文化，××省××县人，身份证号码（略），原系××××有限责任公司副董事长、副总裁，住××职工宿舍。因贪污一案，1997年8月8日本院决定刑事拘留，同日由××省公安厅执行拘留，同年8月20日本院决定逮捕，同日由××省公安厅执行逮捕。现关押于××市公安局看守所。

辩护人 ×××，××律师事务所律师。

褚××贪污、巨额财产来源不明，罗××、乔××贪污一案由本院侦查终结，经依法审查查明：

一、被告人褚××、罗××、乔××共同贪污

1993年至1994年，××卷烟厂在下属的××××贸易发展有限公司（简称××公司）存放销售卷烟收入款（也称浮价款）和×××卷烟加工利润留成收入款共计2 857.074 85万美元。被告人褚××指使罗××将该款截留到××卷烟厂和××公司的账外存放，并规定由其签字授权后才能动用。1995年6月，褚××与罗××、乔××先后两次策划先将这笔款拿出300多万美元进行私分。褚××决定分给自己100多万美元，给罗××、乔××每人60~70万美元，××公司总经理盛××（在逃）、××公司副总经理刘××（另案处理）也分一点儿，并把钱存放在××国商人×××的账户上。1995年7月15日，罗××身带褚××签字的4份授权委托书，向盛××、刘××转

达了褚××的意思，盛××、刘××同意接受此款项。罗××在授权委托书上填上转款数额，褚××174万美元，罗××68.106 1万美元，乔××68万美元，盛××和刘××45万美元。罗将填好的转款数额的授权委托书和××国商人钟××的收款银行账号交给盛××，叫盛××立即办理。7月19日，盛××将355.106 1万美元转到了××国商人钟××的账号上。罗××返回××卷烟厂后，将办理情况报告了褚××、乔××。

上述款项，案发后已被本院扣押。

二、被告人褚××贪污

1995年11月中旬，褚××指使罗××将××公司账外存放的浮价款银行账户及相关的资料销掉，把剩余的1 500多万美元以"支付设备配件款项"的名义全额转出。褚决定自己要1 150多万美元，并拿给罗××一个由商人钟××提供的用英文打印的银行收款账号，叫罗××把钱转存到该账户。罗××在褚××给的收款账号上注明"1 156万美元"，连同褚××签字的授权委托书一起带上，找到××公司总经理盛××，叫盛××立即办理。1996年1月23日，钟××提供给褚××的账户上收到了1 156万美元。

上述款项，案发后已被本院追缴。

三、被告人褚××巨额财产来源不明

1995年8月至1998年4月，××市公安局和本院在侦查本案过程中，先后在××省××市、××市和××省××市等地，扣押了褚××的货币、黄金制品、房屋以及其他贵重物品等财产，共折合人民币521万元，港币62万元（详见附表）。对此，褚××能说明其合法收入来源并经查证属实的为人民币118万元。其余财产计人民币403万元，港币62万元，褚××不能说明其合法来源。经查证，也无合法来源的根据。

上述事实，有证人证言、鉴定结论、物证、书证及照片予以证实。被告人褚××、罗××、乔××亦作了供述和辩解。本案事实清楚，证据确实、充分。

综上所述，被告人褚××、罗××、乔××等人利用职务便利，共同贪污公款355.106 1万美元；褚××还单独贪污公款1 156万美元。褚××共计贪污公款1 330万美元，罗××贪污公款68.106 1万美元，乔××贪污公款68万美元。而且，褚××的财产和支出明显超过合法收入的为人民币403万元、港币62万元，差额巨大。褚××的行为已触犯《中华人民共和国刑法》第382条第1款、第383条第1项、第395条第1款之规定，构成贪污罪、巨额财产来源不明罪。罗××、乔××的行为已触犯《中华人民共和国刑法》第382条第1款、第383条第1项之规定，构成贪污罪。根据《中华人民共和国刑法》第25条、26条、27条之规定，褚××在共同贪污犯罪中起主要作用，系主犯；罗××、乔××属从犯。褚××在被捕后，如实供述其组织共同贪污355.106 1万美元的事实，具备《刑法》第67条第2款规定的以自首论的情节。褚××在预审中积极检举、揭发他人重大犯罪行为并经查证属实，具备《刑法》第 68 条第 1 款规定的重大立功表现。罗××也有立功表现。本院为维护社会主义经济秩序，严惩严重经济犯罪，依照《中华人民共和国刑事诉讼法》第 141 条之规定，特提起公诉，请依法判处。

此致

××省高级人民法院

检察员 朱××

毛××

郑××

1998 年 7 月 31 日

（院印）

附：1. 起诉书附表一份；

2. 证人名单一份；

3. 证据目录一份；

4. 随案移送物证及物证清单；

5. 主要证据复印件。

评析：这是一份共同犯罪起诉书，符合高检院规定的格式要求，叙述犯罪事实清楚，文字简练，提起公诉理由充分，引用法律根据准确、规范。

不足之处是：对被告人所处地位和所起作用的“主犯”、“从犯”，以及“立功表现”，虽然引用了刑法条款作依据，但作为法律监督的检察机关，应依法写明从重或从轻的处理倾向性意见。

【实例二】

××市××区人民检察院

不起诉决定书

×检刑不诉〔200×〕3 号

被不起诉人张×，男，23 岁，又聋又哑，汉族，××省××县人，文化程度高中，无业，住××县城关镇×号。200×年×月×日被刑事拘留，200×年×月×日经本院批准逮捕，次日由××公安分局执行逮捕。

被不起诉人张×盗窃一案，由××市公安局××分局侦查终结，于 200×年×月×日向本院移送起诉。经审查查明：

200×年 11 月间，被不起诉人张×窜到本市××电子厂装配车间，采取撬窗入室办法，窃得该厂 VCD 机、影碟机零配件一批，价值人民币 1 030 元。公安机关破案后，起回全部赃物，退还失窃单位。

以上事实，有物证、证人证言、现场勘查笔录等为证，被不起诉人亦供认不讳。证据确实、充分，足以认定。

本院认为，被不起诉人张×无视国家法律，盗窃公共财物，数额较大，其行为触犯了《中华人民共和国刑法》第264条之规定。鉴于被不起诉人张×是又聋又哑的人（有法医检查结论、证人证言），且案发后认罪态度较好，又因全部赃物已退还失窃单位，犯罪情节轻微，根据《中华人民共和国刑法》第19条规定可免除处罚。经本院检察委员会讨论，依照《中华人民共和国刑事诉讼法》第142条第2款之规定，决定对张×不起诉。

被不起诉人如不服本决定，可在收到本决定书后次日起7日内向本院提出申诉。

检察员　×××
200×年×月×日
（院印）

评析：本案为"相对不起诉"类型案件。本不起诉决定书格式比较规范，相对不起诉理由充足，适用法律准确、完整。

不足之处是：

1. 叙述事实中有"公安机关破案后，起回全部赃物，退还……"情节，而在结论部分，又将"全部赃物已退还……"与"认罪态度较好"相连，易产生被不起诉人退还赃物的歧义。

2. 对"相对不起诉"类型的案件，证据部分不宜太笼统。应将主要证据及其证明作用概括作出说明，如"失主报案材料"，"现场发现的被不起诉人作案工具，改锥一把"。

3. 本案被盗单位是"被害人"，本文书告知事项部分除写明对被不起诉人的申诉事项外，还应当增写："被害人如不服本决定，可在收到本决定书后7日内向上一级人民检察院申诉，请求提起公诉。"

【实例三】

××市人民检察院

刑事抗诉书

×检刑抗〔200×〕2 号

原审被告人石××，男，34 岁，1963 年 5 月 25 日出生，汉族，××省××县××村人，农民，住××县××镇××村。200×年 7 月 26 日被××县公安局收容审查，同年 12 月 24 日被××县公安局逮捕，现押于××县看守所。

原审被告人石××故意杀人一案，由××市公安局侦查终结，移送本院审查起诉。本院于 200×年 5 月 16 日向××市中级人民法院提起公诉。××市中级人民法院以(200×)×刑初字第 10 号刑事判决书作出判决：被告人石××犯故意杀人罪，判处死刑，缓期二年执行，剥夺政治权利终身。

经依法审查，本案犯罪事实如下：

200×年 3 月 16 日下午 18 时许，××县××乡××村村民钟××和郝××到本县××村找石××讨还其做买卖时所欠钟××的钱款，3 人在石××家喝酒时，郝××提出要钱一事，石××说没有钱。晚 21 时许，郝××、钟××离开，被告人石××妻子李×花将其二人送出院门，并已从里边将门锁住，此时，钟××骑自行车离去，郝××在门外骂石××。石××从院内拿着锄头翻墙跳出院外，用锄头、铁锤打击郝××的头部，致郝××当场死亡。后将其尸体拖到邻居李×虎家厕所内，并用玉米秆点燃焚烧，后畏罪潜逃。

原审被告人上述犯罪事实清楚，证据确实、充分，足以认定。

本院认为：被告人石××无视国法，持械故意杀人，焚尸逃跑，手段残忍，情节特别严重，依法应判处死刑，立即执行。一审判处死刑，缓期二年执行，剥夺政治权力终身，显属处刑不当。其理由如下：

一、原审判决认定事实有误。一审判决认定被害人有拖拽调戏被告人石××妻子李×花的情节，与卷内证据和当庭质证不相吻合。本案中的在场证人钟××当庭证实没有见过被害人郝××有此行为。因被告人石××在潜逃期间与李×花同居 5 个月之久，所以，仅凭被告人及其妻李×花的辩解，又没有其他证据相印证，一审判决对于这种查证不实的辩解予以采纳，并由此认定被告人石××是基于义愤杀人、被害人对本案的发生负有责任，显属认定事实错误，应予纠正。

二、从重情节应予考虑。被告人石××杀人后又焚尸，潜逃 3 年之久，实属情节特别严重，应在法定刑内从重处罚。

综上所述，为严肃国法，准确适用法律，真正做到罚当其罪，切实保护公民的人身权利不受侵犯，依照《中华人民共和国刑事诉讼法》第181条之规定，特向你院提出抗诉，请依法审理改判。

此致

××省高级人民法院

检察员 李××

王××

200×年×月×日

（院印）

评析：本文书为二审程序刑事抗诉书实例。格式规范，结构完整。叙述诉讼过程简明，论证抗诉理由针对性强。

不足之处是抗诉理由中的第二个论点，缺乏有理有据的论证。

思考与练习题

1. 本章各种文书的概念、作用、内容、写法以及制作该文书的法律依据。

2. 本章各种文书中如何写案件事实？不同文书写案件事实的侧重点有什么不同？

3. 法律文书中把理由写充分的必要性是什么？写作各种法律文书如何做到这一点？

4. 根据下列案情，拟写一份起诉书。

被告人：李×远，男，23岁，汉族，高中文化，××市劳动服务公司工人。

被告人：李×宏，男，28岁，汉族，初中文化，××市××商店售货员。

200×年8月8日李×远在××市××路××饭店，乘一位法国外宾不注意之机，盗走外宾手提包一个，内装高级录像机一架，镜头两个（共折合人民币价值5 000余元）。当天李×远将所盗物品送到其兄李×宏家中，请他把东西藏起来，并说："这只录像机是从老外那里摸来的，东西可好了。"李×宏即将录像机藏于隐蔽处。其后李×宏曾几次想把录像机卖掉，均因价格问题没有卖成。该录像机一直藏在李×宏家中。破案后，李×远承认了偷盗外宾录像机的事实，并交代了录像机藏在其兄李×宏处，公安机关从李×宏家中搜出了录像机，通过外交途径归还给已回国的法国失主。

5. 根据下列案情，拟写一份抗诉书。

被告人：李×林，男，19岁，汉族，初小文化，××市××县××村人，农民。

200×年7月27日下午二时左右，李×林在××县城摆摊卖西瓜时，本县的靳××（一只手残废）、王××、赵××等6人到瓜摊前，李×林说："旱地的西瓜，保你好吃。"靳××等3人自选了两个西瓜，并交了钱。当瓜切开以后，靳××认为其中的一个瓜不好吃，要求退换。李×林执意不退。二人争执中，靳××向李×林夺秤，要拉李×林去工商局评理。在互相推拉中，李×林拿西瓜刀朝一只手有残废的靳××连刺了三刀。一刀刺在胸部，另两刀刺在靳××的左上臂上。靳××被刺后，倒在地上。这时同靳××一起来的王××对李×林加以指责，赵××则对李×林进行殴打。周围群众把二人拉开，并敦促李×林赶快将靳××送医院抢救。在此情况下，李×林才和别人一起将靳××送往医院。但由于伤势过重，送到医院后，靳××已死亡。

××县公安局接到报案后赶到现场进行侦查,法医鉴定是“刺在靳××左臂的两刀,创伤深达骨质;刺入胸部的一刀,已刺破心脏,创口是菱形状”。县公安局认定靳××是因李×林伤害致死。遂将李拘留,并于200×年7月29日经县人民检察院批准逮捕,200×年9月29日移送××县人民检察院审查起诉。××县人民检察院审查后,认定李×林已构成伤害罪,于200×年10月25日向××县人民法院提起公诉。××县人民法院经过开庭审理,于200×年12月20日以(200×)×刑初字第×号刑事判决书,判处李×林有期徒刑12年。

××县人民检察院收到该判决书后,经审查认为,××县人民法院对李×林的刑事判决,认定的犯罪事实清楚,定性准确,程序合法,但量刑不当。理由是李×林在公共场所,持刀行凶,致人死亡,情节恶劣,后果严重。同时李×林送被害人到医院抢救是迫于群众义愤,并非真诚悔罪,实属从严打击的罪犯。因此该判决量刑畸轻,应向二审人民法院提出抗诉。

第四章 人民法院法律文书(上)

第一节 概 述

人民法院的法律文书,是人民法院在审理案件过程中依法作出的具有法律效力或法律意义的文书,通常又可称为法院诉讼文书。裁判文书是人民法院法律文书的主体,除此之外,人民法院的法律文书还包括决定、命令、布告类文书,报告类文书,笔录类文书,证票类文书,书函类文书,通知类文书,书状类文书以及证据收据、证据移交清单等其他类多种文书。本书着重介绍法院的裁判文书。

新中国成立以后,人民法院的审判法律文书样式经历了从无到有,从不完善到逐步完善的过程。"文化大革命"以后,首先由司法部普通法院司制定了《诉讼文书样式》,共 8 类 64 种。随着法治建设的不断推进,有关法院审判法律文书样式的制定工作改由最高人民法院主管。最高人民法院对此项工作十分重视,把它摆在我国人民法院审判工作的一项基本建设的位置,视为提高人民法院审判工作水平的重要内容之一。1987 年全国法院工作会议之后,最高人民法院成立了修订法院法律文书的专门小组,经过多年努力,于 1992 年制定了统一的《法院诉讼文书样式(试行)》,分 14 大类 314 种,从 1993 年开始在全国各级人民法院全面试行。

制定《法院诉讼文书样式(试行)》,是适应法治建设不断发展、审判工作不断改进的需要,是对人民法院法律文书制作所作的一次重大改革,对于保障案件的审理效果、展示人民法院依法办案的公正形象意义重大。这次改革主要有以下一些特点:一是在裁判文书中,叙述案件由来和审判经过部分,增加了对被告人、辩护人等到庭参加诉讼的叙述。这不仅客观如实地反映了诉讼活动的实际情况,更重要的是表达了对诉讼参与人的诉讼地位和诉讼权利的尊重,较之过去只写控诉方参加诉讼的事实有着原则区别。二是裁判文书中有关事实的叙述部分,增加了对控辩双方基本意见的概括介绍。这是尊重诉讼参与人诉讼权利的具体体现,特别是体现了对被告人辩解、辩护权利的尊重,同时,这一改进也增加了审判工作的透明度,使人们通过文书本身即可了解控辩双方的主要观点以及争执的焦点。三是在裁判书中要求把法院认定的事实证据叙写得充分具体,真实可靠,改变过去那种以"证据确凿"几个空洞的词句取代具体叙述证据的写法。这样,可以清楚表明法院裁判的事实、证据依据,可以增加法院裁判的可信性和说服力。四是突出强调了审判法律文书的说理。在主要的裁判文书中,除对认定事实理由应通过具体叙述和分析证据予以强化外,更强调了适用法律理由的论证。不仅要正面阐述理由,还要针对控辩双方所持的异议,予以分析回应,做到有理有据、以理服人。实践证明,这些改进是必要和可行的,也取得了良好成效。《法院诉讼文书样式(试行)》颁行以来,各级各地法院裁判文书的制作质量有明显提高。

为进一步提高法律文书制作水平,1999 年 4 月,最高人民法院又印发了《法院刑事诉讼文书样式(样本)》,共公布新的刑事诉讼文书样式 9 类 164 种。这是最高人民法院为全面贯彻执行《刑事诉讼法》和《刑法》,大力推进控辩制审理方式,改革刑事诉讼文书制作,提高刑事诉讼文书质量而采取的重要措施。《法院刑事诉讼文书样式(样本)》对《法院诉讼文书样式(试行)》中的刑事部分作了全面修订,修订的重点是事实(包括证据)和理由部分,旨在强化对判决事实的叙述和证据的分析、认证,增强裁判的说理性。

1999 年至 2003 年,最高人民法院又先后公布了刑事诉讼文书的七种补充样式,分别对死缓执行期间故意犯罪一审程序,一审未成年人刑事案件的普通程序,延期审理决定,限制出境决定,退回减刑、假释决定,适用普通程序审理被告人认罪案件以及一审公诉案件适用简易程序等所需的法律文书进行了规范。此外,2000 年 10 月,公布了《国家赔偿案件文书样式(试行)》;2003 年 1 月,公布了《最高人民法院关于民事诉讼证据的若干规定文书样式(试行)》;2003 年 3 月,公布了《海事诉讼文书样式(试行)》;2003 年 12 月,公布了《民事简易程序诉讼文书样式(试行)》;2004 年 12 月,公布了《行政诉讼证据文书样式(试行)》。

总的来看,经过多年努力,人民法院的法律文书,特别是裁判文书的制作水平、质量有了很大提高,但是,有的裁判文书仍存在千案一面、证据分析论证乏力、裁判说理不强的突出问题,需要进一步改进。人民法院的法律文书,特别是裁判文书,是人民法院行使国家审判权的体现,是具有法律效力的法律文件,是司法公正的最终载体,关系到国家法律、法规的正确实施,关系到当事人诉讼权利和合法权益的保护,也关系到人民法院实事求是、依法办案、秉公执法的公正形象,因此,制作好法律文书的意义重大。

本书以 1993 年《法院诉讼文书样式(试行)》、1999 年《法院刑事诉讼文书样式》等现行有效的法律文书样式为基本依据,吸收最新的研究成果,具体讲解审判实践中常用的几类法律文书的写作知识和应注意的问题。

第二节　刑事裁判文书

刑事裁判文书,是指人民法院对人民检察院提起公诉或者自诉人提起自诉的刑事案件,在审理终结后或者在审理过程中,依照法律及有关立法解释、司法解释的规定,对案件的实体和程序问题所作的书面处理决定。刑事裁判文书主要包括刑事判决书和刑事裁定书两大类。此外,就刑事附带民事案件,还有刑事附带民事判决书、刑事附带民事裁定书和刑事附带民事调解书。以下依次介绍一审、二审、再审三个不同程序中较为常用的几类刑事裁判文书的制作方法。

一、第一审刑事裁判文书

第一审刑事裁判文书,是第一审人民法院在审理有关刑事案件过程中或者审理终结后,依法就案件的程序或者实体问题作出决定时所制作的裁判文书。主要有第一审刑事判决书、第一审刑事附带民事判决书、第一审刑事裁定书三大类。

我国刑事诉讼实行两审终审制。其中,第一审程序是基础,撰写好第一审刑事裁判文书意义重大。一份高质量的第一审刑事裁判文书,既可以有效提高当事人的服判息诉率,减少不必要的上诉,也可以为第二审程序的顺利高效开展奠定良好基础,有利于节约司法资源;同时,第一审刑事裁判文书宣告后,尽管并没有立即生效,但其仍具有相应的法律约束力。如果法定的上诉、抗诉期限届满后,检察机关没有抗诉、当事人没有上诉,即发生法律效力;第一审人民法院判决被告人无罪或免除刑事处罚的,宣判后即应当立即释放在押被告人而无须等待判决发生法律效力;对已经逮捕的被告人,第一审人民法院判处管制或者宣告缓刑以及单独适用附加刑的,尽管判决尚未发生法律效力,人民法院也应当变更强制措施或者释放。因此,撰写好第一审刑事裁判文书对于及时有效地惩罚犯罪分子,保障无罪的人不受法律追究,维护公民的正当合法权益,保障案件处理收到良好的法律与社会效果都有着重要意义。

(一)第一审刑事判决书

第一审刑事判决书,是人民法院对人民检察院提起公诉或者自诉人提起自诉的刑事案件,按照我国《刑事诉讼法》规定的第一审普通程序或者简易程序审理终结后,根据已经查明的事实、证据和有关法律、立法解释、司法解释规定,确认被告人有罪或无罪、构成何种罪名、适用何种刑罚或免除处罚而作出的书面决定。

第一审刑事判决书的种类较多,如从提起诉讼的主体、适用的诉讼程序看,有一审公诉案件的刑事判决书和一审自诉案件的刑事判决书之分,其中,前者有被告人认罪而适用普通程序审理的案件的刑事判决书和适用简易程序审理的刑事判决书;从被告人的身份看,有一审单位犯罪案件的刑事判决书、一审未成年人犯罪的刑事判决书和适用于普通被告人犯罪案件的一审刑事判决书之分;从有无附带民事诉讼看,有一审刑事判决书和一审刑事附带民事判决书、一审刑事附带民事调解书之分,等等。不同种类的第一审刑事判决书的内容和写法各有特点,但从结构看,均包括首部、事实、理由、判决结果和尾部五个部分。本书着重介绍一审公诉案件适用普通程序刑事判决书、一审适用普通程序审理"被告人认罪"公诉案件刑事判决书、一审公诉案件适用简易程序刑事判决书、一审自诉案件刑事判决书、一审刑事附带民事判决书等几种常见第一审刑事判决书的内容和写法。

1. 一审公诉案件适用普通程序刑事判决书

一审公诉案件适用普通程序刑事判决书,是第一审人民法院对于公诉案件按照第一审普通程序审理终结后,根据已经查明的事实、证据,依据有关法律规定,作出被告人有罪或者无罪,触犯何种罪名,判处何种刑罚等处理决定时制作的裁判文书。一审公诉案件适用普通程序刑事判决书的结构、内容和写法如下:

(1) 首部。首部包括如下内容:

其一,制文机关和文书名称。制文机关即作出裁判的人民法院,其名称表述一般应与院印的文字一致,但基层人民法院应冠以省、自治区、直辖市的名称,如"江苏省阜宁县人民法院";涉外案件,各级人民法院均应冠以"中华人民共和国"的国名,如"中华人民共和国北京市高级人民法院"。文书名称,根据案件性质,为"刑事判决书"、"刑事附带民事判决书"等。法院名称和文书名称应分行居中书写。

其二,案号。依次由立案年度、制作法院、案件性质、审判程序的代字和案件的顺序号组成。如四川省成都市金牛区人民法院2010年立案的第7号刑事案件,表述为"(2010)金刑初字第7号"。制作法院有两个以上刑事审判庭的,在案件性质和审判程序中间,应以汉字一、二、三等标明案件具体由哪一刑庭负责审理。如广州市中级人民法院2009年受理、由该院刑二庭具体负责审理的第8号刑事案件,案号应表述为"(2009)穗中法刑二初字第8号"。案号应写在文书名称下一行的右端,其最末一字与下面的正文右端各行看齐,上下各空一行。

其三,公诉机关。直接写"公诉机关×××人民检察院",中间不空格,也不用标点符号,如"公诉机关安徽省合肥市人民检察院"。

其四,被告人。自然人犯罪案件,以及刑法规定实行"单罚制",即只追究单位犯罪责任人员个人刑事责任的单位犯罪案件,被告人一项依次写明其姓名、性别、出生年月日、民族、出生地、文化程度、职业或者工作单位和职务、住址和因本案所受强制措施情况等、现羁押处所。在此基础上,根据不同情况作相应变动:被告人如有与案情有关的别名、化名或者绰号的,应在其姓名后面注明;被告人是外国人的,应在其中文译名后用括号写明其外交姓名、护照号码、国籍;被告人的职业,一般应写工人、农民、个体工商户等,如有工作单位的,应写明其工作单位和职务;被告人的出生年、月、日,一般应按公历写明其准确的出生年、月、日,确实查不清的,也可写实足年龄。但对于未成年被告人,必须写出生年、月、日;被告人的住址,应写住所所在地,住所所在地和经常居住地不一致的,写经常居住地;对不愿供述或者无法确定其真实姓名、出生地等基本情况的被告人,可以按照被告人自报的姓名和出生地等情况表述,并用括号注明"自报";被告人曾受刑事处罚、行政处罚,或者在限制人身自由期间有逃跑等法定或者酌定从重处罚情节的,应当写明事由和时间;因本案所受强制措施情况,应写明被拘留、逮捕等羁押时间,以便于折抵刑期,具体可表述为"因涉嫌犯××罪于××××年××月××日被羁押";被告人项内书写的各种情况之间,一般可用逗号隔开,如某项内容较多,可视行文需要,另行采用分号或者句号;同案被告人有二人以上的,按判决结果所确定的主从关系的顺序或判处刑罚的重轻列项书写;被告人是未成年人的,应当在写明被告人基本情况之后,另行续写法定代理人的姓名、与被告人的关系、工作单位和职务及住址。

单位犯罪同时追究犯罪单位刑事责任的案件,应首先写明"被告单位"的名称、住所地,被告人单位被注销或者宣告破产,但单位犯罪中的责任人员应当负刑事责任的,仍应在首部写明被告人单位的基本情况,并增加其被注销或者被宣告破产的内容;其下续项书写"诉讼代表人"的姓名、工作单位和职务,诉讼代表人应是代表被告单位出庭参加诉讼的单位的法定代表人或者主要负责人;之后续项书写作为单位犯罪的直接负责的主管人员和其他直接责任人员的"被告人"的基本情况。

其五,辩护人。辩护人是律师的,只写姓名、工作单位和职务,即"辩护人×××,×××律师事务所律师";辩护人是人民团体或者被告人所在单位推荐的,只写姓名、工作单位和职务;辩护人是被告人的监护人、亲友的,还应当写明其与被告人的关系;辩护人如果是人民法院制定的,应写"指定辩护人",并在审判经过一段和控辩主张部分作相应的改动。同案被告人二人以上并各有辩护人的,分别在各被告人项的下一行列项书写。

其六,案件的由来和审理经过。这一段是首部与事实之间的过渡,对这一段的清晰表述,也是为了反映审判程序是否合法。该段按如下样式书写:"×××人民检察院以×××号起诉书指控被告人×××犯×××罪,于××××年××月××日向本院提起公诉,本院于××××年××月××日立案,并依法组成合议庭,公开(或不公开)

开庭审理了本案。×××人民检察院指派检察员×××出庭支持公诉。被害人×××及其法定代理人×××、诉讼代理人×××,被告人×××及其法定代理人×××、辩护人×××,证人×××,鉴定人×××,翻译人员×××等到庭参加诉讼。现已审理终结。”

为客观反映公诉机关的起诉日期和人民法院审查起诉后的立案日期,便于当事人和有关部门监督、检查人民法院对案件审理期限制度的执行情况,体现审理案件的公开性和透明度,裁判文书中的起诉日期应当写法院签收起诉书等材料的日期,且在此之后应当写明法院的立案日期,存在延长审限情形的,应当特别说明。

出庭支持公诉的如系检察长、副检察长、助理检察员的,应按实际情况分别表述为“检察长”、“副检察长”、“助理检察员”。如果起诉书上署名的检察员与出庭支持公诉的检察员不一致的,应列写出庭支持公诉的检察员。

如系依法不公开审理的案件,应当写明不公开审理的理由,以体现审理程序的合法性。具体可表述为:“本院依法组成合议庭,因本案涉及国家秘密(或者个人隐私,或者被告人系未成年人),不公开开庭审理了本案。”

对于前案依据《刑事诉讼法》第162条第(三)项规定,即“证据不足,指控的犯罪不能成立”作出无罪判决,人民检察院重新起诉的,原判决不予撤销,应在审理经过段“×××人民检察院以×××号起诉书”一句前,增写“被告人×××曾于××××年××月××日被×××人民检察院以×××罪向×××人民法院提起公诉,因证据不足,指控的犯罪不能成立,被×××人民法院依法判决宣告无罪。”

对于二审法院发回重审的案件,原审法院在制作重审后的判决书时,应在“开庭审理了本案”一句之后,增写以下内容:“本院于××××年××月××日作出(××××)×刑初字第××号刑事判决。被告人×××提起上诉(或者×××人民检察院提出抗诉)。×××人民法院于××××年××月××日作出(××××)×刑终字第××号刑事裁定,撤销原判,发回重审。本院依法另行组成合议庭,公开(或者不公开)开庭审理了本案。”

需要指出,最高人民法院1999年发布的《法院刑事诉讼文书样式》(样本)删除了1992年《法院诉讼文书样式(试行)》关于经审判委员会讨论决定的案件应在裁判文书中表述的规定。根据新样式要求,对经审判委员会讨论决定的案件,在审理经过一段无需写明。

如系单位犯罪案件,单位亦被追诉的,在“起诉书指控”后先写“被告单位×××犯×××罪”,再写“被告人×××犯×××罪”。

(2) 事实。事实是裁判的基础,是裁判理由和裁判结果的根据。“事实胜于雄辩”。将案件事实叙述清楚、明白,是制作一份好的裁判文书的关键。书写判决事实时,主要需注意以下几点:

其一,根据最高人民法院《法院刑事诉讼文书样式》的要求,事实部分包括四个方面的内容:概述人民检察院指控被告人犯罪的事实和根据;概述被告人的供述、辩解和辩护意见;叙述经庭审审理查明的事实;叙述据以定案的证据。此四个部分要分别分段书写。

需要强调指出的是,判决书应当全面、客观,同时不失精炼地反映控辩双方特别是被告方的意见;单位犯罪案件,应当分项书写被告单位和单位犯罪中责任人员的辩解和辩护意见。这既是尊重当事人诉讼权利,体现人民法院公正形象,增强刑事判决透明度的要求,同时也是为了明确争讼焦点,便于在认定事实、列举证据以及阐述裁判理由时有的放矢,增强针对性。

其二,叙述事实时,应当写明案件发生的时间、地点,被告人的动机、目的、手段,实施行为的过程、危害结果和被告人在案发后的表现等内容,并以是否具备犯罪构成要件为重点,兼叙影响定性处理的各种情节。依法公开审理的案件,案件事实未经法庭公开调查的,不能认定。

叙述事实要层次清楚,重点突出。一般应按时间顺序叙述;一人犯数罪的,主罪详写,相互间没有联系的数罪,按罪行轻重程度由重到轻叙述;一般共同犯罪案件,应当以主犯为主线进行叙述;集团犯罪案件,可"先总后分",即先综述集团的形成和共同的犯罪行为,再按首要分子、主犯、从犯、胁从犯或者罪重、罪轻的顺序分别叙述各被告人的犯罪事实;对于一人或者多人、多次犯同种罪,控辩双方没有争议且经庭审查证属实的,事实和证据部分可以按犯罪的时间、地点、手段、对象等归纳表述;单位犯罪案件,按照单位犯罪的具体情况,即可一并叙述,也可分别叙述,但对于单位的直接责任人员,如果除单位犯罪外,还有其他犯罪事实的,则应单独列项表述。

其三,证明案件事实的证据,必须是经法庭公开举证、质证、认证,查证属实的;未经法庭公开举证、质证,或者未能查证属实的,不能用作认定事实的依据。不仅要写明证据的来源,即证据是由控辩双方的哪一方提供的,还要叙述其证明的内容,证明内容要围绕庭审查明确认的事实言简意赅地书写。证据列举要体现环环相扣、层层递进的逻辑性,不能杂乱无章。叙述证据时,应当注意保守国家秘密,保护报案人、控告人、举报人、被害人、证人的安全和名誉。为了维护裁判文书的真实性和严肃性,在裁判文书中,应当写明证人的真实姓名;为了保护被害人的名誉,根据被害人的请求或者案件的具体情况,在裁判文书中,也可以只写姓、不写名。

需要指出,将证据书写由"罗列式"改为"论证式",是刑事裁判文书改革的重要内容。要特别注意通过对证据的具体分析、认证来证明判决所确认的事实。防止并杜绝用"以上事实,证据充分,被告也供认不讳,足以认定"的抽象、笼统的说法或者用简单罗列证据的方法,来代替对证据的具体分析、认证。对于控辩双方有异议的事实、证据,必须有针对性地进行分析论证,具体阐明采信与否的理由，使认证、采信证据的过程和根据在判决书中得以充分体现。具体写法可以因案而异。案情简单或者控辩双方没有异议的，可以集中表述；案情复杂或者控辩双方有异议的，应当进行分析、论证；一人犯数罪或者犯罪次数较多的案件，可以在每项或者每次犯罪事实叙明后引述证据并对证据进行分析、认证；共同犯罪案件，可以逐人逐罪表述证据并分析论证。

其四，在叙述控辩双方的意见和经审理查明的“事实和证据”部分，应当力求做到繁简得当。具体写法可以因案而异。原则上可以控辩双方有无争议为标准。控辩双方没有争议的事实，可以扼要概括，检察机关指控的证据可以用“检察机关提供了相应的证据”一句来概括，其后在“经审理查明”的事实和证据部分，具体写明经法庭审理认定的事实和证据，以避免不必要的重复。控辩双方有争议的事实，则无论是“控辩意见”还是“经审理查明”的事实部分，都应当详细叙述，并对有争议的事实、证据进行具体的分析、认证，阐明采信证据的理由。

其五，对经审理确认指控的事实不清、证据不足而宣告无罪的案件，应当在“经审理查明的”事实部分，针对指控的犯罪事实，通过对证据的具体分析、论证，写明“事实不清、证据不足”的具体内容，为判决理由做好铺垫，不能省略事实和证据部分而直接写“本院认为”一段。

对检察机关指控被告人犯数罪，经法庭审理后认为被告人只构成一罪时，在控辩意见部分，对检察机关指控的数罪仍应当客观概述；在经审理查明的事实和证据部分，则应当因案而异进行表述。经法庭审理查明检察机关指控的犯罪事实成立，但只构成一罪的，或者指控的“数罪”本属一罪的（如构成牵连犯、连续犯等），不构成数罪的理由宜在“本院认为”中表述；如果经庭审查明，指控的“数罪”中，有的指控的犯罪成立，有的证据不足、不能成立，只构成一罪的，则对指控的犯罪不成立的证据的分析，宜在“事实和证据”部分予以表述，并在理由部分加以论证。

（3）理由。理由是判决的灵魂，是将犯罪事实和判决结果有机联系在一起的纽带。一方面，判决理由的阐述要以经庭审查明确认的事实为基础；另一方面，判决理由的阐述又进一步为判决结果奠定基础。刑事判决理由的核心内容是针对案情特点，运用法律规定、政策精神和犯罪构成理论，阐述公诉机关的指控是否成立，被告人及其辩护人的辩解、辩护意见是否有事实和法律依据，被告人的行为是否构成犯罪，构成什么罪，依法应当如何处理。

强化裁判文书说理，是裁判文书改革的又一重要内容。裁判文书有理有据地说理，对于实现诉讼目的，彰显司法公正，宣传国家法制，促进社会和谐都具有重要意义。裁判文书的制作者应当高度重视裁判文书的说理工作。要深刻认识裁判说理的重要性，愿说理；要努力克服“言多必失”等心理顾虑，敢说理；要不断强化司法能力，特别是把握法律精神和人情事理的能力，能说理；要注意结合

刑期的终止日顺延。如判处死刑缓期二年执行的,起止时间表述为“死刑缓期二年执行的期间,从高级人民法院核准之日起计算”。

三是适用《中华人民共和国刑事诉讼法》第162条第(三)项宣告被告人无罪的,应当将“证据不足,×××人民检察院指控的犯罪不能成立”作为判决的理由,而不应作为判决的主文。

四是追缴、退赔和发还被害人没收的财物,应当写明其名称、种类和数额。财物多、种类杂的,可以在判决结果中概括表述,另列清单,作为判决书的附件。

五是数罪并罚的,应当分别定罪量刑,之后按照刑法总则关于数罪并罚的规定,决定执行的刑罚。

六是一案多人的,应当以罪责的主次或者判处刑罚的轻重为顺序,逐人分项定罪判处。

七是单位犯罪案件应当分别列项、依次书写对被告单位,以及作为单位犯罪直接责任人员的被告人的判决结果。

(5) 尾部。判决书尾部包括上诉事项、署名和日期。其中,有关上诉事项的表述,规范样式为:“如不服本判决,可在接到判决书的第二日起十日内,通过本院或者直接向人民法院×××提出上诉。书面上诉的,应当提交上诉状正本一份,副本×份。”副本的份数,视同案犯的人数确定。如适用《中华人民共和国刑法》第63条第二款的规定在法定刑以下判处刑罚的,应当在交代上诉权之后,另行写明“本判决依法报请最高人民法院核准后生效”。判决书的署名,应当由参加案件审判的合议庭组成人员或者独任审判员署名。合议庭成员有助理审判员或者人民陪审员的,署名为“代理审判员”或者“人民陪审员”;担任合议庭审判长的无论是院长、庭长、审判员还是助理审判员,均署名为“审判长”。判决书尾部的日期,为作出判决的年、月、日。当庭宣判的,应当写当庭宣判的日期;定期或者委托宣判的,写签发判决书的日期。

2. 一审适用普通程序审理“被告人认罪”公诉案件刑事判决书

为了在保证司法公正的前提下提高诉讼效率,2003年3月14日,最高人民法院、最高人民检察院和司法部联合发布了《关于适用普通程序审理“被告人认罪案件”的若干意见(试行)》(以下简称《审理认罪案件的意见》)和《关于适用简易程序审理公诉案件的若干意见》(以下简称《适用简易程序的意见》),就相关案件的程序简化等问题作出了规定。在发布这两个意见的同时,还同时制订了一审公诉案件适用普通程序审理“被告人认罪案件”刑事判决书样式和一审公诉案件适用简易程序刑事判决书样式。本着适用普通程序审理第一审“被告人认罪案件”或者适用简易程序审理的刑事案件,在裁判文书制作上应尽量予以简化的原则,根据两个意见的规定,对《法院刑事诉讼文书样式(样本)》中“法院刑事诉讼文书样式4(新增)”,即一审公诉案件适用简易程序用刑事判决书的样式进行了修正。此处首先介绍一审适用普通程序审理被告人认罪的公诉案件刑事判决书的内容和写法。

根据《审理认罪案件的意见》,被告人对被指控的基本犯罪事实无异议,并自愿认罪的第一审公诉案件,一般适用该意见审理。对于指控被告人犯数罪的案件,对被告人认罪的部分,可以适用该意见审理。但如果被告人系盲、聋、哑人的,可能判处死刑的,外国人犯罪的,有重大社会影响的等不宜适用该意见审理的案件,则不能适用该意见审理。适用该意见审理的案件,可以对具体审理方式予以简化,如被告人可以不再就起诉书指控的犯罪事实进行供述;公诉人、辩护人、审判人员对被告人的讯问、发问可以简化或者省略;控辩双方对无异议的证据,可以仅就证据的名称及所证明的事项作出说明等。

一审适用普通程序审理被告人认罪的公诉案件刑事判决书,在结构上也包括首部、事实、理由、判决结果、尾部五个部分,其中,除事实部分外,另四个部分的内容和写法与一审公诉案件适用普通程序刑事判决书基本相同,可以参照上面介绍的一审公诉案件适用普通程序刑事判决书的写法。与一审公诉案件适用普通程序刑事判决书相比,一审适用普通程序审理被告人认罪的公诉案的刑事判决书的简化之处主要体现在事实部分,具体而言:一审适用普通程序审理被告人认罪公诉案件刑事判决书的事实部分,不需再叙述公诉机关的指控事实和被告人及其辩护人的辩解、辩护意见,而直接叙述"经审理查明"的事实,且对犯罪事实的叙述可作简要概括;此外,在证据部分,因是被告人认罪案件,被告人对公诉机关指控的基本犯罪事实无异议,故也不需一一列举定案根据,并具体说明其证明内容,而可以"上述事实,被告人在开庭审理过程中亦无异议,且有物证××、书证××、证人×××的证言、被害人×××的陈述、×××公安机关的勘验、检查笔录和×××鉴定结论等证据证实,足以认定",可概括表述定案的根据。

3. 一审公诉案件适用简易程序刑事判决书

根据《刑事诉讼法》第174条和《适用简易程序的意见》的规定,对于同时具有事实清楚、证据充分,被告人及辩护人对所指控的基本犯罪事实没有异议和依法可能判处3年以下有期徒刑、拘役、管制或者单处罚金三种情形的公诉案件,可以适用简易程序审理,但如果是比较复杂的共同犯罪案件,或者被告人、辩护人作无罪辩护的,或者被告人系盲、聋、哑人的,或者存在其他不宜适用简易程序审理的情形,不能适用简易程序审理。适用简易程序审理的案件,实行独任审判;人民检察院可以不派员出庭;法庭审理不受刑事诉讼法关于讯问被告人、询问证人、鉴定人、出示证据、法庭辩论程序规定的限制;被告人自愿认罪,并对起诉书所指控的犯罪事实无异议的,法庭可以直接作出有罪判决。

一审公诉案件适用普通程序审理"被告人认罪案件"刑事判决书,在结构上也包括首部、事实、理由、判决结果、尾部五个部分,在具体内容和写法上,其与一审公诉案件适用普通程序用刑事判决书的不同之处主要在于：

其一，在首部的审理经过一段，要特别表明案件是适用简易程序审理，具体可表述为："本院依法适用简易程序，实行独任审判，公开（或不公开）审理了本案。"

其二，在事实部分，因简易程序仅适用于事实清楚、证据充分且被告人及辩护人对所指控的基本犯罪事实没有异议的轻罪案件，故在概述起诉书指控的犯罪事实后，无需再写被告人及其辩护人辩解、辩护意见；为避免不必要的重复，也不需叙述"经审理查明"的事实和证据，而可以直接另行续写："上述事实，被告人在开庭审理过程中亦无异议，并有物证×××、书证×××、证人×××的证言、被害人×××的陈述、×××公安机关的勘验、检查笔录和×××鉴定结论等证据证实，足以认定。"

其三，在判决理由部分，仍需针对控辩双方存有异议的意见表明采纳与否的态度，并扼要阐明理由。

4. 一审自诉案件刑事判决书

根据《刑事诉讼法》第 170 条和最高人民法院《关于执行〈中华人民共和国刑事诉讼法〉若干问题的解释》第 1 条的规定，告诉才处理的案件，被害人有证据证明的轻微刑事案件，以及被害人有证据证明对被告人侵犯自己人身权利、财产权利的行为应当依法追究刑事责任，而公安机关或人民检察院不予追究被告人刑事责任的案件，被害人有权直接向人民法院提起刑事起诉，要求追究被告人的刑事责任。一审自诉案件刑事判决书，就是人民法院对直接受理的自诉案件审理终结后，根据已经查明的事实、证据，依据有关法律规定，作出处理决定时制作的裁判文书。

自诉案件中的前两类，即告诉才处理案件和被害人有证据证明的轻微刑事案件，多适用简易程序审理，但第三类自诉案件则必须适用普通程序审理。自诉案件刑事判决书的制作，依其所适用的是简易程序还是普通程序，可以分别参照一审公诉案件适用简易程序刑事判决书和一审公诉案件适用普通程序刑事判决书的结构、内容和写法制作，但也要适应自诉案件的特点，对相关部分的表述予以调整，主要是：

其一，在控辩双方基本情况部分，首先要列写"自诉人"及其"诉讼代理人"（如有）的情况。

其二，案件由来部分，表述为"自诉人×××以被告人犯×××罪，于××××年××月××日向本院提起控诉"。对于《刑事诉讼法》第 170 条第（三）项规定的"被害人有证据证明对被告人侵犯自己人身权利、财产权利的行为应当依法追究刑事责任，而公安机关或者人民检察院不予追究被告人刑事责任"的自诉案件，在案件由来部分，首先必须按照《刑事诉讼法》第 86 条、第 145 条的规定，将公安机关或人民检察院作出不予追究刑事责任的书面决定的内容表述清楚。

其三,如果是经开庭审理后确认被告人不构成犯罪的,应当制作刑事判决书;而如果在开庭前的审查阶段即确认被告人无罪而自诉人又坚持起诉的,则应当制作驳回起诉的刑事裁定书,其制作方法下面将作介绍。

5. 一审刑事附带民事判决书

一审刑事附带民事判决书,是第一审人民法院审理刑事案件过程中,针对附带民事诉讼原告人的请求,在确定被告人是否承担刑事责任的同时,附带解决被告人对于被害人所遭受的物质损失是否承担民事赔偿责任时制作的裁判文书。依案件是公诉还是自诉,是适用普通程序审理还是简易程序审理,一审附带民事判决书也可细分为一审公诉案件适用普通程序刑事附带民事判决书、一审适用普通程序审理"被告人认罪"公诉案件刑事附带民事判决书、一审公诉案件适用简易程序刑事附带民事判决书、一审自诉案件刑事附带民事判决书等几种。以下着重介绍一审公诉案件适用普通程序刑事附带民事判决书的制作方法,其他几种刑事附带民事判决书,可以参照本部分的介绍及有关刑事判决书的制作方法进行撰写。

一审公诉案件适用普通程序用刑事附带民事判决书的结构与一审公诉案件适用普通程序用刑事判决书相同,相关部分内容、写法也与一审公诉案件适用普通程序用刑事判决书大体一致,只是需根据此类案件的特点,补充叙述附带民事诉讼的有关内容。具体而言:

其一,首部。在当事人基本情况部分,在写明"公诉机关"后,要分项续写附带民事原告人的基本情况,包括姓名、性别、出生年月日、民族、出生地、文化程度、职业或者工作单位和职务、住址等。附带民事诉讼如系被害人提起的,应在"附带民事诉讼原告人"项内的"单位和职务、住址"之后,续写"系本案被害人";如果被害人是无行为能力或限制行为能力人,应在"附带民事诉讼原告人"中,列写"法定代理人"的情况,并注明其与被害人的关系。附带民事诉讼原告人有诉讼代理人的,要列项书写。

如除"被告人"以外,还有其他对被害人应承担民事赔偿责任的单位或个人的,则应在"被告人"向后单独列项写明,并需在判决书相应部分增加有关内容。

在案件由来部分,在叙述完公诉机关指控内容后,要写明附带民事诉讼情况,可表述为"在诉讼过程中,附带民事诉讼原告人向本院提起附带民事诉讼"。在审理经过段,也要相应表述附带民事原告人及其诉讼代理人的出庭情况。

其二,事实、理由部分。要针对此类案件的性质,在叙述、阐明对案件刑事部分的事实、证据、判决理由和依据的同时,写明附带民事部分的有关事实、证据、判决理由和依据。具体而言:在控辩意见部分,概述附带民事诉讼原告人的诉讼请求和有关证据;在"经审理查明"部分,写明因被告人的犯罪行为使被害人遭受物质损失的事实和证据,并对控辩双方对涉及附带民事诉讼部分有异议的事实和证据进行分析、论证;在裁判理由部分,要论证被害人是否因被告人的犯罪行为而遭受物质损失以及被告人应否负赔偿责任,并对控辩双方就附带民事诉讼方面的法律适用问题的意见,有分析地表明采纳与否的态度;在判决依据部分,除需引用刑事法律有关条文外,还要同时引用《民法通则》第 119 条和有关司法解释的规定。

其三,判决结果部分。刑事附带民事判决的结果,有四种情况:一是定罪判刑并应当承担民事赔偿责任;二是定罪免刑并应当承担民事赔偿责任;三是宣告无罪但应当承担民事赔偿责任;四是宣告无罪且不承担民事赔偿责任。无论哪种情形,均需分两项分别表述刑事及附带民事部分的判决结果。其中,刑事判决结果的表述,可参照一审公诉案件适用普通程序用刑事判决书;附带民事部分,应当承担赔偿责任的,可表述为"被告人×××赔偿附带民事诉讼原告人×××……(写明赔偿的金额和支付的日期)",不承担赔偿责任的,写明"被告人×××不承担民事赔偿责任"。

(二) 第一审刑事裁定书

第一审刑事裁定书,是第一审人民法院在审理刑事案件过程中,依照我国《刑事诉讼法》规定,对有关程序问题作出的书面决定。根据适用范围不同,第一审刑事裁定书主要有以下几类:

1. 驳回自诉刑事裁定书

根据《刑事诉讼法》第 170 条规定,告诉才处理的案件,被害人有证据证明的轻微刑事案件,以及被害人有证据证明对被告人侵犯自己人身、财产权利的行为应当依法追究刑事责任,而公安机关或者人民检察院不予追究被告人刑事责任的案件,被害人可以提起自诉。人民法院依照我国《刑事诉讼法》及有关司法解释的规定,决定驳回自诉时作出的书面决定为驳回自诉刑事裁定书。根据《刑事诉讼法》第 171 条及最高人民法院《关于执行〈中华人民共和国刑事诉讼法〉若干问题的解释》第 192 条的规定,对于已经立案,经审查缺乏罪证的自诉案件,如果自诉人提不出补充证据,应当说服自诉人撤回起诉或者裁定驳回起诉;根据最高人民法院《关于执行〈中华人民共和国刑事诉讼法〉若干问题的解释》第 186 条、第 188 条的规定,对于自诉案件,经审查有下列情形之一的,也应当说服自诉人撤回起诉,或者裁定驳回起诉:(1) 不符合自诉案件的受理条件,如没有明确的被告人、具体的诉讼请求和能够证明被告人犯罪事实的证据,不属于自诉案件,不属于本院管辖等;(2) 犯罪已过追诉时效期限的;(3) 被告人死亡的;(4) 被告人下落不明的;(5) 除因证据不足而撤诉的以外,自诉人撤诉后,就同一事实又告诉的;(6) 经人民法院调解结案后,自诉人反悔,就同一事实再行告诉的。

驳回自诉刑事裁定书的结构、内容和写法如下：

（1）首部。在当事人基本情况部分，分两项写明“自诉人”、“被告人”的基本情况。如果自诉人、被告人有委托代理人、辩护人的，应在相应项下写明；如果存在反诉，应在本诉的自诉人、被告人之后分别括注“反诉被告人”和“反诉自诉人”。

案件由来部分，可表述为“自诉人×××以被告人×××犯×××罪，于××××年××月××日向本院提起控诉”。被告人提起反诉的，作相应调整。

（2）事实。裁定一般可不写事实和证据，但对于缺乏罪证且提不出补充证据或者当事人要求写明事实和证据的，也可以据实表述控辩双方的主张和事实根据，并对双方举证、质证的内容进行认证。

（3）理由。根据驳回起诉的具体原因，有针对性地简写驳回起诉的理由。特别是因证据不足而驳回自诉时，应结合案件事实、证据，围绕犯罪构成要件阐明理由，让当事人信服。

（4）判决结果。写明裁定的法律依据，其后表述“驳回自诉人×××对被告人×××的起诉”；被告人提起反诉同时被驳回的，还应写明“驳回被告人×××对自诉人×××的反诉”。

（5）尾部。依次写明上诉事项、独任审判员（或合议庭成员）署名、判决时间、书记员署名等。

有附带民事诉讼内容的自诉案件，驳回自诉的，参照上述样式制作，但要将文书名称中的“刑事裁定书”改为“刑事附带民事裁定书”；在当事人称谓、控辩主张和驳回自诉理由中，增加有关附带民事诉讼的内容。

2. 准许撤诉或按撤诉处理刑事裁定书

根据《刑事诉讼法》第171条、第172条及最高人民法院《关于执行〈中华人民共和国刑事诉讼法〉若干问题的解释》第188条、第192条、第177条的规定，对于缺乏罪证的自诉案件，如果自诉人提不出补充证据的，或者自诉人的起诉不符合自诉条件，或者存在被告人死亡、下落不明等情形的，应当说服自诉人撤回起诉或者裁定驳回；自诉案件的自诉人在宣告判决前，可以同被告人自行和解或者撤回自诉；自诉人经两次依法传唤，无正当理由拒不到庭的，或者未经法庭许可中途退庭的，按撤诉处理；公诉案件，在宣告判决前，人民检察院要求撤回起诉的，人民法院应当审查人民检察院撤回起诉的理由，并作出是否准许裁定时，应制作准许撤诉或按撤诉处理裁定书。

准许撤诉或按撤诉处理的刑事裁定书，是指人民法院在受理自诉案件后，在审理过程中准许自诉人撤诉或者决定按撤诉处理，或者对公诉案件，准许人民检察院撤回起诉时制作的决定文书。准许撤诉或按撤诉处理的刑事裁定书，其结

构、内容和写法如下:

(1) 首部。当事人基本情况和案件由来部分,参照驳回自诉用刑事裁定书的写法。审理经过部分,由于准许撤诉或者按撤诉处理案件的情形既可能发生在法庭审理过程中,也可能发生在开庭以前,因此,应统一表述为“本院受理后,在诉讼过程中……(简述自诉人申请撤诉或者法院按撤诉处理的事由)”。

(2) 理由。本裁定书只解决程序问题,故不必对案件的事实和证据进行叙述、认证。在写完首部内容后,应直接分段续写裁定理由,即简要叙述准许撤诉或按撤诉处理的理由,写明裁定的法律依据。

(3) 裁定结果。分两种情况:其一,准许自诉人申请撤诉的,表述为“准许自诉人×××撤诉”。其二,按撤诉处理的,表述为“对自诉人的控诉按撤诉处理”。

(4) 尾部。依次写明上诉事项、独任审判员(或合议庭成员)姓名、判决时间、书记员姓名等。

如果是人民检察院在宣告判决前要求撤回起诉,经审查准许的,应对首部的当事人项、案件由来和要求撤回起诉的时间,以及准许撤诉的理由作相应改动。

对不准许撤诉的,可以口头裁定,不另行制作裁定书,待案件审理完毕后,可在裁判文书的审理经过段内作相应表述。

3. 终止审理刑事裁定书

终止审理刑事裁定书,是指各级人民法院根据《刑事诉讼法》第 15 条第(五)项和最高人民法院《关于执行〈中华人民共和国刑事诉讼法〉若干问题的解释》第 176 条第(八)、(九)项的规定,对刑事案件的被告人在审理过程中死亡,或者犯罪已过追诉时效期限,并且不是必须追诉或经特赦令免除刑罚,决定终止审理时所制作的裁判文书。但是,如果根据已经查明的案件事实和认定的证据,能够确认在审理过程中死亡的被告人无罪的,则应依法作出被告人无罪的裁判。

此类裁定书的主要内容和制作方法介绍如下:首先,写明制文机关、文书名称、案号、控辩双方的基本情况及案件由来。其次,写明终止审理的事由,如被告人死亡的,表述为:“在审理过程中,被告人×××于××××年××月××日死亡。”再次,写明裁定的法律依据和裁定结果,裁定结果可表述为“本案终止审理”;如死亡的被告人系共同犯罪案件的成员,则表述为“对被告人×××终止审理”。最后,尾部写明“本裁定送达后即发生法律效力”,以及审判人员、裁定时间等情况。

4. 中止审理刑事裁定书

中止审理刑事裁定书,是指人民法院对于刑事案件的被告人在审理过程中,因患精神病或其他严重疾病,或者脱逃,或者其他不能抗拒的原因,致使案件无法继续审理,决定中止案件审理时制作的裁判文书。

中止审理刑事裁定书的内容、写法基本同于终止审理刑事裁定书,只是需对终止审理的原因、裁定的法律依据作相应改动;裁定结果表述为"本案中止审理";尾部写明审判人员姓名、裁定日期、书记员姓名等内容。

5. 补正裁判文书失误的刑事裁定书

补正裁判文书失误的刑事裁定书,是指人民法院对本院发出的刑事裁判文书中,发现有个别文字上的错误或者遗漏时制作的裁判文书。对于有关裁判文书在认定事实、证据或者适用法律上存在实质问题的,不能使用本文书,只能通过二审程序或者再审程序等处理。

补正裁判文书失误的刑事裁定书,在写明制文机关、文书名称、案号后,其下内容可表述为:

"被告人……(写明姓名和案由)一案,本院于××××年××月××日作出(××××)×刑×字第××号刑事判决书(视原裁判文书名称作相应变动)。现发现其中有错误(或遗漏字句),特此补充裁定如下:

原×××书……(写明错、漏的字句及其所在页次和行数),现更正为……(写明改正、补充的字句)。"

尾部审判人员姓名、裁定日期、书记员姓名等内容。

二、第二审刑事裁判文书

第二审刑事裁判文书,是第二审人民法院在受理当事人不服第一审裁判提出的上诉或者公诉机关就第一审判决提出的抗诉后,经二审审理,依法就案件的程序或者实体问题作出决定时制作的裁判文书。依二审裁判结果不同,第二审刑事裁判文书具体又包括第二审刑事判决书、二审维持原判刑事裁定书、二审发回重审刑事裁定书和二审维持、撤销、变更一审裁定刑事裁定书等几种;此外,如是刑事附带民事案件,则需制作第二审刑事附带民事判决书或第二审刑事附带民事裁定书等。以下着重介绍单纯刑事案件第二审裁判文书的制作方法,至于二审附带民事案件的裁判文书,可参照本部分的相关介绍,以及一审刑事附带民事判决书的写法进行撰写。

(一) 第二审刑事判决书

1. 概念、功能

第二审刑事判决书,是第二审人民法院在受理当事人不服第一审判决提出的上诉或者公诉机关就第一审判决提出的抗诉后,经二审审理,对存在错误的第一审刑事判决依法改判时作出的书面决定。

根据《刑事诉讼法》第189条第(二)、(三)项的规定,原判决认定事实没有错误,但适用法律有错误,或者量刑不当的,应当改判;原判决事实不清楚或者证据不足的,可以在查清事实后改判。第二审刑事判决是终审判决,除被告人被判处死刑立即执行案件外,在送达后即发生法律效力。通过第二审刑事判决,可以及时有效地纠正一审判决可能存在的轻罪重判、重罪轻判,或者将无罪定为有罪、有罪定为无罪等错误,有利于依法准确地惩罚犯罪分子,维护被告人的合法权益,保障无罪的人不受刑事追究。

2. 结构、内容和写法

第二审刑事判决书的结构与第一审刑事判决书相同,也由首部、事实、理由、判决结果和尾部五部分组成。各部分基本内容与第一审刑事判决书也大致相同,但具体写法适应第二审程序的特点有所变化。以下重点说明第二审公诉案件刑事判决书与第一审刑事判决书的不同之处。

(1) 首部。包括以下内容:

① 案号。规范格式为“(××××)×刑终字第××号”。

② 控辩双方的基本情况。根据案件进入二审程序的原因不同,分以下几种情况:

第一,被告人提出上诉的,第一项写“原公诉机关”,第二项写“上诉人(原审被告人)”,第三项写“辩护人”,无辩护人的,第三项不写。检察机关提出抗诉的,第一项改为“抗诉机关”,第二项改为“原审被告人”,第三项不变。同一案件既有被告人上诉,又有检察机关抗诉的,第一项为“抗诉机关”,第二、三项写法与第一种写法相同。

第二,被告人的辩护人或者近亲属经被告人同意提出上诉的,上诉人仍为原审被告人,但应将审理经过段中“原审被告人×××不服,提出上诉”一句改为“原审被告人×××的近亲属(或者辩护人)×××经征得原审被告人×××同意,提出上诉”。

第三,共同犯罪案件的数个被告人中,有的上诉,有的不上诉的,前面列写提出上诉的“上诉人(原审被告人)”及其辩护人项,后面续写未提出上诉的“原审被告人”及其辩护人项。

③ 案件由来和审理经过。写明案件来源、一审判决、提出上诉或者抗诉的主要理由。对于因被告人上诉进入第二审程序的案件,其基本样式为:“×××人民法院审理×××人民检察院指控原审被告人×××犯×××罪一案,于××××年××月××日作出(××××)×刑初字第××号刑事判决。原审被告人×××不服,提出上诉。本院依法组成合议庭,公开(或者不公开)开庭审理了本案。×××人民检察院指派检察院×××出庭履行职务。上诉人×××及其辩护人×××等到庭参加诉讼。现已审理终结。”对于检察机关抗诉案件以及未开庭审理的案件,需要对有关部分作相应调整:

第一,如系检察机关抗诉的二审案件,应将“原审被告人×××不服,提出上诉”一句改写为:“×××人民检察院认为……提出抗诉。”如系被害人及其法定代理人请求人民检察院提出抗诉,人民检察院根据《刑事诉讼法》第182条规定决定抗诉的,应将上句改写为“被害人(或者其法定代理人)×××不服,请求×××人民检察院提出抗诉。×××人民检察院决定并于××××年××月××日提出抗诉”。

第二,对于第二审人民法院依照我国《刑事诉讼法》第187条第二款规定未开庭审理的,在“本院依法组成合议庭”之后,将“公开开庭审理了本案”改写为:“经过阅卷,讯问被告人,听取其他当事人、辩护人、诉讼代理人的意见,认为事实清楚,决定开庭审理。”

(2) 事实。首先叙述原判决认定的事实、证据、理由及判决结果;其次概述上诉、抗诉、辩护的意见和主要理由,以及人民检察院在二审中提出的新意见;最后写明经二审审理查明的事实、二审据以定案的证据,并针对上诉、抗诉、辩护理由中与原判认定的事实、证据有异议的问题进行分析、认证。此部分的书写,关键要突出重点,详略得当。

首先,应当重点针对一审判决中的错误,以及上诉、抗诉的意见和理由,进行叙事和说理,注意避免只做叙述方式的变化、个别词句的变换,或者文字上不必要的重复,甚至照抄照搬。

其次,对上诉、抗诉的意见和主要理由,除了在事实部分的开头要作全面、客观、扼要的概述外,在事实部分的末尾还要有针对性地进行分析认证,表明意见。如于××虚开增值税专用发票案,检察机关在一审判决后提出抗诉,某高级人民法院在第二审刑事判决书中,针对控辩双方的意见写道:

“在二审审理中,抗辩双方在原判认定事实、适用法律及量刑方面产生分歧,现概述并分析、认证如下:

一、事实方面

检察机关认为……

原审被告人于××辩称……

经查……

二、适用法律方面

检察机关认为……

原审被告人于××辩称……

辩护人为证实于××的上述辩解,向法庭提供了证人×××的证词。

经查……

三、量刑方面

检察机关认为,原判对于××免予刑事处罚畸轻。辩护人向二审法庭提供了一份××购物中心××××年××月××日向××公司退货的发票,认为由于××

购物中心已将于××采购的该批进口名酒中的部分退还给××公司,因此于××虚开税款的数额及造成国家税款被骗取的数额不足10.8万元,要求二审结合考虑于××系初犯,对其酌情从宽处理。经查,于××的辩护人提供的该份退货发票上的商品名称虽与于××向××名酒行订购的该批进口名酒中的部分商品名称一致,但没有证据证实××购物中心所退货即是本案于××向××名酒行购进的该批进口名酒。依照……的规定,虚开税款数额10万元以上的,属于'虚开的税款数额较大',因虚开增值税专用发票致使国家税款被骗取5万元以上的,属于'有严重情节',上述两情节只要具备其一,即应处3年以上10年以下有期徒刑,并处5万元以上50万元以下罚金。原审被告人于××虚开增值税专用发票价税合计74万元,其中虚开税款的数额和造成国家税款被骗取的数额均为10.8万元,对于××应在法定刑的3年以上10年以下有期徒刑幅度内量刑,原判对于××免予刑事处罚量刑畸轻。"

该第二审判决全面、精炼地概括了控辩双方的争议焦点,同时有理有据、论证严密地对这些问题逐一予以分析并作出论证,质量较高。

一般情况下,如二审认定的事实和证据与一审没有出入,且控辩双方对此也没有异议的,可以采取"此繁彼简"的方法,详述一审认定的事实和证据,对二审认定的事实和证据可以略述。如,某中级人民法院一份第二审刑事判决书对事实部分的表述是:"经审理查明,除'被告人田××以征地扩厂为由骗取被害人向××现金1万元'证据不足不予认定外,其余事实、认定证据与原判一致。"如果二审认定的事实和证据与一审有出入,或者控辩双方对此有异议的,则应侧重写明二审与一审有分歧的事实和证据,并针对控辩双方有异议的事实和证据进行分析、认证,写明是否采信的理由;如果根据案件的具体情况,认为采取"此简彼繁"的方法叙述比较适宜的,也可以略述一审,详述二审。

(3) 理由。在写理由部分时,首先,要表明二审法院对被告人的行为是否构成犯罪的基本态度。其次,要根据二审查明的事实、证据和有关法律规定,论证原审判决认定的事实、证据和适用法律是否正确。最后,对于控辩双方在适用法律、定性处理方面的意见,应当有分析地表示是否采纳,并阐明理由。对相关问题的论述,要注意避免与其他部分的不必要的重复。如仍以前文提到的于××虚开增值税专用发票案为例,该案在第二审刑事判决书的理由部分写道:

"本院认为,原审被告人于××作为××购物中心采购员,在为本单位购进货物中擅自指使他人虚开增值税专用发票,其行为已构成虚开增值税专用发票罪,应依法惩处。原审判决认定于××虚开增值税专用发票的犯罪事实清楚,证据确凿,审判程序合法,但适用法律不当,量刑畸轻,应予纠正。×××人民检察院的抗诉和×××的支持抗诉意见均应予以采纳,原审被告人于××的辩解不能成立,辩护人要求对于××从轻处罚的意见不予采纳。依照……的规定，判决如下……”。

作为判决理由的法律依据，既包括实体法，也包括程序法。顺序上，应当先引用程序法的有关规定，再引用实体法的有关规定，此与一审判决有所不同。如适用司法解释的，应在其后一并引用。

(4) 判决结果。此部分的书写，大致可分为两种情况：

① 全部改判的，可以表述为：“一、撤销×××人民法院（××××）×刑初字第××号刑事判决；二、上诉人（原审被告人）×××……（写明改判的具体内容）。（刑期从……）。”

② 部分改判的，可以表述为：“一、维持×××人民法院（××××）×刑初字第××号刑事判决第×项，即……（写明维持的具体内容）；二、撤销×××人民法院（××××）×刑初字第××号刑事判决第×项，即……（写明撤销的具体内容）；三、上诉人（原审被告人）×××……（写明改判的具体内容）。（刑期从……）。”如原审判决主文未分项表述，则在第一、二项中直接写明维持、撤销的内容。

(5) 尾部。在判决结果之后，另起一行写明“本判决为终审判决”。如果判处被告人死刑立即执行的，应当将该句改写为“本判决依法报请最高人民法院核准”。如果判决书的制作机关是高级人民法院，改判结果中有判处死刑缓期二年执行的，根据有关司法解释规定，在判决书的尾部只写明“本判决为终审判决”即可，不再续写“本判决即为核准以××罪判处被告人×××死刑，缓期二年执行，剥夺政治权利终身的判决”。

（二）第二审维持原判刑事裁定书

1. 对几种常用的二审刑事裁定书简介

二审维持原判刑事裁定书，是第二审人民法院在受理当事人不服第一审人民法院判决提出上诉，或者公诉机关提出抗诉的案件后，经审理查明原判在认定事实和适用法律方面没有错误，量刑适当，程序合法，决定驳回上诉、抗诉，维持原判时制作的裁判文书。二审维持原判刑事裁定书的结构、内容、写法基本同于第二审刑事判决书，所需注意的主要是：

(1) 裁定理由部分。尽管二审维持原判用的裁定书是驳回上诉或者抗诉，维持原判，即对上诉、抗诉意见不予采纳，但仍应针对控辩双方对一审判决提出的意见和理由，从事实、证据和适用法律的角度展开分析论证，以阐明二审维持原判的具体理由，决不能因为上诉、抗诉意见不正确，没采纳，就不作论述，否则，第二审程序的审级功能就无法体现。

例：××省高级人民法院制作的一份二审维持原判刑事裁定书对事实和理由的表述为：

“××市中级人民法院判决认定……（概述一审判决认定事实）。

××市中级人民法院认为……(概述一审判决的理由和判决结果)。

上诉人王××上诉提出……(概述上诉意见)。

上诉人王××辩护人×××、×××提出……(概述辩护意见)。

××市中级人民法院在判决书中列明了经庭审质证的认定本案事实的证据,本院予以确认。在审理过程中,上诉人王××及其辩护人均未提出新的证据。

对于上诉人王××及其辩护人提出的王××仅收受李×人民币120万元,另80万元未实际收受,此笔索贿数额应认定为120万元的辩解和辩护意见,经查:证人×××、×××的证言,对于王××向李×索要200万元的原因、时间、地点和200万元的去向作出了明确的证实,王××在上诉状中亦承认向李×索要了200万元。王××关于80万元系让杨××退给李×的辩解,与一审庭审查明的事实不符。王××的辩解理由及其辩护人的辩护意见不能成立,本院不予采纳。

对于辩护人关于上诉人王××受贿犯罪数额并非特别巨大,犯罪情节尚未达到特别严重程度的辩护意见,经查……

对于辩护人关于计算来源不明财产的方法不正确,有重复计算可能的辩护意见,经查……

对于上诉人王××关于一审判决量刑过重,一审判决宣判后,又检举了他人的腐败犯罪,有真诚悔罪表现,请求从轻处罚,以及辩护人关于一审判决对受贿罪量刑过重,二审期间,王××已全部认罪,确有诚恳悔罪态度,建议从轻处罚的辩护意见,经查……

本院认为,上诉人王××身为国家工作人员,先后利用担任……的职务便利,接受他人请托,为他人谋取利益,非法收受、索取他人巨额贿赂,其行为已构成受贿罪;王××的财产明显超过合法收入,差额巨大,不能说明合法来源,其行为已构成巨额财产来源不明罪。对于王××所犯受贿罪和巨额财产来源不明罪,应当数罪并罚。一审判决认定的事实清楚,证据确实、充分,定罪准确,量刑适当,审判程序合法。”

(2)裁定结果部分。应当表述为:“驳回上诉,维持原判。”

(3)依次表述“本裁定为终审裁定”、审判人员姓名、裁定时间、书记员姓名等内容。

如果是裁定维持死刑立即执行判决的,应当将“本裁定为终审裁定”改写为“本裁定依法报请最高人民法院核准”;如果是裁定维持死刑缓期二年执行判决的,应当在“本裁定为终审裁定”之后续写“根据《中华人民共和国刑事诉讼法》第201条的规定,本裁定即为核准以×××罪判处被告人×××死刑,缓期二年执行,剥夺政治权利终身的刑事裁定”;如果是裁定维持在法定刑以下判处刑罚,依法应当报请最高人民法院核准的判决的,则将“本裁定为终审裁定”改写为“本裁定报经最高人民法院核准后生效”。

2. 第二审发回重审刑事裁定书

二审发回重审刑事裁定书，是第二审人民法院在受理当事人不服一审判决提出上诉或者人民检察院提出抗诉的刑事案件后，经审理认为，原判决事实不清或证据不足，或者违反法律规定的诉讼程序，决定撤销原判，发回重新审判时制作的裁判文书。

此种裁定书的主要特点在于：

(1) 由于发回重审的裁定只解决程序问题，没有对案件的实体问题作出处理，因此，不需具体叙述原判认定的事实、证据、理由和上诉、抗诉意见等。对于上诉、抗诉意见，只需在案件由来段中，用最精炼的文字，即“以……为由，提出上诉(或者抗诉)”表述即可。

(2) 在裁定理由部分，即“本院认为”段要具体写明原判事实不清、证据不足，或者违反法律规定的诉讼程序的情形，阐明发回重审的理由。

(3) 裁定结果分两项表述：第一项，“撤销×××人民法院(××××)×刑初字第××号刑事判决”；第二项，“发回×××人民法院重新审判”。

3. 第二审维持、撤销、变更一审裁定用裁定书

二审维持、撤销、变更一审裁定用裁定书，是第二审人民法院在受理不服第一审刑事裁定提出上诉、抗诉的刑事案件后，按照审理查明的事实，根据有关法律规定，决定驳回上诉、抗诉，或者撤销原裁定发回重审，或者变更原裁定时制作的裁判文书。

此种裁定书的结构、主要内容基本同于二审刑事判决书。需要注意的主要是：

(1) 在事实部分，也要概述原审裁定认定的主要事实、理由和裁定结果，以及上诉、抗诉理由，之后要写明二审查明的事实。

(2) 在理由部分，要结合案件情况，写明二审维持、变更或者撤销一审裁定的理由。

(3) 裁定结果分维持、撤销、变更一审裁定三种情况，分别表述为：

①“驳回上诉，维持原裁定”。

②“一、撤销×××人民法院(××××)×刑初字第××号刑事裁定；二、发回×××人民法院重新审判”(一、二分项表述)。

③“一、撤销×××人民法院(××××)×刑初字第××号刑事裁定；二、……(写明变更裁定的具体内容)”。

(4) 由于不服一审裁定而上诉、抗诉的案件，主要是程序问题，内容相对单一，因此，制作此种裁定书时，应当力求文字简洁、明了。

三、再审刑事裁判文书

再审刑事裁判文书是人民法院对已经发生法律效力的刑事裁判,依照审判监督程序重新审判后作出的法律文书。

再审刑事裁判文书包括再审刑事判决书和再审刑事裁定书两大类,前者具体又有按一审程序再审改判刑事判决书、按二审程序再审改判刑事判决书以及再审后的上诉、抗诉案件的二审改判刑事判决书三种;后者也有按一审程序再审维持原判刑事裁定书、按二审程序再审维持原判裁定书和再审后上诉、抗诉案件二审维持原判刑事裁定书三种。以下主要介绍再审刑事判决书的制作。

(一)按一、二审程序再审改判刑事判决书

按一、二审程序再审改判刑事判决书,是人民法院对已经发生法律效力的裁判,经提起再审程序后,组成合议庭或另行组成合议庭,按照第一审或第二审程序,就案件的实体问题进行再审,确认原判在认定事实或适用法律上确有错误,决定予以改判时制作的裁判文书。其结构、基本内容、制作方法如下:

1. 首部。首部包括以下几部分:

(1) 案号。为体现有关判决是就再审案件作出的,应在案号中增加“再”字。根据案件再审适用的是第一审程序还是第二审程序,分别将案号写为“(××××)×刑再初字第××号”或“(××××)×刑再终字第××号”。

(2) 控辩双方的基本情况。按第一审程序再审的案件,如原是公诉案件的,第一项写“原公诉机关”,第二项写“原审被告人”;如是人民检察院抗诉而提起再审的,将第一项改写为“抗诉机关”;原是自诉案件的,则将第一项改写为“原审自诉人”。控辩双方基本情况要求写明的事项同原审级的判决书的写法。按第二审程序再审的案件,对当事人的称谓,应当根据不同情况写明:原来是第一审的,写明原审时的称谓,如“原审被告人”;原来是第二审的,写明原二审时的称谓,如“原审上诉人(原审被告人)”,未上诉的写为“原审被告人”。

(3) 案件由来和审理经过。包括案由、原判案号、提起再审的根据、审理经过等事项。现以公诉案件为例具体说明:

按一审程序再审改判的,表述为:

“×××人民检察院指控原审被告人×××犯×××罪一案,×××人民法院于××××年××月××日作出(××××)×刑初字第××号刑事判决。该判决发生法律效力

后,……(写明提起再审的根据)。本院依法另行组成合议庭,公开(或者不公开)开庭审理了本案。×××人民检察院指派检察院×××出庭履行职务。被害人×××、原审被告人×××及其辩护人×××等到庭参加诉讼。现已审理终结。”

其中,“提起再审的根据”分两种情况:一是由第一审人民法院决定再审的,写为:“本院又于××××年××月××日作出(××××)×刑监字第××号再审决定,对本案提起再审”;二是由上级人民法院指令再审的,写为“×××人民法院于××××年××月××日作出(××××)×刑监字第××号再审决定,指令本院对本案进行再审”。

按第二审程序再审改判的,基本内容同上,需要调整的主要是:

其一,“提起再审的根据”分四种情况:① 第二审人民法院决定再审的,写为:“本院又于××××年××月××日作出(××××)×刑监字第××号再审决定,对本案提起再审。”② 上级人民法院指令第二审人民法院再审的,写为:“×××人民法院于××××年××月××日作出(××××)×刑监字第××号再审决定,指令本院对本案进行再审”;③ 上级人民法院提审的,写为:“本院于××××年××月××日作出(××××)×刑监字第××号再审决定,提审了本案。”④ 人民检察院抗诉的,写为:“×××人民检察院于××××年××月××日按照审判监督程序向本院提出抗诉”。

其二,未开庭审理的,需要对“审理经过”一段作相应改写,具体写法可参照普通第二审刑事判决书。

2. 事实。事实部分应注意以下几点:

(1) 概述原判认定的事实、证据、判决的理由和判决结果。为避免不必要的重复,除对原判的判决结果应当“照抄照搬”外,对原判认定的事实、证据及判决理由,可以参照制作第二审刑事判决书所采取的“此繁彼简”或者“此简彼繁”方法写作。孰“繁”孰“简”,主要应根据再审中控辩双方不服原判和决定再审的具体理由而定。

其一,因认为原判在认定事实、证据方面有错误而启动再审程序的,在概述原判认定的事实、证据时,应当因案而异:对原判认定的全部事实和证据都有异议的,对原判认定的事实和证据全部予以“照抄照搬”,同时予以必要概括;只是对原判认定的部分事实和证据有异议的,则可只对原判认定的有异议的部分事实和证据予以“照抄照搬”,对没有异议的部分予以高度概括。

其二,非因事实和证据方面原因进行再审的案件,可以详述原判认定的事实和证据,略述再审认定的事实和证据。

(2) 概述再审中的控辩主张。主要是概述再审中原审被告人的辩解和辩护人的辩护意见。人民检察院在再审中提出意见的,应一并写明;如系人民检察院按照审判监督程序提出抗诉的,事实部分应当首先写明其抗诉意见,其后再写被

附:

【实例】

吴×、化×、张××合同诈骗案

××市××区人民法院

刑事判决书

(2000)×刑初字第542号

公诉机关××市××区人民检察院。

被告人吴×,男,1969年3月23日出生于××市,汉族,高中文化,捕前系××市康泰出租汽车公司职员,住本区大山子西里5楼19—20号;因涉嫌诈骗于1999年11月4日被羁押,11月5日被刑事拘留,12月2日被逮捕;现羁押于××市公安局××分局看守所。

辩护人王×庭,××市逢时律师事务所律师。

被告人化×,男,1961年5月31日出生于××市,回族,高中文化,无业,住本市东城区新太仓2巷5号;曾因偷窃于1984年6月被××市公安局××分局行政拘留15日;因犯盗窃罪于1989年2月21日被××市西城区人民法院判处有期徒刑5年;犯抢劫罪于1994年1月28日被××市东城区人民法院判处有期徒刑4年。1999年11月5日因涉嫌诈骗被刑事拘留,12月2日被逮捕;现羁押于××市公安局××分局看守所。

指定辩护人罗×良,××市炜衡律师事务所律师。

被告人张××,女,1961年8月26日出生于××市,汉族,高中文化,捕前系××广播通讯电源厂工人,住本市××区花市上四条115号;因涉嫌诈骗于1999年11月4日被羁押;11月5日被刑事拘留,12月2日被逮捕;现羁押于××市公安局××分局看守所。

指定辩护人尹×、胡×华,××省方圆律师事务所××分所律师。

××市朝阳区人民检察院以京朝检刑诉字[2000]第91号起诉书指控被告人吴×、化×、张××犯合同诈骗罪,于2000年4月4日向本院提起公诉。本院依法组成合议庭,公开开庭审理了本案。××市××区人民检察院指派检察员崔×、郝×出庭支持公诉,被告人吴×及其辩护人王×庭、被告人化×及其辩护人罗×良、被告人张××及其辩护人尹×、胡×华以及被害人王×山到庭参加诉讼。现已审理终结。

××市××区人民检察院指控;被告人吴×于1999年10月,纠集被告人张××、化×预谋开办假出租汽车公司骗取钱财。后三被告人进行购买假营业执照、私刻假公章、散发小广告、租用农民房屋、购买办公家具等准备活动；被告人吴×从本单位窃取劳动合同书、营运任务承包合同书50余份。三被告人于1999年10月31日在租用的本区东坝乡七棵树村陈×固的房屋内，以“中南出租汽车公司”的名义对外营业。

被告人化×、张××于同年11月4日9时许，与来此处找工作的本市××区农民王×山（男，36岁）签订了假劳动合同书、营运任务承包合同书，后骗取王×山人民币50 000元。当日11时许，被告人吴×将此款取走。被告人化×、张××于当日12时许被查获归案。根据被告人张××的供述，公安机关将被告人吴×抓获归案。赃款已起获并发还被骗事主。

对指控的上述事实，公诉机关当庭宣读了证人张×、常×新、田×华、陈×等人的证言，被害人王×山的陈述；出示了××市公安局公共交通分局、××市出租汽车管理局、××市工商行政管理局的证明材料，被告人与王×山签订的虚假的《劳动合同书》、《营运任务承包合同书》收款收据，赃、证物及现场照片、扣押物品清单，以及被告人吴×、化×、张××在侦查期间的供述。

公诉机关认为，被告人吴×、化×、张××为牟取私利，采用以虚构的单位签订合同的方法，骗取公民财物，且数额巨大。被告人吴×、化×、张××的行为均已构成合同诈骗罪、提请本院依照《中华人民共和国刑法》第二百二十四条之规定，予以惩处。

被告人吴×、化×、张××以及他们的辩护人对起诉书中指控的犯罪事实和追究刑事责任的意见没有提出异议。

经审理查明：1999年10月间，被告人吴×纠集被告人化×、张××预谋以虚构的××中南出租汽车公司的名义进行诈骗活动。三被告人以“××中南出租汽车公司”的名义在本区东坝乡单店村租用了1间房屋，对外谎称招聘出租汽车司机。其间，被告人吴×从其所在单位——××市康泰出租汽车公司偷拿了部分空白的《劳动合同书》及《营运任务承包合同书》，并化名李忠。在被告人吴×的指使下，被告人化×购买了伪造的企业法人营业执照、公章、财务专用章、标牌、锦旗等物品，被告人张××购买了贴本、收据、现金收讫章、锦旗等物品并印制、散发了“招聘出租汽车司机”的宣传单。11月4日9时许，被告人化×、张××分别化名赵强、孙艳，在其共同租用的房屋内，与本市××区徐梓庄镇平家町村农民王×山（男；36岁）签订了虚假的《劳动合同书》、《营运任务承包合同书》，以收取出租汽车风险抵押金的名义骗取王×山人民币50 000元。被告人化×、张××于当日12时许被告发归案，被告人吴×亦于当日被抓获。三被告人所获赃款已由公安机关追缴并发还被骗事主。

案发后，公安机关收缴了“××中南出租汽车公司”企业法人营业执照1本、公章1枚、财务专用章1枚、标牌1块、规章制度2张以及锦旗2面、现金收讫章

1枚、现金记账本2本、收据2本,均在案。

上述事实;有公诉机关提供的下列证据予以证明:

(1)被害人王×山的陈述,证明其从亲戚处得知“××中南出租汽车公司”招聘司机并与该公司取得了联系。该公司一名姓赵的经理出面接待。1999年11月4日9时许,其在××中南出租汽车公司的办公地(本区东坝乡单店村)向该公司一名姓孙的女士交了50 000元的风险抵押金。孙某给其开了收据并同他签了《劳动合同书》及《营运任务承包合同书》。临走时,赵某让其11月11日前来提车。当日17时许,王×山接到了公安机关打来的电话,方知被骗。

(2)证人常×新的证言,证明其经别人介绍,于1999年11月4日到位于本区东坝乡单店村的××中南出租汽车公司应聘,该公司一位姓赵的男子出面接待。另外,该公司还有一位女士在场。

(3)证人张×的证言,证明其与朋友于1999年11月2日前往××中南出租汽车公司应聘;该公司有2名工作人员,其中一个姓赵的男士出面接待并介绍了公司的情况。后其到××市工商行政管理局、××市出租汽车管理局进行查询,发现该公司是假的,即向公安机关报案。

(4)证人陈×的证言,证明化×、张××以××中南出租汽车公司的名义与其母亲签订了房屋租赁合同,租用其家的房屋进行经营活动。

(5)××市康泰出租汽车公司田×华的证言,证明被告人吴×是该公司职员,吴×等行骗时所使用的《劳动合同书》、《营运任务承包合同书》是吴×从该公司拿的。

(6)××市工商行政管理局的证明材料,证明该局企业登记数据库内未有××中南出租汽车公司的注册记录。

(7)××市出租汽车管理局证明材料,证明该局从未批准成立××中南出租汽车公司。

(8)××市公安局公共交通分局证明材料,证明抓获被告人吴×、化×、张××的经过。

(9)公诉机关当庭出示了现场照片、扣押的物品、房屋租赁合同及被告人张××以××中南出租汽车公司的名义与王×山签订的《劳动合同书》、《营运任务承包合同书》。

(10)被告人吴×、化×、张××的供述。

上述公诉机关提供的材料,经庭审质证、核实,本院予以确认。

此外,公诉机关还对认定被告人化×系累犯;被告人张××协助公安机关抓捕同案犯,有立功表现的事实当庭出示了相关的证据材料。

被告人吴×的辩护人提出,吴×系初犯,且认罪态度较好,所骗赃款已全部归还,犯罪情节一般,建议本院对吴×从轻处罚并宣告缓刑。

被告人化×的辩护人提出，化×在共同犯罪中处于从属地位，罪行较轻，对犯罪结果所起的作用也较小，系共同犯罪中起次要作用的从犯，建议本院对化×从轻处罚。

被告人张××及其辩护人对公诉机关认定张××有立功表现不持异议。张××的辩护人提出，张××在此次共同犯罪中起辅助作用，系从犯，且系初犯，认罪态度较好，建议本院对张××从轻、减轻处罚并宣告缓刑。

本院认为，被告人吴×、化×、张××，以非法占有为目的，采取以虚构的单位签订合同的手段骗取公民的合法财产，且数额巨大。被告人吴×、化×、张××的行为侵犯了公民的合法财产所有权，已构成合同诈骗罪，依法均应予以惩处。××市××区人民检察院指控被告人吴×、化×、张××犯合同诈骗罪的事实清楚，证据确实、充分。

对于公诉机关当庭宣读的有关被告人张××有立功表现的证据材料，本院审查后认为：被告人吴×、化×、张××在此次共同犯罪中均使用了假名，公安机关在犯罪现场将被告人化×、张××抓获时并不掌握被告人吴×的真实情况。被告人张××在公安机关对她进行第一次讯问时就如实供述了被告人吴×的工作单位、家庭地址、所驾车辆的牌号及特征等情况。公安机关根据被告人张××提供的上述情况将被告人吴×抓获归案。因此，被告人张××在协助公安机关抓获同案犯的过程中起到了重要作用。根据最高人民法院《关于处理自首和立功具体应用法律若干问题的解释》的有关规定，应当认定被告人张××有立功表现。控、辩双方就此发表的意见，本院予以采纳。对于被告人化×、张××的辩护人关于二被告人在共同犯罪中起次要、辅助作用，系从犯的辩护意见，本院认为：此次犯罪活动虽然是由被告人吴×起意、策划，但在整个犯罪过程中，被告人化×、张××都自始至终、积极地参与实施了犯罪活动，所参与实施的犯罪行为对于该共同犯罪行为的完成均具有关键性的作用，对犯罪结果所起的作用也与被告人吴×基本相当。因此，被告人吴×、化×、张××不能被认定为该共同犯罪的从犯，二被告人的辩护人的辩护意见，本院不予采纳。

对于被告人吴×、张××的辩护人提出对吴×、张××适用缓刑的辩护意见，本院综合考虑三被告人犯罪的事实、犯罪的性质、情节以及社会危害程度，认为对被告人吴×、张××不宜适用缓刑，故不予采纳。

鉴于被告人吴×尚能如实供述所犯罪行，有一定悔罪表现，故对其所犯合同诈骗罪予以从轻处罚。被告人吴×的辩护人的该辩护意见，本院予以采纳。被告人化×曾因犯罪行为受过刑事处罚，在刑满释放后5年内又犯新罪，系累犯，依法应予从重处罚。鉴于被告人张××有立功表现，依法予以减轻处罚。被告人张××的辩护人对此的辩护意见，本院予以采纳。在案的物品一并处理。综上，本院根据被告人吴×、化×、张××犯罪的事实、犯罪的性质、情节、悔罪表现及其行为对社会的危害程度,对被告人吴×依照《中华人民共和国刑法》第二百二十四条第(一)项、第二十五条第一款、第五十二条、第五十三条及第六十四条;对被告人化×依据《中华人民共和国刑法》第二百二十四条第(一)项、第二十五条第一款、第六十五条第一款、第五十二条、第五十三条及第六十四条;对被告人张××依照《中华人民共和国刑法》第二百二十四条第(一)项、第二十五条第一款、第六十八条第一款、第五十二条、第五十三条、第六十四条以及最高人民法院《关于处理自首和立功具体应用法律若干问题的解释》第五条之规定,判决如下:

一、被告人吴×犯合同诈骗罪,判处有期徒刑三年,罚金人民币三千元(刑期从判决执行之日起计算。判决执行以前先行羁押的,羁押一日折抵刑期一日,即自 1999 年 11 月 4 日起至 2002 年 11 月 3 日止。罚金于本判决发生法律效力后 6 个月内缴纳)。

二、被告人化×犯合同诈骗罪,判处有期徒刑三年六个月,罚金人民币四千元(刑期从判决执行之日起计算。判决执行以前先行羁押的,羁押一日折抵刑期一日,即自 1999 年 11 月 4 日起至 2003 年 5 月 3 日止。罚金于本判决发生法律效力后 6 个月内缴纳)。

三、被告人张××犯合同诈骗罪,判处有期徒刑二年,罚金人民币两千元(刑期从判决执行之日起计算。判决执行以前先行羁押的,羁押一日折抵刑期一日,即自 1999 年 11 月 4 日起至 2001 年 11 月 3 日止。罚金于本判决发生法律效力后 6 个月内缴纳)。

四、在案扣押的犯罪工具(详见后附清单)予以没收上缴。

如不服本判决,可在接到判决书的第二日起十日内,通过本院或者直接向××市第二中级人民法院提出上诉。书面上诉的,应当提交上诉状正本一份,副本二份。

审判长　董×

审判员　刘×

审判员　蔡××

二〇〇〇年五月十七日(院印)

本件与原本核对无误

书记员　罗　×

扣押物品清单:

1. “××中南出租汽车公司”企业法人营业执照 1 本。

2. “××中南出租汽车公司”公章 1 枚、财务专用章 1 枚。

3. “××中南出租汽车公司”木制标牌 1 块。

4. 锦旗 2 面、规章制度 2 张、现金记账本 2 本、收据 2 本、现金收讫章 1 枚。

思考与练习题

1. 刑事裁判文书主要包含哪些内容?

2. 第一审刑事裁判文书在正文部分主要应写明哪些内容?

3. 第二审刑事裁判文书在写作内容上有哪些特点?

4. 刑事裁定主要有哪几种?

5. 根据下列案情拟写一份第一审刑事判决书。

2006年××月××日晚21时,张×持自己不具备透支功能、余额为200元的银行卡到××市商业银行的自动柜员机(ATM)准备取款100元。张×在自动柜员机上无意中输入全款1 000元的指令,柜员机却随机出钞1 000元。张×经查询,发现其银行卡中仍有199元,意识到银行自动柜员机出现异常,能够超出账户余额取款且不能如实扣账,于是在当晚21时30分至21时50分、22时10分至22时30分、22时40分至23时10分三个时间段内,在该自动柜员机上持上述银行卡指令取款190 000元。3日后,张×携款逃匿。2007年××月××日,张×在××省××市被抓获,且至今未退还账款。

以上情况有××市商业银行出具的报案陈述、张×的银行账户开户资料、涉案柜员机的完整流水记录数据、涉案账户取款交易明细、张×银行卡账户流水清单、监控录像截图以及证人黄××、李××的证言等证实,张×也承认取款事实,但辩称其发现自动柜员机出现异常后,为了保护银行财产而把款项全部取出,准备交给单位领导;自动柜员机出现故障,银行也有责任。

××省××市××区人民检察院认为,张×利用银行系统升级出错、自动柜员机出现异常之机,多次从提款机取款,之后携款潜逃,其行为已构成盗窃罪,遂对张×提起公诉。

张×的辩护律师认为,张×的行为不构成盗窃罪,是民法上的不当得利。

××省××市××区人民法院经公开开庭审理,判决……

【答题及评分说明】

一、本题重在考察练习者对法律文书基本结构、内容、写法的掌握情况。对被告人张×是否构成犯罪、构成何罪、是否判刑、具体判处何种刑罚,由练习者结合有关刑法知识,自行判断、决定。定罪量刑结果是否正确、妥当,不作为法律文书课考察成绩的依据。

二、被告人的基本情况、辩护律师姓名和单位、检察机关提起公诉的日期等案情未予交代的内容,由练习者自行设定,或以×××形式表述。

三、以上案情叙述,没有写明有关证据的具体证明内容。在证据部分,可只列举有关证据的名称,证明内容以……形式表述。

第五章 人民法院法律文书(下)

第一节 民事裁判文书概述

一、民事裁判文书的概念

民事裁判文书,是指人民法院在民事诉讼过程中,根据我国《民事诉讼法》等法律规定就诉讼有关事项作出的法律文书。①

民事裁判文书作出的主体是人民法院。民事裁判文书是人民法院行使审判权的法定载体,是民事诉讼活动的最后成果。只有人民法院才能制作和使用民事裁判文书,其他国家机关、社会组织和有关公民均不得制作民事判决书和裁定书。尽管人民法院之外的人民调解组织、行政机关、其他民间组织以及个人承担了调处有关民事纠纷的职责,可以制作调解书,但与人民法院制定的调解书相比,除了名称上近似外,在其程序、效力等方面完全不同。

民事裁判文书的内容既包括实体内容,也包括程序内容。民事诉讼中分别实体事项和程序事项适用不同的裁判文书,各类裁判文书不能混用也不能替代。民事判决书和民事调解书一般用于就诉讼中的实体法事项作出的决定。《民事诉讼法》第 89 条规定了民事调解书的内容和生效条件;第 138 条规定了民事判决书的内容,第 141 条规定了民事判决书的生效条件。民事裁定书一般仅适用于诉讼程序性事项作出的决定。《民事诉讼法》第 140 条规定了民事裁定书的适用范围,第 141 条规定了民事裁定书的生效条件。

民事裁判文书适用于民事诉讼的各个审级和特别程序。按照审级不同,可以分为第一审民事裁判文书、第二审民事裁判文书和再审民事裁判文书。按照

① 根据《民事诉讼法》等有关法律规定,民事诉讼中人民法院制作的文书统称为法律文书。为区别于检察、公安、仲裁、公证等机关和机构作出的法律文书,人民法院作出的法律文书一般称为诉讼文书。如 1992 年最高人民法院发布的诉讼文书样式(试行),以及其他一系列司法解释均使用诉讼文书一词。最高人民法院有关司法解释和规范性文件中也使用裁判文书一词,但其范围比诉讼文书为小,是指判决书、调解书和裁定书三种。本文使用的民事裁判文书,也指民事判决书、民事调解书和民事裁定书。

程序性质的不同,可以分为普通程序的民事裁判文书、简易程序的民事裁判文书、特别程序的民事裁判文书和执行程序的民事裁判文书。

民事裁判文书具有法律强制力。民事裁判文书依照法律规定的条件生效后,即产生法律上的拘束力,当事人之间的民事实体争议或者程序事项即为确定,具有给付内容的民事裁判文书还即产生强制执行力。当事人必须履行民事裁判文书确定的义务,一旦不履行,人民法院即可依职权或者经当事人申请而采取强制执行措施,确定民事裁判文书内容得以实现。

二、民事裁判文书的种类和范围

民事裁判文书包括民事判决书、民事调解书和民事裁定书三类。民事判决书是指人民法院依据民事诉讼法程序对当事人之间的民事实体权利义务关系,依据查证的事实和法律作出的具有法律约束力的书面处理决定。

民事调解书是指人民法院依据民事诉讼法程序对当事人就民事实体权利义务关系达成的调解协议或者和解协议进行确认而制作的具有法律约束力的法律文书。

民事裁定书是指人民法院在民事诉讼中依法作出的有关诉讼程序事项的书面处理决定。如驳回起诉裁定、发回重审裁定、再审裁定等。

除了民事判决书、民事调解书、民事裁定书外,民事诉讼中人民法院作出的具有法律约束力的决定书、公告、命令、通知书、执行令等,也是重要的诉讼文书,但不属于裁判文书。

三、民事裁判文书制作的基本依据

民事裁判文书是法定诉讼文书,其制作必须严格依据法律的规定进行,要遵循严格的格式、体例、内容以及文字要求。人民法院制作民事裁判文书的法律依据既包括实体法,也包括程序法。实体法依据包括《民法通则》、《物权法》、《合同法》、《侵权法》、《婚姻法》、《公司法》等民事法律及相关司法解释,涉外民事裁判还可能适用到国外法、国际条约、国际惯例等。程序法依据包括《民事诉讼法》、《海事诉讼程序特别法》及其相关司法解释,也包括最高人民法院制定的其他相关的规范性法律文件。

现行《民事诉讼法》于1982年制定、经1991年和2008年两次修改。2008年,全国人大常委会通过了修改《民事诉讼法》的决定,对民事再审和执行部分进行了较大的修改。与原《民事诉讼法》相比,主要增加了再审和执行方面的几类裁判文书:一是增加不予受理再审裁定书,二是增加了案外人申请再审的裁定书,三是增加了案外人对执行标的物之诉的诉讼程序。在制作民事裁判文书时,人民法院要严格依据其规定的裁判文书的适用范围、裁判文书的内容、裁判文书的格式以及生效条件、送达方式等进行。人民法院制作海事裁判文书时,应依据《海事诉讼特别程序法》的规定,该法没有规定的,依据《民事诉讼法》的规定。

最高人民法院依据《民事诉讼法》并结合人民法院民事审判工作实践制定了一系列相关的司法解释,人民法院制作民事裁判文书应当遵守司法解释的规定,不得违反。最高人民法院相关司法解释主要包括:1992 年最高人民法院《关于执行民事诉讼法的若干意见》、2002 年《关于审理民事案件适用简易程序的规定》、2004 年最高人民法院《关于民事调解工作的规定》、2008 年《关于涉台民事诉讼文书送达的若干规定》、2009 年《关于裁判文书引用法律、法规等规范性法律文件的规定》等。

最高人民法院还制定了其他一些规范性文件对民事裁判文书的制作工作进行规范。主要有:最高人民法院 1992 年发布的《法院诉讼文书样式(试行)》、2003 年下发的《海事诉讼文书样式(试行)》、2004 年印发的《民事简易程序诉讼文书样式(试行)》、2006 年的《关于加强民事裁判文书制作工作的通知》、2007 年的《关于在民事判决书中增加向当事人告知民事诉讼法第二百三十二条规定的内容的通知》等。这些规范性文件虽然不是司法解释,但各级人民法院在制作民事裁判文书时应当遵守这些规定。作为民事裁判文书样式的 1992 年《法院诉讼文书样式(试行)》已经实施近 20 年,人民法院民事审判工作发生了很大变化,最高人民法院通过发布的文件不断完善诉讼文书样式,各地法院在规范裁判文书制作方面也作了大量的完善和规范工作,但 1992 年的《法院诉讼文书样式(试行)》仍然有效,各级人民法院仍然要遵循。正如最高人民法院通知指出的"各级人民法院要在 1992 年民事裁判文书样式的基础上,根据民事案件的特点,积极探索民事裁判文书的改革。要保证改革在保持国家法律文书的严肃性和统一性原则下进行,对民事裁判文书的基本框架不应随意变动。"

四、民事裁判文书制作的基本要求

民事裁判文书的制作,要符合以下四方面的基本要求。

1. 文书的法定性。民事裁判文书的法定性是指人民法院制作民事诉讼文书时,应当严格根据法律规定的文书种类、名称、条件、内容和生效条件等进行,不得创制新的文书,也不得变更文书的名称、内容、适用范围和格式。不同种类的民事裁判文书都有各自不同的适用对象、适用条件和适用范围,相互之间不能互相代替,也不能另行采用其他文书类型。针对实体问题的处理,人民法院应当适用民事判决和民事调解书。针对程序问题的处理,人民法院应当适用民事裁定书。针对民事诉讼中的其他问题的处理,人民法院应当依法适用其他类型的诉讼文书。民事判决书、民事裁定书和民事调解书在一审、二审和再审程序以及执行程序、特别程序中的适用,都有不同的要求和条件。

2. 样式的统一性。民事裁判文书样式的统一性,是维护法律尊严、法治统一和司法公正的基本要求。司法统一是对审判权行使的基本要求。裁判文书样式的统一,是司法统一的最重要体现,所以最高人民法院要求各级人民法院要保持国家法律文书的严肃性和统一性,对民事裁判文书的基本框架不应随意变动。最高人民法院 1992 年发布的《法院诉讼文书样式(试行)》,为统一民事裁判文书样式提供了基本规范。近来又先后发布了民事简易程序诉讼文书样式和海事诉讼文书样式,人民法院民事裁判文书的统一化工作进展明显。当然,民事裁判文书样式的统一性要求,主要是指裁判文书主要框架的固定化,要符合最高人民法院诉讼文书样式的要求,裁判文书的具体内容会因案而有不同。同样,在不改变民事裁判文书主要框架的前提下,各级人民法院可以根据审判实际增加或者补充有关内容,如有的法院在裁判文书后附录法律、司法解释条文,有的增加判后释疑,有的增加判后语等。

3. 内容的规范性。民事裁判文书的内容必须要规范。民事裁判文书要强调案件事实的公开性和完整性、证据认定的逻辑性、判案理由的说理性,突出对重点争议证据的认证说理以及对当事人诉讼请求的辨法析理;要根据案件的具体情况区别对待,做到简繁得当;对于涉及个人隐私、商业秘密等不宜直接公开的内容,可以采用附件等形式予以表述,附件只送达当事人,对外不得公开。对于审理案件的重要程序事项和诉讼活动要明确表述,包括原告起诉、上诉人上诉时间,重要的诉讼文件和证据提交、转递情况,因管辖异议、中止诉讼、委托鉴定等导致审理时间延长的程序事实,采取诉前或诉中的财产保全措施,等等。如 2007 年,最高人民法院为规范民事裁判内容,专门就在民事判决书中增加向当事人告知《民事诉讼法》第 232 条规定内容下发了通知。

4. 文字的准确性。民事裁判文书作为法律文书,文字上必须做到准确、明确、精炼、通俗易懂,不能使用模糊、模棱两可、易生歧义的文字,确保裁判文书的确定性、可执行性,以实现民事裁判明断是非、定分止争、稳定社会关系的诉讼目的。最高人民法院明确要求,严把文字质量关,严格遵循裁判文书的格式和要求,校对好文字和数字,坚决杜绝不符合格式要求和带有错别字等低级错误的民事裁判文书。上级人民法院发现下级人民法院制作的民事裁判文书存在严重的质量问题和低级错误的,应当给予通报批评;造成恶劣影响的,应当对直接责任人给予纪律处分。

第二节 民事判决书

一、民事判决书概述

民事判决书是指人民法院依据我国民事诉讼法规定的程序对当事人之间的民事实体权利义务关系,依据查证的事实和法律作出的具有法律约束力的书面处理决定。人民法院审理民事案件,凡是对民事实体问题进行决定处理的,就要适用民事判决书。可以说,民事判决书是人民法院行使审判权对当事人之民事权利义务关系进行强制处理的法定法律文书,充分体现了国家公权力对平等主体间民事争议的干预和解决。这一点是民事判决书与同样处理民事实体法律关系的民事调解书之间最大的不同,民事调解书强调的是当事人之间对权利义务关系的处分,以当事人达成调解协议为解决纠纷的基础。判决书则充分体现了法官对当事人之间权利义务关系的强制处分。由此决定了民事判决书与民事调解书在性质、内容、格式、效力和救济程序等方面的重大不同。

民事判决书既适用于一般的诉讼程序,也适用于《民事诉讼法》等法律规定的特别程序。在一般的诉讼程序中,民事判决书依审级和程序类型的不同,可以分为第一审民事判决书、第二审民事判决书、再审民事判决书以及特别程序民事判决书。第一审判决书又分为普通程序民事判决书和简易程序民事判决书。特别程序民事判决书包括:选民资格案件民事裁判书、申请宣告失踪或者宣告死亡案件民事判决书、申请宣告公民无民事行为能力或者限制行为能力案件民事判决书、申请指定监护人案件民事判决书和公示催告除权案件民事判决书。

二、第一审普通程序民事判决书

(一) 第一审普通程序民事判决书的概念

一审普通程序民事判决书是人民法院依照我国民事诉讼法的有关规定对当事人之间的民事实体权利义务关系,第一审在查明事实和证据的条件下依法作出的书面处理决定。

(二) 结构、内容和写法

《民事诉讼法》第138条对第一审普通程序民事判决书的内容作了明确规定:“判决书应当写明:(一)案由、诉讼请求、争议的事实和理由;(二)判决认定的事实、理由和适用的法律依据;(三)判决结果和诉讼费用的负担;(四)上诉期限和上诉的法院。判决书由审判人员、书记员署名,加盖人民法院印章。"根据最高人民法院诉讼文书样式的规定,第一审普通程序民事判决书由首部、正文和尾部三部分组成。

1. 首部。首部包括标题、案号、诉讼参加人及其基本情况、案件的由来以及审理经过。

(1) 标题。判决书的标题由法院名称和文书名称组成。法院名称和文书名称应当分两行写,第一行写法院名称,第二行写"民事判决书"。

判决书中的法院名称应当是该法院的正式名称,并且要写全称,不能写简称,一般应当与该法院的印章上的名称一致。但地方三级人民法院的名称前要冠以省、自治区或者直辖市的名称。印章上未加省、自治区、直辖市名称的县人民法院,制发判决书时应当在法院名称前加上省、自治区、直辖市的名称。如西藏自治区高级人民法院、山东省青岛市中级人民法院、北京市东城区人民法院等。最高人民法院的判决书中的法院名称直接使用"最高人民法院",前面一般不加"中华人民共和国"。但是,涉外民事判决书中的法院名称不管是哪级人民法院,前面一律要加"中华人民共和国"字样。对于市辖区的基层人民法院,前面不加所属行政管辖区域市的名称,直接按照最高人民法院制发的基层人民法院的印章上的名称书写。①

(2) 案号。案号由年度、制作法院、案件性质、一审程序的代字和案件的序号依次排列组成,排版书写于标题的右下方。年度和案件序号用阿拉伯数字,其中年度不用"年"字,对代表年度的数字用括号。制作法院的代字一般以该法院名称的第一个字代表,各省、自治区、直辖市高级人民法院的民事判决书制作法院在案号中使用该省、自治区、直辖市的正式简称。如:(2010)×民初字第1号。

(3) 诉讼参加人及其基本情况。诉讼参加人及其基本情况:对于案件的当事人,应当按照原告、被告、第三人的顺序依次分行列出,先写当事人名称,再写当事人基本情况。如果原告、被告、第三人为多人时,应当逐一分行列写完原告后,再书写被告,然后是第三人。当事人有诉讼代理人的,诉讼代理人要在各自的被代理人之后分行列写其名称及基本情况。一个当事人有两个诉讼代理人的,应当在被代理人之后逐一分行列出各诉讼代理人及其基本情况。

当事人为自然人的,应写明其姓名、性别、出生年月日、民族、职业或者工作单位和职务、住址,一般还要写上联系方式。姓名一般应为其身份证或者护照上的姓名。住址为其住所地,经常居住地与住所地不一致的,写经常居住地。当事人为法人的,写明其单位的全称和住址,并另行写明法定代表人及其姓名、职务。

---

① 参见最高人民法院办公厅《关于〈法院诉讼文书样式(试行)〉若干问题的解答》。

法人的住址即法人的住所地,一般应当与其工商登记或者社团登记住址相同。当事人为非法人组织的,应写明其名称或者字号和住所地,并另行写明代表人及其姓名、性别和职务。当事人为个体工商户的,写明业主的姓名、性别、出生年月日、民族和住址;起有字号的,在其姓名之后用括号“系×××字号的业主”。

被告在诉讼过程中提起反诉并成立的,在当事人部分还应当写明在反诉中当事人的法律称谓及其在反诉中的诉讼地位。如“原告(反诉被告)×××”、“被告(反诉原告)×××”。

诉讼代理人应当写明法律称谓是法定代理人、指定代理人还是委托代理人。有多个代理人的,应当先写法定代理人或者指定代理人,然后再写委托代理人。法定或者指定代理人应写明其姓名、性别、职业或者工作单位与职务、住址,并在姓名后用括号注明其与被代理人的关系。委托代理人是律师的,只写明其姓名、工作单位和职业。

诉讼参加人及其基本情况部分,遇到特殊情况时,可以作适当的变通。如当事人下落不明的,有的基本情况可能缺失,只能根据具体情况写明。再如多个原告或者被告共同委托一名代理人的,不必在每一名原告或者被告之后均列出该代理人,可以在被代理的原告或者被告列完后另行写明“以上原告(或被告)委托代理人×××”。

(4) 案件的由来和审理经过。案件的由来和审理经过均为格式化的表述,一般表述为:“原告×××与被告×××(案由)一案,本院于××××年××月××日受理后,依法组成合议庭,公开(或者不公开)开庭进行了审理。本案当事人及其诉讼代理人均到庭参加诉讼。本案现已审理终结。”

当事人或者诉讼代理人有未到庭的,或者未经法庭准许中途退庭的,应当具体写明到庭、未到庭或者中途退庭的情况。如“被告×××经本院合法传唤无正当理由拒不到庭”,“原告×××未经法庭许可中途退庭”等。

2. 正文。正文是判决书的主体部分。包括:事实、理由、判决结果三部分。

(1) 事实。事实部分应当包括当事人的诉讼请求、争议的案件事实和证据以及理由,以及人民法院认定的证据和事实。

当事人的诉讼请求,按照性质可以为分三类:一是确认之诉,即确认当事人之间是否存在某种法律关系。如身份关系的确认、侵权事实不存在的确认等。二是形成之诉,即请求变更或者消灭与对方当事人之间既存的某种法律关系。如请求解除或者撤销合同、请求解除同居关系等。三是给付之诉,即请求对方履行一定义务,既可以是请求对方给付金钱,也可以请求对方不实施某种行为。当事人的诉讼请求部分,一般应当按照当事人诉请写明,当事人变更诉讼请求的,也应当写明。

争议的事实和理由,是当事人陈述的案件争议事实及其根据。这一部分要按照当事人的顺序逐一写明。首先是原告诉称，这一部分要概述原告起诉时所陈述的诉讼请求、争议的事实和理由。当事人提供的证据，也要列明。在所有原告诉称之后，再写被告辩称，概述被告进行答辩的具体内容。有第三人的，在被告辩称之后，分行列写第三人的诉讼请求、争议事实和理由，用“第三人×××述称”表述。对于当事人的诉讼代理人的意见，目前并未明确要求写入判决书。事实部分首先写当事人的诉讼请求、争议的事实和理由，既是充分尊重当事人的诉讼权利的表现，也是人民法院查明案件事实的最基本的依据。通过这一部分，可以充分反映当事人对案件事实的判断和权利主张，可以据以归纳当事人的争议焦点，为人民法院审理案件，审查证据，认定事实以及作出判决奠定基础。这一部分应力求准确、简洁、客观、全面地反映当事人的主张，对当事人在诉讼过程中增加、变更、放弃诉讼请求或者提出反诉的，也要一一列明。尽管当事人在陈述时往往站在自己一方的立场和角度来表达主张和意见，有时理由非常牵强或者根本不成立，但判决书中也宜写明，在此部分不宜加以评判并选择。当然对当事人的激烈言词、不文明用语或者人身攻击的语言，可以不写或者不按照原话表述，避免引发当事人之间的进一步冲突。

法院认定的事实和证据是这部分的重点。人民法院审理案件要遵循“以事实为根据，以法律为准绳”的原则，判决结果的作出，必须以查明案件事实，分清当事人责任为前提。因此，事实作为确认当事人之间法律关系的依据，正确适用法律并得到判决结果的基础，认定事实是整个判决书的重点内容。事实认定和理由的阐述，是判决书制作的重点和难点，同时也是最能展现法官裁判水平和综合素质的内容，书写上具有较高的灵活性和逻辑性要求。这一部分用“经审理查明……”引出，内容包括：当事人之间发生民事关系的时间、地点及法律关系的内容，产生纠纷的原因、经过、情节和后果，认定事实的证据。

叙述案件事实和认定证据，应当坚持合法性、客观性和关联性的原则。法院认定的事实是“法律事实”而非“客观事实”，因此，表述的事实和证据应当是经过法院开庭质证，查证属实，具有合法性、客观性和关系性的证据及其所证实的事实。未经开庭质证并查证属实的证据、事实以及与案件无关的事实，不能写入判决书。

案件事实的叙述，一般可以按照“时间顺序”客观全面真实地反映案情，同时要抓住关键，详述主要情节和因果关系。最高人民法院要求“对相关证据的分析和认证要围绕当事人争议的焦点进行；对事实中当事人无争议的部分要直接陈述，防止证据的简单罗列和重复。”制作判决书时，应当根据案件的具体情况，采用记叙、说明和必要的描述等灵活方式进行表述，做到叙事清楚、重点突出、层次分明、井然有序。比如，离婚案件一般应分层次写明婚姻基础、结婚的时间、婚后生育子女情况，婚后感情变化及主要纠纷情况，夫妻共同财产及债务负担情况等事实。其中对婚姻基础的叙述应当根据不同情况，采用以下叙述方法：

第一,对原告、被告婚姻基础好驳回原告离婚请求的,或对婚姻基础较差判决离婚的,可按认识、恋爱至结婚的时间顺序详写婚姻基础,突出婚姻基础或好或差的重点。

第二,对判决离婚的,应当对当事人之间感情破裂的情况、子女情况、夫妻共同财产、共同债务情况等作出判决结果依据的内容进行详细描述;而对判决不离婚的,要突出当事人之间感情基础良好的情况;对于其他内容可以简单说明。

需要说明的是,无论采用哪种写法,除写明证据的名称和类别外,还应写明证据的主要内容和对证据的分析,不能笼统地写:“上述事实,有书证及证人证言、当事人陈述在案佐证。”通常分别情况有三种写法:一是一方当事人提供的证据,对方无异议的,可写为:“前述事实有原告×××向本院提供的××所证实,被告对此无异议。”二是一方的陈述对方无异议的,可写为:“前述事实有原告×××陈述予以证实,被告对原告×××的该陈述无异议。”三是一方提供的证据或者陈述,对方有异议的,可表述为:“前述事实,有原告×××提供的××证据予以证实。被告对该证据提出异议,认为(异议的主要理由)。本院认为,该异议……(认为该异议不能成立的分析意见)不能成立。”

(2) 理由。理由部分包括判决的理由和判决的法律依据。理由是法院根据认定的事实和有关法律、法规、司法解释的规定,阐明对当事人之间纠纷的法律性质、争议的事实、当事人责任以及纠纷处理的看法。判决的法律依据是指据以作出判决结果所引用的法律、法规、司法解释等规范性法律文件。

判决理由是民事判决书的灵魂。判决理由写得如何,是衡量审判人员业务能力和写作水平的重要标准,也是决定民事判决书质量的主要因素。判决理由要有针对性,要强调说理性,注重融情、理于法,分清是非责任,以理服人。要繁简得当,逻辑严密,重点突出,用语准确明白,通俗易懂。引用法律、法规等规范性法律文件要准确、全面、具体。注意把握好以下几点:

第一,针对性。判决理由要针对具体案件的具体情况,紧紧围绕当事人的诉讼请求和争议焦点,有的放矢地具体深入地分析和论证,阐明判决所持的理由。对当事人所持的理由和提出的诉讼请求,要逐一进行分析和评判,属于正确的、合情合法合理的,要予以肯定并采纳;对于不合法、不正确的,要指出其错误,表明不予支持和采纳的态度。

第二,事理性。法院认定的事实和证据是说理和适用法律的基础。事理性即说理必须从法院认定的事实和证据出发,根据认定的事实和证据阐明理由。

第三,法理性。判决书理由的重点是要讲清法理,以充分阐述法理为主。每一个民事案件都蕴涵着特有的法律关系和法律问题,因此,说理必须根据相关法律理论、法律原则以及具体的法律规范,阐明案件中蕴涵的法律关系和法律问题,并正确、全面、具体引用判决依据的法律条文。

正确引用判决所依据的法律、法规等规范性文件，是判断民事判决结果是否正确的主要根据，也是作出民事判决的基本前提。对此，最高人民法院 2009 年出台了《关于裁判文书引用法律、法规等规范性法律文件的规定》，以进一步规范裁判文书引用法律、法规等规范性法律文件的工作，提高裁判质量，确保司法统一，维护法律权威。首先，该规定明确要求，人民法院制作裁判文书应当依法引用相关法律、法规等规范性法律文件，不允许不引用法律、法规等规范性法律文件就作出判决。其次，该规定对民事裁判文书引用法律、法规等规范性文件的范围进行明确："民事裁判文书应当引用法律、法律解释或者司法解释。对于应当适用的行政法规、地方性法规或者自治条例和单行条例，可以直接引用。"其他规范性文件，根据审理案件的需要，经审查认定为合法有效的，可以作为裁判说理的依据。再次，该规定对如何引用法律、法规等规范性文件提出了规范要求："人民法院的裁判文书应当依法引用相关法律、法规等规范性法律文件作为裁判依据。引用时应当准确完整写明规范性法律文件的名称、条款序号，需要引用具体条文的，应当整条引用。""并列引用多个规范性法律文件的，引用顺序如下：法律及法律解释、行政法规、地方性法规、自治条例或者单行条例、司法解释。同时引用两部以上法律的，应当先引用基本法律，后引用其他法律。引用包括实体法和程序法的，先引用实体法，后引用程序法。"

第四，情理性。说理除阐明法理外，还应注重情理的阐述。法、理、情并用，更有利于做到晓之以理，动之以情，明之以法，使当事人信服判决，自觉履行判决确定的义务，提高司法公信力和司法权威。

第五，逻辑性。说理是一种缜密的推理过程，必然要有其内在逻辑性。说理要有严密的逻辑，做到层层推进，步步深入，前后才能呼应，因果关系才能明白清晰，结论才能水到渠成，无懈可击。说理要紧紧结合认定的事实和证据展开，正确地引用法律、法规、司法解释等规范性文件支撑其判断，有机地将情、理、法事例融合在一起，互为佐证，增强论证的说服力。一般在写说理部分时，可先针对原告的诉讼请求和理由，再针对被告的诉讼请求和理由，最后针对第三人的主张和理由，分层次地展开说理和论证。反诉案件，应先针对本诉，后针对反诉，分层次进行说理。说理的各部分之间要注意有机衔接，避免互相脱节。

（3）判决结果。判决结果是人民法院根据审理查明的案件事实，依据法律规定，对当事人争议的民事权利义务关系作出的处理决定。判决结果应当根据确认之诉、形成之诉或者给付之诉的不同要求，正确地表述。对于给付之诉，不论是给付物品、货币，还是要求履行一定行为义务，判决结果在表述时要做到明确、具体、完整。判决结果不仅是对当事人之间的民事权利义务关系的处理，更重要的是判决内容需要当事人履行，义务人不履行判决义务时，法院还可以强制执行，因此，判决结果必须具有可执行性。明确就是指表述明白无误，内容确定无疑,不致产生多种理解。具体就是指判决事项切实可执行,对当事人履行义务性质、时间、地点、方式、期限等详细具体,可以直接进入执行程序。完整是指判决事项完备,无遗漏。如判决准予离婚的案件,仅判决准予离婚是不完整的,还应当对子女的抚养问题、共同财产的分割等事项一并作出处理。

判决结果内容较多的,可以分条或者分项叙写。给付的财产物品种类数量过多的,可以概括写,详情另附清单。对于不合法、不合理的诉讼请求,应当写明"驳回×××的××诉讼请求"。最高人民法院通知要求,一审判决中具有金钱给付义务的,应当在所有判项之后另起一行写明:"如果未按本判决指定的期间履行给付金钱义务,应当依照《中华人民共和国民事诉讼法》第二百三十二条之规定,加倍支付迟延履行期间的债务利息。"

3. 尾部。尾部是判决书的结尾部分,它的特点是程式严格、用语固定。判决书的尾部应写明诉讼费用的负担,当事人的上诉权利、上诉期和上诉法院的名称。右下角为合议庭审判人员(人民陪审员)的签名,写明判决日期,加盖人民法院印章和书记员署名等。

诉讼费用的承担,不属于判决结果的内容,应在判决结果后另起一行写明。诉讼费用包括案件受理费和其他诉讼费用,当事人应负担的具体数额。

向当事人交代上诉事项,应表述为:"如不服本判决,可在判决书送达之日起15日内,向本院递交上诉状,并按对方当事人的人数提出副本,上诉于×××人民法院。"

判决书尾部的署名,按照审判长、审判员(或人民陪审员或代理审判员)顺序分行署名。署名时,上下左右须排列整齐,以保持判决书的美观和严肃。担任审判长的,不论是院长、庭长、审判员还是助理审判员,署名时应表述为:"审判长:×××";不担任审判长的其他合议庭成员应表述为:"审判员:×××"或者"代理审判员:×××"或者"人民陪审员:×××"。原则上署名应由本人书写签名或加盖事先刻好的印章,不能用与文书相同的字型铅印或电脑影印。

判决日期,在合议庭成员署名下面另起一行,写明判决日期。当庭宣判的,为法庭宣判日期;定期宣判或者委托宣判的,为审判长或者庭长、院长签发日期。判决日期后另起一行写"书记员:×××"。

此外,应在判决日期上加盖人民法院印章,在判决日期和书记员署名的空行左方加盖"本件与原本核对无异"印戳。

三、第一审简易程序民事判决书

(一)概念、功能

人民法院就当事人间的民事实体权利义务关系依据我国民事诉讼法有关简

易程序的规定及最高人民法院的司法解释作出的书面处理决定。

第一审民事案件适用简易程序审理的比例很高。2003 年最高人民法院作出《关于适用简易程序审理民事案件的若干规定》的司法解释后，又制定下发了《民事简易程序诉讼文书样式(试行)》，适应简易程序的特点，提出了四种民事判决书模式。第一审简易程序民事判决书与第一审普通程序民事判决书在结构上完全相同，在首部、事实和理由、尾部有所差异，其他部分要求相同。

(二) 结构、内容和写法

1. 首部。简易程序民事判决书的首部与普通程序民事判决书相比，差异主要在案件的由来及审理过程部分。简易程序民事判决书主要增加了立案时间和适用审理程序的内容，同时独任审判员要列出其姓名，其他内容完全相同。具体表述为：

"……(写明当事人的姓名或名称和案由)一案，本院于××××年××月××日立案受理。依法由审判员×××适用简易程序公开(或不公开)开庭进行了审理……(写明当事人及其诉讼代理人等)到庭参加诉讼。本案现已审理终结。"

2. 事实和理由。事实和理由部分，根据简易程序的特点，与第一审普通程序民事判决书相比有较大的变化，并区分四种情况，分别具有不同的制作要求。

(1) 被告承认原告全部诉讼请求的，具体表述如下：

"原告×××诉称：(概述原告所主张的事实和理由以及具体的诉讼请求)。

被告×××承认原告所提出的全部诉讼请求。

第三人×××述称：(概述第三人的主要意见)。

经本院审查，被告承认原告的诉讼请求，没有违反法律规定。本院判决如下……"

(2) 当事人对案件事实没有争议的，具体表述如下：

"原告×××诉称：(概述原告所主张的事实和理由以及具体的诉讼请求)。

被告×××承认原告在本案中所主张的事实，但……(写明被告对法律适用、责任承担的意见)。

本院认为，被告×××承认原告×××在本案中主张的事实。对原告×××主张的事实本院予以确认。……(写明对责任承担和法律适用部分的理由)。依照……(写明判决所依据的条款项)的规定，判决如下……"

(3) 被告对原告主张的事实和请求部分有争议的，具体表述如下：

"原告×××诉称：(概述原告所主张的事实和理由以及具体的诉讼请求)。

被告×××对原告主张的……(写明无异议的事实和请求)没有异议，但认为……(写明被告有争议的事实或请求)。

对当事人双方没有争议的事实,本院予以确认;被告承认原告的诉讼请求部分,没有违反法律规定,本院予以支持。

对双方争议的×××问题,本院查明……(写明对证据采纳或不予采纳的理由以及认定的事实)。

第三人×××述称:(概述第三人的主要意见)。

本院认为:(写明判决的理由)。依照……(写明判决所依据的条款项)的规定,判决如下……"

(4) 当事人对案件事实争议较大的,具体表述如下:

"原告×××诉称:(概述原告所主张的事实和理由以及具体的诉讼请求)。

被告×××辩称:(概述被告答辩的主要内容)

第三人×××述称:(概述第三人的主要意见)。

经审理查明:(写明法院对证据采纳或不采纳的理由以及认定的事实)。

本院认为:(写明判决的理由)。依照……(写明判决所依据的条款项)的规定,判决如下……"

3. 尾部。简易程序民事判决书与普通程序民事判决书相比,尾部区别只在由合议庭署名,改为独任审判员一人署名,其他内容相同。

四、第二审民事判决书

(一) 概念、功能

第二审民事判决书是指中级以上人民法院对当事人不服第一审民事判决书提起上诉的民事案件,依照民事诉讼法规定的第二审程序审理终结后,依法作出的维持或者改变第一审民事判决书的书面处理决定。根据《民事诉讼法》第153条规定,第二审民事判决书适用以下情形:一是原判决认定事实清楚,适用法律正确的,判决驳回上诉,维持原判决;二是原判决适用法律错误的,依法改判;三是原判决认定事实错误,或者原判决认定事实不清,证据不足,查清事实后改判。

我国《民事诉讼法》对第二审民事判决书的内容没有单独规定,一般认为,《民事诉讼法》第138条对第一审民事判决书的内容要求适用于第二审民事判决书。

(二) 结构、内容和写法

第二审民事判决书的制作格式与第一审民事判决书基本相同,由首部、正文和尾部构成,在各部分有所区别。

1. 首部。标题、法院名称、文书名称的写法与第一审民事判决书相同。差异表现在案号上,第二审民事判决书通过案号来表明其审级,表述为“( )×民终字第( )号”。

当事人及其基本情况部分,与第一审民事判决书的差异体现在法律称谓上,一审为原告、被告和第三人,二审为上诉人、被上诉人。如果全部当事人都上诉的,一律称为上诉人,不写被上诉人。为表明各当事人在原审中的诉讼地位,一般在括号内表明原审诉讼地位,如“上诉人(原审被告,或者原审原告,或者原审第三人)”。必要共同诉讼中一个或者几个当事人上诉的,当事人的法律称谓要根据不同情况列写:

(1) 该上诉如对对方当事人之间的权利义务分担有意见,不涉及其他共同诉讼人利益的,对方当事人为被上诉人,未上诉的共同诉讼人依原审诉讼地位列写。

(2) 该上诉如仅对共同诉讼人之间的权利义务分担有意见而不涉及对方当事人利益的,则未提出上诉的同一方当事人均为被上诉人,对方当事人仍依原审诉讼地位列明。

(3) 该上诉如果对双方当事人之间以及共同诉讼人之间权利义务承担均有意见的,则未提出上诉的其他当事人均为被上诉人。

(4) 无民事行为能力人或者限制行为能力人的法定代理人或者指定代理人,代为提起上诉的,仍应将无民事行为能力人或者限制行为能力人列为上诉人。

(5) 当事人的代理人的写法与第一审民事判决书的写法相同。

在案由、审判组织和审判方式部分,要写明上诉人为何案件、不服哪一判决而上诉。表述为:“上诉人×××因(案由)一案,不服×××人民法院(年度)×民初字第××号民事判决,向本院提起上诉。”对审理经过,根据《民事诉讼法》第152条规定,表述为:“本院于××××年××月××日受理后,依法组成合议庭,公开(不公开)开庭审理了本案。原审原告×××、原审被告×××、第三人×××及其诉讼代理人×××、证人×××等到庭参加了本案诉讼。本案现已审理终结。”对未开庭审理的,写为:“本院依法组成合议庭审理了本案。现已审理终结。”

2. 正文。第二审民事判决书的正文也由事实、理由和判决结果三部分组成。其具体内容和制作要求与第一审民事审判书有所不同。

在事实和证据部分,由于第二审判决书是针对第一审判决书认定的事实和证据作出的,所以要写明:原审判决认定当事人之间争议的主要事实、判决理由和判决结果;上诉人提起上诉的请求和理由,被上诉人的答辩,第三人的陈述;第二审法院认定的事实和证据。第二审既是事实审,也是法律审,对于第一审民事判决认定的事实,要结合当事人上诉的请求进行审查:原判认定事实清楚,当事人无异议的,二审可以简要叙述,概括确认;对于原判认定的主要事实有错误或者部分事实有错误的,二审判决要对改判认定的事实作详细叙述,并充分运用证据,提出原判认定事实的不当之处;原判认定事实有遗漏的,二审判决应就此部分事实加以补充叙述,以体现认定事实的完整性和全面性;原判认定事实没有错误,但上诉人提出异议的,二审判决应把有异议的部分叙述清楚,并有针对性地列举有关证据进行分析,确认原审判决认定的事实,论证上诉人的异议理由不成立。在具体表述上,二审认定的事实和证据应当独立成段,这样使之与原审认定的事实及当事人上诉的意见能够清楚地对比,明确二审认定的事实与一审判决认定的事实的相同与不同之处,以及当事人提出的异议是否成立。

在理由部分,第二审民事判决书同样要强调理由的针对性、说理性,要紧紧围绕原审判决是否正确、上诉理由是否成立,进行分析和评判。主要内容包括:对一审判决是否正确作出结论;对上诉人的上诉理由,被上诉人的答辩理由是否成立进行论证;阐明维持原判或者改判的理由;判决所适用的法律、法规等规范性法律文件。对原审判决正确、上诉不成立的,要具体阐明原审判决为什么正确,提出上诉理由的不当之处;对于原审判决不当、上诉理由成立的,要阐明原审判决错在哪里,是认定事实有错误还是适用法律有错误,上诉请求和理由成立的依据是什么,改判的法律依据是什么;原审判决部分正确、部分错误,上诉请求和理由部分成立、部分不成立的,则要具体阐明原审判决和上诉理由哪部分正确、哪部分不成立,具体改判的事实和法律依据。判决理由阐述完后,根据案件不同情况,准确地引用法律条文,作出第二审判决结果。对于驳回上诉维持原判的,只引用《民事诉讼法》第153条第一款第一项即可,不必引用实体法。对于部分改判或者全部改判的,除引用《民事诉讼法》第153条规定外,还要引用改判的实体法依据。在顺序上,要先引用实体法,后引用程序法。

在判决结果方面,第二审民事判决书与第一审完全不同,第二审民事判决结果要针对第一审民事判决结果作出明确的表示,维持原判决的,要写明维持原判决,或者维持原判决的哪几项;改判的要写明撤销原判决或者撤销原判决的哪几项,以及作出的新的判决结果。根据《民事诉讼法》第153条规定,第二审民事判决书的判决结果有四种:一是维持原判决,二是部分改判,三是全部改判,四是增加新的判决内容。具体表述如下:

(1)维持原判决的,写为:“驳回上诉,维持原判。”

(2)全部改判的,写为:“一、撤销×××人民法院(年度)×民初字第××号民事判决;二、(写明改判的全部内容)。”

(3)部分改判的,写为:“一、维持×××人民法院(年度)×民初字第××号民事判决第××项;二、撤销×××人民法院(年度)×民初字第××号民事判决第××项;三、(写明改判的内容)。”

(4)新增加判项的,写为:“×××人民法院(年度)×民初字第××号民事判决;

二、(写明增加的判决内容)。”

3. 尾部。第二审民事判决书的尾部与第一审相比主要区别在诉讼费用的负担部分和判决效力部分。

在诉讼费用负担上,如果属于驳回上诉维持原判的,只写明上诉费用的负担即可;如果属于改判或者增加判决内容的,除了要对上诉诉讼费用的分担写明外,还要根据《诉讼费用缴纳办法》的规定,对第一审判决里的诉讼费用承担情况进行调整作出新的决定,也要单独写明。

第二审民事判决是终审判决,判决一经作出即产生法律效力。因此,第二审民事判决书的尾部应当写明:“本判决为终审判决。”相对应的,第一审民事判决书在尾部写明当事人的上诉有关内容。第二审民事判决书中不写上诉权事项。

五、再审民事判决书

(一) 概念、功能

再审民事判决书是人民法院对确有错误的已经发生法律效力的民事判决或者调解书通过再审程序依法就其实体问题作出的再审处理决定。

再审民事判决的主要作用是依法纠正确有错误的生效裁判,依法维护当事人的合法权益,维护司法统一和法律权威。2008 年全国人大常委会通过了修改《民事诉讼法》的决定,重点修改了民事再审程序和执行程序的有关规定。《民事诉讼法》规定了三种启动再审程序的方式:一是当事人申请再审,二是人民法院依审判监督程序决定再审,三是人民检察院依法提出抗诉。人民法院按照审判监督程序审理的再审案件,发生法律效力的判决、裁定是由第一审人民法院作出的,按照第一审程序审理,所作出的再审判决,当事人可以上诉;发生法律效力的判决是第二审人民法院作出的,按照第二审程序审理,所作出的再审判决,是发生法律效力的判决;上级人民法院按照审判监督程序提审的,按照第二审程序审理,所作的判决是发生法律效力的判决。因此,按照再审案件适用的诉讼程序的不同,再审民事判决书制作上有不同的要求。原则上,按照第一审程序审理作出的再审判决书,结构和内容上与第一审民事判决书大致相同;按照第二审程序审理作出的再审判决书,结构和内容上与第二审民事判决书的要求大致近似。

(二) 结构、内容和写法

1. 首部。再审民事判决书的首部与第一审、第二审民事判决书基本相同,区别在于案号上反映了再审程序的特点,如属于第一审程序的再审案件,表述为“(年度)×民再初字第××号”,如属于第二审程序的再审案件,表述为:“(年度)

×民再终字第××号”。

当事人部分不同于第一审和第二审当事人的称谓。再审判决书当事人一律按照各当事人在原审中的诉讼地位,依次列写。原判是一审终结的,写为“原审原告、原审被告、原审第三人”。原判是二审终结的,写为“原审上诉人、原审被上诉人、原审第三人”,并在其后加括号注明其各自在一审的诉讼地位,原二审中未涉及其利益的其他当事人,仍然写为“原审原告、原审被告、原审第三人”。人民检察院抗诉的案件,在当事人之前写明“抗诉机关:××人民检察院”。

案件的由来和审理经过部分,再审判决书有其特殊性。要求写明当事人姓名或者名称、案由、原判时间、案号及提起再审的原因或根据,明确提起再审程序的由来。具体区别再审程序启动方式有所不同:

(1) 原审法院决定再审的,写为:“……(写明原审当事人的姓名或者名称和案由)一案,本院于××××年××月××日作出(年度)×民×字第××号民事判决,已经发生法律效力。××××年××月××日,本院以(年度)×民监字第××号民事裁定,决定对本案进行再审。”

(2) 上级人民法院指令再审的,写为:

“……(写明原审当事人的姓名或者名称和案由)一案,本院于××××年××月××日作出(年度)×民×字第××号民事判决,已经发生法律效力。××××年××月××日,×××人民法院以(年度)×民监字第××号民事裁定,指令本院对本案进行再审。”

(3) 上级人民法院提审的,写为:

“……(写明原审当事人的姓名或者名称和案由)一案,×××人民法院于××××年××月××日作出(年度)×民×字第××号民事判决,已经发生法律效力。××××年××月××日,本院以(年度)×民监字第××号民事裁定,决定对本案进行提审。”

(4) 当事人申请再审的(根据修改后的《民事诉讼法》规定,当事人可以向作出生效判决的上一级人民法院申请再审),写为:

“……(写明原审当事人的姓名或者名称和案由)一案,×××人民法院于××××年××月××日作出(年度)×民×字第××号民事判决,已经发生法律效力。××××年××月××日,原审×告(或者原审第三人,或者原审上诉人,或者原审被上诉人)×××向本院申请再审。经审查该申请符合法律规定的再审条件,本院以(年度)×民监字第××号民事裁定,决定对本案进行提审。”

(5) 由人民检察院抗诉而再审的,写为:

“……(写明原审当事人的姓名或者名称和案由)一案,×××人民法院于××××年××月××日作出(年度)×民×字第××号民事判决,已经发生法律效力。×××人民检察院于××××年××月××日对本案提出抗诉。”

2. 正文。事实和证据部分,再审判决书的写法与第二审判决书的写法基本相同。概括写明原审法院认定的事实、理由和判决结果，当事人在再审中提出的主张及其理由，抗诉检察院的抗诉主张和理由，上级法院指定再审的理由和依据等。再审也是法律审和事实审的统一，再审判决也写明再审法院认定的事实和证据，着重针对当事人在再审中的主张和理由，抗诉理由，指令再审中对事实和法律适用的主张进行分析阐述。对有争议的事实，要重点进行分析和论证。原审认定正确的，予以肯定，原审认定不正确的，要说明理由。具体表述为"原判认定……经查……"

再审理由部分是再审判决书的关键部分。再审理由应当根据再审查明的事实，着重论证原审生效判决对法律关系的定性是否正确，事实认定是否正确，法律适用是否正确。要针对当事人提出的再审理由与请求，进行详细的分析论证，确定是否成立。要阐明改判的或者维持原判的具体理由，并写明判决所依据的法律、法规等规范性法律文件。具体而言：第一，原判认定事实完全错误或者部分错误的，阐述理由时，重点要指出由于认定事实的错误，导致适用法律不当，判决结果错误；第二，原判认定事实正确，由于适用法律不当，造成判决结果错误的，要引用有关法律的具体规定，加以阐述，有理有据地分析原判适用法律不当之处；第三，对于抗诉或者当事人申请再审提出的理由，要具体分析是全部有理、部分有理还是全部无理，并加以详细的论证；第四，理由的最后部分，不仅要引用实体法条文，还要引用民事诉讼法相关条文。在阐述理由时，一方面是针对抗诉或当事人申请的主张，另一方面是针对原审判决。只有这样，才能论证有力，结论客观公允，易为当事人认可和接受。

再审判决结果的写法，参照第二审民事判决书制作要求。

3. 尾部。再审民事判决书的尾部，依再审适用第一审程序还是第二审程序而不同，具体可以分别参照第一审民事判决书和第二审民事判决书的尾部制作要求。

按照第一审程序审理的再审民事判决书，要写明当事人上诉的有关事项。

按照第二审程序审理的再审民事判决书，要写明本判决是终审判决。

六、特别程序民事判决书

特别程序民事判决书，是指人民法院按照民事诉讼法、海事特别程序法等规定的特别程序，审理特殊类型的案件，就某种法律关系是否存在或者某种权利的实际状态作出的书面确认决定。

我国《民事诉讼法》规定的特别程序民事判决书包括：选民资格案件民事裁判书、宣告失踪或者宣告死亡案件民事判决书、宣告公民无民事行为能力或者限制行为能力案件民事判决书、无主财产案件民事判决书、指定监护人案件民事判决书和公示催告除权案件民事判决书。

海事特别程序法规定的特别程序民事判决书包括:海事公示催告除权判决书、海事确权民事判决书。

特别程序民事判决与普通民事判决不同,具体表现在:一是特别程序解决的不是当事人之间的争议,而是对某一特定的法律关系或者权利状态进行确认,其结果往往是一种确认判决。二是特别程序都是一审终审制,判决作出后即发生法律效力,有关当事人没有上诉的权利。三是特别程序既不属于简易程序,也不属于普通程序,每一特别程序都有自己的特殊之处。同样,特别程序无第一审程序、第二审程序和再审程序之分。四是特别程序的当事人不同于普通民事诉讼程序当事人,有的称为起诉人,有的称为申请人,一般没有原告被告之法律称谓。五是特别程序民事判决书中除选民资格案件外,在事实部分,不存在当事人争议的事实,只有当事人主张的事实和法院确认的事实。

在此,不再对各类特别程序民事判决书的制作逐一介绍。仅举两个格式供参考。

格式一:

中华人民共和国××海事法院民事判决书

(确权诉讼用)

(××××)×海法×字第××号

原告……(写明姓名或名称、住所地等基本情况)。

法定代表人(或代表人)……(写明姓名和职务)。

委托代理人……(写明姓名等基本情况)。

被告……(写明姓名或名称、住所地等基本情况)。

法定代表人(或代表人)……(写明名称或职务)。

委托代理人……(写明姓名等基本情况)。

第三人……(写明姓名或名称、住所地等基本情况)。

法定代表人(或代表人)……(写明姓名和职务)。

委托代理人……(写明姓名等基本情况)。

原告×××在向本院办理债权登记后,就其与被告……(写明名称与案由)一案提起确权诉讼。本院受理后,依法组成合议庭(或依法由审判员×××独任审判),公开(或不公开)开庭进行了审理。(写明本案当事人及其诉讼代理人等)到庭参加诉讼。本案现已审理终结。

原告×××诉称,(概述原告提出的具体诉讼请求和所依据的事实与理由)。

被告×××辩称,(概述被告答辩的主要内容)。

第三人×××陈述,(概述第三人的主要意见)。

……(当事人举证、质证过程,法院对有争议证据的分析认证)。

经审理查明,(写明法院认定的事实和依据)。

本院认为,(写明判决的理由)。依照《中华人民共和国海事诉讼特别程序法》第一百一十六条和……(判决所依据的其他法律条款项)的规定,判决如下:

……(写明判决结果)。

……(写明诉讼费的负担)。

本判决为终审判决。

审判长×××

审判员×××

审判员×××

××××年××月××日

(院印)

本件与原件核对无异

书记员×××

格式二:

中华人民共和国××海事法院

民事判决书

(公示催告除权用)

(××××)×海法催字第××号

申请人……(写明姓名或名称、住所地等基本情况)。

申请人×××申请宣告提货凭证无效一案,本院受理后依法于××××年××月××日发出公告,催促利害关系人在×日内申报权利。现公示催告期间已满,无人向本院提出申报。依照《中华人民共和国民事诉讼法》第一百九十七条的规定,判决如下:

一、宣告……(写明提货凭证名称、货物金额和签发人、持有人、背书人等)无效;

二、自本判决公告之日起,申请人×××有权向承运人×××请求提货。

案件受理费及公告费×××元,由申请人×××负担。

本判决为终审判决。

审判员×××

××××年××月××日

(院印)

本件与原件核对无异

书记员×××

第三节 民事调解书

一、民事调解书概述

民事调解书,是人民法院在审理民事案件过程中,根据当事人达成的调解协议或者和解协议对当事人之间的实体权利义务关系进行处理的法律文书。

诉讼调解是人民法院审判民事案件的重要方式,它是以当事人自愿平等协商为主要方式,以当事人行使处分权为基础,以当事人达成调解协议或者和解协议为根据解决纠纷的一种制度。目前,人民法院受理的民事案件中超过1/3的是调解结案的。

我国民事诉讼法规定了自愿、合法的调解工作原则,并对调解的方法、调解协议的内容、调解书的制作与生效等作了明确规定。最高人民法院《关于执行中华人民共和国民事诉讼法若干问题的意见》、《关于人民法院民事调解工作的规定》等司法解释对诉讼调解作了进一步的细化规定。

民事调解书可以分为第一审民事调解书、第二审民事调解书和再审民事调解书。第一审民事调解书又分为简易程序民事调解书和普通程序民事调解书。按照调解书生效的方式不同,可以分为经当事人签收后生效的调解书和无需当事人签收生效的调解书。

二、第一审民事调解书

(一)概念、功能

第一审民事调解书是人民法院依照民事诉讼法规定的第一审普通程序或者简易程序对民事案件进行调解,当事人自愿合法达成解决民事权利义务纠纷的协议,经人民法院审查确认后制作的调解书。

《民事诉讼法》第89条对调解书的制作做了规定:"调解达成协议,人民法院应当制作调解书。调解书应当写明诉讼请求、案件的事实和调解结果。调解书由审判人员、书记员署名,加盖人民法院印章,送达双方当事人。调解书经双方当事人签收后,即具有法律效力。"最高人民法院《关于人民法院民事调解工作的规定》第13条规定:"根据民事诉讼法第九十条第一款第(四)项规定,当事人各方同意在调解协议上签名或者盖章后生效,经人民法院审查确认后,应当记入笔录或者将协议附卷,并由当事人、审判人员、书记员签名或者盖章后即具有法律效力。当事人请求制作调解书的,人民法院应当制作调解书送交当事人。当事人拒收调解书的,不影响调解协议的效力。一方不履行调解协议的,另一方可以持调解书向人民法院申请执行。”最高人民法院还专门就适用简易程序调解书的制作规定了样式。这些是人民法院制作第一审民事调解书的依据。

（二）结构、内容和写法

第一审民事调解书与第一审民事判决书在结构上相同,都分为首部、正文和尾部三部分。

1. 第一审民事调解书的首部与第一审民事判决书相同,但案由须单独另起一行写明。民事案件案由是指民事案件的名称,是对民事案件所涉及的民事法律关系的定性,如买卖合同纠纷。最高人民法院于 2000 年制定了《民事案件案由规定(试行)》,2008 年修改发布了《民事案件案由规定》,目前正在根据侵权责任法等新的法律规定进行修订。确定案由时,应当符合《民事案件案由规定》的要求。

2. 第一审民事调解书的正文部分与第一审民事判决书差异较大,主要集中在三点:一是事实部分,民事判决书的事实部分要求严格,应当全面客观反映当事人的诉讼请求和事实主张,特别是人民法院要对案件的事实、证据进行详细审查认定。但在民事调解书中,对于案件的事实要根据不同的情形有不同的要求。对于经法院主持调解,就案件事实已经查明,并分清是非责任的,要有法院确认的事实部分。对于当事人自愿和解或者虽经法院主持调解,但并未对案件事实进行查明的,则无须写法院确认事实的部分。案件事实部分可以写得简明扼要,不必如判决书面面俱到。二是要写明调解结果的内容,即当事人达成的调解协议或者和解协议的内容。调解协议的内容要写得明确、具体,便于当事人履行或者强制执行。三是民事调解书不必写理由部分。按照司法解释的规定,人民法院还是要对调解协议的内容进行合法性和自愿性审查,虽然不必如判决书那样就纠纷处理结果进行充分的说理和适用法律的论证,但也应当引用民事诉讼法的有关规定。

3. 第一审民事调解书的尾部部分,除了判决书尾部的一般内容外,还要写明调解书的生效条件和效力。需要当事人签收生效的调解书,可表述为:“本调解书经双方当事人签收后,即具有法律效力。”对于经双方当事人在调解协议上签字后生效的,调解书无需要当事人签收生效的,可表述为:“本调解书送交当事人后即具有法律效力。”

适用简易程序的第一审民事调解书,最高人民法院单独制定了“人民法院在审理过程中主持调解的”、“当事人要求确认和解协议的”和“人民法院根据调解前置程序主持调解的”三种类型的调解书样式。这与此前最高人民法院诉讼

文书样式中的调解书相比,主要有三方面的改变:

一是案号不再区分初审还是终审。一律表述为“(年度)×民×字第××号”。民事简易程序只在第一审程序中适用,所以即使未表明是“初”字还是“终”字,应不会产生疑问。另外,调解书与判决书在生效时间上区别明显,即使第一审民事调解书,当事人也不能上诉,只有符合法律规定的生效条件,即产生法律效力。第一审民事判决书的生效要以上诉为前提条件,只有当事人放弃上诉权利或者上诉期间届满当事人未上诉时,第一审民事判决书才会生效。

二是案由不再单列,并增加了有关程序方面的内容。具体表述为:“本院于××××年××月××日立案受理了原告诉被告×××(写明案由)一案。依法由审判员×××适用简易程序公开(或不公开)进行了审理。(写明当事人的诉讼请求和简要事实)。”

三是调解书的生效条件,根据司法解释的规定进行了调整。具体表述为:“双方当事人一致同意本调解协议自双方在调解协议上签名或捺印后即具有法律效力。”

2004年民事调解司法解释出台以来,适用普通程序的第一审民事调解书在生效条件上也有较大的调整,对于当事人双方一致同意在调解协议上签字或者盖章后即具法律效力的,制作的调解书不必再经当事人签收生效,因此也可以采用简易程序民事调解书的格式,将“本调解书经双方当事人签收后,即具有法律效力”修改为:“双方当事人一致同意本调解协议自双方在调解协议签字或者盖章后,即具有法律效力。”

格式一:普通程序第一审民事调解书

××××人民法院
民事调解书
(一审普通程序民事案件用)

(　　)×民初字第　　号

原告:(写明姓名或名称等基本情况)

被告:(写明姓名或名称等基本情况)

第三人:(写明姓名或名称等基本情况)

(当事人和其他诉讼参加人的列项和基本情况的写法,与一审民事判决书相同。)

案由:(略)

……(写明当事人的诉讼请求和案件的事实)

本案在审理过程中,经本院主持调解,双方当事人自愿达成如下协议:

……(写明协议的内容)

……(写明诉讼费用的负担)

上述协议,符合有关法律规定,本院予以确认。

本调解书经双方当事人签收后,即具有法律效力。

审判长 ×××

审判员 ×××

审判员(或人民陪审员)×××

××××年××月××日

(院印)

本件与原件核对无异

书记员 ×××

格式二:简易程序第一审民事调解书

××××人民法院

民事调解书

(人民法院在审理过程中主持调解的)

( )民 字第 号

原告:(写明姓名或名称等基本情况)

被告:(写明姓名或名称等基本情况)

(当事人和其他诉讼参加人的列项和基本情况的写法,与一审民事判决书相同。)

本院于××××年××月××日立案受理了原告诉被告×××(写明案由)一案。依法由审判员×××适用简易程序公开(或不公开)进行了审理。(写明当事人的诉讼请求和简要事实)

本案在审理过程中,经人民法院主持调解,双方当事人自愿达成如下协议:

……(写明协议的内容)。

……(写明诉讼费用的负担)。

双方当事人一致同意本调解协议自双方在调解协议上签名或捺印后即具有法律效力。

上述协议,不违反法律规定,本院予以确认。

审判员×××

××××年××月××日

(院印)

本件与原件核对无异

书记员

三、第二审民事调解书

第二审民事调解书是指人民法院对上诉案件按照第二审程序审理过程中,对当事人经调解达成的调解协议予以审查确认后制作的具有法律效力的法律文书。第二审民事调解书的法律依据是《民事诉讼法》第155条的规定:"第二审人民法院审理上诉案件,可以进行调解。调解达成协议,应当制作调解书,由审判人员、书记员署名,加盖人民法院印章。调解书送达后,原审人民法院的判决即为撤销。"

第二审民事调解书的首部与第一审民事调解书基本一致,只是当事人的称谓有区别,而与第二审民事判决书当事人的称谓一致。

正文应当写明案由、原审法院及其判决书的案号、上诉人提起上诉及其请求、案件事实和调解结果。

上诉人的上诉情况一般表述为:"上诉人×××不服×××人民法院(年度)×民初字第××号民事判决,向本院提起上诉,请求……(写明上诉请求)。"应当简明扼要写明上诉请求。案件的事实,一般应当写法院认定的事实。

尾部内容与第一审民事调解书相同。根据《民事诉讼法》第155条的规定,民事调解书生效后,原第一审民事判决视为撤销,所以无须对一审判决的效力进行说明。

四、再审民事调解书

再审民事调解书是指人民法院在再审程序中依法对再审案件当事人达成的调解协议或者和解协议进行审查确认后制作的具有法律效力的法律文书。

再审民事调解书的首部除当事人称谓外,与第一审民事调解书基本一致。当事人的称谓与再审民事判决书的称谓一致。

案由要单独一行写明。案件的由来一般表述为:"……(写明原审当事人的姓名或名称和案由)一案,本院或者××××人民法院于××××年××月××日作出的(年度)×民×字第××号民事判决或者民事调解书,已经发生法律效力。××××年××月××日本院作出裁定,决定本案由本院再审(或进行提审)。"

再审调解书的正文和尾部内容,可以参照第一审民事调解书的写法。

再审调解书生效后,原审民事判决或者民事调解书即视为被撤销,对此无须在调解书中写明。

第四节　民事裁定书

一、民事裁定书的概念和功能

民事裁定书,是指人民法院根据民事诉讼法的规定,在审理民事案件过程中就诉讼程序方面的问题作出的书面处理决定。民事裁定书是民事诉讼中人民法院对程序事项进行处理的法定文书形式,是民事诉讼中经常使用的裁判文书,在同一案件中针对不同程序事项可以有多个不同的民事裁定书。

《民事诉讼法》第140条规定了民事裁定的适用范围:(一)不予受理;(二)对管辖权有异议的;(三)驳回起诉;(四)财产保全和先予执行;(五)准许或者不准许撤诉;(六)中止或者终结诉讼;(七)补正判决书中的笔误;(八)中止或者终结执行;(九)不予执行仲裁裁决;(十)不予执行公证机关赋予强制执行效力的债权文书;(十一)其他需要裁定解决的事项。对第(一)、第(二)、第(三)裁定,当事人可以上诉;其他的裁定,当事人不能上诉,是发生法律效力的裁定。

民事裁定书按照审理程序的不同,可以分为第一审民事裁定书、第二审民事裁定书、再审民事裁定书、执行程序民事裁定书以及破产程序、特别程序中的民事裁定书。本文主要针对一审、二审、再审和执行程序中经常使用的民事裁定书进行说明。

二、民事裁定书的结构、内容和写法

民事裁定书分为首部、正文和尾部三部分。

(一)首部

首部也包括标题、案号、当事人及其基本情况。

标题的写法与判决书的标题一致,只是将判决书改为“裁定书”。

案号的写法与第一审民事判决书案号的写法基本一致,但不予受理起诉的民事裁定书、解除财产保全的民事裁定书的案号的代字尚未统一明确,诉前财产保全民事裁定书案号为“民保”字。

不予受理起诉的民事裁定书,是在起诉人提起诉讼、人民法院审查是否受理阶段作出的,因为起诉尚未受理,还没有形成案件,所以是否编案号有待于进一步研究。最高人民法院给各地法院留下了自行决定的空间,各地一般用“(年度)×民它初字第××号”标识,用“民它”表明其性质,用“初”字表明在一审程序中。

诉讼参加人及其基本情况部分,除不予受理的民事裁定书和诉前财产保全民事裁定书、解除诉前财产保全民事裁定书有其特殊性外,其他的民事裁定书与一审民事判决书的写法一致。

不予受理的民事裁定书的当事人称为“起诉人”,并且没有对方当事人列项。

诉前财产保全民事裁定书和解除诉前财产保全民事裁定书的当事人的称谓是“申请人”和“被申请人”。

(二)正文

民事裁定书的正文部分包括案由、事由、理由和裁定结果等四部分。

民事裁定书的正文内容根据不同的种类而不相同,下面对经常使用的民事裁定书进行分别说明。

1. 不予受理起诉民事裁定书

正文内容包括起诉时间与事由、裁定理由、法律依据和结果。其行文可表述为:

“××××年××月××日,本院收到××× 的起诉状,(写明起诉的事由)。经审查,本院认为……(写明不符合起诉条件而不予受理的理由)。依照《中华人民共和国民事诉讼法》第一百一十二条的规定.裁定如下:

对×××的起诉,本院不予受理。”

2. 管辖权异议民事裁定书

正文内容包括异议的内容与理由、裁定的理由、法律根据和结果。其行文表述为:

“本院受理(写明当事人姓名或名称和案由)一案后,被告×××在提交答辩状期间对管辖权提出异议,认为……(写明异议的内容及理由)。

经审查,本院认为……(写明异议成立或异议不成立的根据和理由)。依照《中华人民共和国民事诉讼法》第三十八条的规定,裁定如下:

被告×××对管辖权提出的异议成立(或不成立),本案移送×××人民法院处理(或驳回被告×××对本案管辖权提出的异议)。”

3. 驳回起诉民事裁定书

正文内容包括案由与审理经过、原告的诉讼请求与理由、裁定的理由、法律依据和裁定结果。其行文表述为:

“……(写明当事人姓名或名称和案由)一案,本院依法进行了审理,现已审理终结。

……(简述原告起诉的理由和诉讼请求)。

本院认为……(写明驳回起诉的理由)。依照 ……(写明裁定所依据的法律条款项)的规定,裁定如下:

驳回×××的起诉。”

驳回起诉民事裁定书在制作时应注意两点:一是该裁定书只适用于一审人民法院在受理案件后,发现起诉不符合我国《民事诉讼法》第 108 条规定,应予驳回起诉的情形。它只驳回起诉权,而不涉及实体权利。二是驳回起诉的理由,应根据案件的不同情况,分别写明原告的起诉请求不属于人民法院管辖,或者虽属人民法院管辖但依法在一定期限内不得起诉,或者原告的起诉不符合我国《民事诉讼法》第 108 条规定的起诉条件,或者原告是不符合条件的当事人,或者被告是不符合条件的当事人等,并应注意针对原告的请求,充分说理。

4. 诉前财产保全民事裁定书

正文内容包括申请人提出申请的原因、时间和要求以及申请人的担保情况、裁定理由、法律依据和结果。其行文表述为:

“申请人×××……(写明申请诉前保全的原因),于××××年××月××日向本院提出申请,要求对被申请人×××(写明申请采取财产保全措施的具体内容)。申请人已向本院提供……(写明担保的财产名称、数量或数额等)担保。

经审查,本院认为……(写明采取财产保全的理由)。依照 ……(写明裁定所依据的法律条款项)的规定,裁定如下:

……(写明对被申请人的财产采取查封、扣押、冻结或者法律规定的其他保全措施的内容)。”

5. 诉讼财产保全民事裁定书

正文内容包括案由、申请的时间与要求、申请人是否提供担保、裁定的理由、法律依据和结果。其行文表述为:

“本院在审理(写明当事人的姓名或名称和案由)一案中,原(被)告×××于××××年××月××日向本院提出财产保全申请,要求(概括写明申请人的具体请求内容),并已提供担保(未提供担保的不写此句,法院依职权采取财产保全的,把“原(被)告×××……”一段删去,改为写明需要采取财产保全的事实根据)。

本院认为,原(被)告×××的申请符合法律规定[如果是法院依职权采取的,改为:“本院为了……(写明需要采取财产保全的理由)”]。依照……(写明裁定所依据的法律条款项)的规定,裁定如下:

……(写明采取财产保全的具体内容)。”

制作诉讼财产保全民事裁定书时,应注意将正文的内容写得明确具体。对申请人的具体请求内容,应写明对被申请人在何处的何种财产采取何种保全方法。法院依职权采取财产保全的,应写明客观存在的足以影响未来判决不能执行或难以执行的事实根据和必须采取保全措施的理由。裁定结果应具体写明保全标的的财产名称、数量或数额以及保全的方法。

6. 解除财产保全民事裁定书

正文内容包括原财产保全裁定作出的时间和案号、裁定理由、法律依据和结果。其行文表述为:

“本院于××××年××月××日作出(　　)×民×字第××号财产保全的裁定,现因……(写明解除财产保全的理由)。依照……(写明裁定所依据的法律条款项)的规定,裁定如下:

解除对×××……(写明财产的名称、数最或数额等)的查封(或扣押、冻结等)。”

7. 先予执行民事裁定书

正文内容包括案由、当事人的申请时间和要求以及担保情况、裁定的理由、法律依据和结果。其行文表述为:

“本院在审理……(写明当事人的姓名或名称和案由)一案中,原(被)告×××于××××年××月××日向本院提出先予执行的申请,要求……(概括写明请求的具体内容),并已提供担保(未提供担保的不写此句)。

本院认为……(写明决定先予执行的理由)。依照……(写明裁定所依据的法律条款项)的规定,裁定如下:

……(写明先予执行的内容及其时间和方式)。”

8. 按撤诉处理民事裁定书

正文的内容包括案由和裁定的理由、法律依据及结果。其行文可表述为:

“本院在审理……(写明当事人的姓名或名称和案由)一案中,因……(写明原告不预交诉讼费;或者经传票传唤、无正当理由拒不到庭;或者到庭后未经法庭许可而中途退庭等按撤诉处理的情况)。依照……(写明裁定所依据的法律条款项)的规定,裁定如下:本案按撤诉处理。”

9. 准许或不准许撤诉民事裁定书

正文的内容包括案由、原告申请撤诉的要求及其时间、裁定理由、法律依据和结果。其行文表述为:

“本院在审理……(写明当事人姓名或名称和案由)一案中,原告×××于××××年××月××日向本院提出撤诉申请。本院认为……(写明准许或不准许撤诉的理由)。依照《中华人民共和国民事诉讼法》第一百三十一条第一款的规定,裁定如下:准许原告×××撤回起诉(或不准许原告×××撤回起诉,本案继续审理)。”

制作准许或不准许撤诉民事裁定书时应注意,“不准撤诉的理由”应当写明撤诉请求为什么不合法,或者会损害国家、集体、他人的权益等;准予撤诉的理由,则可写得概括一些。

10. 中止或者终结民事裁定书

正文的内容包括案由、中止或终结诉讼的事实根据、裁定的法律依据和结果。其行文表述为：

"本院在审理……（写明当事人姓名或名称和案由）一案中，（写明中止或终结诉讼的事实根据）。依照……（写明裁定所依据的法律条款项）的规定，裁定如下：本案中止诉讼（或本案终结诉讼）。"

制作中止或终结诉讼民事裁定书应注意的是，"中止或终结诉讼的事实根据"，是客观存在的或已经发生的致使诉讼中断或者不能继续进行的事实。

11. 补正裁判文书笔误的民事裁定书

正文内容包括被补正的裁判文书的名称和案号、裁定结果。其行文表述为："本院××××年××月××日对……（写明当事人的姓名或名称和案由）一案作出的（××××）×民×字第××号民事××书中，文字上有笔误，应予补正。现裁定如下……（写明被补正裁判文书中的笔误和补正笔误的具体内容）。"

12. 证据保全民事裁定书

正文的内容包括案由、证据保全申请及担保情况、裁定的法律依据和结果。表述为：

"本院在审理×××与×××（当事人姓名或者名称及案由）纠纷一案中，×××（申请人姓名或者名称）于××××年××月××日向本院提出证据保全申请，请求（当事人申请对何证据采取何种保全方法，当事人提供担保的，也应当写明）。

本院经审查认为，（人民法院作出证据保全裁定的理由）。依照《中华人民共和国民事诉讼法》第七十四条、最高人民法院《关于民事诉讼证据的若干规定》第二十四条第一款的规定，裁定如下：（保全的证据名称、数量等情况及保全方法）。"

13. 再审民事裁定书

正文的内容包括案由、再审申请时间、申请再审的民事裁判文书名称与案号、裁定的理由、法律依据和结果。可表述为：

"申请再审人×××因与被申请人×××（案由）纠纷一案，不服×××人民法院（××××）×民××号民事判决（裁定或调解书），向本院申请再审。本院依法组成合议庭对本案进行了审查，现已审查终结。

本院经审查认为，×××的再审申请符合《中华人民共和国民事诉讼法》第一百七十九条第一款第×项（或第二款）规定的情形。依照《中华人民共和国民事诉讼法》第一百八十一条、第一百八十五条之规定（如果是针对调解书申请再审，则援引《民事诉讼法》第一百八十二条和第一百八十五条），裁定如下：

一、本案由本院提审（或指令、指定×××人民法院再审本案）；

二、再审期间，中止原判决（裁定或调解书）的执行。"

14. 驳回再审申请民事裁定书

正文的内容包括案由、再审申请时间、申请再审的民事裁判文书名称与案号、驳回申请的理由、裁定的法律依据和结果。表述如下:

“申请再审人×××(简称×××)因与被申请人×××(简称×××)(案由)纠纷一案,不服×××高级人民法院(××××)×民××号民事判决(裁定或调解书),向本院申请再审。本院依法组成合议庭对本案进行了审查,现已审查终结。

×××(申请再审人简称)申请再审称,(概括申请再审的事实与理由,做到简洁、准确、全面,不要再分自然段,避免按照再审申请书罗列的具体事实和理由照抄)。

×××(被申请人简称)提交书面意见认为,×××的再审申请缺乏事实与法律依据,请求予以驳回。(被申请人未提交书面意见的,表述为“×××未提交书面意见”)。

本院审查查明,(写明审查过程中查明的新的事实和证据,对于原审查明的事实不予表态。没有新的事实和证据的,不写这一部分)。

本院认为,(针对申请再审事由逐一进行分析评判,阐明应予驳回的理由)。依照《中华人民共和国民事诉讼法》第 181 条第一款(如果当事人申请再审已超过第 184 条规定的期限的,则应阐明申请已超过法定期限,应予驳回,并引用该条。如果申请事由超出了《民事诉讼法》第 179 条所列明的再审事由范围的,则应阐明,予以驳回,并引用《最高人民法院关于适用〈中华人民共和国民事诉讼法〉审判监督程序若干问题的解释》第 19 条)的规定,裁定如下:驳回×××的再审申请。”

15. 不予执行海事仲裁裁决民事裁定书

正文内容包括案由、申请执行的海事仲裁裁决案号、不予执行的理由、裁定的法律依据和结果。可表述为:

“……(写明申请执行人与被执行人的姓名或名称和案由)一案,××××年××月××日经××仲裁委员会作出(××××)××字第××号裁决。由于被执行人×××拒不履行,申请执行人×××于××××年××月××日向本院申请强制执行。(如被执行人提出异议,则只写明异议的内容、理由和证据。)

本院经审查认为,(写明不予执行的具体理由),××仲裁委员会作出的(××××)××字第××号裁决,不符合有关法律规定的执行仲裁裁决的条件。依照《中华人民共和国民事诉讼法》(写明裁定所依据的法律条款)的规定,裁定如下:申请执行人×××申请强制执行的××仲裁委员会作出的(××××)××字第××号裁决,本院不予执行。”

16. 承认外国法院判决民事裁定书

正文内容包括案由、申请承认的外国法院的判决案号、承认或者不承认的理由、裁定的法律依据和结果。可表述为：

"申请人×××于××××年××月××日向本院提出申请,要求承认××国××法院对(写明当事人姓名或名称和案由)一案于××××年××月××日作出的(××××)×字第××号×审(或终审)判决。该判决结果是:(写明判决或裁定结果)。

本院经审查认为,××国××法院作出的××号判决(或裁定),(写明承认与否的具体理由),符合(或不符合)我国法律规定的承认外国法院判决效力的条件。依照《中华人民共和国民事诉讼法》(写明裁定所依据的法律条款)的规定,裁定如下:

对××国××法院作出的(××××)×字第××号×审(或终审)判决(或裁定)的法律效力予以承认(或不予承认)。"

17. 准许或驳回海事强制令申请民事裁定书

正文内容包括案由、海事强制令的申请及担保情况、准许或者驳回申请的理由、裁定的法律依据和结果。可表述为：

"请求人×××因(写明申请海事强制令的原因),于××××年××月××日向本院提出海事证据保全申请,要求责令被请求人(写明名称、申请采取海事强制令的具体请求事项)。请求人×××已向本院提供(写明担保的方式、金额等)担保。

本院经审查认为,(写明准许或不准许请求人海事强制令申请的理由)。依照《中华人民共和国海事诉讼特别程序法》第五十七条的规定,裁定如下:

一、准许请求人×××的海事强制令申请;

二、责令被请求人(写明被请求人名称及其在规定时间内作为或不作为的具体内容)。

(不符合海事强制令条件的,则将上述裁定内容改写为:"驳回请求人海事强制令的申请。")

如不服本裁定,可在裁定书送达之日起五日内,向本院申请复议一次。复议期间,不停止裁定的执行。"

18. 驳回支付令申请民事裁定书

正文内容包括申请人的要求、理由、法律依据和结果。可表述如下：

"申请人×××于××××年××月××日向本院提出支付令的申请。本院经审查认为,(写明申请不成立的理由)。依照《中华人民共和国民事诉讼法》第一百九十一条第一款、第一百四十条第一款第(十一)项的规定,裁定如下:驳回×××的支付令申请。"

(三) 尾部

民事裁定书的尾部,根据民事裁定书的种类不同,有不同的要求。

1. 驳回起诉、按撤诉处理、准许撤诉、中止或者终结诉讼的民事裁定书的尾部应当写明诉讼费用的负担。

2. 不予受理、管辖权异议、驳回起诉民事裁定书是允许当事人上诉的民事裁定书,应当在尾部对当事人的上诉权利、上诉期限进行写明。具体表述为:

“如不服本裁定,可在裁定书送达之日起 10 日内,向本院递交上诉状,并按对方当事人的人数提出副本。(不予受理的裁定书,将“并按对方当事人的人数提出副本”删去),上诉于×××人民法院。”

3. 诉前保全裁定书应写明申请人应向法院起诉的期限及逾期不起诉的法律后果。表述为:

“申请人应当在裁定书送达之日起 15 日内向本院起诉,逾期不起诉的,本院将解除财产保全。”

4. 诉前财产保全、诉讼财产保全和先予执行民事裁定书应写明裁定的执行效力和被申请人享有的复议权利。表述为:

“本裁定送达后立即执行。”“如不服本裁定,可以向本院申请复议一次。复议期间不停止裁定的执行。”

5. 第一审民事裁定书的审判员署名、判决日期、加盖印章和书记员署名与第一审民事判决书相同。

第五节　行政裁判文书

一、行政裁判文书概述

行政裁判文书是指人民法院依照行政诉讼法规定就行政案件的程序问题和实体问题作出的具有法律效力的书面处理决定。

行政裁判文书按照不同的标准,可以作不同的区分。

其一,按照文种区分,可以分为行政判决书、行政附带民事判决书、行政裁定书、行政赔偿判决书和行政赔偿调解书。行政判决书适用于解决行政诉讼案件的实体问题。行政裁定书适用于解决行政诉讼案件的程序问题。行政赔偿判决书和调解书,适用于单独就行政侵权损害赔偿提起诉讼的案件。

其二,按照审判程序、审级区分,可分为第一审行政裁判文书、第二审行政裁判文书、审判监督程序行政裁判文书。

其三,按照裁判结果的内容区分,可分为维持具体行政行为判决书,撤销或者部分撤销具体行政行为裁判书,限期履行法定职责判决书,变更行政处罚判决书,驳回诉讼请求判决书,确认被诉具体行政行为违法或者无效判决书,行政附带民事判决书。它们的适用范围是:

1. 维持的判决，是指案件经过人民法院审理，认为行政主体所作的具体行政行为证据确凿，适用法律、法规正确，符合法定程序，因而肯定具体行政行为合法，予以维持的判决。

2. 撤销的判决，是指案件经过人民法院审理，认为行政主体所作的具体行政行为主要证据不足，或者适用法律、法规错误，或者违反法定程序，或者超越职权、滥用职权的，因而否定具体行政行为的合法性，予以撤销或部分撤销的判决，或判令被告重新作出具体行政行为的判决。

3. 变更的判决，是指案件经过人民法院审理，认为行政主体所作的行政处罚，显失公正，依法予以变更的判决。

4. 限期履行的判决，是指人民法院责成被诉行政主体限期履行法定职责的判决。

5. 驳回诉讼请求的判决，是指案件经过人民法院审理，认为原告的诉讼请求不能成立，依法予以驳回而作出的判决。

6. 确认的判决，是指案件经过人民法院审理，依法作出确认被诉具体行政行为违法或者无效的判决。

7. 行政附带民事判决，是指行政诉讼案件经过人民法院审理，民事争议当事人要求人民法院一并解决相关民事争议，人民法院一并审理后作出的判决。

二、第一审行政判决书

（一）概念、功能

第一审行政判决书，是第一审人民法院依照我国《行政诉讼法》规定的程序，对第一审行政诉讼案件审理终结后，依照法律、法规，参照有关行政规章，就案件的实体问题作出的书面处理决定。

第一审行政判决书的制作主体是第一审人民法院。所谓第一审人民法院，并非单指基层人民法院。根据我国《行政诉讼法》有关受理第一审案件的职权划分，一般的第一审行政案件由基层人民法院管辖。中级人民法院管辖的第一审行政案件为确认发明、专利权的案件，海关处理的案件，对国务院各部门或者省、自治区、直辖市人民政府所作的具体行政行为提起诉讼的案件，本辖区内重大、复杂的第一审行政案件（如被告为县级以上人民政府，且基层人民法院不适宜审理的案件）；社会影响重大的共同诉讼、集团诉讼案件；重大涉外或者涉及香港特别行政区、澳门特别行政区、台湾地区的案件等。高级人民法院管辖本辖区内重大、复杂的第一审行政案件。最高人民法院管辖全国范围内重大、复杂的第一审行政案件。

第一审行政判决书制作的法律依据是我国《行政诉讼法》第94条的规定,即人民法院经过审理,根据不同情况,分别作出判决。

作出一审判决的案件,必须是按照第一审程序审理终结的案件;该判决必须是解决当事人之间争议的实质性问题,即对被诉具体行政行为是否合法、正确作出公正判断的判决。如果是解决审理过程中的某些程序问题,则只能使用行政裁定书,不能使用行政判决书。

(二)结构、内容和写法

第一审行政判决书由首部、正文、尾部三部分组成。

1. 首部。包括如下内容:

(1)标题。标题表明法院名称和文书名称。写法同于民事判决书。

(2)案号。案号的写法同于民事判决书,只将"民"字改为"行"字。

(3)诉讼参加人的基本情况。诉讼参加人包括当事人、法定代表人、当事人的诉讼代理人。当事人一方人数众多的,依法由其诉讼代表人参加诉讼。

原告情况的写法:原告是公民的,写明姓名、性别、出生年月日、民族、职业或工作单位和职务、住址。原告是法人或其他组织的,写明法人或其他组织的名称和所在地址;另起一行列项写明法定代表人或代表人及其姓名和职务等。如"法定代表人×××,经理(或董事长)。"如果原告是没有诉讼行为能力的公民,除写明原告本人的基本情况外,还应另行列项写明其法定代理人或指定代理人的姓名、性别、职业或工作单位和职务、住址,及其与被代理人的关系。委托代理人不是律师的,应写明其姓名、性别、职业或工作单位和职务、住址等基本情况;是律师的,只写其姓名和工作单位、职务。

被告情况的写法:应写明被诉的行政主体的名称,所在地址;另起一行列项写明该行政主体的法定代表人的姓名和职务;再另起一行列项写明其委托代理人的基本情况。被告委托代理人为本单位工作人员的,其基本情况可简写。如"委托代埋人×××,×××(被告)工作人员"。

第三人情况的写法与原告各项的写法相同。

(4)案件由来及审理经过。本部分应着重反映案件的审判程序,体现审判程序的公开性和公正性。内容包括:案件由来,包括案件名称和起诉时间;立案日期和合议庭组成情况;当事人是否申请合议庭组成人员及书记员回避,申请回避的理由以及法院准许或驳回回避申请的理由;送达起诉状副本的时间、送达答辩状副本的时间(未提供答辩状的不写)、被告提供证据的时间和双方交换证据的时间和方式;公开(或不公开)开庭审理的日期(不公开开庭审理的应说明原因);当事人、代理人等到庭参加诉讼的情况,如有证人出庭作证或翻译人员、鉴定人、勘验人和审计人等其他诉讼参加人到庭参加诉讼的,也应写明。当事人经合法传唤拒不到庭或未经法庭准许中途退庭的,也应写明;未在法定审理期限内结案的,应写明延长审理期限的理由和依法申请延长审理期限的报批情况;经审判委员会讨论决定的案件,应予以说明;审判程序上的其他情况,一并列明。

这一段的文字表述,一般可写为:

“原告×××诉被告×××(行政主体名称)××××(案由)一案,原告于××××年××月××日向本院提起行政诉讼。本院于××××年××月××日受理后,依法组成合议庭。原告、被告及第三人(没有第三人的不写)未对合议庭组成人员及书记员提出回避申请(如当事人对合议庭组成人员或书记员申请回避,应写明何方当事人以何理由申请回避,法院对回避申请是否准许及理由)。××××年××月××日合议庭将起诉状副本送达被告;××××年××月××日合议庭将答辩状副本送达原告(被告未答辩的不写)。××××年××月××日合议庭召开了审前会议,当事人交换了证据,明确了争议焦点。本院于××××年××月××日公开(或因……而不公开)开庭审理了本案。(写明到庭的当事人、诉讼代理人、证人、鉴定人、勘验人和翻译人员等)到庭参加诉讼(如果当事人经合法传唤拒不到庭或未经准许中途退庭的,应写明)。……(写明案件延长审限、延期审理的情况。如案件经审判委员会讨论的,写明:经审判委员会讨论决定)本案现已审理终结。”

2. 正文。正文是裁判文书的核心,反映整个审判过程和内容以及审判的结果。不同类型行政案件行政判决书的不同写法也是在这部分体现出来的。正文部分包括以下内容:

(1) 被诉具体行政行为。根据被诉具体行政行为的形式分两种情况:

第一,作为案件:叙述被诉具体行政行为的主体、时间、程序,具体行政行为认定的事实和证据,适用的法律,结论等。以××市中级人民法院(1999)×行字第29号行政判决书为例,该判决书此段是这样表述的:被告青白江工商局认为,原告青白江面粉厂于1998年6月6日至11月期间,无合法收购粮食手续,擅自设点从个体粮贩和农民手中非法收购小麦668 858公斤,价值821 179.94元。被告青白江工商局认定原告青白江面粉厂的上述行为违反了《粮食收购条例》第五条第一款的规定,于1999年4月9日根据该条例第十三条对原告青白江面粉厂作出没收非法收购的小麦668 858公斤、罚款人民币83万元的工商青公检处字(1999)22号处罚决定。原告青白江面粉厂不服,向××市工商行政管理局申请复议。××市工商行政管理局于1999年6月22日作出维持工商青公检处字(1999)22号处罚决定的复议决定。

第二,不作为案件:叙述原告向被告申请的时间、内容,被告至原告提起诉讼时未予答复(或于××××年××月××日作出××号拒绝作为的决定)。

(2) 诉辩主张。分为原、被告双方的主张:

第一,原告诉称。原告诉称的内容应当包括其对有关案件事实的陈述、诉讼请求和相应的证据材料。

第二,被告辩称。被告答辩的内容应包括其递交答辩状的时间,在答辩状和庭审中对被诉具体行政行为合法性(或案件事实)的陈述和诉讼主张,按举证顺序排列被告列举的证据材料及其要证明的内容。(被告未递交答辩状但在庭审中作了答辩的应当写明:被告×××未依法递交答辩状,但在庭审中辩称……被告未举证的亦应据实载明)。

此段在写作上应当既客观全面,又简练概括。在保持当事人诉辩内容的真实意思和完整性的基础上,对当事人诉辩内容作必要的概括,避免文字冗长;应当保持当事人诉辩的本义和诉辩的逻辑关系,避免造成歧义;在叙述的顺序上,可以作必要的调整,避免内容的重复和文理上的紊乱。法院依职权调取了证据的,均应在当事人诉辩内容和提交证据材料的情况写完后另起一段叙述和列举证据材料。

(3) 庭审质证、认证。庭审质证和认证的情况是整个判决书写作的难点,应着力写好。

第一,质证情况。根据行政案件开庭审理的情况,庭审质证情况可以有两种写法:一是开庭审理时按照主体、事实、法律、程序四个方面审查被诉具体行政行为合法性的,其写法上也可以按照此四个部分来叙述:行政主体资格方面的证据材料质证情况;被诉具体行政行为认定事实方面的证据材料质证情况;被诉具体行政行为适用法律方面的证据材料质证情况;行政程序方面的证据材料质证情况。二是审理时按照被告举证的先后顺序全面审查被诉具体行政行为合法性的,也可以按照被告提供证据材料的先后顺序叙述其质证情况。

两种写法在内容上都应该着重写明原告对被告所举证据材料的质疑意见和被告对原告质疑意见的辩驳以及对原告所举反证材料的质疑意见(没有异议的应予说明);原告、被告对法院依职权调取证据材料的质疑意见(没有异议的应予说明)。

第二,认证情况。合议庭对原、被告所举证据材料,根据我国《行政诉讼法》和最高人民法院《关于执行〈行政诉讼法〉若干问题的解释 》规定的证据规则,进行分析认证的情况,并着重写明对该证据材料采信或不予采信的理由,着重分析证据材料的有效性和证明力。如有法院依职权调取的证据材料,应写明当事人提出的异议是否成立,该证据能否作为定案依据。对双方在庭审前交换证据或庭审质证时无异议且能够直接确认的证据材料,则简要概括说明即可。

(4) 庭审认定的事实。这部分应写明合议庭根据庭审查证属实的证据认定的行政法律事实。该事实应包括被告作出具体行政行为的起因、过程、程序、目的(或被告不作为的事实);被告认定的原告行为的事实;被诉具体行政行为适用法律的情况等。认定案件事实应当坚持客观真实的原则。写作时应注意四点:一是叙述的案件事实应当是行政法律事实;二是叙述的事实应当清楚、全面;三是叙述的事实都有采信的证据能够加以印证;四是避免合议庭认定的事实与当事人诉辩内容和合议庭认证结论之间的简单重复。如果案件事实本身并不复杂,当事人陈述中对案件事实的叙述以及合议庭认证结论中对证据所证明的事实叙述已经明确,整个案件事实已经非常清楚的,这部分内容可以省略。

(5) 庭审辩论情况。该部分主要写明当事人围绕本案争议的焦点(概括行政争议的焦点问题),对被诉具体行政行为(包括不作为形式的具体行政行为,下同)的合法性进行辩论的情况。写成"原告认为……"、"被告认为……"、"第三人认为……"等,当事人的"认为"均写明针对争议焦点辩论的内容。

(6) 判决理由。判决书应在查明事实的基础上,根据有关法律规定和法学理论、逻辑推理以及其他相关知识,对案件的各种法律关系发表意见,充分说明理由,做到以理服人。论证被诉具体行政行为的合法性,从以下几个方面入手:第一,依据相关的法律规范确认被告有无被诉具体行政行为的主体资格。第二,法定的行政行为程序与被诉的具体行政行为的程序相对比,对被诉具体行政行为是否违反法定程序予以确认并说明理由。第三,正确的实体处理(包括认定事实和适用法律)与被诉具体行政行为的实体处理相对比,对被诉具体行政行为实体处理是否合法予以确认,并说明理由。第四,对各方当事人的诉讼理由,表明是否予以支持或者采纳。

正确引用法律根据。根据我国《行政诉讼法》第 52 条、第 93 条规定,人民法院审理行政案件,以法律和行政法规、地方性法规为依据,并可参照有关的行政规章。最高人民法院《关于裁判文书引用法律、法规等规范性法律文件的规定》第 5 条明确规定:"行政裁判文书应当引用法律、法律解释、行政法规或者司法解释。对于应当适用的地方性法规、自治条例和单行条例、国务院或者国务院授权的部门公布的行政法规解释或者行政规章,可以直接引用。"第 6 条规定,对于其他规范性文件,"根据审理案件的需要,经审查认定为合法有效的,可以作为裁判说理的依据"。需要参照行政规章时,应当写明:"根据《中华人民共和国行政诉讼法》第 53 条,参照××规章(条、款、项)的规定。"一审行政判决书中除适用实体法的有关条款外,还要引用我国《行政诉讼法 》第五十四条中的(一)、(二)、(三)、(四)项的规定。

引用法律根据要做到:第一正确引用法律条文,即按照条、款、项、目的顺序,准确、具体、全面引用法律条文,不漏引、错引。第二,援引司法解释作为判决依据时,既可以单独援引,也可以与法律条款同时援引。援引的先后顺序根据需要一般不作限制,但并列引用的,要先引用法律、行政法规,后引用司法解释。第三,处理好特别法与普通法、程序法与实体法以及某一法律中基本原则与具体规定之间的关系。第四,在说理过程中,需引用法律条文予以论证的,应明确引用该法律条文的具体内容,不能只引某条文序号。第五,可以在判决书的说理部分引用其他合法有效的行政规范性文件。

(7) 判决结果。判决结果是人民法院对当事人之间的行政诉讼争议作出实体处理的结论。判决结果部分的内容必须明确、具体、完整。要求做到:

第一,用语规范、准确,不能产生歧义。

第二,内容明确、具体,具有可操作性,不能模棱两可,更不能作出没有实际意义的判决。

第三,判决结果应与当事人的诉讼请求相对应,不能漏判或多判。

第四,判决结果有两项以上内容的,要分项书写,项与项之间用分号,最后一项用句号。

判决结果的具体写法有以下七种:

第一,维持被诉具体行政行为的,表述为:“维持被告×××(行政主体名称)××××年××月××日作出的(××××)×××字第×号处罚决定(复议决定或其他具体行政行为)。”

第二,撤销被诉具体行政行为的,表述为:“一、撤销被告×××(行政主体名称)××××年××月××日作出的(××××)×××字第××号处罚决定(复议决定或其他具体行政行为);二、……(写明判决被告重新作出具体行政行为的内容。如果不需要被告重新作出具体行政行为的,此项不写。)”

第三,部分撤销被诉具体行政行为的,表述为:“一、维持被告×××(行政主体名称)××××年××月××日作出的(××××)×××字第××号处罚决定(复议决定或其他具体行政行为)的第×项,即……(写明维持的具体内容);二、撤销被告×××(行政主体名称)××××年××月××日作出的(××××)×××字第××号处罚决定(复议决定或其他具体行政行为)的第×项,即……(写明撤销的具体内容);三、……(针对撤销部分,写明判决被告重新作出具体行政行为的内容。如果不需要重新作出具体行政行为的,此项不写)。”

第四,驳回原告诉讼请求的,表述为:“驳回原告×××的诉讼请求。”

第五,确认被诉具体行政行为合法与否的,表述为:“被告×××(行政主体名称)的行为合法。”或“被告×××(行政主体名称)的行为违法。”

第六,判决变更行政处罚的,表述为:“变更被告×××(行政主体名称)××××年××月××日作出的(年度)××字第××号处罚决定(或复议决定),改为……(写明变更后的处罚内容)。”

第七,判决被告在一定期限内履行法定职责的,表述为:“责成被告×××(行政主体名称)……(写明被告应当履行的法定职责的内容和期限)。”

(三) 尾部

尾部的内容,应依次写明诉讼费用的负担,交代上诉权利、上诉的方法、期限和上诉审法院,合议庭成员署名,判决日期,书记员署名等。

诉讼费的负担,应在判决结果的各项内容写完之后,另起一行写明。诉讼费用应分为案件受理费和其他诉讼费,要分别写明当事人应当负担的数额。

交代上诉事项的行文表述为:"如不服本判决,可在判决书送达之日起 15 日内,向本院递交上诉状,并按对方当事人的人数提出副本,上诉于×××人民法院。"

审理行政案件,一律实行合议制。判决书由审理该案的合议庭成员包括审判长和审判员(代理审判员或人民陪审员)署名。

判决书落款的时间应为判决确定的日期。经过审判委员会讨论的案件,审判委员会作出决定的日期为判决书落款时间;未经审判委员会讨论而经院长、庭长或者审判长签发的案件,合议庭评议作出决定的日期即为判决书落款时间。判决日期要用汉字书写,如书写为"二零零零年十一月十九日"。

制作判决书的人民法院院印,应端端正正地加盖在判决日期的年、月、日中间,并做到"骑年盖月"。

"本件与原本核对无异"应用印截,加盖在判决日期的左下方,书记员署名的左上方。判决书有两页以上的不加盖"骑缝章"。个别涂改处应加盖校对章。

三、行政裁定书

(一) 概念、功能

行政裁定书,是指人民法院按照行政诉讼法及司法解释的规定,在审理行政诉讼案件过程中,为解决有关程序问题作出的书面决定。

行政判决书与行政裁定书,都是人民法院行使国家审判权,对行政诉讼案件依法作出处理的决定。两者的主要区别是:一是解决的问题内容不同。判决书解决当事人争议的实体问题,裁定书只解决某一程序问题。二是制作文书的时间不同。判决书在案件审理终结时制作,裁定书则可在办案过程中的某一阶段制作。三是制作文书的具体要求不同。裁定书比判决书简单,叙事和说明一般可以合写一段;有的裁定书首部、尾部的写法也与判决书不同,有特定的规范要求。

根据《行政诉讼法》第 42 条、第 44 条、第 51 条和最高人民法院《关于执行〈中华人民共和国行政诉讼法〉若干问题的解释》第 63 条的规定,行政裁定书适用于下列范围:(1) 不予受理;(2) 驳回起诉;(3) 管辖权异议;(4) 终结诉讼;(5) 中止诉讼;(6) 移送或指定管辖;(7) 诉讼期间停止具体行政行为的执行或者驳回停止执行的申请;(8) 财产保全;(9) 先予执行;(10) 准许或者不准许撤诉;(11) 补正裁判文书中的笔误;(12) 中止或者终结执行;(13) 提审、指令再审或者发回重审;(14) 准许或者不准许执行行政机关的具体行政行为;(15) 其他需要裁定的事项。

(二) 结构、内容和写法

本书以第一审行政裁定书为例对行政裁定书的制作要求加以说明。

第一审行政裁定书由首部、正文和尾部三部分组成。

1. 首部。首部的写法,基本同第一审行政判决书,只是依裁定的事项不同而略有区别。

2. 正文。正文包括叙事和说明两部分,根据不同的裁定事项作出具体的叙事和说明。

(1) 不予受理裁定书的正文表述。起诉人起诉的事由,可表述为:"××××年××月××日,本院收到×××的起诉状,(概括写明起诉的事由)。"

法院不予受理的理由,可表述为:"经审查,本院认为,(写明不予受理的理由。比如,原告所诉事项不属于人民法院行政诉讼的受案范围,或者不属于受诉法院管辖,或者当事人主体资格不合格等)。依照(写明引用的法律条款)的规定,裁定如下:"

裁定结果,可表述为"对×××的起诉,本院不予受理。"

(2) 驳回起诉行政裁定书的正文表述。先简述原告起诉的事由,再写明驳回起诉的理由,引用有关法律条款,然后写裁定结果。裁定结果表述为:"驳回原告×××的起诉。"

(3) 停止执行具体行政行为或者驳回停止执行的申请的行政裁定书的正文表述。案件的由来和申请事项,简要写明申请停止执行具体行政行为的名称和理由,一般可合写一段,表述为:"原告×××诉被告×××(行政主体名称)××××年××月××日×××字第××号处罚决定(复议决定或其他具体行政行为),向本院提起诉讼,本院已于××××年××月××日依法受理。现原告以……(简写申请停止执行具体行政行为的理由)为由,向本院申请停止执行……(写明申请停止执行具体行政行为的名称)。"

(法院认为应当停止执行或者驳回申请的理由,引用据以作出裁定的法律条款。)

裁定结果,可分为两种情况表述:

第一,停止执行的,可表述为:"在本案诉讼期间,停止……(写明停止执行具体行政行为的名称)。

第二,驳回申请的,可表述为:“驳回原告×××的申请。”

(4)准许或不准许撤诉行政裁定书的正文表述。案件由来和原告提出撤诉的请求和理由,一般可合写一段,表述为:“原告×××诉被告×××(行政主体名称)××××年××月××日××字第××号处罚决定(复议决定或其他具体行政行为),向本院提起诉讼,本院已依法受理。在审理过程中,原告×××……(简要写明原告提出的撤诉请求和理由)。”

法院认为应准许撤诉或不准撤诉的理由,引用据以作出裁定的法律条款。理由的写法,要区别不同情况,注意具体分析,防止千篇一律。

裁定结果,可分为两种情况表述:第一,准许撤诉的,可表述为:“准许原告×××撤回起诉。”第二,不准许撤诉的,可表述为:“不准原告×××撤诉,本案继续审理。”

(5)行政非诉讼执行案件裁定书的正文表述。案件由来和申请事项及理由,一般可表述为:“申请执行人×××(行政主体名称)因×××(案由)一案,于×××× 年××月××日向本院申请强制执行。本院于××××年××月××日受理后,于××××年××月××日依法组成合议庭对申请执行的具体行政行为的合法性进行了审查,此案现已审查完毕。”

裁定理由,一般可表述为:“本院认为,申请人申请执行的具体行政行为××××(从行政执法主体、认定事实、适用法律、行政程序四个方面简要论证申请执行的具体行政行为的合法性)。因此,该具体行政行为认定事实(是否)清楚,证据(是否)充分,适用法律(是否)正确,行政程序(是否)合法,依照《行政诉讼法》第 66 条和最高人民法院《关于执行〈中华人民共和国行政诉讼法〉若干问题的解释》第 93 条(或第 95 条)的规定,裁定如下……”

裁定结果,一般可表述为:“准予执行(或不准予执行)×××(行政主体名称)于××××年××月××日作出的×××行政决定。”

3. 尾部。尾部的写法,与一审行政判决书基本相同。一般应写明诉讼费用负担(无诉讼费用的,不写此项内容),交代上诉事项(写:“如不服本裁定,可在裁定书送达之日起 10 日内,向本院递交上诉状,上诉于××××人民法院。”),合议庭署名,裁定日期,书记员署名等。

附:

【实例一】

最高人民法院
民事判决书

(2008)民一终字第122号

上诉人(原审被告、反诉原告):××新万基房地产开发有限公司。住所地××市××区龙溪街道松牌路523号金龙商厦1幢1单元6-1。

法定代表人:文敬×,该公司董事长。

委托代理人:任秀×,××市××律师事务所律师。

被上诉人(原审原告、反诉被告):××索特盐化股份有限公司,住所地××市万州区沙龙路三段。

法定代表人:李×,该公司董事长。

委托代理人:杨×,该公司职员。

委托代理人:韩×,××市××律师事务所律师。

上诉人××新万基房地产开发有限公司(以下简称新万基公司)与××索特盐化股份有限公司(以下简称索特公司)土地使用权转让合同纠纷一案,××市高级人民法院于2008年7月31日作出(2008)×高法民初字第2号民事判决。新万基公司对该判决不服,向本院提起上诉。本院依法组成合议庭,于2008年11月26日进行了开庭审理。新万基公司的法定代表人文敬×及其委托代理人任秀×,索特公司的委托代理人杨×、韩×到庭参加诉讼。本案现已审理终结。

一审法院经审理查明:索特公司在××市万州区观音岩1号拥有四块商服用地使用权,并将上述土地抵押给相关银行用于贷款担保,抵押期限自2005年至2011年。2005年12月1日,新万基公司与索特公司签订了《金三峡花园联合开发协议》(以下简称《联合开发协议》),在上述土地上联合开发金三峡花园。约定:第一条,索特公司现已将上述土地抵押给某银行融资贷款,同意在约定时间内将该土地的抵押权解除。第二条,以新万基公司出资、索特公司出土地使用权,共同投资、共享利润的方式,共同进行房地产开发。第四条,新万基公司承诺按项目开发需要逐步投入开发资金,首期资金500万元在合同签订之日起7个工作日内到位,用于前期开发筹备工作。索特公司承诺,本项目所涉及的土地已办理的抵押手续应在不影响开发进度的前提下办理解除抵押的相关手续,并保证不存在其他权利瑕疵,也没有被司法机关查封或被行政机关限制。若第三人对该地块权益提出主张，或权属手续不完善，或有权属障碍，由索特公司负责解决，并独自承担其费用，由此给新万基公司造成的损失，索特公司应承担违约责任。第五条，新万基公司提供合作项目的全部建设资金不低于4亿元，索特公司提供合作项目合法取得的全部建设用地。第六条，新万基公司对索特公司的办公大楼进行四星级酒店的改造升级，改造金额3 100万元，改造后，其产权归索特公司所有。第九条，土地上的建筑物、构筑物由新万基公司负责拆除。第十条，本协议签订后，索特公司违约不与新万基公司合作，或者在本项目的方案设计经过政府的审核同意后，索特公司不配合新万基公司向政府以双方名义申请审批联建、立项、规划等工作的，视为索特公司根本违约，索特公司按照新万基公司总投资额的30%向新万基公司支付违约金，并赔偿因此给新万基公司造成的包括并不限于前期设计及往返谈判等各项经济损失；因新万基公司资金不能按开发进度到位而影响开发或新万基公司未按时支付索特公司利润款，新万基公司应按总投资额的30%向索特公司支付违约金，因项目开发资金问题而造成停工30天以上，除新万基公司应向索特公司支付违约金以外，索特公司有权终止合同，并有权通过法律途径要求新万基公司支付因此造成的全部损失。

2005年12月1日，新万基公司与索特公司又签订了《联合开发协议之补充协议（一）》（以下简称《补充协议》）。约定：（1）本项目具备开工条件时，双方共同确定“金三峡花园联合开发项目开发进度表”，并以此作为新万基公司开发资金到位及索特公司工作配合的时间表。（2）本项目无论以任何方式开发、分配所涉及的税费，由新万基公司承担，索特公司只以本补充协议第四条约定的利润分配方式获得税后利润。（3）索特公司以实际交付给新万基公司开发的土地使用权计算分配的税后利润，双方同意按照37万元/亩计算出总利润额，由新万基公司按本条支付给索特公司。索特公司对新万基公司在开发本项目产生的经营风险及亏损不承担任何责任。本补充协议签订之日起 年内，新万基公司向索特公司支付总利润额的30%；本补充协议签订之日起2年内，新万基公司向索特公司支付总利润额的40%；本补充协议签订之日起3年内（或开发期满），新万基公司向索特公司支付总利润额的30%，新万基公司已向索特公司支付的履约定金转为利润额，冲抵新万基公司应付给索特公司的利润额；（4）在本项目开工之时，新万基公司对索特公司现有的办公大楼进行四星级酒店改造，并于一年内按索特公司的方案完成改造，改造所产生的费用3 100万元由新万基公司承担，该费用不属于本补充协议第四条新万基公司支付索特公司利润的范围；（5）本《补充协议》是《联合开发协议》的有效附件，与《联合开发协议》有冲突之处，以本《补充协议》为准。

2005年12月5日，新万基公司向索特公司发出《金三峡花园联合开发项目开发进度表（一）》，载明，为推进各项工作的顺利进行，请索特公司在相应时间内配合完成项目前期开发工作,于2006年1月20日前办理好土地解押手续,并要求索特公司予以确认回复。索特公司未予回复。

2005年12月25日,新万基公司与中冶赛迪工程技术股份有限公司签订了《建设工程设计合同(一)》,约定,新万基公司委托中冶赛迪工程技术股份有限公司对金三峡花园城进行设计,设计费按22元/平方米计算,暂估为1 100万元。合同签订后,中冶赛迪工程技术股份有限公司出具了设计平面图与设计效果图。

2005年12月25日,新万基公司与××索特(集团)有限责任公司旅游公司(以下简称索特旅游公司)签订了《人员借用协议》。约定,为配合新万基公司与索特公司联合开发项目的进度,索特宾馆已正式停业,为妥善解决索特旅游公司职工在项目建设过渡期间的工作安置问题,索特旅游公司以借用形式向新万基公司输出职工17人,新万基公司按照劳动法规定支付借用人员的报酬、社会保险和福利待遇。2006年3月10日,新万基公司分别向王×敏、洪×等17名职工支付了18 980元工资。

2005年12月,新万基公司与索特旅游公司签订了两份《借款协议》,约定,由新万基公司借款150万元给索特旅游公司。

自2005年12月25日起,新万基公司多次致函索特公司,要求索特公司履行金三峡花园项目开发的配合工作。

2006年1月4日,新万基公司与成都尚筑地产顾问有限公司签订了《××新万基地产"万州观音岩"项目全程开发顾问暨营销代理合同》。新万基公司委托××尚筑地产顾问有限公司担任金三峡花园项目"全程开发顾问暨营销代理",代理费用按照本项目销售合同金额的2.2%收取。合同签订后,××尚筑地产顾问有限公司向新万基公司提供了《服务计划书》。

2006年3月6日,中国建设银行××万州分行致函索特公司称,索特公司未经该行同意,擅自将抵押物与他人合作进行房地产开发,严重侵害了该行的抵押权。要求索特公司必须立即停止侵权行为。

2006年4月10日,新万基公司与杨×歌签订了《房屋拆除合同》,约定由杨×歌承包金三峡花园项目范围内的地上建筑物拆除和垃圾清除工作。2007年4月12日,新万基公司与杨×歌又签订了《金三峡开发项目拆除补充协议》。该协议载明,因新万基公司未能履行其2006年6月开工的承诺,致杨×歌遭受一定经济损失,经双方协商,对2006年4月10日的《房屋拆除合同》作出一定修改。

2005年12月29日,新万基公司向××市万州区房地产管理局缴纳了2万元"房交会参展费"。2006年4月25日,新万基公司向××康美凯信广告有限责任公司支付了"2006年万州房交会展台设计装修搭建费"40 340.5元。

索特公司2007年12月20日向××市高级人民法院起诉称:其与新万基公司

签订《联合开发协议》和《补充协议》后，新万基公司并未按照合同约定履行相应义务，致使联建工作无法进行，联合开发的目的无法实现。据此，请求法院判决：(1) 解除双方签订的《联合开发协议》及《补充协议》；(2) 新万基公司向索特公司支付违约金1000万元；(3) 新万基公司承担本案诉讼费用。

新万基公司辩称：合同签订后，新万基公司积极履行了自身义务，但索特公司却以各种理由拒不履行合同义务，导致联建工作无法开展。因此，新万基公司请求法院驳回索特公司的诉讼请求。

新万基公司反诉称：在《联合开发协议》及《补充协议》签订后，新万基公司积极开展前期开发工作，并多次催促索特公司履行合同义务，但索特公司至今仍未履行合同主要义务。此外，由于项目所涉土地价格上涨，索特公司为独享项目利益，以种种借口企图毁约。据此，新万基公司请求法院判决：(1) 索特公司向新万基公司支付违约金6 000万元；(2) 本案诉讼费用由索特公司承担。

索特公司针对新万基公司反诉辩称：根据合同约定，新万基公司应先履行付款义务，并提供经政府审批的方案之后，才有权要求索特公司履行相应的配合义务。但新万基公司至今未履行上述义务，因此，新万基公司的反诉请求不能成立，应当予以驳回。

一审法院认为：

1. 双方当事人之间法律关系的性质。根据最高人民法院《关于审理涉及国有土地使用权合同纠纷案件适用法律问题的解释》第十四条的规定，合作开发房地产合同以共同投资、共享利润、共担风险为构成要件。本案中，对于双方在金三峡花园项目开发中的利益分配与风险承担，《联合开发协议》并未作出明确约定，而是由《补充协议》进行了规定。从《补充协议》第4条、第5条确定的权利义务来看，在项目开发中，索特公司的主要义务是提供土地，并对新万基公司的开发行为予以配合，取得的利益则包括获得10 360万元(37万元/亩×280亩)的价款，以及价值3 100万元的办公大楼改造，索特公司并不承担项目的经营风险。因此，双方当事人之间法律关系不具备共担风险这一要件，在法律性质上不属于合作开发房地产合同。从该权利义务的具体内容来看，索特公司在提供该宗地的使用权之后，获得固定金额的对价，其实质是土地使用权转让，即索特公司是土地转让人，新万基公司是受让人。

2. 转让行为的法律效力。该土地使用权转让行为违反法律规定，应属无效。首先，《中华人民共和国担保法》(以下简称《担保法》)第四十九条第一款规定："抵押期间，抵押人转让已办理登记的抵押物的，应当通知抵押权人并告知受让人转让物已经抵押的情况；抵押人未通知抵押权人或者未告知受让人的，转让行为无效。"本案中，没有证据证明索特公司将转让行为通知了建设银行与工商银行，根据上述规定，该转让行为应属无效。其次，最高人民法院《关于适用〈中华人民共和国担保法〉若干问题的解释》(以下简称《担保法司法解释》)第六十七条第一款规定:"抵押权存续期间,抵押人转让抵押物未通知抵押权人或者未告知受让人的,如果抵押物已经登记的,抵押权人仍可以行使抵押权;取得抵押物所有权的受让人,可以代替债务人清偿其全部债务,使抵押权消灭。受让人清偿债务后可以向抵押人追偿。"由于新万基公司受让的标的物上存在抵押权,根据该款规定,新万基公司可以通过行使涤除权消灭该抵押权,从而对转让行为的效力予以补正,但新万基公司并未行使涤除权,该转让行为的效力未能得到补正。索特公司请求解除双方签订的《联合开发协议》及其《补充协议》,这一诉讼请求不能成立。所谓合同的解除,是使合法有效的合同的法律效力归于消灭,而《联合开发协议》及其《补充协议》系无效合同,故不存在解除的问题。

3. 转让行为无效的法律责任。根据《中华人民共和国合同法》(以下简称《合同法》)第五十八条的规定,无效合同的法律后果是返还财产及赔偿损失。本案中,双方当事人之间并无财产交付、转移行为,故不存在返还的问题。至于损失,新万基公司为履行合同,先后向索特旅游公司 17 名职工支付了 18 980 元工资,向××市××区房地产管理局缴纳了"房交会参展费"2 万元,向××康美凯信广告有限责任公司支付了 40 340.5 元展台设计装修搭建费,共计 79 320.5 元。上述款项系新万基公司因履行合同而遭受的损失,应当按照当事人的过错确定赔偿责任。从本案合同无效的原因来看,是未将土地转让的情况通知抵押权人。根据《担保法》第四十九条第一款的规定,应当由抵押人履行该通知义务。因此,系索特公司单方的过错导致了合同无效,对新万基公司因此遭受的损失应由索特公司承担赔偿责任。虽然根据《担保法司法解释》第六十七条第一款的规定,也可由受让人行使涤除权消灭抵押权,从而使转让行为生效,但对受让人而言,该规定系权利的赋予,受让人作为权利人不行使权利,并不构成法律上的过错;新万基公司提出,其与索特旅游公司签订了《借款协议》借出款项 143 万元,属于为履行合同而支出的费用。既然是借款,则借款人负有归还的义务,新万基公司有要求借款人返还的权利。因此,该协议约定的借款金额不应视为新万基公司受的损失;新万基公司称,其与中冶赛迪工程技术股份有限公司签订了《建设工程设计合同(一)》,并支付了设计费 440 万元;与成都尚筑地产顾问有限公司签订了《××新万基地产"万州观音岩"项目全程开发顾问暨营销代理合同》,并支付了策划代理费 115 万元;与杨×歌签订了《房屋拆除合同》及《金三峡开发项目拆除补充协议》,不履行合同将导致相应的违约责任。上述合同及付款的真实性可另案审查。即使合同及付款真实有效,由于《联合开发协议》及其《补充协议》无效,因此上述四个合同无法继续履行。对于这类未履行完毕的合同,在确定其法律后果时,既要考虑已经履行的部分,也要考虑尚未履行的部分,根据合同当事人的违约情况来确定违约责任。因此,新万基公司已经支付的费用并不等于其遭受的损失。目前,这四个合同的法律后果并未最终确定,所以无法认定新万基公司因此遭受的损失。只有待新万基公司在上述合同中的责任确定之后,人民法院才可以根据损失的不同性质,考虑发生原因、控制主体、可控程度、双方过错,确定新万基公司与索特公司之间的分担比例。基于此,本案对这部分损失不作处理;新万基公司称,其与张建华签订《房屋租赁合约》,并支付23.7万元租金;与李×签订《办公室装修合同》,并支付15万元装修费;购买办公家具、办公用品,支出313 334元。新万基公司出示的证据无法证明这些费用与“金三峡花园”项目的关联性,即无法认定这些费用系因开发“金三峡花园”项目而支出的费用,故对新万基公司主张的这部分费用,不予支持;新万基公司提出的交通费、差旅费、招待费等费用支出,因无证据证明,不予支持。

4. 双方当事人诉请的违约责任。在本诉中,索特公司要求新万基公司支付违约金1 000万元。在反诉中,新万基公司要求索特公司支付违约金6 000万元,这两项诉讼请求均不能成立。违约金属于违约责任范畴,而违约责任是因违反有效合同导致的法律责任,以存在合法有效的合同关系为基础。本案中,《联合开发协议》及《补充协议》无效,故不存在违约的问题,亦不会引发违约责任的承担。

综上,一审法院依据《担保法》第四十九条第一款、《担保法司法解释》第六十七条第一款、《合同法》第五十八条之规定,判决:(1)《联合开发协议》及《补充协议》无效;(2) 自本判决生效之日起十日内索特公司向新万基公司赔偿损失79 320.5元;(3) 驳回索特公司的诉讼请求;(4) 驳回新万基公司的反诉请求。

新万基公司不服一审判决,向本院上诉称:(1) 一审判决认定双方签订的土地使用权转让合同为无效合同,适用法律错误。根据《担保法司法解释》第67条、《中华人民共和国物权法》(以下简称《物权法》)第一百九十一条的规定,在未告知抵押权人的情况下,转让抵押物的行为并不当然无效。本案中,双方约定由索特公司履行先行解除转让土地的抵押,能够保护抵押权人的利益,该约定不违反法律的强制性规定,转让合同应为有效合同;(2) 索特公司在合同签订后,虽经新万基公司多次敦促,迟迟不履行解除转让土地抵押的先履行义务,主动提起诉端,以谋求土地升值的巨大利益,有违诚信。新万基公司积极投入履约,蒙受了巨大经济损失。索特公司应为此承担违约责任;(3) 索特公司应按合同约定承担违约金6 000万元。故上诉请求:(1) 撤销一审判决;(2) 认定双方签订的《联合开发协议》及《补充协议》有效;(3) 认定索特公司违约并承担6 000万元违约金;(4) 由索特公司承担全部诉讼费用。

索特公司答辩称:(1) 本案所涉合同因违反《担保法》的强制性规定而无效。(2) 双方的协议中并未对索特公司解除抵押权的时间作出规定,因新万基公司没有根据约定在合同签订的7日内投入首期资金500万元及后续资金,致使索特公司无法归还银行的贷款,从而向银行行使解除抵押权。因此可以看出,索特公司并没有违约,而是新万基公司违约。(3)违约金条款只有在合同有效的前提下才能适用,本案因合同无效,故新万基公司诉称适用违约金条款主张6 000万元不成立。综上,一审判决程序合法,认定事实清楚,适用法律正确,应予维持。

本院二审查明:双方2005年12月1日签订《联合开发协议》及《补充协议》中约定的土地转让价格,双方确认为48万元/亩。2008年2月,索特公司将相关土地再次向银行进行抵押贷款时,其评估价约为88万/亩。

本院二审查明的其他事实,与一审法院查明的基本事实一致。

根据当事人双方上诉请求及答辩情况,本案争议焦点为:(1)《联合开发协议》及其《补充协议》的效力问题。(2)索特公司是否应向新万基公司支付违约金。

1. 关于《联合开发协议》及其《补充协议》的效力问题。根据《担保法》第四十九条的规定,抵押期间抵押人转让抵押物应当通知抵押权人,否则转让行为无效;《物权法》第一百九十一条亦规定抵押期间转让抵押物须经抵押权人同意。其立法目的是为了确保抵押权人的利益不受侵害。但《担保法司法解释》第六十七条和《物权法》第一百九十一条也规定,未经通知或者未经抵押权人同意转让抵押物的,如受让方代为清偿债务消灭抵押权的,转让有效。即受让人通过行使涤除权涤除转让标的物上的抵押权负担的,转让行为有效。上述法律和司法解释的规定体现了相关立法和司法解释的指导思想是要在抵押权人和抵押人、受让抵押标的物的第三人之间实现利益平衡,既充分保障抵押权不受侵害,又不过分妨碍财产的自由流转,充分发挥物的效益。本案双方当事人在《联合开发协议》中约定由索特公司在不影响开发进度的前提下办理解除抵押的相关手续,即以约定的方式将先行解除本案所涉土地上的抵押权负担的义务赋予了索特公司;该约定既保障了抵押权人的利益,也不妨害抵押人和受让土地的第三人的利益,与《担保法》、《物权法》以及《担保法司法解释》保障各方当事人利益平衡的立法精神并不相悖,不违反法律规定。从合同法的角度看,转让方对转让标的负有权利瑕疵担保责任,其主动告知转让土地上的权利负担,并承诺由其在不影响开发进度的前提下先行解除抵押,该承诺构成合同中的负担行为,即承担义务的行为,符合意思自治和合同自由原则,且确保了抵押权人的利益不受侵害,与《担保法》、《物权法》和《担保法司法解释》的立法本意和制度设计不相抵触。因此,应当确认该《联合开发协议》及《补充协议》有效,双方应按照合同诚信履行,索特公司有义务根据双方商定的开发进度清偿银行债务,从而解除该转让土地上的抵押权负担。

其次，根据《物权法》第十五条的规定，当事人之间订立有关设立、变更、转让和消灭不动产物权的合同，除法律另有规定或者合同另有约定外，自合同成立时生效；未办理物权登记的，不影响合同效力。该规定确定了不动产物权变动的原因与结果相区分的原则。物权转让行为不能成就，并不必然导致物权转让的原因即债权合同无效。双方签订的《联合开发协议》及《补充协议》作为讼争土地使用权转让的原因行为，是一种债权形成行为，并非该块土地使用权转让的物权变动行为。相关法律关于未经通知抵押权人而导致物权转让行为无效的规定，其效力不应及于物权变动行为的原因行为。因为当事人可以在合同约定中完善物权转让的条件，使其转让行为符合法律规定。本案即属此种情形。

综上，双方当事人签订的《联合开发协议》未违反法律强制性规定，应为有效合同。一审判决对此问题的认定适用法律不当，应予纠正。

2. 索特公司是否应向新万基公司支付违约金。一审判决根据双方签订的《联合开发协议》及《补充协议》约定的权利义务内容，确定双方的协议为土地使用权转让协议，此认定事实清楚，适用法律正确，双方当事人亦无异议，本院予以确认。土地使用权转让协议作为一项双务合同，要求出让方首先提供具有使用权无瑕疵的土地，受让方依约支付转让款。双方的《联合开发协议》第一条即明确了该转让土地已被抵押，且约定索特公司履行解除抵押的义务。该条约定表明，索特公司作为土地使用权的转让方具有消除转让土地上所存权利瑕疵的义务。双方在随后签订的《补充协议》中对履行各自义务的时间作出了约定，即以双方共同确定的《金三峡花园联合开发项目开发进度表》作为双方履行义务的时间表。新万基公司依《补充协议》的约定，于 2005 年 12 月 5 日向索特公司提交了《金三峡花园联合开发项目开发进度表》，要求索特公司解除转让土地上的抵押，索特公司未予回复。索特公司此举违反了《联合开发协议》第一条关于双方共同确定项目开发进度表的义务性规定，未能按协议约定适时解除转让土地上设定的抵押，提供无权利瑕疵的土地，此种消极不履行合同的行为，已构成违约。索特公司的沉默行为，引起新万基公司对合同继续履行的正当信赖，导致新万基公司与中冶赛迪工程技术股份有限公司等第三方签订了工程设计等一系列与项目开发实施行为有关的合同。在此情况下，索特公司提起诉讼请求解除《联合开发合同》及《补充协议》，根据《合同法》第一百零八条规定，应认定其构成根本违约。索特公司辩称，索特公司未能解除抵押的原因是由于新万基公司未能支付转让款，致使其无资金解除抵押。根据《联合开发协议》第四条索特公司的承诺，索特公司应以其自有资金履行解除抵押权义务，而不是以新万基公司先行支付转让款为条件，因此，索特公司的抗辩理由不成立。综上，结合涉案土地已经大幅升值的实际情况，以及双方在土地使用权转让过程中的利益平衡，索特公司应按《联合开发协议》第十条的约定承担违约责任。依据该条约定，索特公司根本违约,应按照新万基公司总投资额的30%支付违约金。由于双方签订的《联合开发协议》实为土地使用权转让协议,故应将该条约定的“总投资额”变更为合同约定的转让款的数额,以之作为确定违约责任的计算依据。根据《补充协议》的约定,双方确定的索特公司转让土地使用权的应得收益为10 360万元(280亩×37万/亩),新万基公司应负担的索特公司办公楼装修款3 100万元;作为土地使用权转让的对价,两项共计13 460万元。以此计算,索特公司应向新万基公司承担4 038万元的违约金。新万基公司以其计划开发投入的总投资数额为依据主张索特公司应给付6 000万元违约金的请求,系以合作开发为前提,与本案事实不符,本院不予支持。鉴于新万基公司认为索特公司不履行合同义务已构成根本违约,本院对此也予以确认,且索特公司在一审诉讼中请求解除双方所签订的合同,故双方签订的《联合开发协议》及其《补充协议》应予解除。新万基公司在诉讼中提出,为履行协议实际支付了相关费用,要求本院予以确认;由于此项主张并非其一审的诉讼请求,且索特公司应支付的违约金已超出了该项请求,本院二审对该项主张不予支持。

本院认为,双方当事人签订的《联合开发协议》及其《补充协议》系当事人的真实意思表示,不违反法律和行政法规的禁止性规定,合法有效。索特公司未履行合同义务的行为,构成违约,应承担合同约定的违约责任。新万基公司的上诉理由部分成立,本院予以支持。根据《中华人民共和国民事诉讼法》第一百五十三条第一款第(二)项、第(三)项之规定,判决如下:

一、撤销××市高级人民法院(2008)×高法民初字第2号民事判决;

二、《金三峡花园联合开发协议》及《金三峡花园联合开发协议之补充协议(一)》有效;

三、解除双方签订的《金三峡花园联合开发协议》及《金三峡花园联合开发协议之补充协议(一)》;

四、××索特盐化股份有限公司自本判决生效之日起十日内向××新万基房地产开发有限公司支付违约金4 038万元;

五、驳回××新万基房地产开发有限公司其他上诉请求。

逾期履行本判决确定之金钱给付义务,依照《中华人民共和国民事诉讼法》第二百二十九条的规定,加倍支付迟延履行期间的债务利息。

一审案件受理费304 900元,反诉费170 900元,共计475 800元,由××索特盐化股份有限公司负担350 694元,××新万基房地产开发有限公司负担125 106元。

二审案件受理费170 900元,由××索特盐化股份有限公司负担112 794元,××新万基房地产开发有限公司负担58 106元。

本判决为终审判决。

审判长×××

审判员×××

审判员×××

二〇〇八年十二月二十三日

（印章）

书记员×××

【实例二】

北京市第一中级人民法院
行政判决书

（2008）一中行终字第00537号

上诉人（一审被告）××市××区建设委员会，住所地××市××区南菜园街51号。

法定代表人陈国×，副主任。

委托代理人金×，男，××市××区建设委员会干部。

委托代理人张玉×，男，××市××区建设委员会干部。

上诉人（一审第三人）××市××区市政管理委员会，住所地××市××区南菜园街51号。

法定代表人刘金×，主任。

委托代理人宋万×，××市金石律师事务所律师。

委托代理人孙跃×，××市金石律师事务所律师。

被上诉人（一审原告）郭静×，女，汉族，1943年3月24日出生，××市××区大栅栏街道党委干部，住××市××区前门西河沿街222号。

委托代理人郭海×，男，汉族，1970年12月26日出生，《法制日报》总编室职员，住××市××区前门西河沿街222号。

上诉人××市××区建设委员会（以下简称××区建委）、××市××区市政管理委员会（以下简称××区市政管委）因京建宣拆许字［2006］第59号房屋拆迁许可证（以下简称被诉拆迁许可证）一案，不服××市××区人民法院（2007）宣行初字第161号行政判决，上诉至本院。本院受理后依法组成合议庭，于2008年6月3日公开开庭对本案进行审理并当庭宣判。××区建委的委托代理人金×、张玉×，××区市政管委的委托代理人宋万×、孙跃×，郭静×及其委托代理人郭海×到庭参加了诉讼。本案现已审理终结。

一审法院于2008年2月28日作出判决认为：

行政机关实施行政许可应当按照法定的权限、范围、条件和程序进行。××区建委作为本区法定拆迁行政主管机关,其在审查拆迁行政许可申请时,应当按照拆迁法规、规章规定的条件并遵循必须符合城市规划、有利于城市旧区改造、生态环境改善和保护文物古迹的原则进行审查。其中,拆迁范围内是否有不能或不宜拆除的房屋、对不能或不宜拆除的房屋采取何种保护措施应当属于××区建委对申请拆迁许可事项进行审查的内容之一。

××作为历史文化名城,其旧城的整体保护、文物保护单位的保护及具有保护价值的建筑的保护,为《中华人民共和国文物保护法》(以下简称《文物保护法》)、《××历史文化名城保护条例》(以下简称《保护条例》)确定的行政机关和建设单位的义务。本案中,虽然××区建委在审查拆迁行政许可申请时,已按《城市房屋拆迁管理条例》第七条、《××市城市房屋拆迁管理办法》第九条的规定履行了相应审查程序,但由于郭静×所居住的××区前门西河沿街222号院(以下称系争222号院)位于市级文物保护单位正乙祠建设控制地带内,且郭静×在××区建委组织听证时所举××市文物局《关于给林培炎先生的回信》(京文物[2006]337号),已经证明系争222号院已被××市文物局要求"悬挂保护院落标牌,予以保护"。因此,××区建委在无证据证明系争222号院非属《文物保护法》、《保护条例》保护性质的前提下,忽略对拆迁范围内是否有不能或不宜拆除的房屋事实的甄别以及对不能或不宜拆除的房屋采取何种保护措施的审查,即作出准予拆迁的决定,并以拆迁公告的形式列明系争222号院属拆迁范围,应当认为存在有悖于《城市房屋拆迁管理条例》、《保护条例》以及《××市城市房屋拆迁管理办法》的相关规定之处,故其所作拆迁许可的效力不应及于系争222号院。

综上,一审法院依据最高人民法院《关于执行〈中华人民共和国行政诉讼法〉若干问题的解释》第五十七条第二款第(三)项之规定,判决被诉拆迁许可证中涉及系争222号院的拆迁许可内容无效。

××区建委不服一审判决上诉至本院,请求本院撤销一审判决。其上诉理由略为:(1)一审判决认定事实不清,定案依据不足。郭静×提供的××市文物局作出的《关于给林培炎先生的回信》并不足以认定系争222号院系法定意义上之具有保护价值的建筑;一审法院在未就系争222号院之实际状况予以审查的情况下,仅凭上述回信率然认定系争222号院属具有保护价值的建筑缺乏事实依据,定案依据不足。(2)一审判决适用法律、法规错误。××区建委系严格依据《中华人民共和国行政许可法》(以下简称《行政许可法》)关于行政机关行使行政许可权限以及《城市房屋拆迁管理条例》关于拆迁主管部门核发拆迁许可证之规定对××区市政管委提交之申请材料进行审查;关于建设项目用地范围内现存建筑是否具有保护价值以及文物之保护等事项,分由规划、文物主管部门负责,××区建委并无审查职责,亦无审查能力;一审判决在未查清系争222号院是否系《保护条例》之调整对象情况下,适用该条例属适用法律错误。因此,一审判决认为××区建委未尽审查义务及有悖于《城市房屋拆迁管理条例》、《保护条例》之处为无理由。一审判决认定××区建委负有对拆迁范围内是否有不能或不宜拆除的房屋以及采取何种相应保护措施进行审查之论断系处分行政权。三、××区建委关于“允许拆迁不等于允许拆除”之主张应属公理范畴,一审判决以上述主张缺乏法律依据不予采纳过于牵强。四、一审法院判决确认被诉拆迁许可证中涉及系争222号院部分无效并未援引明确之法律依据。

××区市政管委亦不服一审判决上诉至本院,请求本院判决撤销一审判决并改判驳回郭静×的诉讼请求。其上诉理由略为:(1) 文物保护单位的认定,须由有权行政机关依法定程序进行确认,一审判决将系争222号院确认为不能或不宜拆除的文物依据不足。(2) 一审判决未区分拆迁审批机关及具体实施部门在文物保护、有保护价值建筑保护中所应承担责任的范围,其认定××区建委履行职责有瑕疵并据此判决被诉拆迁许可证涉及系争222号院部分无效属判决错误。(3) 本案中,××区市政管委所申请拆迁项目已依法取得规划主管部门许可,且在规划中业已对环境、文物等事项予以评估,因此××区建委经法定程序依法审查××区市政管委之申请材料后,核发被诉拆迁许可证已尽到审查义务,并无不当。(4) 拆迁许可证之效力分别及于被拆建筑物及居住人员。拆迁过程中,先就居住者进行安置补偿,然后对建筑物视情况依法采取拆除或保护之处理。事实证明,××区市政管委在过去拆迁项目中均有效保护了文物及具有保护价值的建筑,一审判决不利于××区市政管委对住户进行搬迁并对文物进行保护。

郭静×答辩称两上诉人上诉理由不成立,请求法院驳回两上诉人之上诉。其答辩理由略为:(1) 郭静×提交之证据足以证明系争222号院系××市重点文物保护单位,其保护工作依法应由文物主管部门负责,××区建委无权干预,因此被诉拆迁许可证将其纳入拆迁范围违法。(2) ××区市政管委没有取得文物行政主管部门发给的相应等级的文物保护工程资质证书和建设行政主管部门发给的相应等级的资质证书,因此没有对文物保护单位进行修缮、迁移、重建的资质,不具备“拆迁人”的资格。(3) 被诉拆迁许可证所依据之建设用地规划许可证未依法会同××市文物局划定“保护范围和建设控制地带”,亦未“会同文物行政部门商定对本行政区域内各级文物保护单位的保护措施”,依法应属无效。(4) 被诉拆迁许可证所依据之“国有土地使用权批准文件”违反《城市房屋拆迁管理条例》、《××市城市房屋拆迁管理办法》及《文物保护法》之相关规定,依法应属无效。(5) ××区市政管委提交的申请材料中缺乏详细的“拆迁计划和拆迁补偿方案”及“办理存款业务的金融机构出具的拆迁补偿安置资金证明”材料。(6) 被诉拆迁许可证的发证过程存在未依申请核发、超期限核发等程序违法之处,依法应属无效。(7) ××区建委对具有保护价值建筑采用拆迁方式没有法律依据。

××区建委于一审答辩期内向一审法院提交证据如下:(1) ××区建委京建宣拆许字[2006]第59号《房屋拆迁许可证》;(2)《××市房屋拆迁公告》(京宣拆告字[2006]第11号);(3) 中华人民共和国《组织机构代码证》;(4) ××区市政管委法定代表人身份证明书;(5) ××市发展和改革委员会《关于××区师大附中周边"城中村"环境整治项目核准的批复》(京发改[2006]145号);(6) 中华人民共和国《建设用地规划许可证》(2006规(宣)地字0002号)及附件、附图;(7) ××市人民政府《关于××区市政管委进行××区师大附中周边"城中村"环境整治项目申请使用国有土地的批复》(京政房地字[2006]49号);(8)《××市××区师大附中"城中村"环境整治工程项目拆迁计划和拆迁方案》;(9) ××市××区财政局2006年3月22日出具的《资金证明》;(10)《拆迁委托书》;(11) 关于××拓荒牛拆迁有限责任公司的《企业法人营业执照》副本;(12)《××市房屋拆迁资质证书》副本(京建拆资字[2003]第C117号);(13) 评估委托书;(14) 关于××宣房房地产评估有限公司的《企业法人营业执照》副本;(15)《××市房地产价格评估机构资质证书》副本(京建房估资准字[2001]第0066号);(16) 听证笔录;(17)《材料真实性承诺书》;(18) 关于申请核发××区师大附中周边城中村整治工程《拆迁许可证》的函。

××区市政管委于一审期间未向法院提交证据,于二审期间向本院提交证据如下:(1) ××市××区文化委员会于2008年4月10日出具的《××区保护院落挂牌名单》,用以证明系争222号院尚未被挂牌保护;(2) 光盘一张,用以证明××区其他地区拆迁的相关情况;(3) ××市××区市政管理委员会宣政管会[2006]29号《关于市、区级环境整治重点工程联席会议纪要(二十四)》,用以证明××区市政管委对拆迁范围内具有保护价值的建筑将会采取保护措施。

郭静×于一审法定期间向一审法院提交证据如下:(1) 购买公有住宅平房(简易楼、筒子楼)协议书;(2)《正乙祠保护范围及建设控制地带》图;(3) ××市文物局网站的说明;(4) ××市文物局《关于给林培炎先生的回信》(京文物[2006]337号);(5) ××市规划委员会信访事项答复意见函(2006(宣)来信字005号);(6)《关于前门西河沿街有保护价值院落的情况说明》。

郭静×于二审期间向本院补充提交证据如下:(1) 中华人民共和国××市长安公证处出具的(2008)京长安内民证字第3229号公证书,其公证内容为于"北京文博"网下载的"正乙祠保护范围及建设控制地带"图示;(2) 照片11张,证明系争222号院已经被部分拆毁;(3) 相关媒体对该案的报道,证明媒体已对该案予以调查和报道。

本院于二审期间依据最高人民法院《关于行政诉讼证据若干问题的规定》第二十二条第(一)项之规定,调取京政发[2004]18号《××市人民政府关于公布第五批六项第六批五十一项文物保护单位保护范围建设控制地带及一项××市文物保护单位更名的通知》,该证据载明正乙祠为××市第六批文物保护单位,并规定第六批"文物保护单位保护范围及建设控制地带的说明及图纸由市规划委、市文物局另行印发。"经当庭质证,双方当事人对该证据真实性无异议。

对于××区建委提交的证据,一审法院均予采纳,本院同意一审法院的认证意见。

对于××区市政管委向本院补充提交的三份证据,其中证据1系于一审举证期限届满后新发现的证据,且与本案事实具有关联性,各方当事人对其真实性、合法性亦无异议,本院予以采纳。证据2、3与本案事实无关联,本院不予采纳。

对于郭静×一审法定期间所提交之证据,本院认为上述证据均系用于证明与本案相关之事实,且各方当事人对上述证据之真实性、合法性亦无异议,一审法院采纳上述证据正确,本院亦予采纳。

对于郭静×向本院补充提交之证据,其中证据1仅系对其一审提交的证据2所证明之事实予以补强,本院予以采纳。经查,京政发[2004]18号《××市人民政府关于公布第五批六项第六批五十一项文物保护单位保护范围建设控制地带及一项××市文物保护单位更名的通知》已授权××市规划委员会、××市文物局印发该通知所涉文物保护单位之保护范围及建设控制地带的说明及图纸,故该证据中关于正乙祠的保护范围及建设控制地带之相关标注,亦应为××市人民政府所认可。对两上诉人所执该证据不具证明效力之主张,本院不予采纳。

郭静×补充提交之证据2、3因与本案事实无关,本院不予采纳。

综合本案全部有效证据及当事人无争议之陈述,本院认定事实如下:

2006年3月24日,××区市政管委向××区建委申请××区师大附中周边"城中村"环境整治工程项目的房屋拆迁许可,并提交了立项批准文件、建设用地规划许可证、国有土地使用权批准文件、拆迁计划和拆迁方案、资金证明以及委托拆迁、委托评估等申请材料。2006年4月25日,××区建委应案外人林培炎之申请就××区市政管委之申请举证听证。听证程序中,案外人林培炎提交了××市文物局2006年4月3日出具的京文物[2006]337号《关于给林培炎先生的回信》(以下简称《回信》),其上载明:"经调查核实,西河沿222号院建筑……已由××市文物建筑保护研究所提出应将其列入具有保护价值的建筑。同时,我局就2006年'城中村'第二批整治项目用地范围内的有价值建筑将致函市政管委,要求告知建设单位对其予以原址保护,不得拆毁。为确保西河沿222号院在即将进行的整治项目拆迁中得到保护,我局已致函××区文委,要求对此院悬挂保护院落标牌,予以保护。"

××区建委审查后认定××区市政管委申请材料齐全,内容真实,于2006年5月8日向其核发被诉拆迁许可证,并确认拆迁建设项目名称为:××区师大附中周边“城中村”环境整治工程;拆迁范围:东至正乙祠西墙、西至南新华街、南至师大附中北墙外、北至西河沿街;拆迁期限:2006年5月8日至2007年5月8日;拆迁实施单位:××拓荒牛拆迁有限责任公司。同年5月12日,××区建委发布了京宣拆告字[2006]第11号《××市房屋拆迁公告》,其上载明郭静×居住的系争222号院内的房屋及附属物需要拆迁。

另查,系争222号院中东北角一块处于市级文物保护单位正乙祠的保护范围,其中三座建筑之本体系文物建筑。系争222号院的其他部分处于二类建设控制地带范围。

本院认为:关于两上诉人认为“允许拆迁不等于允许拆除”之主张。首先,上述主张并无法律依据。其次,按拆迁之常态,拆迁即为搬迁并拆除。××区建委在核发被诉拆迁许可证时并未明示××区市政管委对系争222号院不得进行拆除,即应认为被诉拆迁许可证许可的内容包括拆除系争222号院。因此,两上诉人之上述主张并不可采。

关于被诉拆迁许可证涉及系争222号院中处于市级文物保护单位保护范围部分。根据《城市房屋拆迁管理条例》第十八条之规定,拆迁中涉及文物古迹的,依照有关法律、法规的规定办理。故拆迁若涉及文物古迹,拆迁主管部门即应于核发拆迁许可证时,审查申请人是否已经根据相关法律法规之规定办理了相应的审批手续。根据《文物保护法》第二十条之规定,因建设工程而无法对文物保护单位实施原址保护,必须迁移或者拆除的,应当报省、自治区、直辖市人民政府批准。迁移或者拆除省级文物保护单位的,批准前还须征得国务院文物行政部门同意。由于系争222号院中东北角一块处于市级文物保护单位正乙祠之保护范围,因此××区建委有义务审查在该部分实施拆迁是否业经有关机关批准。在××区市政管委未向××区建委提交上述批准材料的情况下,××区建委向其核发涉及该部分之拆迁许可证即与上述规定不合。

关于系争222号院处于文物保护单位保护范围以外之部分。本院认为,建设行政主管部门应按照其职责,负责××历史文化名城保护的相关工作,此为《保护条例》第四条第五款所明定。根据上述规定,建设主管机关在核发拆迁许可证时,若发现有涉及历史文化名城保护之事项,即应负有详加酌核之职责。根据《保护条例》第十条之规定,具有保护价值的建筑为历史文化名城保护内容之组成部分。《保护条例》第三十一条规定,具有保护价值的建筑不得违法拆除、改建、扩建。《保护条例》第三十二条对城市建设中发现具有保护价值而尚未确定为具有保护价值的建筑,亦有要求市文物行政主管部门及市规划行政主管部门应于初步确认后采取临时保护措施之规定,该条规定足以体现《保护条例》对虽尚未经法定程序确定但可能具有保护价值的建筑给予预防性保护之立法旨意。上述立法旨意,均属建设主管部门于核发拆迁许可证时所应严格遵守之法律原则。根据《行政许可法》第四十八条第二款之规定，行政机关应当根据听证笔录作出行政许可。循该条之法理，行政机关若于听证中发现有涉及重大法律原则之事项，当负有审慎斟酌之义务，亦为该规定应有之意。

本案中，根据××市文物局出具之《回信》，系争222号院不仅处于二类建设控制地带范围，亦为××市文物局认为可能具有保护价值之建筑，上述情况为××区建委于听证程序中所明悉。××市历史文化名城之保护，关涉传统文化保护之重大公益，××区建委作为建设主管部门既已明知系争222号院可能具有保护价值，本应向有关行政主管机关征询查核，于系争222号院之性质确定后，再依法决定是否将其纳入拆迁范围，方符合前述法规保护××市历史文化名城之立法精神。本案中，××区建委未尽到上述酌核职责，即予核发被诉拆迁许可证并将系争222号院纳入拆迁范围，与《行政许可法》及《保护条例》之相关立法旨意不符。××区建委所执其系依照《行政许可法》、《城市房屋拆迁管理条例》之规定审查申请材料、文物保护事项非属其审查范围之主张并不足采。

经审查，两上诉人其余上诉理由亦不可采，其上诉依法应予驳回。一审判决虽对系争222号院之性质未予查清，但本院已予纠正，一审判决结论正确，应予维持。综上，依据《中华人民共和国行政诉讼法》第六十一条第（一）项之规定，判决如下：

驳回上诉，维持一审判决。

二审案件受理费50元，由××市××区建设委员会、××市××区市政管理委员会共同负担（已交纳）。

本判决为终审判决。

审判长娄××
审判员李××
代理审判员张××
二〇〇八年六月三日
书记员龙××

思考与练习题

1. 民事判决书应写明哪些基本内容？

2. 第二审民事判决书应重点写明哪些内容？

3. 民事调解书在叙写事实上应注意哪些问题？

4. 行政判决书在阐述理由上有何特点？

5. 根据下列案情拟写一份第一审民事判决书

李良（男。65岁）与张华（女。62岁）于2000年结婚，双方均为再婚。婚前李良与前妻王小云有一子一女名李振亚,李振华。张华与前夫赵文玉有一女名赵小云。李良与张华于结婚前,对各自的婚前财产(房产)订有婚前财产各自归己。互不干预的协议。并经市公证处公证。婚后二人的生活用度,主要由男方负担各自的退休金分别由本人掌握支配,2008 年李良因病去世。婚前两处房产由其前妻所生子女李振亚、李振华分别继承,所余存款甚少也由其子女继承,但其继女赵小云提出异议,要求与李振亚、李振华三人共同继承李良的两处房产,遭到李振亚、李振华二人的坚决反对。认为其父与其继母结婚前对其婚前财产已有各自归己、互不干预的协议,且已经公证机关公证。另根据 2001 年修订的婚姻法的有关规定,婚前财产除另有约定者外,不属于夫妻共同财产。赵小云坚持分割主张。为此诉至本市××区人民法院。经法院判决,认为赵小云的诉讼要求于法无据。不予支持。依法判决赵小云败诉。请根据上述基本案情拟写一份第一审民事判决书。当事人的基本情况可根据上述案情自行拟定。

第六章　监狱法律文书

第一节　概　　述

一、概念、功能

监狱法律文书，是指我国监狱（含未成年犯管教所）在对判处死刑缓期二年执行、无期徒刑、有期徒刑的罪犯执行刑罚和教育改造过程中，根据国家法律和监管规定，依照法定程序制作的具有法律效力或法律意义的文书总称。监狱法律文书也被称为监狱执法文书。

我国《监狱法》第2条第1款规定："监狱是国家的刑罚执行机关。"第3条规定："监狱对罪犯实行惩罚和改造相结合、教育和劳动相结合的原则，将罪犯改造成为守法公民。"第4条规定："监狱对罪犯应当依法监管，根据改造罪犯的需要，组织罪犯从事生产劳动，对罪犯进行思想教育、文化教育、技术教育。"为实现上述任务，就必须制作相应的法律文书。监狱法律文书忠实地记载了我国监狱对罪犯执行刑罚，进行教育改造，使其成为守法公民的全部实际情况。它既是执行刑罚、惩罚罪犯、使罪犯认罪服法的有效手段，又是教育改造罪犯、使罪犯痛改前非、重新做人的生动教材。此外，它还是检查执法情况，总结经验教训，健全和完善监狱法制的材料依据，并是国家的档案资料，具有保存的价值。因此，必须精心制作。

二、文书分类

1982年6月，当时主管监狱的公安部制定下发了《劳动改造机关执法文书格式》，共32种。该文书格式的启用，使监狱法律文书的制作走上了规范化的道路，文书制作质量日益提高。1983年监狱工作交由司法部管理后，司法部监狱管理局又陆续补充制定一些文书格式。为了适应监狱工作的发展与变化，进一步提高监狱法律文书的制作质量，司法部监狱管理局根据修订后的我国《刑法》、《刑事诉讼法》和《监狱法》的有关规定，对监狱法律文书进行了全面的制订,于2002年7月1日发布了《监狱执法文书格式(试行)》,共48种。

监狱法律文书,依据分类标准不同,有以下几种不同的分类:

1. 依写作和表达方法的不同,可分为文字叙述式文书、填空式文书、表格式文书和笔录式文书。

2. 依文种的不同,可分为决定类文书、建议和意见类文书、审批表和报告表类文书、通知和证明类文书、登记表和其他类文书。

3. 依文书内容和作用的不同,可分为执行刑罚文书、狱政管理文书和监狱侦查文书。

4. 依收文对象和处理方式的不同,可分为监狱内部文书和监狱对外文书。

第二节 监狱文书

一、罪犯入监登记表

(一) 概念、功能

罪犯入监登记表,是指监狱记载新入监罪犯基本情况的表格类文书。根据我国《监狱法》的有关规定,监狱在收押新入监罪犯时必须填写入监登记表,这是罪犯入监后必须填写的第一份表格文书,也是必须履行的法律手续,是服刑罪犯的重要的档案材料。监狱通过此表可以掌握罪犯的基本情况,便于有针对性地对罪犯进行教育改造;而且,将来罪犯出监,有关部门对出监人员进行社会帮助,此表格也有参考价值。

(二) 项目、内容和填写方法

罪犯入监登记表上规定的项目,应依次填写清楚。在表格上方填写收押罪犯单位名称,编号,入监日期。表格内要求写明下列各项内容:

1. 罪犯的基本情况。依次写明:姓名、别名、性别、民族、出生日期、文化程度等项内容,并在表格内的右上方贴一寸免冠照片一张。

2. 罪犯受到的强制措施和被处罚的情况。依次写明:拘留日期、逮捕日期、判决机关、判决日期、罪名、刑种、刑期、刑期起止日期和附加刑、曾受何种惩处等内容。

3. 罪犯个人简历。依次写明:从入小学读书开始至入监这段时间的主要学习和工作的经历。工作经历要写明在何单位从事何种职业或担任何种职务。有何劣迹,应具体写明有关情况。

4. 主要犯罪事实。要根据人民法院已经发生法律效力的裁判文书上认定的犯罪事实,写明主要犯罪事实,不必照抄裁判文书。

5. 家庭成员及主要社会关系。要依次写明:关系、姓名、出生日期、政治面貌、工作单位和职业(职务)、住址、电话等项内容。

(三) 填写和使用中应当注意的问题

1. 表格内的各个项目,可根据罪犯案卷中的有关材料填写。如果有一些项目从案卷中查找不到,可通过讯问罪犯或内查外调等途径查明后,再填写清楚。

2. 某些项目无具体内容可填的,其栏目不要留空白,可写无或画上斜线。

3. 此表一式两份。

二、提请减刑建议书

(一) 概念、功能

提请减刑建议书,是指监狱依法对在服刑改造期间确有悔改或立功表现且已执行符合法定要求刑期的罪犯,提请法院审核裁定减刑时而制作的一种文书。

我国《刑法》第 78 条第 1 款规定:“被判处管制、拘役、有期徒刑、无期徒刑的犯罪分子,在执行期间,如果认真遵守监规,接受教育改造,确有悔改表现的,或者有立功表现的,可以减刑;有下列重大立功表现之一的,应当减刑:(一) 阻止他人重大犯罪活动的;(二) 检举监狱内外重大犯罪活动,经查证属实的;(三) 有发明创造或者重大技术革新的;(四) 在日常生产、生活中舍己救人的;(五) 在抗御自然灾害或者排除重大事故中,有突出表现的;(六) 对国家和社会有其他重大贡献的。”同条第 2 款规定:“减刑以后实际执行的刑期,判处管制、拘役、有期徒刑的,不能少于原判刑期的二分之一,判处无期徒刑的,不能少于十年。”另据我国《刑事诉讼法》第 216 条第 2 款规定:“被判处死刑缓期二年执行的罪犯,在死刑缓期执行期间,如果没有故意犯罪,死刑缓期执行期满,应当予以减刑,由执行机关提出书面意见,报请高级人民法院裁定。”同法第 220 条第 2 款规定:“被判处管制、拘役、有期徒刑或者无期徒刑的罪犯,在执行期间确有悔改或者立功表现,应当依法予以减刑、假释的时候,由执行机关提出建议书,报请人民法院审核。”上述法律条款的规定,是监狱对罪犯提出减刑建议和制作提请减刑建议书的法律根据。

提请减刑建议书的主要作用是要求人民法院依法对罪犯裁定减刑,体现党和国家对罪犯所采取的惩办与宽大相结合的政策,促使罪犯接受改造,改恶从善,重新做人。

(二) 结构、内容和写法

提请减刑建议书的内容分为以下三部分:

1. 首部。首部包括标题、编号、罪犯基本情况。

(1) 标题。包括文书制作机关和文书的名称,分上下行居中写明:"××监狱""提请减刑建议书"。

(2) 编号。包括年度、机关代字和文书序号,如可写为:"(2003)×字×号"。

(3) 罪犯基本情况,应依次写其姓名、性别、出生年月日、民族、原户籍所在地、罪名、作出生效判决法院名称、判决时间、判决书字号、判决刑罚情况(包括主刑和附加刑)、刑期、收监日期以及服刑期间执行刑期变动情况等。

2. 正文。正文包括提请减刑的事实依据、法律依据和减刑建议:

(1) 事实依据。包括下列两项内容:

第一,事实结论。先写事实结论,后写具体事实,二者前呼后应,浑然一体。按照格式规定,事实结论一段文字表述为:"该犯近期确有＿＿＿＿＿＿表现,具体事实如下:",根据 1997 年 11 月 8 日最高人民法院公布施行的《关于办理减刑、假释案件具体应用法律若干问题的规定》第 2 条之规定,对有期徒刑罪犯在刑罚执行期间符合减刑条件的实行减刑,由于"悔改"或"立功"表现具体情况的不同,减刑幅度也是不一样的,所以表述事实结论的用语要确切,要符合上述司法解释的有关规定,可分别写为:"确有悔改表现"、"确有立功表现"、"确有悔改表现并有立功表现"、"确有重大立功表现"、"悔改表现突出"、"悔改表现突出并有立功表现"等。对判处死刑缓期二年执行的罪犯在二年期满以后提请减刑,分两种情况:一是在死刑缓期执行期间没有故意犯罪,减为无期徒刑。二是在死刑缓期执行期间确有重大立功表现,减为 15 年以上 20 年以下有期徒刑。因此对死缓犯的减刑,事实结论可分别情况,写为"没有故意犯罪"或"确有重大立功表现"。

第二,具体事实。这是减刑的必备条件和事实依据,是重点内容,应当具体地、详细地叙写清楚。我国《刑法》第 78 条第 1 款和我国《监狱法》第 29 条,都列举了悔改或者立功的六种具体表现,《监狱、劳改队管教工作细则》第 136 条对此也作了相应的规定。1997 年 11 月 8 日最高人民法院《关于办理减刑、假释案件具体应用法律若干问题的规定》中,对悔改和立功表现作了明确而又具体的规定,"确有悔改表现"是指同时具备以下四个方面情形:认罪服法;遵守监规,接受教育改造;积极参加政治、文化、技术学习;积极参加劳动,完成生产任务。"立功表现"是指具有下列情形之一的:一是检举、揭发监内外犯罪活动,或者提供重要的破案线索,经查证属实的;二是阻止他人犯罪活动的;三是在生产、科研中进行技术革新,成绩突出的;四是在抢险救灾或者排除重大事故中表现积极的；五是有其他有利于国家和社会的突出事迹的。“重大立功表现”是指具有《刑法》第78条规定的应当减刑的六种表现之一的情形。以上规定，是收集、整理和叙写悔改和立功的具体事实的依据和指导思想。

填写事实依据时，还应当注意以下几点：一是所写的事实材料必须经查证属实，准确可靠，没有差错；二是突出重点，抓住关键，以具体的、典型的事例说明罪犯确有悔改或立功表现，切忌空泛叙说；三是叙事时注意写明时间、地点、人物、主要情节、经过、原因和结果诸要素。四是行文要层次分明，脉络清楚。

（2）减刑的理由。一要依事论理。要根据所叙述的具体事实进行分析评论，说理要实事求是，掌握分寸，与客观事实相一致，概括出结论性的意见，切不可离开事实空泛议论，以免出现结论与事实相脱节、相矛盾的现象。二要依法论理。要根据有关法律、法规的规定，进行分析说理，使理由合法，有根有据，令人信服。

（3）法律依据和建议事项。根据文书格式统一规定的文字表述为：“为此，根据《中华人民共和国监狱法》第________条、《中华人民共和国刑法》第______条第______款、《中华人民共和国刑事诉讼法》第________条第______款的规定，建议对罪犯______予以减刑，特提请裁定。”对空白之处填写法律的具体条款和罪犯姓名，填写要准确无误。

3. 尾部。包括如下内容：

（1）致送机关名称，分上下行写明“此致”“××人民法院”。

（2）注明年、月、日，加盖监狱公章。

（3）附项：罪犯__________卷宗材料共______卷______册______页。

三、提请假释建议书

（一）概念、功能

提请假释建议书，是指监狱依法对在服刑改造期间的罪犯符合法定假释条件的，建议法院审核裁定假释时制作的一种文书。

该文书具有要求人民法院在规定的期限内对罪犯假释进行审核裁定的作用，体现了党和国家对罪犯实行惩办与宽大相结合的政策。

我国《刑法》第81条第1款规定：“被判处有期徒刑的犯罪分子，执行原判刑期二分之一以上，被判处无期徒刑的犯罪分子，实际执行十年以上，如果认真遵守监规，接受教育改造，确有悔改表现，假释后不致再危害社会的，可以假释。如果有特殊情况，经最高人民法院核准，可以不受上述执行刑期的限制。”同法第82条规定：“对于犯罪分子的假释，依照本法第七十九条规定的程序进行。

非经法定程序不得假释。"对罪犯提出假释建议和制作提请假释建议书必须符合上述法律规定。

（二）结构、内容和写法

假释建议书的结构、内容和写法，与提请减刑建议书基本相同。正文部分的事实依据、假释理由、法律依据和建议事项是写作的重点，其写作要求和写作方法，可参阅提请减刑建议书正文部分相关论述。

需要注意的是：根据法律规定，事实结论有两种情况：一是"确有悔改表现，假释后不致再危害社会"。二是具有"特殊情况"。根据《关于办理减刑、假释案件具体应用法律若干问题的规定》第 10 条规定："刑法第八十一条第一款规定的'不致再危害社会'是指罪犯在刑罚执行期间一贯表现好，确已具备本规定第一条第（一）项所列情形，不致违法、重新犯罪的，或者是老年、身体有残疾（不含自伤自残），并丧失作案能力的。"第 11 条规定："刑法第八十一条第一款规定的'特殊情况'，是指有国家政治、国防、外交等方面特殊需要的情况。"以上司法解释，是写作事实结论的依据。

四、监狱起诉意见书

（一）概念

监狱起诉意见书，是指监狱对罪犯在服刑期间又犯罪，或者发现了判决时所没有发现的罪行，认为需要追究刑事责任，提出起诉意见，移送人民检察院审查决定时制作的一种文书。

我国《刑事诉讼法》第 221 条第 1 款规定："罪犯在服刑期间又犯罪的，或者发现了判决的时候所没有发现的罪行，由执行机关移送人民检察院处理。"根据这一法律规定，监狱对罪犯在服刑期间又犯新罪，或者发现判决时漏判的罪行，经侦查终结，认为犯罪事实清楚，证据确实、充分，应当追究刑事责任，就要制作起诉意见书，连同案卷材料、证据一并移送同级人民检察院审查处理。

（二）监狱起诉意见书与公安机关起诉意见书的区别

监狱起诉意见书与公安机关起诉意见书性质相同，具有同等的法律效力，都有要求人民检察院对案件进行审查处理的作用；这两种起诉意见书，都是根据案件侦查终结的结论而制作的，文书格式和写作内容大体上相同或相近。但是上述两种意见书也有区别，主要是：

1. 文书制作的法律依据不同。监狱起诉意见书制作的法律根据是我国《刑事诉讼法》第221条第1款,而公安机关起诉意见书制作的法律根据是我国《刑事诉讼法》第129条。

2. 文书适用的范围不同。监狱起诉意见书,只适用罪犯在服刑期间又重新犯罪或者发现了判决时所没有发现的罪行,依法应当追究刑事责任的案件;而公安机关起诉意见书,适用范围具有广泛性,社会上发生的应当追究刑事责任的各类刑事案件一般均适用。

3. 要求起诉的对象不同。监狱要求起诉的对象是正在服刑的罪犯,在文书中称为"罪犯";公安机关要求起诉的对象一般属于社会上的自由人,在文书中称为"犯罪嫌疑人"。两种文书要求起诉的对象所处的法律地位不同。

4. 制作主体不同,署名不同。对罪犯起诉意见书的制作主体是隶属于司法行政机关的监狱;对犯罪嫌疑人的起诉意见书的制作主体是公安机关。监狱起诉意见书,最后只加盖公章,不加盖负责人的印章;而公安机关起诉意见书,则由公安局长盖章,并在其下加盖公章。

(三)监狱起诉意见书的作用

监狱起诉意见书的作用主要有:(1)具有向人民检察院提出起诉意见的作用,要求人民检察院在法定的期限内对案件进行审查,并作出处理决定。(2)是人民检察院审查起诉案件的基础和依据。(3)具有揭露犯罪、打击犯罪的作用,是促使罪犯认罪服法,接受法律制裁的武器。

(四)结构、内容和写法

1. 首部。首部包括如下内容:

(1)标题和编号,与提请建议减刑建议书基本相同。

(2)罪犯基本情况,依次写明罪犯姓名、性别、出生年月日、民族、原户籍所在地、罪名、原判法院名称和判决日期、判决书字号、判处刑罚(主刑及附加刑)、交付执行日期、现押处所。

2. 正文。正文部分包括事实结论、犯罪事实、法律依据和提请事项。

(1)事实结论,即认定罪犯涉嫌的罪名,写在正文前面,然后用主要事实印证结论的正确性。这种结论置前的写法,与先写"主文",后写"事实和理由"的判决书的写法相似,引人注目。按照统一格式规定,其文字表述为"现经侦查,罪犯______在服刑期间涉嫌______。主要事实如下:"

(2)犯罪事实。第一,记叙犯罪事实,既要反映案件的全貌,写明案件发生的前因后果和始末情况;又要突出重点,不能平铺直叙,要重点写明犯罪的时间、地点、涉及的人和事、动机、目的、手段、行为过程和危害结果等要素。第二,要以犯罪构成理论和刑法分则为指导,注意写明构成某种犯罪的要件,为确定犯罪性质提供事实依据。例如,构成强奸罪的要件,一是采用暴力、胁迫或者其他手段;二是违背妇女意志。因此,记叙强奸事实,应当注意写明构成强奸罪的两个要件。第三,共同犯罪的案件,要注意写明各自在共同犯罪中所处的地位和所起的作用以及各自应负的具体罪责。

(3) 法律依据和提请事项。按格式统一规定,法律依据和提请事项文字表述为:"为此,根据《中华人民共和国监狱法》第______条第______款、《中华人民共和国刑法》第______条、《中华人民共和国刑事诉讼法》第二百二十一条第一款之规定,特提请你院审查处理。"对法律条款的填写要准确无误。

3. 尾部。尾部的写法如下:

(1) 写明送达机关的名称。

(2) 注明年、月、日,同时加盖公章。

(3) 附项:罪犯____档案共______卷______册;罪犯________涉嫌又犯罪(或发现余罪)的案卷材料共______卷______册。注明无法移送的证据材料名称、件数以及存放的地点;其他。

(五) 写作和使用中应注意的问题

1. 作为提请起诉的事实依据,必须是依法应当追究刑事责任的犯罪事实,已处理过的历史罪行材料、已过了追诉时效的犯罪事实或者法律规定不需要追究刑事责任的犯罪行为,则均不要写进起诉意见书。

2. 写进起诉意见书中的事实材料必须经查证属实,在案卷中可以找到确实、充分的证据。未经查实,或证据不确实、不充分的犯罪事实勿写进事实之中。

五、对罪犯刑事判决提请处理意见书

(一) 概念、功能

对罪犯刑事判决提请处理意见书,是指监狱在刑罚执行中,如果认为判决有错误,或者根据罪犯申诉,认为判决可能有错误的,依照法定程序,提请人民检察院或者人民法院处理时制作的一种文书。

我国《刑事诉讼法》第 223 条规定:"监狱和其他执行机关在刑罚执行中,如果认为判决有错误或者罪犯提出申诉,应当转请人民检察院或者原判人民法院处理。"我国《监狱法》第 24 条规定:"监狱在执行刑罚过程中,根据罪犯申诉,认为判决可能有错误的,应当提请人民检察院或者人民法院处理,人民检察院或者人民法院应当自收到监狱提请处理意见书之日起六个月内将处理结果通知监狱。"上述规定是监狱制作对罪犯刑事判决提请处理意见书的法律依据。

该文书是人民检察院和人民法院对错案进行复查的依据和基础;经复查,可以及时纠正错误,使案件得到正确处理,以避免和减少错案,确保监狱准确执行刑罚,同时,对保护在押罪犯的合法权利,促进他们认罪服法和接受教育改造,也具有积极的意义。

(二)结构、内容和写法

对罪犯刑事判决提请处理意见书属填空结合叙议式文书,共两联,一联为存根,以备查阅;一联为正本,送提请处理的机关。行文格式与一般公函大体相同。

1. 正本。正本部分的写法和内容如下:

(1)首部。依次写明标题、文号和主管机关。主管机关即××人民检察院或×××人民法院。

(2)正文。主要写明下列三项内容:

第一,事由。写明提请处理事由,以启开下文,根据统一格式规定的行文为:"罪犯×××经×××人民法院以×法刑×字(　)第×号刑事判决判处×××(刑罚内容)。在刑罚执行中,我狱(所)发现对罪犯×××的判决可能有错误。具体理由是:"接着阐明提请复查的具体理由。第二,具体理由。这是该文书的核心内容,是写作的重点,一定要认真对待。要从实际出发,找准原判决中的错误,抓住要害,依法据实进行分析评论,阐明提请复查的理由。一是针对原判决在认定事实上存在的问题,阐明提请复查的理由。犯罪事实是定罪量刑的基础和依据,如果原判决认定事实与客观实际存在较大的出入,或事实不清,证据不足,或张冠李戴,或子虚乌有,就应当提出来进行分析论证,指出错误所在。要注意摆事实,讲道理,也可采用对比的方法,叙写客观事实和确实证据,使其与原判决认定的事实形成鲜明的对比,孰是孰非,让人一目了然。二是针对原判决在适用法律上存在的错误,阐明提请复查的理由。法律条款是定罪量刑的准绳,适用法律不当,在定性定罪上就会出现偏差,可能将无罪定为有罪,将此罪定成彼罪;在量刑上也可能判得畸轻畸重,出现罚不当罪的现象。因此,对原判决适用法律不当一定要进行分析论证,指出错误所在,并阐明本案应当如何正确地适用法律条款。三是针对原判决有较严重违反诉讼程序之处,阐明提请处理的理由。人民法院审判刑事案件必须严格按照我国刑事诉讼法规定的程序办事,以确保审判质量。如果本案在审判过程中有较严重违反诉讼程序之处,就应指出,并进一步论证,由于违反诉讼程序,影响本判决的公正性、正确性,从而阐明了提请处理的理由。此外,在刑期计算上存在差错,亦可以作为提请处理的理由提出来。第三,提请复查的法律依据和提请事项。在具体理由写完以后,应另起一段援引提请处理的法律依据,并提出提请事项,具体行文为:"为此,根据《中华人民共和国监狱法》第二十四条和《中华人民共和国刑事诉讼法》第二百二十三条的规定,提请你院对×××的判决予以处理,并请将处理结果函告我狱(所)。”

(3) 尾部。写明发文的年、月、日,加盖制作文书单位的公章。

2. 存根。存根分为首部和正文两部分。具体写法是:

(1) 首部。首部包括标题和文号。在标题下写有“(存根)”字样。

(2) 正文。正文依次填写下列项目:姓名、罪名、刑期、提请理由、转请单位、时间、承办人、回复时间、回复结果。对以上各项应认真填写,确保没有差错。

六、罪犯奖励审批表

(一) 概念、功能

罪犯奖励审批表,是指监狱依据监管法规给予服刑罪犯行政奖励时填写的供审批用的表格式文书。

填写奖励审批表,履行审批程序,以确保对罪犯奖励合法有效。审批表一经批准,就成为对罪犯进行奖励的凭据。根据审批表,及时准确地对积极改造的罪犯予以奖励,可以体现国家的“惩办与宽大相结合”和对罪犯实行赏罚严明的政策,这就有利于调动广大罪犯自我改造的积极性,化消极因素为积极因素,促使他们早日改造为守法的公民。而且,它也是考查罪犯在服刑期间改造情况的依据,故应将此表存入罪犯的档案之中。

我国《监狱法》第57条第1款规定:“罪犯有下列情形之一的,监狱可以给予表扬、物质奖励或者记功:(一)遵守监规纪律,努力学习,积极劳动,有认罪服法表现的;(二)阻止违法犯罪活动的;(三)超额完成生产任务的;(四)节约原材料或者爱护公物,有成绩的;(五)进行技术革新或者传授生产技术,有一定成效的;(六)在防止或者消除灾害事故中作出一定贡献的。”第57条第2款规定:“被判处有期徒刑的罪犯有前款所列情形之一,执行原判刑期二分之一以上,在服刑期间一贯表现好,离开监狱不致再危害社会的,监狱可以根据情况准其离监探亲。”填写该表格式文书,必须严格依法办事。

(二) 项目、内容和填写方法

该审批表填写的内容是:(1)罪犯基本情况,应当依次写明罪犯的姓名、性别、出生日期、民族、文化程度、罪名、刑种、刑期、刑期起止年月日等项目。(2)奖励依据。(3)分监区意见。(4)监区意见。(5)狱政科意见。(6)监狱意见。

对表格各项内容要逐项依次填写,行文要实事求是,准确可靠。具体填写方法和要求,请参阅罪犯出监鉴定表中的有关论述。

另外,在此说明一点,罪犯处罚审批表填写的项目,与罪犯奖励审批表基本相同,就不讲解该表了。

(三)填写和使用中应注意的问题

1. 奖励分为表扬、记功、物质奖励以及被评为劳改积极分子,因此,填表时要具体写明是何种奖励,不可笼统地写给予奖励。

2. 监狱意见是最后一项内容,是决定对罪犯是否奖励的关键,具有法律效力;因此监狱主管领导一定要认真审查,严格把关,以保证奖励制度的正确执行。

七、罪犯评审鉴定表

(一)概念、功能

罪犯评审鉴定表,是指监狱在年终对罪犯进行评审、鉴定时填写的表格式文书。

我国《监狱、劳改队管教工作细则》第 130 条规定:"对犯人要建立考核制度……年终进行一次全面评审。"根据这一规定,监狱等机关每年都要对服刑改造的罪犯进行一次评审、鉴定工作,并要填写罪犯评审鉴定表。填写表格,可以促使管教干部深入细致地了解、考查罪犯一年来在认罪服法、思想改造、生产劳动、监规纪律、政治文化技术学习等方面的实际表现,全面地、具体地掌握罪犯改造的真实情况,总结管教罪犯的经验教训,肯定成绩,找出差距,以便进一步做好教育改造工作,促使罪犯今后进一步认罪服法、积极改造、争取光明的前途。因此,年终评审鉴定和填写表格,既是严肃的执法检查活动,又是对罪犯进行教育改造的好机会。

(二)项目、内容和填写方法

该评审鉴定表填写的内容是:

1. 罪犯基本情况。罪犯基本情况由管教人员填写。内容包括罪犯姓名、性别、民族、文化程度、家庭住址、罪名、刑种、刑期起止年月日、刑种及刑期变动情况、主要犯罪事实、本年度奖惩情况。

2. 个人鉴定。个人鉴定一般由罪犯本人或犯人小组长填写。罪犯个人鉴定内容如下:

(1) 认罪服法情况。包括:认罪过程、前后思想变化情况,挖掘犯罪根源,提高认识或出现的反复表现;坦白交代余罪的主要事实;检举揭发同案犯或其他知情案件的情况。

（2）遵守监规纪律表现。包括：遵守或违反监规纪律的主要事实；对违反监规纪律的行为，是及时报告、检举揭发、勇于斗争，还是知情不报、不敢斗争。

（3）劳动表现。包括：参加生产劳动的态度；完成生产定额、其他指定任务或参加义务劳动等表现和有关数字统计；提合理化建议，搞技术革新或发明创造，取得科技成果等情况。

（4）接受思想、文化、技术教育情况。包括：原有、现有文化程度比较；考核成绩情况；学习态度、表现等。

（5）今后努力方向。包括：概括肯定成绩或总结教训；具体指明今后努力改造的侧重点。

罪犯在填写个人鉴定之前，管教人员应当组织他们进行座谈，以端正态度，明确要求，实事求是地总结，客观正确地评价自己的改造表现。

3. 意见批示。意见批示包括：分监区意见；监区意见；教育改造科意见；监狱意见；批准机关意见。这五方面意见，分五个栏目分别填写。分监区管教人员对罪犯改造情况比较了解，要根据平时对罪犯考查掌握的情况，结合年终评审鉴定的情况，全面地、客观地评价罪犯的改造表现，结论要合乎实际情况，分寸得当，用语确切，为上级机关签署意见或作出批示提供可靠的依据。监区管教人员、教育改造科人员、监狱和批准机关的负责人则根据个人鉴定和分监区意见，概括地、有重点地写明自己的意见。

八、罪犯暂予监外执行审批表

（一）概念、功能

罪犯暂予监外执行审批表，是指监狱向省（自治区、直辖市）监狱管理局请求审批对罪犯暂予监外执行时制作的一种文书。该文书一经监狱管理机关负责人审查批准，就成为对罪犯采取暂予监外执行措施的凭据，就可以按照规定程序，为罪犯办理暂予监外执行的有关法律手续，制作相关的文书。

我国《刑事诉讼法》第114条规定，对于判处有期徒刑或者拘役的罪犯，有严重疾病需要保外就医的、怀孕或者正在哺乳自己婴儿的妇女和生活不能自理，适用暂予监外执行不致危害社会的罪犯，可以暂予监外执行。对于适用保外就医可能有社会危险性的罪犯，或者自伤自残的罪犯不得保外就医。该法条还规定，对于罪犯确有严重疾病必须保外就医的，由省人民政府指定的医院开具证明文件，依照法律规定的程序审批。发现被保外就医的罪犯不符合保外就医条件的，或者严重违反有关保外就医的规定的，应当及时收监。根据上述法律规定，对保外就医的罪犯必须依法进行认真的审查，符合有关保外就医规定的，证明文件齐全，手续完备，才能批准保外就医，否则不予批准，以确保保外就医工作顺利进行。

（二）项目、内容和填写方法

罪犯暂予监外执行审批表，属于表格式文书。表上有标题，即文书的名称，标题下面还有单位名称和罪犯编号。

表格内栏目有：罪犯基本情况、主要犯罪事实、具保人意见、改造表现、病残鉴定情况、监狱意见和监狱管理局批示等项目。罪犯基本情况，填写姓名、性别、出生年月日等项目的要求，同一般文书；主要犯罪事实，可根据生效判决书认定的事实填写，力求抓住重点，简明扼要；具保人意见，根据保证书填写；改造表现，根据罪犯实际表现，如实填写，如有受奖惩情况亦应写明，行文力求简洁明白；病残鉴定情况，应写明病残鉴定的结论；监狱意见和监狱管理局批示，应对暂予监外执行写明结论性意见。

（三）填写和使用中应注意的问题

1. 根据我国《刑事诉讼法》第 215 条的规定，监狱管理局应当将批准暂予监外执行的决定抄送人民检察院。人民检察院认为暂予监外执行不当的，应当自接到通知之日起 1 个月以内将书面意见送交监狱管理局，监狱管理局接到人民检察院的书面意见后，应当立即对该决定进行重新核查。

2. 监狱管理局批准暂予监外执行的，要将该决定通知公安机关和原判人民法院。

3. 对于暂予监外执行的罪犯，由居住地公安机关执行，执行机关应当对其严格管理监督，基层组织或者罪犯的原所在单位协助进行监督。

九、罪犯出监鉴定表

（一）概念、功能

罪犯出监鉴定表，是指监狱填写的记载出监罪犯在服刑改造期间的表现和监狱对其表现作出结论的文书。

在罪犯由于服刑期满、裁定假释、裁定释放、暂予监外执行等原因需要出监时，监狱应当对罪犯进行鉴定，并填写罪犯出监鉴定表。罪犯出监鉴定表记载罪犯在服刑改造期间的表现，并有监狱对其表现的评价和结论性意见，这便于接收单位掌握情况，有的放矢地对其进行帮助教育，巩固改造成果，防止出监人员重新犯罪，有利于改善社会治安状况。认真填写罪犯出监鉴定表，对于完备罪犯出监的法律手续，健全罪犯服刑改造的档案材料，也具有重要的意义。

（二）项目、内容和填写方法

罪犯出监鉴定表属于表格式文书，封面印有“罪犯出监鉴定表”字样，正下方填写罪犯姓名、填表机关名称并加盖公章、注明年月日。表格有两页，各页填写的内容如下：

1. 第一页填写的内容是：罪犯姓名、性别、民族、出生年月日、健康状况、家庭住址、原籍所在地、罪名、原判法院、判决书号、原判刑期、附加刑、原判刑期起止日期、刑期变动情况、出监原因、原有文化程度、现有文化程度、有何特长及技术等级、主要犯罪事实等。填写本页内容应当注意：

（1）姓名至刑期各栏，填写要准确无误，不可出现差错，而且应当与原判决书、入监登记表以及其他案卷材料一致，如有不一致之处，必须核对，且讲明原因。关于“附加刑”一栏，原判决书上有的，则要写明；没有的，则写“无”。原判为死刑缓期执行的罪犯，需要出监时，应当根据人民法院裁定书裁定的年限，经过认真计算，准确填写剥夺政治权利年限以及起止年、月、日。

（2）“刑期”一栏，应当注意两个方面：一要根据原判决书将刑期起止日期填写清楚。二要将刑期变动情况填写清楚，分别注明加刑、减刑或改判情况，刑期变化包括主刑和附加刑，二者的变动情况均应填写清楚；若刑期无变动情况，则写“无”。

（3）“有何特长及技术等级”一栏，应当从实际出发，根据有关部门的规定，写明罪犯出监时具有的特长及技术等级，以便于社会安置部门和用人单位为出监人员安排适当的工作。

（4）“主要犯罪事实”一栏，应当根据原判决书写明罪犯的主要犯罪事实。如入监后又犯新罪或发现判决时遗漏了的罪行，则也要根据人民法院另制作的判决书，填写清楚。

2. 第二页填写的内容是：家庭主要成员及主要社会关系、本人简历、改造表现、服刑期间奖罚情况、分监区意见、监区意见、监狱意见和备注。填写本页内容应当注意：

（1）“家庭成员及主要社会关系”栏，应根据实际情况填写，写明有关人员姓名、职业、政治面貌及其与罪犯的关系。

（2）“个人简历”一栏，应当写明罪犯入监前后的简历，入监前主要写罪犯个人学习与工作的经历，有何劣迹应当写明；入监后主要写罪犯个人接受教育改造的经历。时间要有连续性，不可间断。

（3）“改造表现”一栏，应当写明出监的罪犯在认罪服法、思想改造、遵守监规纪律、劳动改造、生产技能以及文化学习诸方面的实际表现。对某些罪犯在服刑改造期间,因确有悔改或者立功表现,而受到减刑或者假释的处理,或者因隐瞒余罪、重新犯罪以及发生其他重大抗拒改造行为受到惩处,都要叙写清楚。对某些罪犯出监时,发现有重大的思想问题或某种异常表现,亦要写明有关情况,供公安机关参考,以便有针对性地对罪犯帮助教育。

(4)“服刑期间奖惩情况”一栏,应从实际出发,实事求是地、具体详细地写明奖惩情况。

(5)“分监区意见”一栏,应根据出监罪犯在服刑改造期间的实际情况,写出结论性的意见。评价要切合实际,分寸得当,语言中肯,文字准确、精当。

(6)“监区意见”和“监狱意见”一栏,应当以极其简洁的语言写明概括性的结论,针对性要强,态度要明朗,如“同意释放”等。

(三)填写和使用中应注意的问题

对依法释放的罪犯(包括刑满释放、裁定假释和裁定释放等),监狱必须对他们进行鉴定,将鉴定结论填入罪犯出监鉴定表,并同时签发释放证明书。对依法监外执行的罪犯,监狱也要对他们进行鉴定,将鉴定结论填入罪犯出监鉴定表,并同时签发罪犯监外执行通知书,但不签发释放证明书。

思考与练习题

1. 简述监狱执法文书的概念和功能。
2. 什么是罪犯入监登记表?它的功能是什么?
3. 在提请减刑建议书中如何阐明减刑的理由?
4. 监狱起诉意见书的正文部分应写明哪几项内容?
5. 在对罪犯刑事判决提请处理意见书中如何阐明提请复查的具体理由?
6. 什么是罪犯出监鉴定表?它的功能是什么?

第七章　司法机关笔录类文书

第一节　概　　述

一、概念、功能

在法律活动中,凡以实录的性质记录下来的文字材料,均可统称为笔录。我们这里讲的笔录,主要包括公安(含国家安全机关、海关缉私机关,下同)、检察、法院、监狱等司法机关以及公证、律师、仲裁等组织在进行诉讼和非诉讼的活动中如实记载的各种文字实录材料。笔录具有法律效力或者法律意义。因为它忠实地记载了诉讼和非诉讼活动的实际情况,能够证明某一事实的客观存在,故可作为证据使用。此外,笔录也是制作法律文书的重要依据,并是检查执法情况、总结执法经验教训、加强业务建设、完善法制的参考资料。因此,对笔录必须精心制作,妥善保存。

二、文书分类

笔录种类繁多。按性质分,有诉讼笔录(含刑事诉讼笔录、民事诉讼笔录和行政诉讼笔录)和非诉讼笔录之分;按机关分,有公安机关笔录、检察机关笔录、审判机关笔录和监狱等执法机关笔录以及公证、律师和仲裁等组织的笔录。

由于篇幅有限,本章只讲几种常用的笔录,如现场勘查笔录、侦查实验笔录、讯问笔录、调查笔录、法庭审理笔录、评议笔录、执行死刑笔录、死刑临场监督笔录、阅卷笔录。

笔录在记写时,力求真实、客观、完整。而且要依法制作,履行必要的法律手续,文字还要简明扼要,书写清楚。

第二节　各种笔录文书

一、现场勘查笔录

(一) 概念、功能

公安机关或者人民检察院的侦查人员对与犯罪有关的场所进行勘验检查时,对现场勘查过程、提取证据以及发现线索等情况所作的文字记载,称为现场勘查笔录。

现场勘查笔录不仅是收集罪证、发现线索、揭露犯罪的依据,而且是甄别犯罪嫌疑人口供真伪,证实犯罪分子作案事实的有力证据,还是公安机关研究罪犯活动情况、制定侦查工作方案,制作呈请立案报告书、呈请破案报告书以及起诉意见书的依据。因此,必须严肃认真地制作现场勘查笔录,客观如实地反映现场勘查情况。

我国《刑事诉讼法》第 101 条规定:"侦查人员对于与犯罪有关的场所、物品、人身、尸体应当进行勘验或者检查。在必要的时候,可以指派或者聘请具有专门知识的人,在侦查人员的主持下进行勘验、检查。"第 103 条规定:"侦查人员执行勘验、检查,必须持有人民检察院或者公安机关的证明文件。"第 106 条规定:"勘验、检查情况应当写成笔录,由参加勘验、检查的人和见证人签名或者盖章。"以上规定,是公安机关或者人民检察院对犯罪现场进行勘查并制作现场勘查笔录的法律依据。

现场勘查笔录是现场勘查记录的一部分,现场勘查记录包括现场勘查笔录、现场照相和录像、现场绘图三个组成部分。三者采用不同的技术方法独立地反映现场情况,但又是相互联系的。现场勘查笔录是文字记录,现场照相、录像和现场绘图则借助于技术手段形象地反映现场发生的情况,作为补充文字记录之不足。三者是统一、互相印证、相辅相成的。这里只讲现场勘查笔录。

(二) 结构、内容和写法

根据我国《公安机关刑事法律文书格式(2002 版)》的规定,现场勘查笔录的内容由首部、正文和尾部组成。

1. 首部。包括下列内容:(1) 文书名称即标题为:现场勘查笔录。(2) 发现或者报案时间,应具体写明年、月、日、时、分。(3) 现场保护人姓名、单位。应如实写明现场保护人的姓名和工作单位。(4) 现场保护人到达时间,应具体写明现场保护人到达现场年、月、日、时、分。(5) 勘查时间,应具体写明勘查现场开始和结束的年、月、日、时、分。(6) 勘查地点,应准确、具体写明勘查现场的地点。(7) 指挥人以及勘查人的姓名、单位和职务,应如实准确写明上述人员的姓名、单位和职务。(8) 见证人姓名、住址、单位,应具体写明现场勘查见证人的姓名、住址以及单位和职务。(9) 现场条件,应具体写明天气、光线、温度、空气湿度等情况。

2. 正文。包括下列内容:

(1) 勘查过程。首先,概括记明发现案件或者接到报案以及侦查人员赶赴现场勘查的情况。其次,具体记明勘查现场的情况。勘查过程主要写明下列内容:

第一,现场的地点、位置和周围环境。现场的地点,就是指发案现场。可能在机关、团体、企业事业单位及居民住宅内外,或在街头巷尾、村边路旁;也可能在野外、山林、河道等地,离村庄、城镇较远。记录时应当写明具体地点的名称。现场位置,是指被勘查场所的具体位置。地点应力求具体,如××街××号院内×楼×单元×号哪一间房内。周围环境,若现场在临街室内,则写明街道、马路名称,四周毗邻的院落、建筑物和道路情况;若现场在野外,则写明现场方位、位置和周围地形、地势、道路走向、离村庄和城镇最近路程以及交通等情况。

第二,现场中心处所、有关场所情况,现场变动、变化情况。现场中心处所是实施犯罪的主要场所,应当具体写明情况,现场有关场所要根据它们同现场中心处所的关系写明有关情况,详略视需要而定。现场变动、变化情况,一定要写明变动、变化的原因和具体情况。

第三,勘查发现的情况。这是重要内容,必须认真记明。若犯罪现场在室内,则应写明:门窗、入户道口、锁匙等有无损坏情况;室内家具、储藏室、什物等有无翻动情况;室内有无搏斗、挣扎等迹象;犯罪嫌疑人遗留在现场的物品和痕迹,如作案工具、衣服、手套、纽扣、烟头、纸屑、毛发、血迹、痰斑、指纹、手印、脚印以及与性行为有关的用具、痕迹等;是否伪造现场,有何迹象;以及其他与勘查犯罪分子和犯罪活动有关的情况。

第四,物品损失和当事人被害的情况。当事人的钱财、物品损失和被害人的情况,应当具体写明。

第五,现场勘查发现的反常现象和其他应当记载的情况。

(2) 现场勘查结果。从实际出发,写明勘查结果,一般应包括下列内容:

第一,发现和提取物证的情况。应根据不同物证的特点,分别写明其名称、数量、质地、重量、尺寸、体积、标记和特征等情况。

第二,发现和提取痕迹的情况。应根据不同痕迹的特点,分别写明其名称、数量、位置、面积、形状、距离和特征等情况。

第三,现场照相、录像的内容和数量等,现场绘图的种类和数量等。

3. 尾部。由指挥人、勘查人、见证人和记录人分别签名或盖章,并注明年、月、日。

二、侦查实验笔录

(一) 概念、功能

公安机关为了查明案情进行侦查实验,将侦查实验的具体情况用文字记载下来的材料,称为侦查实验笔录。

我国《刑事诉讼法》第108条规定,为了查明案情,在必要的时候,经公安局长批准,可以进行侦查实验。侦查实验,禁止一切足以造成危险、侮辱人格或者有伤风化的行为。以上规定,是进行侦查实验的法律依据和侦查实验应当遵守的法律规定。

侦查实验必须有明确的目的。在通常情况下,可通过侦查实验解决下列问题:(1) 确定在一定条件下能否听到或看到。(2) 确定在一定的时间内能否完成某一行为。(3) 确定在什么条件下能够发生某种现象。(4) 确定在某种条件下某种行为和某种痕迹是否吻合一致。(5) 确定在某种条件下使用某种工具可能或者不可能留下某种痕迹。(6) 确定某种痕迹在什么条件下会发生变异。(7) 确定某种事件是怎样发生的。为了解决上述问题,在同样情况下、在同一条件下进行的一种重复试验,就是侦查实验。

侦查实验笔录可以作为分析判断案情的依据。根据侦查实验的结果,确定在某种情况下和某种条件下,能否发生或出现某种行为、现象、事件和痕迹等,以甄别犯罪嫌疑人供述和辩解的真伪,或用以印证其他证据。

(二) 结构、内容和写法

1. 首部。包括下列内容:(1) 文书标题。(2) 时间。(3) 地点。(4) 侦查人员姓名、单位。(5) 侦查实验目的。

文书标题即文书名称,写侦查实验笔录即可。侦查实验的时间、地点以及侦查人员简况的写法和写作要求,与现场勘查笔录首部中相关项目相同。侦查实验目的书写要明确具体,言简意赅。

2. 正文。包括下列内容:

(1) 侦查实验的过程。一要概述根据已经掌握的相关事实,通过侦查实验加以印证相关事实的真实性,即侦查实验需要解决的问题。同时说明侦查实验的条件(如大气、温度、湿度、光线等有关情况)。二要具体地、详细地写明侦查实验的过程：包括实验程序、具体步骤和方式方法，是否重复实验以及重复的次数等内容。

（2）侦查实验的结果。应具体写明通过侦查实验得到了什么结果，解决了什么问题，发现了什么问题等。如在侦查实验的同时进行了照相、录像以及绘图，应在笔录中予以说明。

3. 尾部。由侦查人员和记录人签名或者盖章。如有见证人及其他应邀人员参加的，亦应签名或者盖章。

三、讯问笔录

（一）概念、功能

公安机关侦查人员在依法办理刑事案件过程中，为了查清案情，对犯罪嫌疑人进行讯问和犯罪嫌疑人就案件所作的陈述和辩解的文字记载，称为讯问笔录。

我国《刑事诉讼法》第93条规定："侦查人员在讯问犯罪嫌疑人的时候，应当首先讯问犯罪嫌疑人是否有犯罪行为，让他陈述有罪情节或者无罪的辩解，然后向他提出问题。犯罪嫌疑人对侦查人员的提问，应当如实回答。但是对与本案无关的问题，有拒绝回答的权利。"同法第95条规定："讯问笔录应当交犯罪嫌疑人核对，对于没有阅读能力的，应当向他宣读。如果记载有遗漏或者差错，犯罪嫌疑人可以提出补充或者改正。犯罪嫌疑人承认笔录没有错误后，应当签名或者盖章。侦查人员也应当在笔录上签名。"以上规定，是侦查人员讯问犯罪嫌疑人并制作讯问笔录的法律依据。

讯问笔录中记载的犯罪嫌疑人的陈述和辩解，一经查实，就是法定的证据之一，可以作为确定案件性质和给犯罪嫌疑人定性处理的依据。同时，由于讯问笔录全面、系统地记载了讯问犯罪嫌疑人的情况，人们通过查阅讯问笔录就可以了解讯问犯罪嫌疑人的全过程，包括讯问的策略和技巧，犯罪嫌疑人是否认罪等。因此，讯问笔录又是我们分析案情，研究问题，总结经验教训，检查办案质量的重要依据。

（二）结构、内容和写法

讯问笔录由首部、正文和尾部组成。

1. 首部。包括下列内容：文书标题；时间；地点；侦查员姓名、单位；记录员姓名、单位；犯罪嫌疑人姓名。以上项目填写的方法及要求与现场勘查笔录有关部分相同。

2. 正文。正文是该笔录的重点，应依次写明下列内容：

(1) 第一次讯问时应当具体地、详细地写明犯罪嫌疑人的基本情况,即写明犯罪嫌疑人的姓名、别名、曾用名、绰号、性别、民族、出生年月日、身份证号码、籍贯、文化程度、户籍所在地、现住址、职业和工作单位、政治面貌、家庭情况、社会经历、是否受过刑事及行政处罚等情况。第二次及以后讯问,犯罪嫌疑人基本情况可以不记,如需要系统地记录口供,或者对基本情况项目需要进行核对,可重问再记。

(2) 记明侦查人员告知犯罪嫌疑人应有的诉讼权利和义务。我国《刑事诉讼法》第93条规定,犯罪嫌疑人对侦查人员的提问,应当如实回答。但是对与本案无关的问题,有拒绝回答的权利。同法第96条规定,犯罪嫌疑人在被侦查机关第一次讯问后或者采取强制措施之日起,可以聘请律师为其提供法律咨询、代理申诉、控告。犯罪嫌疑人被逮捕的,聘请的律师可以为其申请取保候审。

为了贯彻执行上述法律规定,保障犯罪嫌疑人的合法权益,公安机关特新增加了一种文书,即犯罪嫌疑人诉讼权利义务告知书。该文书规定犯罪嫌疑人享有下列权利:有权使用本民族语言文字进行诉讼;对公安机关及其侦查人员侵犯其诉讼权利和人身侮辱行为,有权提出控告;对侦查人员、鉴定人、记录人、翻译人员有权申请他们回避;接受讯问时有权为自己辩解;有权聘请律师;有权拒绝回答与本案无关的问题;有权核对讯问笔录。该文书规定犯罪嫌疑人应尽的义务有:依法接受各种强制措施和人身检查、搜查、扣押、鉴定等侦查措施;对讯问笔录、勘验检查笔录、搜查笔录、扣押物品、文件清单以及送达的各种法律文书确认无误后,应当签名或者盖章;第一次讯问犯罪嫌疑人时,侦查人员应将该文书送交犯罪嫌疑人核对,如果犯罪嫌疑人无阅读能力,侦查人员应向他宣读;侦查人员应询问犯罪嫌疑人对该文书规定的内容看清或听清了没有,有什么要求,即是否聘请律师、申请回避等。对上述告知诉讼权利义务的活动以及犯罪嫌疑人的反映和提出的要求等,应一一记录清楚。

(3) 记明案件事实。根据我国《刑事诉讼法》的规定,第一次讯问时,首先让犯罪嫌疑人陈述有罪情节或者进行无罪辩解,然后向他提出问题。如果犯罪嫌疑人承认有罪,并对犯罪的事实情节作了陈述,侦查人员则应针对犯罪嫌疑人的交代,围绕犯罪构成要件和构成犯罪事实基本要素进行讯问。要注意记明问与答的内容,特别是犯罪嫌疑人的犯罪事实、动机、目的、手段,与犯罪有关的时间、地点,涉及的人、事、物,应当准确地、清楚地记录下来。对犯罪嫌疑人的供述能记原话的则记原话,不能记原话的则要把原意记下来。第二次和以后的讯问中,侦查人员可以有重点地针对某一问题或某几个问题进行讯问,记录人应将问与答的主要内容记录得一清二楚。

3. 尾部。包括下列内容:根据我国《刑事诉讼法》第95条和《公安机关办理刑事案件程序规定》第184条的有关规定,讯问笔录应当交给犯罪嫌疑人核对,对于没有阅读能力的,应当向他宣读。如果记录有差错或遗漏,应当允许犯罪嫌疑人更正或者补充,并捺指印。笔录经犯罪嫌疑人核对无误后,应当由犯罪嫌疑人在笔录上逐页签名、盖章或者捺指印,并在末页写明“以上笔录我看过(或者向我宣读过),和我说的相符。”拒绝签名、盖章或者捺指印的,侦查人员应当在笔录上注明。侦查人员、翻译人员应当在笔录上签名或者盖章,并注明年、月、日。

四、调查笔录

(一) 概念、功能

司法机关办案人员在办理诉讼案件过程中,为查明案情和核实证据,依法向了解情况的人进行调查、询问时所作的文字记载,被称为调查笔录(公安机关则称之为询问笔录)。该笔录用途广泛,公证机关、仲裁委员会和律师事务所的人员,在办理法律事务过程中也经常使用调查笔录。

我国《刑事诉讼法》第 43 条规定:“审判人员、检察人员、侦查人员必须依照法定程序,收集能够证实犯罪嫌疑人、被告人有罪或者无罪、犯罪情节轻重的各种证据……必须保证一切与案件有关或者了解案情的公民,有客观地充分地提供证据的条件,除特殊情况外,并且可以吸收他们协助调查。”我国《民事诉讼法》第 64 条第 2 款规定:“当事人及其诉讼代理人因客观原因不能自行收集的证据,或者人民法院认为审理案件需要的证据,人民法院应当调查收集。”以上法律规定,是司法人员进行调查的法律根据。而要进行调查,就要把调查情况记载下来,因此必须制作调查笔录。

调查笔录种类繁多,内容各异,效用不同,或具有法律效力,或具有法律意义。其主要功能是:(1) 有的调查笔录能证明一定事实的存在,可作为定罪量刑、分清是非的重要证据。(2) 有的调查笔录能提供有价值的情况,可作为分析判断案情的重要参考材料,有利于迅速地、准确地查明案件的全部情况。因此,必须认真制作调查笔录。

(二) 结构、内容和写法

调查笔录由首部、正文和尾部三部分组成。

1. 首部。包括下列内容:

(1) 标题。写“调查笔录”,或者写“关于××(犯罪嫌疑人或被告人的姓名)××(罪名)一案的调查笔录”,或者写“关于××(原告姓名或名称)与××(被告姓名或名称)××(民事纠纷案由)一案的调查笔录”。

（2）填写调查的时间和地点。

（3）填写调查人和记录人的姓名。

（4）写明被调查人的基本情况。各司法机关规定书写的项目不尽相同，但多数要求写明的项目有：被调查人的姓名、性别、出生年月日、民族、籍贯、文化程度、职业或工作单位和职务、住址。询问证人或者其他有关人员时，笔录中应写明其与当事人的关系。在调查时，如有其他人在场，则也应写明在场人的姓名、性别、职业或工作单位和职务等。

2. 正文。记录被调查人陈述的内容。对被调查人提供的与案件有关的情况是记录的重点，一般情况则可略记或者不记。例如，刑事案件，有关犯罪的时间、地点、动机、目的、手段、情节、危害结果、涉及的人和事等，应具体记明。民事案件，有关当事人之间的关系、发生纠纷的时间、地点、原因、情节、经过、结果、争执的焦点以及提出的具体意见等，应予详记。行政案件调查记录的重点与民事案件大体相同，但应记明引起诉讼的缘由，如原告起诉是由于不服行政机关作出的具体行政行为，或是由于不满行政机关拒绝履行或者拖延履行法定职责。

记录的方法有两种：一是问答式，即依次把调查人的提问和被调查人的回答如实记下来。二是综合记录的方法，即把问话集中简要记明，接着对答话加以综合归纳，使其条理化，然后分段记下。应当根据调查的内容和记录的便利，来确定记录的方法。

3. 尾部。记录完毕应当交被调查人阅读，或者向他（她）宣读，如有错记、漏记之处，当即纠正、补记。经被调查人确认笔录内容与其所讲的相符，则应由其写明“以上笔录经我看过（或向我宣读过），和我说的相符”，并由被调查人签名（盖章）或捺指印，注明年月日。被调查人拒绝签署意见、签名（盖章）或捺指印的，书记员应在笔录上注明，最后由调查人和记录人签名或盖章，并注明年、月、日。

五、法庭审理笔录

（一）概念、功能

在人民法院依法开庭审理各类诉讼案件时，由书记员当庭记载全部法庭审理活动的文字材料，称为法庭审理笔录，又称法庭笔录或庭审笔录。

我国《刑事诉讼法》第167条第1款规定，法庭审判的全部活动，应当由书记员写成笔录。我国《民事诉讼法》第133条第1款规定，书记员应当将法庭审理的全部活动记入笔录。以上法律规定，是制作法庭审理笔录的法律依据。

法庭审理笔录具有法律意义。它既是人民法院认定事实，核实证据，作出裁判的依据之一,又是制作裁判文书的依据之一;还是加强审判监督,检查办案和执法情况,总结经验教训的宝贵资料。因此,必须精心制作,并妥善保存。

(二) 结构、内容和写法

法庭审理笔录由首部、正文和尾部三部分组成。

1. 首部。首部应记明下列内容:

(1) 标题,由制作机关和文书的名称组成。

(2) 记明开庭的时间和地点,本次开庭为第×次开庭。

(3) 记明宣布开庭审理案件的案由和审判方式。对不公开审理的,应当根据我国《刑事诉讼法》第 152 条、我国《民事诉讼法》第 120 条、我国《行政诉讼法》第 45 条的规定,记明本案不公开审理的具体理由。公开审理的,应注明大概的旁听人数。

(4) 记明宣布审判人员及其他出庭人员名单。开庭时,审判长或独任审判员查明本案当事人和其他诉讼参与人是否到庭;根据案件性质的不同,从实际出发,宣布审判人员、书记员、公诉人、辩护人、诉讼代理人、鉴定人和翻译人员的名单;告知当事人享有的法定诉讼权利和应当履行的诉讼义务,如根据我国程序法的规定,告知被告人有权申请审判人员、书记员等回避,刑事被告人有权为自己辩护;询问当事人是否申请回避,如有申请回避的,则应依法作出是否回避的决定等。以上诸项均应一一如实记明。

2. 正文。正文应记明下列内容:

(1) 法庭调查情况。第一,公诉人宣读起诉书。公诉人宣读起诉书,只记"公诉人×××宣读起诉书"即可,起诉书内容可省略不记,因有起诉书附卷。第二,讯问当事人。审判人员、公诉人讯问当事人以及当事人的陈述和回答,以问答形式记明,并记明被害人的陈述。第三,辩护人、当事人等向被告人及其他诉讼参与人发问。我国《刑事诉讼法》第 155 条第 2 款规定:"被害人、附带民事诉讼的原告人和辩护人、诉讼代理人,经审判长许可,可以向被告人发问。"同法第 156 条第 1 款规定:"公诉人、当事人和辩护人、诉讼代理人经审判长许可,可以对证人、鉴定人发问。"我国《民事诉讼法》第 125 条第 2 款规定:"当事人经法庭许可,可以向证人、鉴定人、勘验人发问。"对上述法律规定的人员发问和回答,应如实记明。第四,告知证人法定的权利与义务。我国《刑事诉讼法》第 156 条第 1 款规定:"证人作证,审判人员应当告知他要如实地提供证言和有意作伪证或者隐匿罪证要负的法律责任。"我国《民事诉讼法》第 124 条第(二)项规定:"告知证人的权利义务……"审判人员依法告知证人的权利义务,要如实记明。第五,核实证据。根据我国《刑事诉讼法》第 157 条的规定,公诉人、辩护人应当向法庭出示物证,让当事人辨认,对未到庭的证人证言、鉴定人的鉴定结论、勘验笔录和其他作为证据的文书，应当当庭宣读。我国《民事诉讼法》第124条第(二)、(三)、(四)、(五)项规定，应当宣读未到庭的证人证言，出示书证、物证和视听资料，宣读鉴定结论，宣读勘验笔录。对法庭依法进行的上述活动，要如实记明。第六，补充证据。我国《刑事诉讼法》第159条规定："在法庭审理过程中，当事人、辩护人、诉讼代理人有权申请通知新的证人到庭，调取新的物证，申请重新鉴定或者勘验，法庭对于上述申请，应当作出是否同意的决定。"我国《民事诉讼法》第125条第1、3款规定："当事人在法庭上可以提出新的证据。""当事人要求重新进行调查、鉴定或者勘验的，是否准许，由人民法院决定。"在法庭审理过程中，当事人等有根据上述法律规定提出某种申请事项，法庭作出是否同意的决定，要如实记明。

(2) 法庭辩论情况。第一，当事人、公诉人、辩护人和诉讼代理人等辩论情况。根据我国《刑事诉讼法》第160条规定，公诉人、当事人、辩护人、诉讼代理人可以对证据和案件情况发表意见并且可以互相辩论。对上述人员发表的意见和辩论发言，应当记明其基本内容。根据我国《民事诉讼法》第127条的规定，民事案件在法庭辩论时，先由原告及其诉讼代理人发言；后由被告及其诉讼代理人答辩；再由第三人及其诉讼代理人发言或者答辩；最后互相辩论。对上述人员的发言、答辩以及辩论，应当依次记明其基本内容。第二，当事人的最后陈述和最后意见。根据我国《刑事诉讼法》第160条的规定，审判长在宣布辩论终结后，被告人有最后陈述的权利。根据我国《民事诉讼法》第127条第2款的规定，法庭辩论终结，由审判长按照原告、被告、第三人的先后顺序征询各方最后意见。对当事人依照上述法律规定，进行的最后陈述，发表的最后意见，应当将发言要点记明。第三，民事再调解。根据我国《民事诉讼法》第128条的规定，法庭辩论终结，还可以进行再调解。法庭是否进行了再调解，调解有没有达成协议，应当记明。

(3) 合议庭评议。我国《刑事诉讼法》第162条规定，在被告人最后陈述后，审判长宣布休庭，由合议庭进行评议。我国《民事诉讼法》第128条规定，调解不成的，应当及时判决。如果是当庭宣判，合议庭应当及时进行评议。因为评议笔录需要单独制作，所以在法庭审理笔录中只记明"合议庭休庭评议"即可。如果不是当庭宣判，而是合议庭另择日期进行评议，则法庭审理笔录就无需记明评议的时间。

(4) 宣告判决。根据我国《刑事诉讼法》第163条第1款和我国《民事诉讼法》第134条第1款的规定，一律公开宣告判决。有的案件虽然依法不公开审理，但宣判必须公开进行。因为，在判决中对涉及国家秘密和个人隐私等的内容已经略去。当庭宣判的案件，在休庭评议后，继续开庭，进行宣判，法庭审理笔录则应继续记明宣判情况。有的案件定期宣判的，则要单独制作宣判笔录。在宣告判决时,应当记明下列内容:第一,判决结果,当事人对判决的意见。第二,告知当事人上诉权利、上诉期限和上诉的法院,并问明当事人是否提起上诉以及当事人的表示。根据我国《刑事诉讼法》第 164 条和我国《民事诉讼法》第 134 条第 3 款的规定,讲明上述内容的情况,应当记明。第三,对离婚判决的当事人的特殊交代。根据我国《民事诉讼法》第 134 条第 3 款的规定,宣告离婚判决,必须告知当事人在判决发生法律效力前不得另行结婚。告知此项内容必须记明,不可疏漏,万一发生当事人不懂或者借口不懂法律规定而另行结婚,追查责任时,则有案可查,以免工作被动。第四,送达判决书。我国《刑事诉讼法》第 163 条第 2 款规定,当庭宣告判决的,应当在 5 日以内将判决书送达当事人和提起公诉的人民检察院;我国《民事诉讼法》第 134 条第 2 款规定,当庭宣判的,应当在 10 日内发送判决书。审判人员依法告知此项内容,应当记明,定期宣告判决的各类案件,应当记明在宣判后,立即发送判决书。

(5) 法庭审判中可能出现的某些情况。第一,延期审理的情况。我国《刑事诉讼法》第 165 条规定,在审判中,遇有下列情况,影响审判进行的,可以延期审理:需要通知新的证人到庭,调取新的物证,重新鉴定或者勘验的;检察人员发现提起公诉的案件需要补充侦查,提出建议的;由于当事人申请回避而不能进行审判的。我国《民事诉讼法》第 132 条规定,有下列情形之一的,可以延期开庭审理:必须到庭的当事人和其他诉讼参与人有正当理由没有到庭的;当事人临时提出回避申请的;需要通知新的证人到庭,调取新的证据,重新鉴定、勘验,或者需要补充调查的;其他应当延期的情形。当出现上述法定的某种情形,需要延期审理时,应当记明具体的原因。第二,违反法庭秩序的情况。我国《刑事诉讼法》第 161 条规定,在法庭审理过程中,如果诉讼参与人或者旁听人员违反法庭秩序,审判长应当警告制止。对不听制止的,可以强行带出法庭;情节严重的,处以1 000元以下的罚款或者 15 日以下的拘留。严重扰乱法庭秩序,构成犯罪的,依法追究刑事责任。我国《民事诉讼法》第 101 条第 2、3 款规定,人民法院对违反法庭规则的人,可以予以训诫,责令退出法庭或者予以罚款、拘留。对严重扰乱法庭秩序的人,依法追究刑事责任;情节较轻的,予以罚款、拘留。根据上述法庭规定,在审理刑事、民事案件过程中,出现违反或严重扰乱法庭秩序的情况以及法庭对此作出相应的处理决定,应当如实记入笔录。第三,民事案件当事人拒不到庭或擅自中途退庭以及法庭作出处理的情况。根据我国《民事诉讼法》第 129 条和第 130 条的规定,原告经传票传唤,无正当理由拒不到庭的,或者未经法庭许可中途退庭的,对原告可以按撤诉处理;被告反诉的,可以缺席判决。被告有上述情况的也可以缺席判决。在审判民事案件时,出现上述情况以及法庭作出的处理,应当如实记明。

3. 尾部。尾部应当由有关人员签名或盖章:

（1）由当事人和其他诉讼参与人签名或盖章。我国《刑事诉讼法》第167条第3款规定，法庭笔录应当交给当事人阅读或者向他宣读。当事人认为记载有遗漏或者差错的，可以请求补充或者改正。当事人承认没有错误后，应当签名或者盖章。我国《民事诉讼法》第133条第2款、第3款规定，法庭笔录应当当庭宣读，也可以告知当事人和其他诉讼参与人当庭或者在5日内阅读。当事人和其他诉讼参与人认为对自己的陈述记录有遗漏或者差错的，有权申请补正。如果不予补正，应当将申请记录在案。法庭笔录由当事人和其他诉讼参与人签名或者盖章。拒绝签名盖章的，记明情况附卷。根据上述法律规定，法庭笔录经当事人和其他诉讼参与人核对后，应当在笔录尾部让他们签名和盖章。这是一项必须履行的法律手续，不可疏漏。

（2）由审判人员和书记员签名。根据我国《刑事诉讼法》第167条第1款和《民事诉讼法》第133条第1款的规定，法庭笔录经审判人员阅读后，最后在笔录尾部由审判人员和书记员签名，并注明年、月、日。

六、评议笔录

（一）概念、功能

评议笔录，是指在审判长宣布休庭后，合议庭根据已经查明的事实、证据和有关的法律规定进行评议时所作的文字记载。评议笔录又称合议庭评议笔录。评议笔录既是制作裁判文书的依据，又是检查办案情况、总结经验教训的参考资料。

（二）结构、内容和写法

1. 首部。标题写“评议笔录”或“合议庭评议笔录”。案由若是刑事案件，则写“×××（被告人姓名）××（罪名）一案”；若是民事、行政案件，则写“×××（原告姓名或名称）诉×××（被告姓名或名称）××（案由）一案”。评议的时间、地点和参加评议人员姓名、职务以及书记员的姓名等也应一一写明。

2. 正文。评议笔录正文应当记明评议的情况和评议的结果。特别是对案件性质、事实和证据的认定，确定适用的法律条款以及处理决定等方面的意见，要清楚地、具体地记录在案。

（1）一审刑事案件评议笔录主要记明：对犯罪事实和证据的认定；对被告人行为性质的认定，即断定有罪还是无罪，有罪则应确定何种罪名；对被告人的处理决定，若认定被告人有罪，是科刑还是免予刑事处分，如果是科刑则是科以何种刑罚，有无附加刑，是否数罪并罚，是否适用缓刑等；附带民事诉讼如何处理，赃物、证物以及违禁品如何处理等;适用什么法律条款等。

(2) 一审民事案件评议笔录主要记明:对纠纷事实和证据的认定;对纠纷性质、是非责任、权利义务、合法与非法等的判定;当事人争执的焦点和法院的处理决定;适用什么法律条款;对事实不清、证据不足采取何种措施等。行政案件除应记明被告作出的具体行政行为情况外,其他内容大体与民事案件近似。

(3) 二审刑事、民事、行政案件评议主要记明:对原审判决的评议;对上诉或抗诉的理由评议;二审处理决定;适用什么法律条款等。

3. 尾部。尾部由合议庭成员和书记员分别在笔录上签名或盖章,并注明年、月、日。

七、执行死刑笔录

(一) 概念、功能

执行死刑笔录,是指人民法院在奉命依法对罪犯执行死刑时,将执行死刑现场的有关情况予以记录的文字材料。执行死刑笔录是了解检查执行死刑情况的文字凭据,应入卷备查。执行死刑笔录虽只是执行笔录中的一种,但它却具有一定的代表性。此外,还有各种各样的强制执行财产的笔录,本书就不一一讲解了。

(二) 结构、内容和写法

1. 首部。首部包括文书标题即“执行死刑笔录”、案由、死刑罪犯姓名、执行地点、执行的具体时间和当天的天气情况,指挥执行的审判人员、临场监督的检察人员和直接执行人等的姓名。

2. 正文。正文包括两方面内容:

(1) 执行死刑情况,应如实记明执行死刑的经过。若发生异常情况,也应具体记明。

(2) 法医(或检验人)验明毙命情况,主要记明具体的死刑执行情况及最后的验尸情况。

3. 尾部。尾部由指挥执行的审判人员、临场监督的检察人员、法医(或检验人)、书记员等分别签名,并注明年、月、日。该笔录写法和要求与其他笔录基本相同。执行死刑笔录,还需另附死刑罪犯执行前照片和执行后照片各一张,一并入卷。

八、死刑临场监督笔录

（一）概念、功能

死刑临场监督笔录，是指人民检察院在人民法院对罪犯执行死刑的时候，派员临场监督所作的文字记录。死刑临场监督笔录记载了执行死刑的情况，它既是人民检察院对执行死刑实行法律监督的文字凭据，也是了解检查人民法院是否以法定程序执行死刑的文字凭据，应入卷备查。

（二）结构、内容和写法

1. 首部。首部写明文书的名称。

2. 正文。正文依次记明下列内容：执行时间和执行地点；罪犯姓名和执行死刑罪名；第一审法院名称和判处死刑判决书及文号；核准死刑的法院名称和核准死刑的文书名称及文号；执行死刑的命令文号、死刑执行命令签发单位和签发人、死刑执行命令签发时间；收到执行死刑通知时间、执行死刑法院名称、指挥执行的审判人员；检察院临场监督人员和职务；对罪犯验明正身情况；询问有无遗言、信札；死刑执行人员；执行情况（含以何种方法执行、结果，有无停止执行情况）等。对上列各项要依次逐项填写，不可空缺或遗漏；填写的内容要准确无误。

3. 尾部。尾部由临场监督的检察人员签名，并注明年、月、日。

九、阅卷笔录

（一）概念、功能

公安机关、国家安全机关、人民检察院、人民法院办案人员，在阅读案件卷宗的过程中，把案情事实和认定事实的证据，确定性质和定性的依据以及原来是否作出处理及其法律根据等材料，加以分类集中摘录。这种摘录的材料，被称为阅卷笔录，也可以被称为阅卷摘记或阅卷随记。

阅卷笔录是办案人员自己使用的内部文书，是办案人员在办理案件中，阅读原卷时所摘录的材料。这里所说的原卷，是指在前一道诉讼活动的工序中所形成的卷宗及与此有关的旁证材料。以刑事案件为例，公安机关侦查人员阅读的卷宗指侦查破案小组从立案开始所积累的侦查破案材料，即案件发现情况、现场勘查情况、尸体检验解剖情况、痕迹鉴定、调查材料、破案经过等材料；人民检察院检察人员阅读的卷宗指公安机关移送的侦查卷宗;人民法院审判人员阅读的卷宗指检察机关移送的卷宗材料;二审法院审判人员阅读的卷宗指该案一审法院的全部卷宗。阅卷笔录是对这些卷宗所作的边阅边读边摘录的材料。这里强调的是分类。如分为事实证据、处理意见及法律依据等几大类,大类中还可以分为小类,例如,证据类,又可以分为书证、物证和证人证言等。它不是成文的材料,而是一个案件全部材料的较为详细的摘要。

阅卷笔录,主要是办案人员将零乱的卷宗材料梳成"辫子",借以全面、系统、深入地剖析案件占有材料的深度和广度,弄清哪些方面材料充分,哪些方面的材料不足,尚需补充。这样做既可以据此作为确定办理案件的下一步方法步骤,又可以作为以后制作结案报告的基础材料之一。同时,在讨论案件汇报案情时,还可以起到"备忘录"和材料索引的作用。

(二) 结构、内容和摘录方法

既然阅卷笔录是办案人员自己使用的内部文书,也就没有固定的格式。采用何种文字结构形式,通常视办案人员使用方便与否确定。

标题可写"阅卷笔录"、"阅卷摘记"或"阅卷随记"。在标题的右下方标明开始阅卷的时间。一件复杂的案件卷宗,有时需要较长的时间才能阅读完毕。阅完卷宗的时间,可在阅卷笔录的最后注明。

阅卷笔录,既要注意摘录材料的内容,又要注意摘录的方法。摘录卷宗材料,如果只是随阅随摘,没有正确的摘录方法、适当的文字结构形式,即使材料摘录得准确、完整,也会是杂乱无章,一团乱麻,难以看清案情眉目。所以,必须掌握正确的摘录方法,采用适当的文字结构形式,通过摘录,将零乱的材料作出合理的排列组合,理出头绪,以更好地使用,具体说,要掌握好以下几种方法:

1. 以类系事。即按类别来排列内容。这就要求首先分类。先分大类,即事实类、案情性质类、法律责任类、处理意见(或处理结果)类,大类下面再分小类,按照小类摘录。

(1) 事实类。一起案件,除了案情单纯的以外,如果有几项事实的,例如,刑事案件犯罪嫌疑人、被告人犯有数罪的,将一种罪列为一条事实。同一罪行,如贪污、盗窃多次的,持续犯罪的,将每一个犯罪行为列为一条事实。民事案件和行政案件,以一个法律行为或一个法律事件列为一条事实。以一条事实为一小类,分别摘录其内容。

(2) 性质类。刑事案件中,关于故意杀人与故意伤害致死,贪污与盗窃,抢劫与抢夺,盗窃转化为抢劫等罪名的确定;民事案件中代位继承与转继承;介乎刑民案件之间的遗弃和给付赡养费;行政案件中,原告实施的行为是否违法,被告的处罚决定是否合法等。在同一机关的办案人员之间,或者是公安、检察、律师、法院之间,往往存在着分歧意见,认识不能统一。这就应当以一种意见为一类,分别摘录其具体内容,以便最后综合多种意见进行比较和分析。

(3) 法律责任类。刑事案件,要把主犯、从犯、胁从犯、教唆犯,犯罪的预备、未遂、中止,以及自首、立功,还有动机恶劣、手段残忍等,分成若干小类,按小类分别摘录,最后看犯罪嫌疑人、被告人具有哪些从重、从轻、减轻的情节,以便综合对比,加以判断。民事案件,如离婚案件,夫妻感情恶化是因为经济问题,抚育子女问题,还是第三者插足;给付赡养费案件,是子女无力承担,还是为了自己享乐,不愿赡养老人等。这些材料,都是处理案件的重要参考内容。

(4) 处理意见(或处理结果)类。对各级各种不同的处理意见(或处理结果),把相同的摘录在一起,看哪种处理意见(或处理结果)占多数,哪种占少数,加以综合、分析、比较,以确认何种意见是正确的。

2. 以事系证。这里所说的事,不是单纯指案情事实,而是指摘录的各小类的材料内容。用这些内容来联结与其有关的证据、理论根据和法律依据。摘录的方法,就是在这些事(摘录的各小类材料内容)的下面,分别摘录其证据、理论根据和法律依据。

(1) 在事实类下面,集中摘录有关证据。即在每一条事实的下面,摘录证明这一条事实的各种证据。摘录证据,也要按照证据的种类,即分别按照刑事诉讼法和民事诉讼法规定的各种证据依次排列摘录。对于各种证据的摘录,应按照证据价值的大小依次排列,以便分析证据是否确实充分,有无矛盾,事实能否认定。

(2) 在认定案情性质类下面,摘录认定性质的意见和根据。有不同意见的均应摘记。意见不同,理由各异。最后集中对比,便可确认哪一种意见理由充分。

(3) 在法律责任类下面,对每一个情节都要摘录有关法律条款,对此所作的具体规定,以便根据法律规定作出正确的判断。

(4) 在处理意见(或处理结果)类下面,摘录援引的具体法律条款。凡是引用的条款,都应当摘录完全。如一件刑事案件中涉及的论罪条款、量刑条款、数罪并罚、如何确定执行的刑期条款、赃款赃物处理条款等;又如判决离婚的案件,引用的准予离婚的条款,确定子女抚养及抚养费负担办法条款,分割共同财产条款以及负担共同债务条款等;经济合同纠纷案件,引用的确定有效合同和无效合同的条款、确定产品质量和价值的条款、确定违约责任和违约金给付办法的条款以及确定合同的变更和解除的有关条款等。这样做便于最后综合研究适用法律是否正确,引用法律条款是否完整。

3. 其他。对于无法归纳到前述各类中去的其他材料或其他问题,可以列一项“其他”,予以单独摘录。

以上所说的内容分类及摘录方法,不可能对所有的案件都适用,不能机械地照套照搬。

思考与练习题

1. 简述笔录的概念和功能。
2. 简述现场勘查笔录的概念和功能。
3. 简述讯问笔录的概念和功能。
4. 法庭审理笔录的正文应记明哪几点内容?

第八章　律师实务文书

第一节　概　　述

一、概念、功能

律师实务文书是律师或律师事务所在各项法律工作中依法制作的具有法律效力或者法律意义的非规范性法律文件，它是律师依法参加诉讼、执行职务或处理非诉讼法律事务的依据和凭证，是律师有效地发挥对社会提供法律服务，对公安、司法、仲裁、行政执法等机关进行配合、协作和制约的必要手段，属于国家法定的具有法律效力或者法律意义的法律文书总体的一个重要的组成部分，是司法公正和社会公平正义的重要载体。律师实务文书的制作在整个律师实务中具有举足轻重的作用。

二、文书分类

律师实务文书可以分为律师代书文书和律师工作文书两大类，前者包括各种诉状、答辩状及各类申请书等；后者又可分为以独立主体制作的工作文书（如辩护词、法律意见书、律师见证书等）和不完全独立主体制作的工作文书（如代理词、非诉讼调解书亦称纠纷调解书等）。律师实务文书的制作要求与其他法律文书的制作要求基本相同。

第二节　刑事案件律师实务文书

一、刑事自诉状

（一）概念、功能

刑事自诉状，是刑事自诉案件的被害人及其法定代理人或者近亲属，根据法律的规定,直接向人民法院提起诉讼,要求人民法院对被告人的犯罪行为追究刑事责任的法律文书。

根据我国《刑事诉讼法》第170条的规定,告诉才处理的案件,被害人有证据证明的轻微刑事案件以及被害人有证据证明对被告人侵犯自己人身、财产权利的行为应当依法追究刑事责任,而公安机关或者人民检察院不予追究被告人刑事责任的案件,属于刑事自诉案件。告诉才处理的案件包括:公然侮辱案、诽谤案、暴力干涉婚姻自由案、虐待家庭成员案、拒绝抚养案、非法占有代为保管的他人财物案和不需要侦查的伤害案等;人民检察院没有提起公诉,被害人有证据证明的轻微刑事案件包括:故意伤害案、非法侵入住宅案、侵犯通讯自由案、重婚案、遗弃家庭成员案等。上述各类案件的被害人及其法定代理人或者近亲属向人民法院递交的刑事自诉状,是人民法院受理案件、追究被告人刑事责任的主要依据。

(二) 结构、内容和写法

1. 首部。首部依次写明:文种名称,即“刑事自诉状”;自诉人和被告人的身份事项,包括姓名、性别、民族、出生年月日和出生地、职业或工作单位和职务、户籍所在地或者经常居住地、邮政编码等。如果自诉人有法定代理人,应当在自诉人基本情况之下,另行写出法定代理人的基本情况及其与自诉人之间的关系。

2. 正文。刑事自诉状的正文部分包括“案由和诉讼请求”,所依据的“事实与理由”,以及“证据和证据来源、证人姓名和住所”三项内容。其中“案由和诉讼请求”即自诉人向人民法院指控被告人对其实施犯罪所构成的罪名、向人民法院提出追究其刑事责任的请求;“事实与理由”一要讲清事实,即被告人犯罪的事实内容,要抓住关键的事实,突出被告人预谋和实施犯罪的时间、地点、动机、目的、手段、情节和结果,二要阐明理由,即在写清事实的基础上另起一行对上述犯罪事实进行高度概括,进而从法律上分析论证被告人行为的违法性、危害性、应受刑罚处罚的法定性。还要援引我国《刑法》条文作为论证的法律依据,以证明自诉人提起诉讼的合理、合法性。证据部分还要求具体列举足以证明犯罪事实的有关物证、书证、证人证言以及鉴定结论等材料,同时提供证据来源,证人姓名、住址,供人民法院认证核实。

3. 尾部。按格式规定依次写明致送人民法院的全称、起诉人姓名和起诉的时间以及附项等项目。

(三) 应注意的问题

由于刑事自诉案件案由的特殊性,被害人与被告人之间一般原本有某种关系(如亲属关系、邻居关系等),案件往往由一般的民事权益纠纷处理不当而发生。因此，为了反映案件全貌，在叙述被告人的犯罪事实之前还应当扼要说明涉讼双方的关系，矛盾的产生和演化过程。

二、刑事附带民事自诉状

（一）概念、功能

刑事附带民事自诉状，是刑事自诉案件的被害人或其法定代理人，在刑事诉讼过程中，向人民法院提出在追究被告人刑事责任的同时，依法解决被告人赔偿被害人经济损失时所提交的法律文书。

当被告人的行为侵犯了自诉人的正当权益，构成了犯罪并使自诉人的某项民事权益受到损害时，自诉人可以向人民法院递交刑事附带民事自诉状，其目的一方面是请求人民法院追究被告人的刑事责任，另一方面是请求人民法院判令被告人承担相应的民事责任，赔偿因其犯罪行为给自诉人造成的直接经济损失，以全面维护自诉人的合法权益。

（二）结构、内容和写法

刑事附带民事自诉状除文种名称外，首部、尾部与刑事自诉状的结构相同，正文三个部分名称亦与刑事自诉状相仿。不同的是，案由和诉讼请求应当同时写明要求对方具体承担的民事责任，如要求被告人赔偿经济损失的性质和数额等；事实和理由部分，在被告人的行为触犯刑律、应受刑罚处罚的前提下，进一步说明被告人的行为还给被害人造成了哪些物质上的直接损失及损失的具体程度，援引有关法律条文，请求人民法院在对被告人的犯罪行为定罪量刑的同时，解决经济赔偿问题。

三、刑事上诉状

（一）概念、功能

刑事上诉状，是刑事诉讼当事人及其法定代理人、近亲属，或是刑事被告人的辩护人经被告人同意，不服第一审人民法院作出的未生效的判决、裁定，在上诉期限内依照法定程序请求上一级人民法院撤销、变更原裁判的法律文书。刑事上诉状既是刑事案件当事人等不服第一审裁判、要求引起第二审程序的文书，也是第二审人民法院开始刑事案件上诉审判程序的依据。

（二）结构、内容和写法

1. 首部。刑事上诉状的首部要依次写明下列事项：文种名称为“刑事上诉状”；当事人的基本情况，如果是刑事公诉案件，只写明上诉人（原审被告人）的身份事项，如果是刑事自诉案件，则需分别写明上诉人和被上诉人的身份事项（事项与刑事自诉状相同用括号注明在原审中的地位）；另起一行写不服裁决的案由等。

2. 正文。包括两部分：一是上诉请求。上诉请求是上诉人上诉要求的意思表示，即要求第二审人民法院部分还是全部撤销原审裁判，或者要求第二审人民法院重新审理，变更原审裁判。上诉请求必须合法有据、具体明确。二是上诉理由。应当针对第一审裁判在认定事实、适用法律、诉讼程序等方面的不当之处，阐明不服的理由，特别要注意讲清楚提出上诉的事实根据和法律依据。涉及对一审认定事实有异议的，需要列举足以证明事实的新证据，说明其来源和相关的证人姓名、住址。

3. 尾部。按格式规定写明致送上一级人民法院的全称、上诉人姓名以及上诉日期，并在附项中写明提交的刑事上诉状副本和证据材料份数。

（三）应注意的问题

上诉状具有很强的驳论性，一般采用直接反驳的方式，对原审错误的论点以及错误的论据、论证，运用法理和逻辑推理，一一予以反驳，通过对事实的证明和对刑法理论的剖析，来支持上诉观点。

四、刑事申诉书

（一）概念、功能

刑事申诉书，是刑事案件的当事人、被害人及他们的近亲属等对已经发生法律效力的判决、裁定不服，要求人民法院按审判监督程序对案件重新审理的法律文书。

我国《刑事诉讼法》第 203 条规定：“当事人及其法定代理人、近亲属对已经发生法律效力的判决、裁定，可以向人民法院或者人民检察院提出申诉，但是不能停止判决、裁定的执行。”

刑事申诉书既是申诉人不服已经生效的判决或裁定的意思的书面表示，也是人民法院依法决定按审判监督程序对案件进行再审的依据。

（二）结构、内容和写法

刑事申诉书的制作内容和要求与刑事上诉状基本相同，只是所针对的是生效的刑事判决或裁定。请求事项要充分具体地体现申诉人的意志和主张，可根据案情，具体表述为：要求查明案情，宣告被告人无罪；或请求依法对被告人从严惩处，等。事实与理由可以从案件事实、适用法律、诉讼程序等方面入手，逐一指出原裁判的错误，提出新的事实和证据，根据案件的具体情况，引用相对应的法律条文，表明自己对本案处理的观点和意见。

（三）应注意的问题

为了论证申诉请求的合理合法性，有重点地写清事实与理由至关重要。如认为原裁判认定事实有误，则要重点澄清事实并阐明在适用法律、程序等问题上的不服意见和申诉理由；如仅对原裁判在适用法律、程序上有异议，则无需重述事实，而应当重点阐述对适用法律等方面的不服意见和申诉理由。

第三节 民事案件律师实务文书

一、民事起诉状

（一）概念、功能

民事起诉状，是公民、法人或非法人的单位、组织，在其民事权益受到侵害或者与其他公民、法人或非法人组织发生民事权益争议时，为维护自身的合法权益，作为民事原告，向有管辖权的人民法院提起诉讼，要求依法裁判的法律文书。

依照我国《物权法》的规定，民事权利的争议，涉及财产权、债权、知识产权和人身权等诸多方面，由于法制的日趋健全，越来越多的民事权益纠纷通过诉讼程序解决。民事案件的当事人向人民法院递交民事起诉状，目的就在于请求人民法院通过民事诉讼程序对所争议的问题进行裁决。因此，民事起诉状是引起民事诉讼程序和人民法院受理民事诉讼案件的依据。

（二）结构、内容和写法

1. 首部。民事起诉状在文种名称之下依次写明原、被告双方的基本情况。当事人是自然人的，写明姓名、性别、出生年月日、民族、单位职务或职业、户籍所在地或者经常居住地、邮编及联系电话等事项；当事人是法人或其他组织的，则应依次写明原告名称,住所地,法定代表人的姓名、职务及电话;被告名称,住所地及联系电话。

2. 正文。包括以下三方面:

(1) 诉讼请求。要写明原告请求人民法院依法解决的有关民事权益纠纷的具体内容,即诉讼标的要求具体明确。应反映出诉的性质(给付之诉、确认之诉或变更之诉),如给付抚养费及具体数额,遗产继承和具体的继承标的等;若诉讼请求有多项,可按其逻辑分类分条罗列。

(2) 事实与理由。应当写明当事人之间纠纷的由来,和双方对民事权益纠纷的具体内容及其发生、发展的经过以及当事人之间争执的焦点。应注意把被告侵权行为造成的后果和应承担责任的事实写清楚。然后另起一段就双方发生争议的权益的性质、被告侵权行为的性质、危害和后果及被告应当承担的民事责任加以阐述和论证,以说明原告诉讼请求的合法、合理性。

(3) 证据和证据来源,证人姓名和住址。对物证、书证、证人证言等证据内容及其来源和证人情况分别叙述清楚,以便于人民法院核实认证。

3. 尾部。民事起诉状尾部还应写上结束语,如:"为此,特向你院提起诉讼,请依法判决。"并按格式写明致送的法院名称、起诉人姓名、起诉时间及附项项目。

(三) 应注意的问题

民事起诉状的事实要突出重点、详略得当,重点写明原、被告双方民事法律关系存在的事实以及权益争议的基本情况,详写关键事实与情节,切忌面面俱到乃至喧宾夺主;还要注意控制自己的情感,切忌语言粗鲁和讽刺谩骂。更要注意正文三个部分之间互相协调一致,以增强文书的说服力。在运用时要注意:提交法院正本一份,副本的份数按被告及第三人的人数提交;副本尾部"起诉人"的签名及盖章应分别亲自签写和盖章。在递交起诉状时提供全部证据材料,并准确填写"证据目录表"。证据及"目录表"份数与起诉状及其副本份数相同。

二、民事反诉状

(一) 概念、功能

民事反诉状,是民事案件审理过程中,被告就原告起诉的同一案件,向人民法院递交的请求追究原告相应民事责任,并适用同一诉讼程序与原告起诉合并审理的法律文书。

据我国《民事诉讼法》的有关规定,在法庭审理中,被告提出反诉,可以与原诉合并审理。因此,民事反诉状是被告指控原告的书面材料,也是人民法院对原告本诉、被告反诉适用同一诉讼程序合并审理的依据。但是反诉必须是就同一纠纷事实提出的相反的诉讼要求。反诉不同于一般的反驳。

(二) 结构、内容和写法

文种名称为"民事反诉状",当事人称谓分别是"反诉人"和"被反诉人",案由写法为"反诉人就××一案,对被反诉人提起反诉"。而正文部分基本同于民事起诉状,重点要写好反诉请求及其所依据的事实、理由和证据。

(三) 应注意的问题

反诉状中的反诉请求必须与本诉具有关联性,即应基于同一案件和同一争议内容,并应以充分的事实及证据证明反诉请求的合理性、合法性。由于反诉是针对本案原告之诉提出,反诉状要加强针对性和辩驳性,即针对原告的诉讼请求,充分运用证据和法律论证反诉要求的正确性,以求得人民法院的支持。

三、民事上诉状

(一) 概念、功能

民事上诉状,是民事诉讼当事人不服地方人民法院第一审未生效的判决或裁定,在法定上诉期限内,向上一级人民法院提出上诉,要求重新审理并撤销、变更原裁判的法律文书。

我国《民事诉讼法》规定,当事人不服第一审判决或裁定,有权在法定期限内向上一级人民法院提起上诉。这对于维护当事人的合法权益、避免错误裁判生效或促使二审维持正确裁决都有积极意义。当然,民事上诉状也是上一级人民法院进行上诉审程序的文字依据。

(二) 结构、内容和写法

1. 首部和尾部。制作民事上诉状,首部和尾部的有关事项基本同于民事起诉状,但需写明"上诉人因××一案,不服×××人民法院××××年××月××日(××××)字第×号判决(或裁定),现提出上诉"。适用于自然人的民事上诉状的当事人事项基本同于民事起诉状;适用于法人或其他组织的民事上诉状与民事起诉状格式基本相同,要参照适用于法人及其他组织的起诉状的写法书写。

2. 正文。重点应写好正文部分的上诉请求和上诉理由。

上诉请求。写明要求第二审法院部分还是全部撤销原裁判,或者要求重新审判,以及作出新裁决的具体内容;请求事项若有多项,应当分点叙述。

上诉理由。上诉理由是支持上诉请求、论证上诉请求合理、合法性的论据。这部分可以针对原审裁判的不当之处,写明上诉的具体理由。上诉理由可以从三方面提出:

(1) 认定事实方面。若原裁判在认定事实方面有错误,可以有针对性地反驳错误的事实认定、用新的证据论证正确的事实,阐述否定原审认定事实的证据和理由。

(2) 适用法律方面。若原审裁判适用法律不当,则应当具体指出其不当之处,并说明应当运用什么法律、哪一条款,以事实和法律为依据论证应予变更或撤销的必要性。

(3) 诉讼程序方面。上诉人认为原裁判有违反民事诉讼程序之处,应指出具体的违反程序的行为及其对审判公正性的影响,据以提出上诉。

(三) 应注意的问题

民事上诉状具有很强的辩驳性,必须针对原审裁判在认定事实、适用法律或诉讼程序方面的错误或不当之处,摆事实、讲道理并援引法律进行辩驳,最后得出正确的结论,从而为上诉请求提供充分的依据。

四、民事答辩状

(一) 概念、功能

民事答辩状,是民事诉讼中的被告或被上诉人,针对对方起诉或上诉的内容,依法提出答复和辩驳的法律文书。

根据我国法律规定,民事诉讼第一审的被告或第二审被上诉人提出答辩状,是其所享有的一项重要的诉讼权利,目的在于使他们能充分阐明其观点和主张,以利于人民法院全面了解案情并及时作出公正裁判。

(二) 结构、内容和写法

文种名称为“民事答辩状”,答辩人的基本情况、答辩事由及尾部的有关事项,基本同于民事起诉状。要注意答辩人的基本情况,公民和法人或其他组织有所不同。答辩事由的写法,针对起诉和上诉的答辩也有差别。写好民事答辩状的关键是写好正文的答辩意见与答辩理由。

答辩意见。这部分可以看作整篇文书的论点,必须简明扼要地提出答辩人对起诉状、上诉状中各项诉讼请求的观点和态度，要明确表示接受、反对还是另有主张。

答辩理由。一般情况下，要反驳对方的诉讼请求，可以根据不同情况来阐明理由：若起诉状、上诉状的事实有部分虚假（包括歪曲事实，隐瞒真相等），则针对虚假事实予以澄清、反驳并提出足以证明客观事实的充分、确凿的证据；若起诉状、上诉状提出的事实存在，但曲解法律，要求不合理，对此则应着重从法律上驳斥其对法律的曲解，并反驳其要求的不合理性。

（三）应注意的问题

撰写答辩状要力求如实、客观和准确。如实，即要求反映所争执事实的真实面貌和实质；客观，是要说明自己所持有的反驳理由的客观凭据；准确，是应以争执的焦点为中心，结合有关的事实情节予以论证。当然，要依据实事求是的原则，若起诉状、上诉状中的请求、事实、理由都合理合法，则可以放弃答辩。另外，对上诉状的答辩，支持一审判决或裁定的，答辩意见应表明支持原裁判，反驳上诉的无理要求。

五、民事再审申请书

（一）概念、功能

民事再审申请书，是民事案件当事人，对已经发生法律效力的判决、裁定认为有错误，或者对违反自愿原则的调解协议或调解协议的内容违反法律的，向人民法院申请再审而制作的法律文书。

我国《民事诉讼法》规定，当事人对已经发生法律效力的判决、裁定，认为确有错误并符合该法第179条规定的条件，可以向上一级人民法院申请再审。因此，民事再审申请书既是当事人表示申诉意愿的文书，也是人民法院适用审判监督程序对民事案件提起再审的依据。

（二）结构、内容和写法

1. 首部。要写明文种名称、申请人和被申请人的基本情况以及案件的由来三项内容。文种名称为“再审申请书”；申请人和被申请人的基本情况要依次写明，具体事项与民事起诉状相同；案件由来的具体行文为：“申请人×××对××××人民法院××××年×月××日（××××）××××终字第××号民事判决（或裁定），根据《中华人民共和国民事诉讼法》第一百七十九条第（×）项之规定，申请再审。”

2. 正文。包括请求事项、事实与理由两个部分。在请求事项中应明确提出申请再审所要解决的问题,如撤销生效判决、裁定重新作出判决、裁定等。在事实与理由部分,必须运用证据和法律充分说明原审裁判的错误或不当之处,特别要阐明原审存在法律规定的应当再审的情形,最后援用《民事诉讼法》第179条的相关规定,请求法院对本案进行再审,并按申请人的请求予以改判。对已经生效的民事调解书申请再审的,则应说明调解中如何违反自愿原则或调解协议的内容违反法律的情形,以支持自己所提的请求。

3. 尾部。写清致送法院名称、申请人署名、日期以及附项等内容。

(三) 应注意的问题

内容写法与民事上诉状基本相同,但文书中的内容、证据应更加充分、确凿。对生效裁判的错误之处充分揭示,以期引起审判监督程序、实现申请人在请求事项中提出的意愿。根据我国《民事诉讼法》的规定,对已发生法律效力的解除婚姻关系的判决不得申请再审,但涉及财产争议问题的,可以就财产争议提请再审。另外,还要注意:民事案件当事人必须在判决、裁定发生法律效力后两年内提出再审申请,方为有效。

第四节 行政案件律师实务文书

一、行政起诉状

(一) 概念、功能

行政起诉状,是公民、法人或其他组织认为行政机关和行政机关的工作人员的具体行政行为侵犯其合法权益,按照我国《行政诉讼法》的规定,向有管辖权的人民法院要求撤销该项具体行政行为时所制作的法律文书。

根据我国《行政诉讼法》的规定,公民、法人或其他组织认为行政机关和行政机关工作人员的具体行政行为侵犯其合法权益时,可以在法定期限内遵循法律规定的程序,以书面的形式对实施具体行政行为的行政机关或者法律法规授权的机关或组织予以指控,向人民法院提起行政诉讼。行政起诉状既是具体行政行为相对人就具体的行政争议指控有关行政机关行政行为违法的法律文书,也是人民法院受理行政案件、启动行政诉讼程序的文字依据。

(二) 结构、内容和写法

行政起诉状的结构、内容和写法与民事起诉状大体相同,但具有行政法律文书的特征。

1. 首部。在“行政起诉状”文书名称之下,写清原告的身份事项,以及被告的情况。由于行政诉讼当事人的固定性,被告只能是实施具体行政行为的行政机关或法律法规授权的机关组织,因此应当写明被告机关或组织的全称和地址,及其法定代表人或负责人的姓名、职务。

2. 正文。这是行政起诉状的中心,包括三项内容:

(1) 诉讼请求。即原告提起行政诉讼要求解决的问题。根据行政案件的特点,诉讼请求有请求撤销、变更、作为或损害赔偿等几种,原告还可就诉讼费用的负担提出请求。

(2) 事实与理由。这部分说明诉讼请求的事实根据和法律依据。事实部分要着重写明被告及其工作人员侵犯原告合法权益的事实经过、原因及造成的结果。理由部分要针对上述事实,从适用行政法规或从行政行为程序上指出原行政行为或复议决定的错误所在。常见的错误有:主要证据不足;适用法律、法规不当;违反法定程序;超越或滥用职权;不履行或拖延履行法定职责;行政处罚显失公正等。在此基础上进一步论证被告给原告造成的损害结果以及被告在法律上应当承担的责任和自己在本案处理上的要求。

(3) 证据和证据来源,证人姓名和住址。即原告就诉讼请求、阐述的事实与理由所提供的证据,应当详尽叙述和列明,以便法院查核和认证。

3. 尾部。须按照格式写明致送人民法院名称、起诉人姓名、具状年月日,并应在附项中写明本诉状副本份数。

(三) 应注意的问题

行政诉讼首先要有明确的诉讼对象和范围。对国防、外交等国家行为等不得提起行政诉讼。另外,理由部分要强调针对性,将复议机关列为被告的起诉状,重点是剖析复议决定的错误与不当,不必用太多笔墨分析原行政机关的决定的谬误与否。起诉状正、副本提交的份数,签名等必须逐份签写或盖章,证据材料及“证据目录表”诸事项请参阅“民事起诉状”的相应部分。

二、行政上诉状

(一) 概念、功能

行政上诉状是行政诉讼当事人不服地方人民法院作出的未生效的第一审行政裁判,在法定期限内要求上一级人民法院重新审理,撤销或变更原审裁判的法律文书。

我国《行政诉讼法》规定，当事人不服第一审判决或裁定，可以在法定期间内向上一级人民法院提起上诉，以维护自身的合法权益。因此，行政上诉状既是当事人表示上诉意愿的法律文书，又是第二审人民法院按上诉程序对行政案件进行审理的依据。

（二）结构、内容和写法

行政上诉状的结构分为公民当事人提起上诉和法人、其他组织或行政机关提起上诉两种。但正文部分的内容和制作要求是一致的：上诉请求要写明上诉人请求第二审人民法院依法撤销或变更原审判决或裁定，以及如何解决争议的具体要求；上诉理由则要明确提出并阐明原裁判在认定事实、适用法律或诉讼程序等方面的错误及不当之处，并充分举证和援引有关法律，以论证和支持上诉请求。尾部制作要求与民事上诉状相同。

撰制中应当注意的问题请参阅民事上诉状的相关部分。

三、行政申诉书

（一）概念、功能

行政申诉书，是行政诉讼当事人对已经生效的判决、裁定，认为确有错误，依法向原审人民法院或上一级人民法院要求重新审理案件，撤销、变更原裁判的法律文书。

行政申诉书是行政诉讼中的公民、法人和其他组织以及实施具体行政行为的行政机关得以提起诉讼并通过审判监督程序维护法制尊严和自身权益的一种形式，也是人民法院适用审判监督程序，对判决或裁定已生效的行政案件予以再审的依据。

（二）结构、内容和写法

1. 首部。在文种名称之下，写明申诉人的基本情况，并按格式写明申诉人因何案不服何判决或裁定而提出申诉。

2. 正文。包括请求事项、事实与理由两项内容。其中请求事项应明确提出申诉请求的具体内容，如请求撤销原审裁判或变更原审裁判，请求人民法院依法重审等。事实与理由部分，主要阐述生效裁判在认定事实、适用法律或原审法院在诉讼程序等方面的错误，若有新的事实和证据要着重叙述清楚，并引用有关法律条文论证自己申诉请求的合法性。

3. 尾部。按照格式写明致送人民法院名称、申诉人姓名、具状年月日及附项内容。

（三）应注意的问题

行政申诉状的请求事项中所要求变更的是业已生效的法院裁判，并非行政机关的具体行政行为。其他事项参见民事再审申请书。

第五节　委托书与申请书

一、授权委托书

（一）概念、功能

授权委托书，是当事人把代理权授予委托代理人时制作的法律文书。授权委托书生效期间，委托代理人在代理权限内实施民事行为或诉讼行为所产生的法律后果和民事责任，都由被代理人承担，因此，它是代理人以被代理人的名义，在被代理人授予的权限内从事民事活动或参加诉讼活动的书面依据。

（二）结构、内容和写法

1. 首部。在文种名称之下，写明委托人和代理人（受委托人）的姓名、性别、出生年月日、工作单位、住址等事项，如委托人为法人或其他组织的，则应写明其全称、地址以及法定代表人（代表人）的有关事项。委托代理人参加诉讼活动的，如果委托人是公民，写明委托人姓名，代理人（受委托人）姓名、性别、工作单位、住址、电话号码；如果委托人是法人或其他组织，则只要求写明委托单位名称，所在地址，法定代表人（代表人）的姓名、性别、工作单位、住址、邮政编码、电话号码。

2. 正文。包括委托事项、委托权限、委托期限等内容。

委托事项。委托进行民事活动的，写明："现委托×××（受托人姓名）作为我（或我方）参加×××（民事法律活动名称）的委托代理人。"委托参加诉讼活动的，写明："现委托×××（受托人姓名）在我（或我方）与×××（对方当事人姓名和案由）一案中，作为我（或我方）参加诉讼的委托代理人。"

委托权限。在民事法律活动代理中，委托人授予代理人的代理权限有三种情况，在授权委托书中要明确表述：（1）一次委托权限。指代理人只能一次性地办理某项民事法律事务；（2）特别委托权限。指代理人受托在一定时期内办理相同性质的民事法律事务；（3）总委托权限。指受托人在一定时期内办理某项事务及与此相关的活动。

在诉讼代理中,委托代理权限分为两种:(1)一般委托。指委托代理人只能实施一般的诉讼行为,如代为查证、出庭等;(2)特别委托。指委托代理人受委托全面参与某些重大诉讼行为,如代理当事人承认、放弃、变更诉讼请求,提出反诉,进行和解,接受调解等。

委托期限。应视具体情况而定,一次或一事(一案)委托的,可写明:“自授权委托之日起,至本次民事法律活动(或本案)终结之日止。”

3. 尾部。由委托人签字盖章,委托人如为法人或其他组织,应由其法定代表人(代表人)签字盖章并加盖公章。最后写明授权委托的日期。

(三) 应注意的问题

委托事项和委托权限必须明确、具体。还要注意法律对特殊性质案件代理权的限制,如我国《民事诉讼法》第62条规定:“离婚案件有诉讼代理人的,本人除不能表达意志的以外,仍应出庭;确因特殊情况无法到庭的,必须向人民法院提交书面意见。”

二、财产保全申请书

(一) 概念、功能

财产保全申请书,是民事诉讼的一方当事人向人民法院提交的,请求人民法院在案件起诉前或者诉讼过程中(包括对法律文书申请执行前)对对方当事人的财产或争议标的物采取保全强制措施,以保证案件审结后判决顺利执行的法律文书。按照提交时间来区分,这种文书可分为“诉讼前财产保全申请书”和“执行前财产保全申请书”两种。

根据我国《民事诉讼法》的规定,当诉讼请求具有给付内容,为保证判决的顺利执行或者利害关系人因情况紧急,必须采取保全措施,案件的一方当事人可以向人民法院申请采取财产保全措施。财产保全申请书既是当事人请求意愿的表示,也是人民法院采取财产保全措施的依据。

(二) 结构、内容和写法

1. 首部。在文种名称之下,分别写清申请人与被申请人的基本情况。

2. 正文。正文部分要依次写述申请事项、申请理由两项内容。

申请事项:应写明请求保全的标的额,该标的额不得超过诉讼争议的标的额;如果请求保全的财产系双方当事人争议的标的物,应当写明请求保全的财产名称，若系不动产则要写明具体的坐落处所等。申请理由：首先写明申请人与被申请人的权利和义务（案件已裁决的要按生效法律文书的相关认定叙写），再具体写明需要采取保全措施的目的和原因。

3. 尾部。按格式要求写明致送人民法院全称，申请人姓名和提出申请的年月日。

（三）应注意的问题

按照我国《民事诉讼法》规定，当事人提出采取财产保全措施申请，必须提供担保，担保可视本身条件选用现金担保、实物担保或担保人连带保证三种方式之一，财产保全限于请求的范围，或者与本案有关的财物；按文书提交时间的不同，在标题前分别加上“诉讼前”或“执行前”的字样。

三、先予执行申请书

（一）概念、功能

先予执行申请书，是具有给付内容的民事案件一方当事人向人民法院提交的、请求人民法院对案件作出判决前，先行裁定对方当事人履行一定义务的法律文书。

按照我国《民事诉讼法》的规定，具有给付内容的诉讼案件中，当事人之间权利义务关系明确，因情况紧急需要先予执行的或不先予执行将严重影响申请人的生活或者生产经营的，一方当事人可以向人民法院申请在对案件作出判决之前采取先予执行的措施。先予执行申请书既是当事人向人民法院提出先予执行请求的法律文书，也是人民法院决定采取先予执行措施的依据。

（二）结构、内容和写法

1. 首部。在文种名称之下依次写明申请人、被申请人的基本情况，以及涉讼案由和申请先予执行的原因。便于法院了解采取先予执行措施的必要性和情况的紧急性。

2. 正文。包括请求目的、事实与理由两部分。请求目的，应当具体而明确地提出请求人民法院采取何种先予执行的措施。在事实与理由中，应简要叙述双方争议的原因、经过，提起诉讼的证据材料和法律依据，以及在已经提起的诉讼中所提出的诉讼请求，说明所提起的诉讼中具有对方给付的内容，以及急需对方先行给付的理由，最后，应引用我国《民事诉讼法》第 97 条、第 98 条等有关法律条款。

3. 尾部。结构、事项与财产保全申请书相同。

四、公示催告申请书

(一) 概念、功能

公示催告申请书,是当事人向人民法院提交的,请求人民法院以公示的方式催告不明的利害关系人在法定期限内申报权利,否则将由法院作出宣告票据无效判决的法律文书。

公示催告是为了调整票据丧失后的法律关系、保护票据权利人和利害关系人的合法权益而设立的一项特别法律程序。按照规定可以背书转让的票据持有人因票据被盗、遗失或者灭失,可以向人民法院提交公示催告申请书,以有效地防止财产损失,维护自身的合法权益,同时也是引起公示催告程序的必备条件。

(二) 结构、内容和写法

1. 首部。在文种名称之下写清申请人基本情况。

2. 正文。正文包括申请事项、事实与理由两部分。

申请事项中要明确提出人民法院公示催告所要达到的目的,以便人民法院发出公告。

事实与理由部分必须写明票面金额、发票人、持票人、背书人等票据的主要内容以及提出申请所依据的事实与理由,并且提供有关证据,以便人民法院审查受理。

3. 尾部。按格式写明致送人民法院名称,申请人姓名和申请年、月、日及附项。

五、申请执行书

(一) 概念、功能

申请执行书,是指在民事、仲裁等生效的法律文书中确认的享有权利的一方当事人,在应当承担义务的当事人拒绝履行义务时,向有管辖权的人民法院提出的申请采取执行措施的法律文书。

根据我国法律规定,对于发生法律效力的民事判决、裁定、调解书和其他由人民法院制作的法律文书,以及依法设立的仲裁机构的裁决、公证债权文书,当事人一方拒绝履行或不履行的,对方当事人可以向有管辖权的人民法院提交的强制执行的文书，用以保障本方合法权益的实现。

(二) 结构、内容和写法

1. 首部。在文种名称之下，按照申请人、被申请人的顺序，分别写明双方当事人各自的基本情况。接着，另段写已经生效判决的情况和被申请人拒不履行等情况。具体行文为：

"上列当事人之间，因×××一案，业经××人民法院于××××年××月××日作出(年度)字第××号一审(或终审)民事判决(或业经××仲裁委员会于××××年××月××日作出(年度)字第××号裁决)，被申请人拒不遵照判决(或裁决)履行。为此，特申请你院给予强制执行。"

如果是经公证处发给强制执行公证书的，其行文为：

"上列当事人之间，因××事项，经××公证处于××××年××月××日发给(年度)字第××号强制执行公证书，据此，申请你院给予强制执行。"

2. 正文。包括请求事项、事实与理由。在请求事项中要明确提出申请人民法院强制执行的具体要求，如扣押被申请人相应财产的折价或拍卖抵债，或从被申请人的账户上划出相应款项等。事实与理由部分应当着重说明：双方当事人发生纠纷后人民法院(或仲裁委员会)裁判文书(仲裁文书)确认的责任方应当承担的责任，特别是生效文书中涉及的财产执行内容，说明被申请人应当履行给付财产的义务；有关法律文书生效后，被申请人仍然不履行或者不正确履行法律文书中指定义务的情况，讲清楚请求人民法院采取强制执行措施以保障申请人合法财产权益的必要性；还要写明被申请人可供执行的财产状况，包括其经济收入、有无履行义务的能力等。

3. 尾部。按格式写明致送人民法院名称，申请人姓名，申请年、月、日，以及附项。

六、破产还债申请书

(一) 概念、功能

破产还债申请书，是债权人或债务人向人民法院提交的，请求人民法院根据债务人不能清偿到期债务的具体情况将债务人的破产财产依法分配给债权人的法律文书。

根据我国法律规定，企业法人因严重亏损，无力清偿到期债务，债权人或者债务人均可向该企业法人所在地的人民法院提交破产还债申请书，申请宣告破产还债。

（二）结构、内容和写法

1. 首部。在文种名称之下，写清申请人、被申请人的基本情况。如果是债权人提出申请，被申请人即是债务人；如果债务人提出申请，则不存在被申请人。

2. 正文。包括请求事项、事实与理由两项内容。请求事项要具体提出请求，如：依法宣告申请人或被申请人破产，并以其财产拍卖清偿所欠债务。在事实与理由部分，若由债权人提出破产申请的，应当提供关于债权数额、有无财产担保以及债务人不能清偿到期债务的有关事实和证据；若由债务人提出破产申请，则应当说明企业亏损的情况，并提交有关的会计报表、债权清册和债务清册等证据材料。

3. 尾部。写明致送人民法院名称，申请人姓名，提出申请的年、月、日，以及附项。

第六节 其他律师实务文书

一、法律意见书

（一）概念、功能

法律意见书，是律师接受委托后，依法独立地对某一事项的法律问题作出解答，提供书面意见的一种非诉讼律师实务文书。法律意见书的作用就在于对当事人的某项法律行为、法律事实或者中外合资或合作协议、国际贸易合同、股权上市转让等非规范性文件从法律上进行研究审查后发表的答询意见，为当事人确定行动提供法律依据。

（二）结构、内容和写法

法律意见书没有很固定的格式，但大体上包括下列内容和事项：

1. 首部。写明“法律意见书”或“关于××协议（合同）的法律意见书”。然后概述当事人各方（姓名或名称）所实施的法律行为的名称、性质和过程，写明协议或合同的编号、总金额等；律师接受委托的情况及工作简况。

2. 正文。要正确运用法律和政策，针对当事人所咨询的有关事务进行分析和阐述，解答各种法律问题，对某种工作方案不完善之处提出修改意见，详细列出解决问题的方法和步骤。因此，其主要内容应当包括：出具法律意见书在法律、政策上的根据；具体的法律意见和需要明确的有关事宜以及可行性分析等。

3. 尾部。包括律师签名,并加盖律师所在律师事务所公章以及出具法律意见书的年、月、日。

(三) 应注意的事项

要认真调查有关事实,如失实则要承担法律责任;意见和建议要正确、具体和切实可行;引用法律条文要准确、全面。除律师事务所外,公证处在对某些法律事件、法律活动进行公证的过程中,亦可出具相关的公证法律意见书。

二、律师见证书

(一) 概念、功能

律师见证书,是律师应有关当事人的请求,依法对一定范围的民事行为的真实性、合法性进行见证并以律师和律师事务所的名义出具的书面证明文书。

律师受当事人的委托参与当事人所从事的法律活动,以其亲身参与或亲眼所见的内容用法律见证书的形式对当事人的活动予以证明。这不仅可以促使当事人正确、合法地实施特定的法律行为,而且在一旦发生争议和纠纷的情况下,法律意见书具有证据作用。

(二) 结构、内容和写法

1. 首部。在文种名称之下,写明委托人的基本情况,如果是单位,应当写明该单位的全称等。

2. 正文。包括如下内容:一是见证事项,主要写清律师见证何种行为,如订立合同、协议谈判或其他具有法律性质的行为等;二是见证材料,即律师在见证事项中所审查的与当事人行为有关的材料,如合同书、当事人资格证明材料等;三是见证结论,要求律师根据有关法律的规定,对自己亲临见证现场所目睹的当事人所为的法律行为和所审查的材料,明确其具有客观性、真实性、合法性的法律评语。

3. 尾部。由参加见证活动的委托人在见证书上签名、见证律师签名并加盖所在律师事务所的印章,最后是出具律师见证书的年、月、日。

(三) 应注意的问题

律师出具见证书,必须符合当事人具有民事权利能力和行为能力、意思表示真实、委托见证的内容不违反法律和公共利益的条件,因此,律师对见证事项必须事先进行全面审查。对于法律规定必须公证的事项,律师见证无效。

三、辩护词

（一）概念、功能

辩护词，是刑事案件被告人或上诉人的辩护人在法庭辩论阶段依法为被告人所作无罪、罪轻或者减轻、免除刑事处罚的论辩性演讲稿，也是一种具有法律意义的法律文书。

在刑事诉讼程序中，辩护词是辩护人实现辩护职能，维护被告人或上诉人合法权益的重要手段，也是帮助法院正确审理刑事案件、对广大公民进行法制宣传的重要工具。

（二）结构、内容和写法

辩护词是具有论辩性的演讲稿，无统一规定的固定格式，但有大体一致的结构，通常由标题、称呼语、前言、辩护理由、结束语五个部分构成。标题为“辩护词”或“×××（人名）××（案由）一案辩护词”；称呼语为“审判长，审判员”；这比较简单，但关键是要写好辩护理由，下面说明主要部分的写作要求：

1. 前言。一般包括三项内容：一是简要说明辩护人的合法地位。即接受委托或受法院指定并且由律师事务所指派，担任本案哪一名被告人（或上诉人）的辩护人；二是讲辩护人在出庭前进行了哪些工作；三是简述对本案的基本观点。最后一点也可以留在结束语中归纳。

2. 辩护理由。这是辩护词的主体部分，是辩护人为维护被告人的合法权益所要阐明的主旨，应该从本案的事实和证据出发，对照有关的法律规定，论证被告人无罪、罪轻或应予减轻或免除刑事责任的意见和理由。因此，通常是围绕着是否构成犯罪，或属于何种罪名，有无从轻或免刑的法定条件等问题展开辩论，并得出自己的结论。

从辩护理由涉及的方面来看，常见的有下列四个方面：一是对起诉书认定的事实进行辩驳，即起诉书上对于犯罪事实的认定有错误，就针对认定事实的错误和矛盾予以辩驳；否定犯罪事实存在时，主要是从否定认定犯罪事实的证据着手（可以从证据不实或证据不足等角度开展论证）。二是从法律的角度进行辩护，法律是分辨罪与非罪、衡量罪重罪轻的天平和准绳。起诉书若区分罪与非罪的界限不清，认定罪行性质、情节轻重有误，辩护人则应从法律适用角度进行辩护，以维护被告人的合法权益。从法律方面进行辩护，既要涉及有关的法律规定，又常常涉及法学理论，辩论时必须与案件的客观事实紧密结合。三是从逻辑事理和相关学科的科学原理的角度进行辩护，这种方法也很常用。如从逻辑事理角度来否定对被告人行为、结果的某些指控,如从被告人行为造成的后果不太严重,被告人的目的、动机等具体情节并不十分恶劣等方面进行辩护,要求法庭从轻或免予刑事处分。四是从起诉、法庭审理等违反法定的诉讼程序且可能影响审判结果公正性的角度为被告人辩护。

3. 结束语。一般可以讲两个内容:一是总结或复述辩护词的基本要点,二是从定罪量刑等角度提出对被告人的处理意见。

(三) 应注意的问题

1. 必须遵循"以事实为根据,以法律为准绳"的原则制作,按照诉讼程序的规定发表。制作和发表辩护词是法律赋予律师的一项重要权利,只有尊重客观事实,严格据实依法论理,才能保证辩护词的合理、合法性并发挥预期的良好社会效果。

2. 根据司法实践经验,辩护律师为被告人进行无罪辩护,或为一些社会影响较大的刑事案件被告人进行辩护,一般应当经律师组织集体讨论,集思广益并达成共识,以保证辩护质量。

四、代理词

(一) 概念、功能

民事案件、行政案件的当事人,刑事案件的被害人以及刑事附带民事案件的原、被告人所委托的诉讼代理人,在法庭审理的辩论阶段或人民法院依法进行书面审理中,为了维护其所代理一方的合法权益,以被代理人的名义,在代理权限之内发表或递交的具有综合性的代理意见。

代理词的作用表现在以下三个方面:一是支持被代理人的诉讼,实现被代理人的诉讼权利或维护被代理人的合法权益;二是为人民法院的审判工作提供依据、提高审判质量;三是宣传法制,有利于精神文明建设和社会的安定团结。

(二) 结构、内容和写法

代理词虽无法定的固定格式,但也有大体通用的辞章结构。作为一种论辩性的法律演讲稿,代理词通常和辩护词的结构形式大体一致。

每一份代理词都应有一个确切的标题,标题应反映案件性质和所代理的当事人在案件中的地位,例如"民事原告诉讼代理词"、"刑事附带民事诉讼原告人代理词"等,使听众一开始就了解代理词的性质。因为代理词是一种讲演辞,主要向合议庭陈述,因此开头的习惯称呼语是"审判长、审判员"。代理词的主体部分包括:

1. 前言。亦即开场白,首先要概述接受委托和受指派,担任本案当事人哪一方面的代理人,以申明代理人的合法地位,然后简单说明出庭之前所进行的准备工作,最后提出自己对本案的基本态度或观点。

2. 代理意见。这是代理词的核心内容。代理人应当在代理权限内,依据事实和法律,陈述并论证被代理人提供的事实与理由成立,从而支持其主张和请求,同时揭示、驳斥对方的错误。代理意见通常从认定事实、适用法律和诉讼程序等几方面或其中一、两个方面展开论述。

在第一审程序中,如果是原告(或原告人)的诉讼代理词,就要依据事实和法律,对原告(原告人)提出的事实、理由和诉讼请求进行全面的论证与支持;如果是被告(或被告人)的诉讼代理词,则要针对原告(原告人)诉状及代理词的指控进行答辩与反驳,并依据事实和法律,提出维护被告(被告人)合法权益的主张。所以,原告(原告人)诉讼代理词以正面论述为主,被告(被告人)诉讼代理词则以驳论为主。在第二审程序中,上诉人和被上诉人代理词的代理意见应主要针对原审判决或裁定,从认定事实、甄别证据、适用法律、论证(裁判)理由和检讨诉讼程序是否合法等方面发表各自代理意见,同时也针对诉讼对方的观点和理由进行辩论和反驳。可见,第二审代理词有更强的辩驳性和针对性。

3. 结束语。这部分是归纳全文的结论性见解和具体主张,为被代理人提出明确的诉讼请求。应要言不繁、简洁明了,使听众对代理词特别是代理意见留下深刻、鲜明的印象。

(三)应注意的问题

代理词只能在代理权限范围内发表代理意见,不能超越代理权限,代理人代为承认、放弃或变更诉讼请求,进行和解,提出反诉或上诉等,必须有被代理人的特别授权,离婚等案件还须按有关法律的特别规定进行代理。刑事附带民事诉讼的原告代理词应突出附带民事诉讼部分。总之,代理词更应格外注意以理服人,语言确切。

附:

【实例一】

刑事自诉状(重婚)

自诉人王××,女,19××年×月×日出生于××省××县,汉族,农民,住本县××乡杨×村。

被告人张××,女,19××年×月×日出生于××省××县,汉族,农民,住本县××乡东×村。

被告人林××,男,19××年×月×日出生于××省××县,汉族,××乡兽医站兽医,住本县××乡杨×村。

案由和诉讼请求

控告被告人张××、林××犯妨碍婚姻家庭罪,请依法惩处。

事实与理由

我和被告人林××于199×年自愿登记结婚,婚后感情很好,并已有两个男孩,200×年××月,我家由××乡××村迁居本县××乡××村时,尚留我爱人林××一人暂住原处,做兽医工作。被告人张××乘我迁走之机,便与我爱人勾搭成奸。200×年林××由××乡××村回到××乡××村与我共同生活,而被告人张××以我爱人是他表叔为由,继续与林××通奸,我敢怒而不敢言。为了达到他俩结婚的目的,张××唆使林××对我进行打骂。同年秋,林××提出和我离婚,并说:"你不离我要犯错误。"我未同意,林就借故毒打我,我不堪忍受,曾投河自杀,被赵××(同村村民)救出。200×年×月的一天,被告人张××从我家刚走,林××又提出和我离婚,我不同意,林说:"你不离叫我死,我也不让你活。"林××即用木棍将我的腿打肿,被邻居朱××拉开。200×年1月,林再一次提出和我离婚,并说:"我不与张结婚,张要死。"我仍不同意离婚。同年4月的一天张从我家刚走,林又打我。张见我坚决不离婚达不到她与林结婚的目的,就在同年5月也借故殴打我,并把我的腿打肿,被黄楼集小学李老师、殷××拉开。同年6月,林、张两人一同逃至本县方岗乡高村林××的大姐家非法同居。200×年8月,张为了达到非法目的,又将我的面部打肿。事经法院处理,责成张××改正错误,要林××与我和好。可事后林××与张××仍不改悔,继续通奸,再次逃到外地以夫妻名义非法同居长达1年有余,并在此期间生了孩子。

被告人张××明知林××为有妇之夫,而与其通奸,乃至长期非法同居,伙同林××多次对我进行打骂;被告人林××为了迫使我与他离婚,对我百般虐待。又因为林××已与张××私奔,由于缺乏劳力,我和3个孩子过着艰难困苦的生活,我和孩子的身心健康严重受损,后果极为严重。依据《中华人民共和国刑法》第257条、第258条、第260条,被告人张××与林××的行为已构成了妨碍婚姻家庭罪,特向你院起诉,请依法判决。

此致

××省××县人民法院

附:本诉状副本两份。

自诉人　王××

200×年×月×日

评析:这份刑事自诉状格式正确,事项齐全,文字基本通顺。事实部分能将本案当事人之间的关系以及案件发生的时间、地点,被告人犯罪的手段、情节、结果等叙述得比较清楚。理由部分能将被告人的犯罪事实高度概括并指出其违法性和对自诉人及社会的危害性,并引用法律条文论证被告人的行为已构成犯罪,请求法院惩处,叙事论理比较符合逻辑、事理。

但是这份刑事自诉状还存在一些明显的错漏和问题:

1. 事实和证据方面。在证明被告人的证据方面,诉状中先后涉及有 4 名证人,但都未写明他们的住址等事项,不符合诉状证据表述的要求。诉状中所称"200×年 8 月……事经法院处理……",但没有写明法院名称及处理的结果(训诫? 具结悔过?),所以无法作为这次审理案件的参考依据。另有一些打骂情节,应写得明确具体些并应列出证据。

2. 案由和适用法律方面。本诉状案由及理由中对被告人犯罪性质的论证,均为"妨碍婚姻家庭罪"。这样以类罪名提起诉讼是不妥的。本案被告人的行为具备重婚罪的构成要件,因此案由和诉状结论部分均应论证为重婚,援引的法律条文亦要具有针对性。

3. 在本诉状中,当事人双方的称谓应力求统一,规范。

【实例二】

民事起诉状(继承)

原告刘××,女,19××年×月×日出生,汉族,××钢铁公司干部,住××市××区××路 17 号。

被告齐××,女,19××年×月×日出生,汉族,××钢铁公司××厂工人,住××市××区××路 46 号院。

诉 讼 请 求

1. 判决被告齐××对原告家祖传房产不享有继承权。

2. 判决原告刘××为祖传房产唯一合法继承人。

3. 判决被告齐××承担本案全部诉讼费用。

事实与理由

我父亲与母亲李×生育原告刘××和原告哥哥刘×子女二人。1986 年哥哥刘×与本案被告齐××结婚。1992 年哥哥刘×因公死亡,1993 年初父亲病逝,遗有祖传房产 5 间。此后,母亲李×与原告、被告共同生活。

1994 年,我与胡××结婚,并于当年底搬入夫家另过。被告与我母亲住在一起。但被告脾气古怪,经常与母亲争吵,叫我母亲为她洗衣做饭、操持家务,而她却无半点孝心。更为恶劣的是,被告自 1997 年起,先后与多名男人恋爱,竟然把男人带到家中让我母亲做饭侍候,稍不遂意即对我母亲破口大骂。因被告的虐待行为,使我母亲身体状况越来越差,每年都到我家住3~4个月。2003年底,我母亲病逝。我要求继承祖传房产,考虑到被告齐××在此地居住较长时间,我同意齐××继续住东屋2间,但齐××拒不同意,要求与我一起继承并分割房产,双方为此多次发生纠纷。

根据我国《继承法》的第7条第3项规定,继承人"遗弃被继承人的,或者虐待被继承人情节严重的",丧失继承权。由于被告齐××对公婆未尽赡养义务,并且长期虐待婆婆,情节严重,依照法律规定,当然不应享有继承权。因此,我应当是我家祖传房产的唯一合法继承人。

证据和证据来源,证人姓名和住址

1. 私房房产证,鞍山市××区房管局核发。
2. 证人孙××证言,孙××提供。孙××住址:鞍山市××区××路46号院。
3. 证人李××证言,李××提供。李××住址:鞍山市××区××路46号院。
4. 证人陈×。陈×住址:鞍山市××区××路19号。

为使纠纷得到解决,特向你院提起诉讼,请依法判决。

此致

××省××市××区人民法院

起诉人:刘××

200×年4月18日

附:本诉状副本1份;证据材料3份。

评析:撰写民事起诉状,除了必须遵循规定的格式外,关键是应根据不同性质的诉讼请求,写明足以支持该诉状的事实、理由和证据材料,以证明其诉讼主张的合法性和合理性。本诉状的诉讼请求、事实与理由以及所援用的法律之间还是比较和谐统一的。至于其诉讼请求能否实现,关键是原告是否就被告"遗弃被继承人或者虐待被继承人情节严重"充分举证并通过双方论证后得到法院的确认。

【实例三】

再审申请书(房屋产权纠纷)

申请人葛××,女,1930年7月29日生,汉族,户籍地及居住地××县城关镇万缘巷15号。

被申请人傅××,男,193×年×月××日生,汉族,户籍地及居住地××县城关镇××巷××号。

申请人葛××对××省××地区中级人民法院200×年4月10日(200×)×民终字第54号民事判决,根据《中华人民共和国民事诉讼法》第一百七十九条第(六)项之规定,申请再审。

请求事项

一、请求撤销××地区中级人民法院200×年4月10日(200×)×民终字第54号民事判决;

二、依法改判,请求确认申请人对××房产的所有权。

事实与理由

一、我和傅×宝婚姻关系存续期间所买的房子,房款是我独自筹借,也是我独自承担偿还的,有债权人臧××、冯××等人证明。

二、买房子时,我的丈夫(已故),即被申请人之父傅×宝公开表态:不与我共买此屋,并请沈××代书了不愿共买房子的声明。声明报告内容见代书人沈××的书面证明。

三、第一审、第二审法院只是泛泛地认定事实,援引法律。对于我提供的证人、证据既不调查核对,也不分析、不驳斥,下判时也全部不予采纳。这样的判决怎能使人信服?

四、夫妻(婚姻关系)存续期间所得财产,应理解为包括双方或一方的劳动所得。如属这样的性质,其产权应为夫妻共同所有。我买的房子虽在婚姻关系存续期间,但买房用款不是劳动所得,而是借债支付,还债又是在我前夫死后。第一审、第二审引用《婚姻法》第13条,只讲"夫妻在婚姻关系存续期间所得的财产,归夫妻共同所有",而不提该条的最后一句:"双方另有约定的除外。"

根据上述事实与理由,特申请贵院提审此案,依法判决,以保护申请人的合法财产权利并维护法制尊严。

此致

××省高级人民法院

附:1. 第一、二审判决书副本复印件各1份;

2. 房契影印件1份;

3. 书证8份。

申请人 葛××

200×年12月2日

评析:这份再审申请书分条叙事说理,层次清楚,逻辑性强,叙事简要,举证充分,说理有针对性,格式正确,内容要素完备。

这份再审申请书针对原审判决在认定事实和适用法律方面存在的偏差提出撤销原判、依法改判的请求。我国《婚姻法》第13条有关夫妻共同财产的规定中“双方另有约定的除外”这一点，在司法实践中往往因证据不足而难以认定。

【实例四】

财产保全申请书（建筑工程施工合同纠纷）

申请人中国××建筑工程局第×公司，地址北京市××区×××大街61号。

法定代表人赵××，总经理。

被申请人北京××房地产开发有限公司。地址北京市××区××路72号。

法定代表人：朱××，董事长。

申请事项

1. 立即查封被申请人银行账号，冻结账户上的存款（被申请人开户行：中国工商银行×××分理处；账号：××-××××××）。

2. 如果以上账户存款不足，请求扣押被申请人财产“奔驰”轿车1部（200×年款560型，黑色；车牌号：京A-×××××）。

申请理由

200×年1月17日，申请人与被申请人之间订立建筑工程施工合同，约定申请人承建被申请人发包的住宅楼1栋，工期1年，工程总造价560万元人民币，被申请人分3次将工程款给付申请人。合同订立后，申请人依约按质按期完工，该住宅楼已于200×年4月投入使用。然而，被申请人却以款项紧缺为由，分6次给付工程款482万元，但至今仍欠申请人78万元工程款没有付清。为此，申请人向人民法院提起诉讼，请求依法判决被申请人立即给付拖欠的工程款，并赔偿因此给申请人造成的经济损失。

以上事实，有申请人向人民法院提交的建筑工程施工合同、双方款项，有来往票证等材料为证。

为确保申请人诉讼请求真实，并承担因申请财产保全措施不当给被申请人造成的经济损失，中国××建筑工程局同时向你院提出财产保全担保书，为申请人提供担保。

此致

北京市××区人民法院

申请人　中国××建筑工程局第×公司

200×年7月21日

评析：这份财产保全申请书格式正确，事项齐全。“申请事项”部分提出的申请人民法院采取财产保全措施的请求比较具体、明确、可行。“申请理由”部分简要叙述了申请人与被申请人双方纠纷的由来、经过以及争议的焦点，并说明了已向人民法院提起诉讼，且所提起的诉讼中具有对方给付的具体内容。这样就比较充分地阐明了提出诉讼保全的理由。最后还说明了有关的证据材料。

不足之处是尾部还应用附项列出申请人为申请财产保全而提供的有关证据材料、书证物证等。

【实例五】

法律意见书(房屋租赁合同的合法性的法律意见)

我受上海市第×律师事务所的指派和上海××造纸厂的委托在此就上海××造纸厂与上海××工程公司的房屋租赁合同(草稿)是否合法提供法律意见。为此，我仔细研究了租赁合同(草稿)全部内容，现依据建设部颁发的《城市房屋租赁管理办法》等有关规定提出法律意见如下：

1. 本房屋租赁合同的出租方上海××造纸厂系出租房屋的合法产权人，依法享有出租权。承租方上海××工程公司租赁该房屋的用途是开设酒家。故该租赁合同的基本内容不违反政府对房屋租赁管理的有关规定。该租赁合同经双方正式签署生效后是合法有效的。

2. 建设部颁发的《城市房屋租赁管理办法》第9条规定“房屋的坐落、面积、装修及设施情况”是租赁合同应当具备的条款之一。在该租赁合同中没有对出租房屋的坐落和装修情况作出具体说明。我建议在正式签订租赁合同时，增加对房屋的坐落和装修情况的准确和具体的说明条款，以免今后发生争议。

上海市××××律师事务所
(章)
律师　王××
(章)
200×年5月7日

评析：本案例是律师针对一份房屋租赁合同(草稿)出具的法律意见书。这份法律意见书在首部概述了律师接受委托的依据和对租赁合同的内容进行了研究等出具法律意见书之前的律师工作情况。在正文部分律师依据建设部颁发的《城市房屋租赁管理办法》等有关规定提出了有针对性的法律意见。法律意见书认为租赁合同内容不违法，由于租赁合同是草稿，租赁合同需经签约双方签署生效后才是合法有效的。法律意见书同时指出了租赁合同中存在的问题，并向委托人提出了修改的建议。所以，这份法律意见书具有简明扼要，观点明确，依据充分和语言通顺的优点。

【实例六】

胡×瀚抢劫、杀人案辩护词

尊敬的审判长、审判员：

根据《中华人民共和国宪法》"被告人有权获得辩护"的规定和《中华人民共和国刑事诉讼法》第27条的规定，本律师受浙江省××市中级人民法院指定并征得被告人胡×瀚同意，担任本案被告人胡×瀚的辩护人，依法出庭为被告人胡×瀚辩护。

在发表辩护词前，我首先对"三·三一"案件中的死难者深表同情。

今年3月31日，被告人胡×瀚参与了对"海瑞号"游船上游客及工作人员的抢劫、杀人活动。"海瑞号"上的游客24人、导游2人、船上工作人员6人，共32人被烧烤致死。今天，被告人胡×瀚被指控构成抢劫罪、故意杀人罪。辩护人依照《中华人民共和国刑事诉讼法》第28条关于"辩护人的责任是根据事实和法律，提出证明被告人无罪、罪轻或者减轻、免除其刑事责任的材料和意见，维护被告人合法权益"的规定发表以下辩护意见：

一、关于本案的事实和定性

根据法庭庭审查明的事实，以及辩护人庭审前仔细查阅的本案全部卷宗材料，证明三被告人主观上有抢劫、杀人的故意，客观上有抢劫、杀人的行为。三被告人对自己的犯罪事实也已承认。据此，辩护人对××市人民检察院杭检刑诉(199×)70号起诉书及公诉词指控三被告人合谋作案，犯有抢劫罪、故意杀人罪没有异议。

二、关于被告人胡×瀚在本案中的地位、作用

本案是一起共同犯罪，且是一起有预谋的共同犯罪。但××市人民检察院杭检刑诉(199×)79号的起诉书及公诉词却没有对各被告人在本案中的地位、作用加以划分阐述，违反了《中华人民共和国刑法》的罪责自负的规定。为便于法庭分清各被告×的责任，辩护人想就三被告人在本案中的罪责作一说明，特别是对被告人胡×瀚在本案中所处的地位、作用进行辩护。

本案是一起特大抢劫、故意杀人案，但被告人胡×瀚在本案中与其他二被告人相比，地位相对低一些、作用小一些。

1. 本案的主要作案工具，如摩托艇、枪支、炸药、斧头，是由其他被告人准备的。可以这么说，如果没有这些工具，要实施抢劫是不可能的。因此，在本案的犯罪预备阶段，特别是准备犯罪工具方面，被告人胡×瀚的作用相对较小。

2. 本案是抢劫罪与故意杀人罪两罪，相比之下，后罪比前罪来得严重、恶劣，被告人胡×瀚确实提出抢钱的犯意，但没有提出杀人的犯意。

3. 在整个实施抢劫、杀人过程中，胡×瀚没有开枪，也没有扔炸药包，没有驾

驶船只。

4. 在参与抢劫后，当导游宋×霞恳求三被告人“放我们一条生路”时，被告人胡×瀚曾提出中止犯罪的主张，胡×瀚对另两名被告人说：“我们逃吧，反正是蒙面的，抓住了也不会枪毙。”但由于另两名被告人坚持不同意而被否定。假如被告人胡×瀚的意见被其他被告人接受，那么本案的后果将会减轻好多。但是很可惜，由于其他被告人的反对，被告人胡×瀚只好放弃了只抢钱不杀人的主张。从这里可以看出，被告人胡×瀚在参与杀人犯罪中有消极的一面，在其他被告人实施浇汽油纵火杀人时，被告人已退到摩托艇上观望了。由此可见，被告人胡×瀚在杀人犯罪中作用比较小。

三、被告人认罪、悔罪态度较好

被告人的认罪、悔罪态度与量刑是有直接关系的。本案三被告人虽犯有抢劫罪、故意杀人罪，但他们能够认罪、悔罪，这一态度是应当加以肯定的。被告人胡×瀚在案发后，全面交代，彻底坦白，特别是对犯罪动机、作案手段作了详细交代，便于本案的彻底查明。被告人胡×瀚对自己的犯罪有悔罪表现，当本律师会见他时，他深感自己犯下了不可饶恕的罪行，他痛恨自己，追悔莫及。

可见，被告人胡×瀚确有认罪、悔罪的表现，是符合“对于罪犯确能坦白其罪行的，依照《刑法》第 57 条的规定，视坦白程度可以酌情从宽处理”的有关坦白从宽条件的规定。

被告人胡×瀚参与抢劫、故意杀人犯罪，且本案后果特别严重，依法应受到惩处，但三被告人具体在本案中的作用是不同的，辩护人请求合议庭在分别处罚本案三被告人时，充分考虑被告人胡×瀚在本案中特别是在杀人犯罪中的地位、作用以及他的犯罪动机、悔罪表现和彻底坦白的态度，根据《中华人民共和国刑法》①第 150 条、第 132 条、第 22 条、第 64 条以及第 57 条规定，依法酌情从轻处罚。

辩护人的发言暂到这里。谢谢。

评析：这是当年杭州市中级人民法院审理举世震惊的千岛湖“三·三一”抢劫杀人案中辩护律师为被告人胡×瀚所作的辩护词。辩护词的前言部分，简述了辩护人受法院指定并征得被告人的同意，出庭为被告人辩护的情况和法律依据，以及对本案的基本评价，而且，根据本案的特殊情况，前言中还有“对‘三·三一’案件中的死难者所遭受的不幸表示同情。在辩护理由中，辩护人针对公诉人在起诉中没有对各被告人在本案中的地位、作用加以区别的做法，根据我国《刑法》关于罪责自负的规定，指出对各被告人在共同犯罪中的地位、作用加以区别的必要性。辩护词从被告人胡×瀚没有准备主要作案工具，没有提出杀人的犯意，在实施犯罪过程中没有开枪，没有实施扔炸药包等行为，论证被告人在

① 此案发生于现行《刑法》修订前，在此故指修订前的 1979 年《刑法》。

本案中与其他两名被告人相比，地位相对低一些、作用小一些；又从被告人在案发后全面交代，对自己所犯罪行追悔莫及等角度证实被告人的认罪、悔罪态度较好。最后援引我国《刑法》的有关条款，得出被告人具有坦白从宽的条件。在结束语部分，辩护词总结了自己的观点并全面引用法律条款，请求法院对被告人“依法酌情从轻处罚”。整篇辩护词据事依法论理、观点鲜明、材料翔实、论证严密，是一份制作质量较高的辩护词。

【实例七】

原告代理人代理词

审判长、审判员：

我们××市第一律师事务所接受本案原告周××的委托，特指派我担任周××的诉讼代理人。代理本案后，我查阅了案卷，向有关方面进行了调查，刚才又听取了法庭调查情况，对本案有了较全面的了解。现在，我根据诉讼代理人的职责，本着以事实为根据，以法律为准绳的原则，对本案提出以下意见，供合议庭参考。

一、本案所争财产，是庄××名下的银行存款5.5万元。这笔存款是周××同庄××的夫妻共同财产，其理由如下：

1. 这笔财产是庄××本人于1989年以自己的名义存入银行的，而庄××与周××早于1981年结婚。据此，从时间上可以认定该存款是庄××在夫妻关系存续期间所得财产。

2. 周××和庄××两人的月薪共计2 200元，两人每月积蓄500~600元，8年积蓄5.5万元是绰绰有余的。因此，从经济来源上也可以认定这笔存款是夫妻关系存续期间积蓄的。至于被告庄×（系被继承人庄××之妹）辩称：庄××名下的存款来源于40多年前庄家祖上卖房所得款，依据不足。

3. 现在也无充分的证据可以证明庄××与周××之间有经济各自独立的约定。尽管被告的亲友凭模糊的记忆作证，证明庄××与周××之间有经济各自独立的协议，但原告的亲友、老上级也能据实反证庄××与周××两人经济合并，夫妻关系融洽。在双方各凭间接证据各执己见的情况下，只能以原始的“协议书”作为直接证据来断定事实。因为“夫妻财产各自独立”的理由是被告提出的，所以“协议书”的举证责任就在被告一方。既然被告现在举不出证据，“夫妻财产各自独立”的理由就不能成立。据此，依《婚姻法》第13条的规定，庄××名下的财产应确认为庄××与周××的夫妻共同财产。

此外还应说明：周××与庄××就夫妻共同财产的开支，确有过口头商议，即：周××在自己月薪中留300元零用，其余交给庄××，周××若有来客，招待费从周留用的零用钱中开支;家庭开支由庄××安排,不负担周××前妻所生之子的生活费。但是,在形式上,这个口头商议并不等于“书面协议”;在内容上,庄××同周××的前妻所生子女经济分开,不等于庄××同周××之间的经济分开,周××留用的零用钱与庄××掌握的家庭开支独立,并不等于周××的工资收入同庄××的工资收入各自独立。被告把前者的事实歪曲成后者之说,是严重失实的。

二、本案所争财产,在析出周××个人所有的一部分,余下的应属庄××的遗产。在无遗嘱的情况下,这笔遗产的第一顺序法定继承人只有两人:一是周××,作为配偶,是当然的继承人;二是周××与前妻所生子女周×明,因其与被继承人共同生活过 3 年,已形成了事实上的抚养关系。这两个继承人,理应享有平等的继承权,但在各自的具体份额上,请法院能考虑周××对遗产形成的贡献大,周×明对继母所尽的义务较少这两个因素。

至于被告庄×的三个孩子,尽管庄××在婚后仍对他们或多或少地资助过,但相互间没有形成固定的经济联系,在事实上不构成抚养关系。退一步说,即使庄××生前对他们尽过抚养义务,由于他们在庄××去世时,都已参加工作,有了固定的工资收入,因此,也不具备享有庄××遗产份额的资格。因为,受过被继承人抚养的非法定继承人,只有在被继承人去世时,无劳动能力或无生活来源时,才能享有继承权。

至于被告庄×,因为是被继承人庄××之妹,应属于庄××遗产的第二顺序法定继承人。在第一顺序法定继承人在位的情况下,她就无权继承庄××的遗产。

总之,被告庄×不是庄××名下存款的所有人,也不是该遗产的第一顺序的法定继承人,却无理侵占了庄××存款的存折,这侵犯了遗产所有人的继承人周××的合法权益。对此,请求法院给予严肃教育,并依法采取措施,保护本案原告周××的合法权益。

评析:这份原告代理人代理词,其中虽然含有对被告答辩状中两个答辩理由(“庄××名下存款来源于 40 多年前庄家祖上卖房所得款”,“周××与庄××夫妻财产各自独立”)的辩驳,但主要是从正面进行论述的,包括:一、本案所争财产……是周××同庄××的夫妻共同财产;二、本案所争财产,在析出周××个人所有的一部分,余下的属庄××的遗产。在无遗嘱的情况下,这笔遗产的第一顺序法定继承人是周××及周××与前妻所生子女周×明;被告不享有继承权。写得有理有据,合情合法。

从制作技巧和语言表述特点来说,这份代理词有以下几个值得肯定之处:

1. 紧扣主题,繁简得当。与刑事案件相比,民事权益纠纷产生、发展历时更长,当事人间关系密切,案情头绪纷纭。民事诉讼代理词必须突出主旨,不能在无关主旨的枝节问题上纠缠不清,更不能把与本案无关的问题牵扯进来。这份代理词能围绕主要论题,密切结合案件事实进行论证阐述、有的放矢、繁简得当。

2. 立论明确,论据充足。这份代理词的观点鲜明,没有含混不清、似是而非的立论,而且,其观点又都建立在充足的论据之上。

3. 语言稳妥,以理服人。这份代理词不仅论据充分,而且分析入情入理,就事论事、以理服人。语言稳妥、心平气和,态度和文风有利于解决当事人之间的纠纷。

思考与练习题

1. 根据以下谈话记录,为当事人代书一份民事起诉状。不明事项请自行模拟(?表示律师,:表示当事人)。

?同志,您有什么事?

:您是律师吧,我想请您为我们公司代书民事起诉状。我们要状告××市金属结构厂无理拒不履行合同,违反国家法律的行为,他们侵犯了我公司的合法权益,该厂厂址在××市××路××号。

?好,我可以为你公司代书民事起诉状,请先把你的身份介绍一下。

:我叫林××,是××市工业供销公司的经理,今年 38 岁,我公司地址在××市××路××号,这里有介绍信(交单位介绍信)。

?下面请把你们公司怎样和××市金属结构厂签订合同,对方又是怎样拒不履行合同等情况,详细地向我们讲一下。

:1997 年 1 月 3 日,××地区工业供销公司采购员李××拿着一封电报来找我,就是这封电报(交电报原文),对我说:××市金属结构厂向他们公司拍来电报,推销铁板,规格 2~2.5 mm×1 000 mm×1 500 mm,因他们公司当时不需要此种铁板,就不要了。李××说:我听说你们公司需要这种铁板,我就拿着这封电报来问问,如果你们要,你们就直接与××市金属结构厂联系吧!我这可是以个人名义向你们推荐,我也不能代理,也不能担保。

我听李××这样一说,又看了一下电报,见电报上写着:"备有 2~2.5 mm×1 000 mm×1 500 mm铁板 50 吨,每吨价格 8 000 元,全部装运费由供方负责,如要速汇 40 万元,3 月 10 日准时装车启运。"当时我们公司正需要此种铁板,又见是李××推荐的,李××经常到××市金属结构厂联系业务。我就和我们公司的其他领导商量了一下,认为这个买卖可以做,当时就答应了。并于 1 月 8 日通过银行给××市金属结构厂电汇了 40 万元货款。同时发了电报,电文大意是:经李××介绍,我公司想买这 50 吨铁板,完全同意供方在电报中提出的条件,今电汇 40 万元货款,希供方于 1 月 10 日发货。并告诉了他们到货地址和收货单位名称。汇款后一个多月,我们不见货到,又给××市金属结构厂发了电报,进一步说明事由,催其发货。

1997 年 3 月,××市金属结构厂厂长王××来我公司,说货款他们早已收到,也愿意与我们做这笔买卖,只是无合同,不好发货,要求与我公司签订此项购销合同,经我们双方协商,当时就签订了合同,就是这份合同(交合同)。合同规定,供方于 1997 年 4 月发货,铁板的规格和价款都没有改变,与上次他们发来的电报中所讲的一样,王××走后,我公司就等着接货,可一直等到 6 月也不见货到,1997 年 7 月和 9 月,我公司先后两次派人去催货。但××市金属结构厂的厂长王××却抵赖说:"他们一开始没给我们发推销铁板的电报,货已订给别人,后来签订的合同也是无效的,不能和我公司做这笔买卖了。”这不是在公然地违反《合同法》? 真是不讲理! 看来我们跟他们好说好商量是行不通了,他们是不能自觉地履行合同了。现在我公司只好向××市人民法院告他们。今天派我来请律师写起诉状,情况就是这样。

?××市金属结构厂不向你们公司付货,货款现在给你们退回来了吗?

:没有。我们去时向他们提了两个要求:第一要求他们履行合同;第二如不能履行立刻退货款。他们说:合同是不能履行了,货款什么时候有钱什么时候退。可是直到现在也没退货款。

?你们要写起诉状,都有哪些请求呢?

:我们有3个请求:第一,要求对方立即全面履行合同,将合同中约定的2~2.5 mm×1 000 mm×1 500 mm铁板50吨立即交付我方;第二,要求对方按合同规定偿付我公司10个月的违约金3.6万元(1997年3月~1998年1月);第三,我们要求对方承担我公司两次派人去他们厂催货的全部差旅费,计6 328元整。

?根据我国《经济合同法》第31条之规定,你提出的第三项请求,没有法律根据,故不能成立,因为你们的经济损失并没有超过违约金总额。

:不该要的那我们就不要了。

?你们还有什么情况需要向我介绍。

:我公司决定,由我做代表人,别的没有了。

?林经理,请你把合同、汇款凭证、电报等证据材料先留下,我们需要核实一下,我们还要找××地区工业供销公司的采购员李××了解一下情况。情况了解清楚了,我们才能为您代书,请你明天来取起诉状。

:好!

?另外,请告诉一下采购员李××的居住处所。

:他就住××地区工业供销公司宿舍。

经核实材料及向李××了解,林经理叙述的案情完全属实。撰写诉状日期为1998年1月9日。

2. 根据下列材料,为本案被告人王×制作一份辩护词。

案发情况:

1998年1月8日凌晨3时许,被告人王×驾驶A县工商局货车一辆,前往B县。开车前王×违章同意林××搭车,并将车厢后门钥匙交给林××。林乘被告人尚未到场之机,擅自将5箱鞭炮和万余发令纸等危险品,在其同事李×帮助下搬进车厢。同时,李×不仅自己搭车,又私自招揽妇女金×、詹×、姚××三人分别坐进车厢和驾驶室。被告人虽曾拒绝,但在林××(原系王×师傅)说情后,还是让他们搭车。当被告人驾车至H公路80公里处,车厢里的鞭炮和发令纸因颠簸摩擦发生爆炸,当场烧死林××、金×二人,李×也重伤致死,车内所装摩托车一辆及其他货物悉数毁损,直接经济损失5万余元。

检察院起诉要点:

A县人民检察院于1998年3月18日向A县人民法院提起公诉。起诉书指控被告人王×违反交通运输管理法规,擅自夹运易燃易爆物品并受震爆炸,造成3人死亡、国家财产巨大损失的严重后果,其行为已触犯《中华人民共和国刑法》第133条之规定,构成交通肇事罪。对其他人未提起公诉。

律师调查情况：

一、乘车人詹×、姚××证词：

死者林××乘被告人王×不在场时，将大量危险易爆品擅自装入车厢，造成人、货、危险品混装。

二、被告人王×在事故发生时，奋力参加抢救，并有效保护了汽车油箱、避免了更惨重的损失。

3. 根据以下材料为本案原告代书强制执行申请书。

1997 年 3 月 B 市××建材公司以购销合同货款纠纷诉 B 市××设计工程公司。B 市×区人民法院经审理于 1997 年 6 月 5 日以(1997)经初字第 28 号一审民事判决书判决，被告给付原告建材货款 38 000 元，延期付款的违约金 2 100 元，于判决生效之日起 10 日内一次付清，诉讼费用由被告负担 1 572 元。原被告收到判决书后均表示不上诉。至 1997 年 8 月 2 日，原告仍未收到被告应付的货款及违约金。

原告住所地 B 市×区××路××号，法定代表人丁×，经理，被告住所地 B 市×区××街×号，法定代表人李×，经理。据原告了解，被告历年来经济效益较好，仅被告所属的一家三产商店，月营业额达 300 000 元左右。

4. 简述民事答辩状的概念及如何写好民事答辩状的答辩意见和答辩理由。

5. 试从文书性质、制作内容和程序、律师所负的责任等方面阐明法律意见书和律师见证书的区别。

第九章 公证文书

第一节 概 述

一、公证文书的概念、功能

公证文书,是国家公证机构依照当事人的申请,依法出具的能够证明民事法律行为、有法律意义的事实和文书的真实性、合法性的法律文书。

公证文书以书面形式如实记载公证活动的全过程,是公证机关活动的结果。它是一种特殊的书面证明,其证明事项具有较强的权威性,具有国家证明效力和法律效力,有的公证文书还具有强制执行效力。公证文书在预防纠纷、减少诉讼、保护当事人的合法权益等方面具有重要作用。

二、公证文书的分类

我国目前公证工作的实际情况表明,公证文书的分类主要有以下几种:

1. 根据公证文书的内容、性质划分,可分为三大类:民事公证文书、经济公证文书、涉外公证文书。

2. 根据公证文书的制作主体划分,可分为两大类:公证申请书和公证书。

公证申请书是当事人请求公证机关对一定的法律行为、法律事实或有法律意义的文书予以公证的文书。我国现行的公证申请书有两种:第一种是文字叙述式的公证申请书;第二种是表格式的公证申请表。

公证书是国家公证机构接受当事人的公证申请后,依照法定程序办理公证事项时所出具的确认申请事项真实、合法的证明文件。它具有证据效力、强制执行效力和法律行为成立要件的效力,是公证文书中最为重要的文书。

3. 根据公证机构的业务范围划分,可分为五大类:(1) 证明民事法律行为的公证文书;(2) 证明有法律意义事实的公证文书;(3) 证明有法律意义文书的公证文书;(4) 赋予债权文书具有强制执行效力的公证文书;(5) 其他法律事务的公证文书。

4. 对狭义的公证文书即公证书进行格式划分，可分为两大类：定式公证书格式和要素式公证书格式。

定式公证书格式。我国司法部于 1992 年制定了《公证书格式》（试行），该文件把公证文书格式分为 14 类 59 式，共 110 种，于 1993 年 3 月 1 日起试行。这 14 类公证是：（1）合同、协议公证类；（2）资格公证类；（3）招标、拍卖、提存公证类；（4）出生、死亡、生存公证类；（5）姓名、住所、国籍公证类；（6）学历、经历（职务）公证类；（7）婚姻状况公证类；（8）亲属关系公证类；（9）未受刑事处分（刑事处分公证类）；（10）赠与公证类；（11）强制执行公证类；（12）保全证据公证类；（13）证明印鉴、签名属实类；（14）其他有法律意义的文书和事实公证类。为了与要素式公证书相区别，这些格式现被称为定式公证书格式。

要素式公证书格式。2000 年 3 月，司法部印发《要素式公证书格式》，对保全证据、现场监督、合同（协议）三类公证书试行要素式公证书格式。2003 年司法部、中国公证员协会下发并开始试行继承类、强制执行类两类要素式公证书，并倡导公证机构结合公证及诉讼法律事务制作、出具法律意见书。

第二节 公 证 书

公证书是公证机构经常制作的最主要的公证文书，是公证机构活动的结果，公证的效力和作用集中体现在公证书之中。

一、公证书的结构、内容和制作方法

公证书从 2003 年起由 16 开纸改为 A4 纸（有一年过渡期），不得扩大或者缩小。公证书由封面、证芯、封底组成，大批量办理的，在国内使用的公证书，可以不用封面、封底。公证书的封面一律采用铅印，上部居中为“公证书”三个字，使用老初宋体字，下部下方居中为公证处的全称，如“中华人民共和国××省××市公证处”，使用二号宋体字；证芯中的证词页，使用三号宋体字打印。

公证书的证词页可分为首部、正文（证词）、尾部三部分。

（一）首部

1. 公证书名称。在证词页上部居中写“××公证书”。

2. 公证书编号。在公证书名称的右下方，由年度编码、公证处及公证类别代码和公证书序号编码组成。年度编码和序号编码使用阿拉伯数字，如“（2010）沪证外民字第 3207 号”。公证类别代码分为国内民事、国内经济、涉外民事、涉外经济、涉港澳、涉台等，办证量较少的公证处可以不用公证类别代码，

对某些数量较大的公证事项可以采用专门代码,如“沪证房字”表示上海市公证处办理的房产公证等。序号编码应当以年度为单位编排,同一公证处在同一年度办理的同类公证的序号编码必须按照出证的时间连续下去,不得间断。同一公证处的公证书编号不得出现重号。

3. 当事人的基本情况。在大部分公证书中,此项内容直接反映在证词中,但继承、收养、亲属关系公证书的首部应写明当事人的姓名、性别、出生年月日、住址等内容。

4. 公证事项。这是要素式公证书新增加的内容,应单列一行,简明地写明公证证明对象的名称或类别。

(二) 正文(证词)

正文又称公证证词,是公证书的主要部分,应当根据证明事项来写。其内容包括:公证证明的对象,公证证明的范围和内容,证明所依据的法律、法规等。公证证明对象、范围不同,公证的条件、内容和适用的法律也不同,这些都要在证词中有所反映。公证证词所涉及的组织名称,第一次出现时必须使用全称;所涉及的日期要采用公历,需涉及农历时应采用括号注明。

(三) 尾部

1. 制作文书公证处的名称。名称必须用全称,如“中华人民共和国××省××市××公证处”,不能用简称。

2. 承办公证员的签名或签名章。除发往阿根廷使用的公证书必须由承办公证员亲自签名外,其他公证书一般用公证员签名章代替公证员的签名。签名章为横排式,长 4.5 厘米,宽 2 厘米,必须使用蓝色印油。此处不得添加“公证员”以外的其他职务,如“主任公证员”、“高级公证员”等。

3. 出证日期。即出具公证书的年、月、日。《公证程序规则》第 40 条规定:“除法律另有规定外,公证书从审批人批准之日起生效。审批人批准日期即为出证日期。”主办公证员承办的不需要审批的公证事项,出证日期应当为主办公证员签发公证书的签字日期。

4. 公证处印章及钢印。公证处印章应使用红色印油,押盖在公证书出证日期上。涉外及涉港、澳、台公证书必须加盖公证处钢印,其他公证书根据需要加盖钢印。钢印应盖在公证书左下方,公证书粘贴照片的,钢印应盖在照片的骑缝处。

5. 照片。部分涉外及涉港、澳、台公证书需要加贴当事人的照片。照片应当贴在公证书证词页左下方的空白处。

制作公证书要特别注意出具公证书的条件。可分为以下几类:

出具法律行为公证书应符合下列条件:(1) 行为人具有相应的民事行为能力;(2) 当事人意思表示真实;(3) 当事人行为的内容和形式均不违反法律、法规、规章或者社会公共利益。

出具有法律意义的事实或文书公证书应符合下列条件:(1) 该事实或文书对公证当事人具有法律上的利害关系;(2) 事实或文书真实无误;(3) 事实或文书的内容不违反法律、法规、规章。

公证文书上的签名、印鉴应当准确属实;公证文书中被证明的文本内容应与原本完全一致。

出具赋予债权文书具有强制执行效力的公证书,应当符合下列条件:(1) 债权文书以给付一定货币、物品或有价证券为内容;(2) 债权债务关系明确,债权人和债务人对债权文书有关给付内容无疑义;(3) 债权文书中载明债务人不履行义务或者不完全履行义务时,债务人愿意接受强制执行的承诺。

债务人不履行或者不完全履行公证机构赋予强制执行效力的债权文书的,公证机构可以根据债权人的申请签发执行证书。

二、制作公证书的特殊要求

制作公证书总的要求是:内容真实、合法,符合办证程序,文字简明、准确、易懂、用词规范,印制装订整洁、美观、大方。具体要求如下:

(一) 按一事一证的原则制作公证书

其好处在于:(1) 便于申请人使用,既可单独使用,也可合并使用。(2) 证明事项清楚,便于制作。可以使公证书内容清晰、简练,不致证明事项过多造成表述困难或者引起歧义。

(二) 出生地和出生日期的要求

(1) 出生地,一般只写省(自治区、直辖市)、县(市)的名称。如因名称变化,则应写出生时的名称。如果出生时的名称现已不存在,可在地名前加“原”字。

(2) 出生日期,一般用公历,写明出生的年、月、日;必要时可用括号注明农历日期。公证书中一律不写年龄。

(三) 贴照片的要求

按照规定和使用国的要求,经历、学历、结婚、出生、亲属关系、未婚公证书需要加贴照片,其他公证书可根据当事人的要求加贴照片。

（四）当事人的姓名、名称和称谓要求

当事人的姓名要写准确，特别是现用名，不能用同音字代替。对曾用名、又名、别名等，需要时可加括号注明。

机关、团体、企事业单位等组织名称，在公证书上第一次出现时应当写全称，其后方可用简称。

当事人之间的称谓必须采用法律规范的称谓，不能用地方性习惯称谓和方言称谓。

（五）译文和认证要求

发往域外使用的公证文书，除使用国（如日本）不要求附译文或者免除认证的以外，一般要根据使用国（如德国、奥地利）的要求附相应的外文译文并办理外交认证。译文中的姓名，中国人的姓名、地名采用汉语拼音译名，对地方方言译名可用括号注明；外国的人名、地名，可直接使用该国原语言文字。

（六）公证书用纸要求

公证书证词页一般应采用 70 克的书写纸或复印纸，封面、封底用纸应同于或好于证词页用纸。发往域外或港澳台地区使用的公证书，必须使用公证专用纸。

（七）装订要求

公证书的装订顺序为：(1) 公证书封面；(2) 所证明的文件；(3) 公证书（证词页）；(4) 所证明文件的译文；(5) 公证书（证词页）译文；(6) 证明译文与原文相符的公证书；(7) 证明译文与原文相符的公证书译文；(8) 公证书封底。

装订方法：(1) 为同一使用目的的数份公证书，可以按法律关系的顺序合乎规律地排列装订在一起，只使用一个封面、封底。(2) 装订公证书一般应当用胶水粘贴，要粘得平整；公证书页数较多，粘贴有困难的，可以将公证书证芯用装订机装订，然后再粘上封面、封底。

（八）公证书的修改

公证书不得涂改、挖补，必须修改的，应加盖公证处校对章。

（九）公证书用语要规范

一般应使用简化汉字，公证书中的数字，除公证书编号使用阿拉伯数字外，其他数字一律使用汉字数字。

第三节　常用要素式公证书

要素式公证书，是指文书内容由规定的要素构成，行文结构、文字表述等则由公证员酌情撰写的公证文书。要素，即构成事物的必要因素。要素式公证书与定式公证书相对称。

一、要素式公证书的适用范围和制作要求

（一）要素式公证书的适用范围

目前要素式公证书主要适用于：在国内使用的合同（协议）、保全证据、现场监督三类公证书，而发往域外使用的涉外公证书、涉港澳台公证书及其他国内公证书仍使用定式公证书。

根据公证实践发展的需要，今后将逐步扩大要素式公证书格式的适用范围。逐步采用要素式公证书格式的有：财产权属类公证书、有强制执行效力的公证书、继承类公证书、不可抗力（意外）事件类公证书等。

（二）要素式公证书的结构内容和制作方法

要素式公证书格式由首部、证词要素（内容）、尾部构成。首部及尾部的结构、内容及制法如前所述。

证词要素是构成公证书证词的必要内容，包括必备要素和选择要素两部分。“必备要素”为公证书证词中必须具备的内容。“选择要素”则是根据公证证明的实际需要或者当事人的要求，在公证书证词中可酌情写明的内容。

为便于公证人员学习、掌握、使用要素式公证书格式，有关部门印发了一些参考格式。“参考格式”是要素式公证书格式的实用范本，仅供公证人员学习参考之用，起示范作用；但不是标准格式，也不是要素式公证书的检验标准。

（三）制作要素式公证书的要求

制作要素式公证书的要求是：内容真实、合法，符合办证程序，文字简明、准确、易懂，用词规范，语句通畅，对事实表述要清楚，要注意相关内容组合时的时间顺序和逻辑关系，适用法律要准确。切忌文字冗长累赘或使用虚拟、夸张等积极修辞方法，要认真审查校对，严防出现错句、病句或错别字。这种文书要求对证明对象的研究分析更具体、完整，对法律的适用必须从实体法到程序法整体考虑，对公证员的业务素质、分析判断能力、文字表达能力等提出了更高的要求。

要素式公证书有合同(协议)公证书、保全证据公证书、现场监督公证书、强制执行公证书、继承权公证书等种类。下面对合同公证书、保全证据公证书、现场监督公证书这三类近几年来要素式公证文书改革后颁行的新型公证书文种进行介绍。

二、合同(协议)公证书

(一) 合同(或协议,下同)公证书的概念

合同公证书,是公证机构根据法律的规定和当事人的申请,依法证明当事人之间签订合同的行为真实、合法所出具的一种公证文书。

合同公证书是一项常用的重要公证文书,具体适用于:(1)《合同法》规定的15类有名合同和其他法律规定的有名合同、协议;(2) 无名合同、协议;(3) 混合型合同、协议。

目前,这类公证书在格式上分为三种:适用于一般合同或者协议的通用合同的格式;适用于对土地使用权出让或者转让合同的格式;适用于商品房买卖合同的格式。

(二) 合同公证书的结构内容和制作方法

合同公证书由首部、正文(证词)、尾部三个部分组成。首部中的文书名称为"公证书",语言文字力求简明、严谨、准确。首部及尾部的其他各项的写法,已如前所述。

正文,即证词部分,由必备要素和选择要素构成;要根据合同类别、主体、内容、签订时间、地点、方式以及适用法律的不同,在具体表述上亦有所不同。以通用合同公证书为例:

其一,证词的必备要素为:

1. 申请人全称或姓名、申请日期及申请事项。甲、乙双方先后、分别申请公证的,具体的申请日期可以不表述。

2. 公证处审查(查明)的事实。包括:(1) 当事人的身份、资格,及签订合同的民事权利能力和行为能力;(2) 代理人的身份及代理权限;(3) 担保人的身份、资格及担保能力;(4) 当事人签订合同的意思表示是否真实,是否对合同的主要条款取得了一致意见;(5) 合同条款是否完备,内容是否明确、具体,可以简述合同的关键性内容;(6) 是否履行了法律规定的批准或许可手续。不需经批准或许可的,不写此内容。

3. 公证结论。包括:(1) 当事人签订合同的日期、地点、方式等。(2) 当事

人签订合同行为的合法性。在无特别规定的情况下，一般引用《中华人民共和国民法通则》第55条的规定。(3) 合同内容的合法性。引用《中华人民共和国合同法》或者有关法律、法规的规定。(4) 当事人在合同上的签字、盖章的真实性。

其二，证词的选择要素为：

1. 合同标的物的权属情况及相关权利人的意思表示。权属情况指所有权、使用权、担保物权、专有权、专用权等；相关权利人包括：与合同标的有关的共有权人、所有权人、使用权人、担保权人等。对转让、承包或者租赁合同标的物，应按法律规定征得相关权利人的同意或者认可。

2. 当事人对合同内容的重要解释或者说明。

3. 当事人是否了解了合同的全部内容。在签订格式合同时，此点特别重要。

4. 合同生效日期及条件等。如法律规定合同需经登记或者批准方能生效的，公证书中应予注明。

5. 公证员认为需要说明的其他事实或者情节。

6. 附件。附件的名称、顺序号应在公证证词中列明。

(三) 制作合同公证书应当注意的问题

1. 应当审查当事人的行为能力和签订合同的意思表示是否真实。还要对合同本身进行审查，只有合同的内容和形式真实、合法，不违背社会公共利益的，才能依法制作公证书。

2. 被证明的合同、协议及其附件应当装订在公证书证词页之前，合同及合同的附件是公证文书的组成部分。为了保证质量，预防纠纷，公证员应当帮助当事人完善合同内容，使当事人了解各合同条款的含义、自己的权利义务和将引起的法律后果。

3. 合同中存在担保的情况时，对担保人名称或者姓名、担保方式、担保的范围和承诺的时间、地点等应在证词中列明。

4. 对符合规定条件的合同，如借款合同、还款协议等，公证机构可以依法赋予强制执行效力。对此必须在公证书中注明。

三、保全证据公证书

(一) 保全证据公证书的概念和类别

保全证据公证书，是指在诉讼开始之前，公证机构根据自然人、法人或者其他组织的申请,对与申请人权益有关的,日后可能灭失或者难以提取的证据加以验证提取,以保持它的真实性和证明力所出具的公证文书。公证机构保全证据,可以有效地防止证据的灭失,为人民法院和行政机关及时解决纠纷和诉讼提供可靠的法律依据。公证机构保全的对象包括证人证言、书证、物证、视听资料、意外事件、现场情况等。

根据所保全证据的种类、性质、特点,目前启用了四种要素式格式,分别是:保全证人证言(当事人陈述)公证书格式、保全物证(书证)公证书格式、保全视听资料(软件)公证书格式、保全行为公证书格式。

(二) 保全证据公证书的结构内容和制作方法

保全证据公证书分为首部、正文(证词)、尾部三个部分。首部及尾部与其他要素式公证书相似,证词部分则根据保全对象、保全方法的不同而有所不同。

1. 保全证据公证书证词的必备要素

(1) 申请人姓名或者全称、申请日期及申请事项。

(2) 证人的基本情况(包括:自然人的数量、姓名、性别、出生日期、住址、外国人应写明国籍)及行为能力(即证人的智力、识别判断能力及精神健康状况)。这一项只适用于保全证人证言公证。

(3) 保全标的的基本状况。包括:物证的名称、数量、表状特征等(物证为普通商品时,要注意商品的品牌、型号、生产厂家名称、售价等;保全的物证为房屋等不动产时,要注明位置、坐落、四至、面积、结构、附属物等);书证的数量、名称、页数、标题、形成时间等;视听资料、软件的名称、数量、表状特征,所有人或使用人、经营人、传播者、实验者的名称,视听资料或软件的播放、销售、使用、制作、运行的地点等;行为的名称、参与人的数量、姓名(名称),活动的起止时间、地点及内容等;物证、书证、视听资料,若软件不在公证处的,应注明存放地点。

(4) 保全物证、书证、视听资料、软件、证人证言、行为的时间、地点。

(5) 保全的方式、方法。保全证人证言的方式包括:自书、他人代书、公证人员记录、录音、录像等。保全物证、书证、视听资料、软件的方式包括:申请人提交、公证人员提取、公证人员记录、现场勘验、照相、录像、技术鉴定、复制、下载等。所采用的保全行为包括:现场记录、照相、录像等。

(6) 保全证据的关键过程。仅以保全物证为例,包括:① 参与保全的人员。包括:承办公证人员及在场的相关人员的人数、姓名。相关人员包括:申请人、关系人、代理人、见证人、勘验人、鉴定人以及照相、录像、绘图人员等。② 公证人员保全过程中所做的主要工作。如对重要事实进行了现场勘验、询问,对取得的证据履行了提示义务等。③ 物证取得的时间、方式,或物证的存在方式、地点、现状等。④ 取得的证据数量、种类、形式、存放处所等,当事人对取得的证据予以确认的方式和过程。

(7) 公证结论。仅以保全物证为例,应包括以下内容:保全证据的方式、方法,程序是否真实、合法,用于作证的书面文件(如发票、产地证明等)要同时证明这些书证的真实性。取得证据的数量、种类、日期,取得证据的存放方式及存放地点。

2. 保全证据公证书证词的选择要素

(1) 申请保全证据的原因、用途。

(2) 办理该项公证的法律依据(公证法规或者有关规章等)。

(3) 有书证能够证明物的来源或者存在的,应写明书证的名称。保全行为的性质和法律意义。

(4) 保全拆迁房屋时,要写明与该房屋有关的所有权人或使用权人、代管人等。

(5) 物品、视听资料、软件难以长期保存的,在结论中应写明保存期限。已采取变通保存措施的,结论中也应一并写明。

(6) 公证书的正本和副本。

(7) 附件。附件的名称、顺序号应在公证证词中列明。

(三) 制作保全证据公证书应注意的问题

保全证据公证要重点查明:(1) 申请人的身份和行为能力;(2) 保全的证据与申请人的合法权益有哪些关系;(3) 保全的证据是否要灭失或者难以取得;(4) 需要保全的证据的实际情况,以便确定保全证据的方案。

保全证人证言,公证员要直接询问证人和有利害关系的人,必要时,要用录音机录音;保全书证、物证,主要采用照相、封存、复制、勘验和鉴定等方法;对不在公证处的实物,公证人员应进行现场勘验;保全视听资料主要采取复制、封存等方法。保全的证据较多时,要制作保全证据的清单逐项列明。

保全证据一般应当由两名公证人员共同进行。公证书要全面、客观地反映所保全证据的真实情况,记明保全的时间、地点、理由、方式、方法和保全的过程及保全的结果。

对保全的书证、物证、视听资料要加强保管,对计算机软盘、录音录像磁带等应制作备份并定期复制,防止证据灭失。

四、现场监督公证书

（一）现场监督公证书的概念

现场监督公证书，是公证机构依法办理招标、拍卖等现场监督公证所出具的公证文书。包括：招标公证书、拍卖公证书、有奖活动公证书、抽签（号）活动公证书、公司创立大会公证书等。

招标、拍卖、有奖等活动是特定人与社会上不特定多数人的活动，具有社会影响大、无法恢复原状的特点。因此，现场监督公证是一类特殊的公证活动，公证人员必须亲临招标、拍卖等活动现场进行法律监督，并当场宣读公证词，然后根据现场公证词制作公证书。现场监督公证是维护公开、公平、公正原则，保护相对人合法权益的重要法律手段。

（二）现场监督公证书的结构内容和制作方法

现场监督公证书是现场公证词的书面表现形式，分为首部、正文（证词）、尾部三个部分。首部、尾部与合同（协议）公证书相同。证词（正文）部分要根据现场活动的性质、特点、参加人、活动内容、适用法律等情况具体确定。下面以拍卖公证书和有奖活动公证书为例进行讲解。

（三）拍卖公证书

拍卖公证书，是公证机构依法对拍卖活动进行现场法律监督，并证明拍卖活动真实、合法所出具的公证文书。“公证事项”栏写拍卖活动的名称或者类别，如文物拍卖、土地使用权拍卖、罚没物资拍卖等。

1. 拍卖公证书证词的必备要素

（1）申请人全称或者姓名、申请日期及申请事项。

（2）对委托人、拍卖人、拍卖师及竞买人资格的审查情况。委托人、拍卖人、拍卖师的资格应符合《中华人民共和国拍卖法》第三章的规定，竞买人的资格应符合拍卖公告的规定。

（3）拍卖标的的基本情况及对其所有权或者处分权的审查结果。

（4）拍卖公告及拍卖标的的展示情况。

（5）对拍卖规则内容的审查结果。

（6）拍卖活动是否得到有关部门的批准或者许可。“批准”指与拍卖标的有关的主管部门或监管机关批准，如文物管理机构、国有资产管理机构、海关、人民法院等。“许可”指其他权利人的许可，如抵押权人、拍卖标的的共有人等。

(7) 承办公证机构名称、承办公证人员姓名及公证的法律依据。法律依据是我国《拍卖法》及有关法规等。

(8) 拍卖的时间、地点及拍卖过程(含拍卖方式、竞价形式)是否符合拍卖规则。拍卖方式指拍卖标的有无保留价,是往上拍还是往下拍;竞价形式指采用何种方式报价,如举牌报价、口头报价、电话报价等,竞价单位和币种。

(9) 拍卖结果及公证结论。应包括以下内容:当事人的资格是否合法,意思表示是否真实;拍卖程序是否真实、合法;对拍卖结果的确认,包括买受人姓名、拍卖成交价格、成交标的物名称、成交时间等。

2. 拍卖公证书证词的选择要素

(1) 申请人提供的主要证据材料的真实性、合法性。

(2) 拍卖人对拍卖标的来源、瑕疵及相关责任的说明。

(3) 如有调查取证情节,可据查证时间对查证认定的事实在公证书中逐项列出。

(4) 拍卖活动有见证人的,应将其民事主体资格状况连同“见证人×××、×××在场见证”字样一并在公证书中加以表述。

(5) 公证员认为需要认定的其他事实或者情节。

(6) 公证生效日期(同招标公证)。

(7) 附件。包括成交确认书、中买通知书、拍卖现场获取的重要证据材料等。附件的名称、顺序号应在公证证词中列明。

(四) 有奖活动公证书

有奖活动公证书,是公证机构依法对有奖活动进行法律监督,并当场证明有奖活动程序和中奖结果真实、合法所出具的公证文书。“公证事项”写有奖活动的名称或类别,如体育彩票的开奖、某有奖销售活动等。

1. 开奖公证书证词的必备要素

(1) 申请人全称、申请日期及申请事项。

(2) 对有奖活动主办单位资格的审查情况。

(3) 有奖活动名称、开奖方式及是否得到有关部门的批准。

(4) 对有奖活动规则(办法)的审查结果。

(5) 奖券发行总额、回收的有效奖券数额、未发出的奖券封存、销毁等情况。

(6) 开奖的时间、地点及对开奖器具的查验结果。

(7) 承办公证机构名称、承办公证人员姓名及公证的法律依据。

(8) 对有奖活动程序及开奖方式的监督结果。

(9) 开奖结果及公证结论。应包括以下内容:当事人的资格是否合格,意思表示是否真实;有奖程序是否真实、合法;对中奖结果的确认,包括中奖号码、中奖等级、中奖人姓名、奖品名称等。

2. 开奖公证书证词的选择要素

(1) 申请人提供的主要证据材料的真实性、合法性。

(2) 有奖活动通知(公告)的发布情况,主办单位对有奖活动规则的界定和说明。

(3) 需要进行评奖的,应写明对评奖人资格、评奖原则、标准、方法的审查结果,及对评奖程序的监督结果。

(4) 对开奖活动中形成的重要工作记录及视听资料真实性及封存情况的证明。

(5) 有调查取证情节,可据查证时间对查证认定的事实在公证书中逐项列出。

(6) 开奖活动有见证人的,应将其民事主体资格状况连同"见证人×××、×××在场见证"字样一并在公证书中加以表述。

(7) 公证员认为需要认定的其他程序事项。

(8) 公证生效日期即为公证员在有奖活动现场宣读公证词的日期。

(9) 附件。

(五) 制作现场监督公证书应当注意的问题

1. 现场监督公证一般应当由两名以上公证人员共同办理,其中至少有一名是公证员,现场公证词、公证书和公证活动的记录中,对此要有所反映。

2. 公证员要亲自到招标、拍卖、有奖活动现场,对活动的各个环节进行法律监督。对活动内容和程序真实、合法的,公证员应当场宣读公证词,并在活动结束后的 7 日内,根据现场公证词制成公证书。公证从宣读公证词之日起生效。对任何违反法律和程序的行为,公证员要当场纠正或者制止,当事人拒不改正的,公证机构应当拒绝公证。

3. 现场公证词的制作,应当根据不同的现场情况参考相应格式的证词要素撰写,并要写明"对本次×××(写现场活动名称,如拍卖、开奖、公司创立大会等)过程及×××(同上)结果的合法有效性,本公证处日后将以书面形式予以确认"的内容。

4. 现场监督公证词要有一定的灵活性,语言要平实流畅易懂,使之易于宣读,并与现场气氛相适合。宣读时,注意掌握语音、语调和节奏,使之适合听众的特点,增强表达效果。

5. 现场公证书是公证机构出具的正式法律文书,必须根据现场情况来制作公证词,文字要简明、扼要、严谨、规范,充分突出反映现场公证词的核心内容。

附：

【实例一】

×××与×××房地产买卖合同公证书

公　证　书

(200×)沪证外经字第××××号

出卖人(甲方)×××,男,××××年×月×日出生

身份证号码×××××××××××××××

买受人(乙方)×××,男,××××年×月×日出生

台湾居民来往大陆通行证号码××××××××××××(×)

公证事项:房地产买卖合同

甲、乙双方于日前向本处申请办理《上海市房地产买卖合同》公证。

经查,甲、乙双方经协商一致订立了《上海市房地产买卖合同》。甲、乙双方在订立合同时具有法律规定的民事权利能力和相应的民事行为能力。

甲方转让的房屋坐落于上海市××路××弄××号××室,建筑面积为××××平方米,甲方对该房屋持有沪房地市字(××××)第××××××号《上海市房地产权证》。该房屋查无转让及其他权利受限制的登记记录。该房屋设有抵押,现已于××××年×月×日在上海市××区房地产登记处注销抵押。根据《中华人民共和国城市房地产管理法》、《上海市房地产转让办法》的规定,该房屋可依法转让。

甲、乙双方在合同中约定,甲方以人民币××××元整将上述房屋转让给乙方。合同中约定的付款方式、房屋交付日期及违约责任等条款具体、明确。

依据上述事实,兹证明甲方×××与乙方×××于××××年×月×日签订了《上海市房地产买卖合同》,合同双方当事人的签约行为符合《中华人民共和国民法通则》第五十五条的规定,合同上双方当事人的签名、印鉴均属实。合同内容符合《中华人民共和国合同法》的规定。

××公证处

公证员×××

二〇〇×年×月×日

评析:商品房买卖合同公证是指公证机构根据当事人的申请,依法证明房屋所有人将个人所有或数人共有的住宅或非住宅用房出卖给买方,并接受买方价款,双方为此签订协议的行为真实性、合法性的活动,是日常生活中常见的一种合同(协议)公证事项。在此类公证中,申请公证双方需要向公证机构提供包括双方身份证明、房屋所有权证、土地使用权证及房屋买卖合同文本等相关证据材

料。公证机构除了对所提交材料是否齐备、属实进行审核之外,主要对合同的下述内容进行审核:当事人双方的基本情况;合同中买卖房屋的坐落位置、数量、房屋结构、质量及附属设施情况和使用面积;房屋买卖价款数额、付款日期、付款方式;被买卖房屋交付使用时间;办理房屋产权过户及有关手续的约定;双方违约责任;双方当事人认为应当约定的其他内容;合同双方当事人签字、盖章及签约时间等。值得一提的是,在此类公证中,公证人还必须查明作为买卖标的物的商品房上是否设置有其他的权利负担,例如抵押、质押等,以免涉及第三人的相关权利义务,引发法律纠纷。

【实例二】

××公证处法定继承公证书

公 证 书

(200×)××字第××号

申请人甲,女,××××年×月×日出生,新加坡护照号码:×××××××××;

乙,女,××××年×月×日出生,新加坡护照号码:×××××××××;

丙,男,××××年×月×日出生,新加坡护照号码:×××××××××;

丁,男,××××年×月×日出生,新加坡护照号码:×××××××××;

戊,女,××××年×月×日出生,新加坡护照号码:×××××××××。

被继承人己,男,××××年×月×日出生,新加坡护照号码:×××××××××,生前住新加坡。

公证事项:继承权

申请人甲、乙、丙、丁、戊因继承被继承人己的遗产,于××××年×月×日向本处申请办理遗嘱继承权公证。

经查,申请人甲、乙、丙、丁、戊均具有民事权利能力。

根据《中华人民共和国公证暂行条例》的规定,本处对申请人提交的权利证明及相关的证据材料进行了审查核实,并对申请人的委托代理人×××进行了询问,现查明如下事实:

一、被继承人己于××××年×月×日在新加坡因病死亡[认证书编号:(200×)新认字第×××××××号]。

二、申请人甲系被继承人己的合法配偶,其他申请人均系被继承人与其配偶所生子女。

三、未发现被继承人己生前与他人签订过遗赠扶养协议。

四、被继承人己生前立有经新加坡律师×××见证、新加坡公证人×××公证,并经新加坡共和国法律学会和中华人民共和国驻新加坡大使馆认证[认证书编号:(200×)新认字第×××××××号]的最后遗嘱。

五、被继承人己在该最后遗嘱中处分的个人合法财产为:登记在己与甲名下,由该二人共同共有的坐落于上海市××路××号×幢×室房屋一套和地下××号车位(下称"不动产")中属于己所有的份额[房地产权证编号:沪房地市字(200×)第××××××号]。

根据《中华人民共和国继承法》第二条、第二十六条的规定,被继承人死亡时遗留的上述不动产中属于被继承人所有的份额为被继承人己的遗产;己在最后遗嘱中所处分的是其个人合法财产,该遗嘱内容未违背《中华人民共和国继承法》第十九条的规定。

根据被继承人己的遗嘱,己死亡时遗留的属于被继承人所有的不动产份额中,应由甲、乙作为遗嘱执行人和信托人在清偿被继承人所负的一切合法债务并支付税费后,分配给甲、乙、丙、丁、戊五人。其中甲取得该份额40%的部分;乙取得该份额15%的部分;丙取得该份额15%的部分;丁取得该份额15%的部分;戊取得该份额15%的部分。

××公证处

公证员:×××

二〇〇×年×月×日

评析:继承权公证书是公证机构根据法律规定和继承人的申请,依法证明继承人的继承行为真实、合法的公证法律文书。

本案例是一份具有涉外因素的遗嘱继承公证书。继承的财产是被继承人生前与其合法配偶(也是该项继承中的第一申请人)所共有的位于上海市××路××号×幢×室的房屋一套以及地下××号车位。申请人包括被继承人的合法配偶及其四个子女。

被继承人生前在新加坡居住,并于××××年×月×日在新加坡因病死亡,其生前在新加坡立有遗嘱,并在该国经律师见证、公证及认证。

公证人受理该项公证后,首先核实了被继承人的姓名、性别、年龄、死亡时间、地点及婚姻状况、近亲属情况等;其次核实了申请人与被继承人的亲属关系;还核实了被继承人生前是否与他人签订过遗赠抚养协议以及被继承人生前所立遗嘱的真实性。经过详细核查之后,认定该份遗嘱不违反《中华人民共和国继承法》的相关规定,遂予以公证。

值得一提的是,本项继承权公证中具有一定的涉外因素,公证人在办理公证的过程中特别注意了核实申请人和被继承人的国籍以及核实被继承人生前所立遗嘱的有效性。

思考与练习题

1. 什么是公证文书？什么是公证书？
2. 试述公证书的结构内容和制作中的特殊要求。
3. 什么是要素式公证书？
4. 制作一份公证申请书和一份遗嘱继承公证书。

第十章　仲裁文书

第一节　概　　述

一、仲裁文书的概念、分类

仲裁文书，是仲裁机构进行仲裁活动的记录与文字载体。仲裁文书种类颇多，既包括仲裁机构制作的仲裁调解书、仲裁决定书、仲裁裁决书等具有法律效力的书面决定，也包括当事人及其委托代理人所撰拟的仲裁协议书、仲裁申请书、仲裁答辩书、仲裁代理词等，同时还包括仲裁机构在仲裁活动中所制作、运用的鉴定委托书、受理（不受理）通知书、管辖案件通知书、应诉通知书、仲裁笔录等。鉴于仲裁文书与其他法律机关使用的法律文书部分相仿，本章只讲授仲裁协议书、仲裁申请书、仲裁答辩书、仲裁调解书、仲裁决定书、仲裁裁决书6个文种。

二、仲裁文书的主要特点

1. 制作主体的民间性。我国《仲裁法》第15条规定："中国仲裁协会是社会团体法人。仲裁委员会是中国仲裁协会的会员。"可见各类仲裁文书的制作主体均属民间性质的社团组织。

2. 仲裁的终局性。我国《仲裁法》第9条规定："仲裁实行一裁终局的制度。"这就不同于人民法院审理案件的二审终审制和第一、二审之后的法律监督程序。

3. 申请仲裁的约定性。《仲裁法》第4条规定："当事人采用仲裁方式解决纠纷，应由双方自愿，达成仲裁协议。"而法院受理各类案件，无须当事人之间达成协议。

4. 当事人对仲裁员等有选择权。《仲裁法》规定，当事人有选择仲裁人员、仲裁地点的自由权，这也不同于法院审理案件时，当事人不得选择审判员、合议庭组成的规定。

5. 国际惯例性与习惯性。在制作国内外经济仲裁文书时,必须严格按照当事人所在国别、地区、所属行业或者国际上通用的法规、条约去制作;在制作涉外仲裁文书时,不仅要有中文文本,还必须制作具有与原本意思完全一致的外文文本。

第二节 主要仲裁文书

一、仲裁协议书

(一) 概念、功能

仲裁协议书,是根据双方当事人自愿将他们之间发生的合同纠纷和其他财产纠纷提交仲裁委员会进行仲裁的书面意思表示。仲裁协议书包括合同中订立的仲裁条款和其他以书面方式达成的在纠纷发生前和纠纷发生后达成的请求仲裁机构仲裁的协议。这是双方当事人提请仲裁机构仲裁的法律依据。

我国《仲裁法》规定,当事人采用仲裁方式解决纠纷,应当双方自愿,达成仲裁协议。没有仲裁协议,一方申请仲裁的,仲裁委员会不予受理;凡双方当事人达成仲裁协议的,一方向人民法院起诉的,人民法院不予受理。因此,仲裁协议书既是双方当事人将有关争议案件提交仲裁委员会进行仲裁的意思表示,也是仲裁机构有权受理案件并应直接作出仲裁结果的法律依据。

(二) 结构、内容和写法

1. 首部、尾部。首部包括标题,双方当事人的名称、地址及基本情况,尾部包括双方当事人的名称及法定代表人的签字,最后注明签订的时间、地点。

2. 正文。包括下述内容:请求仲裁的意思表示;请求仲裁的事项;双方议定的仲裁委员会。如果合同中的仲裁条款独立存在,合同的变更、解除、终止或无效,不影响仲裁协议的效力。

(三) 应注意的问题

1. 对约定的仲裁事项和仲裁委员会应当明确写出,否则会影响仲裁协议的效力。

2. 约定仲裁的事项不能超出法律规定的仲裁范围,婚姻、收养、监护、抚养、继承纠纷,依法应当由行政机关处理的行政争议都不属于仲裁范围。

二、仲裁申请书

（一）概念、功能

仲裁申请书，是平等主体的公民、法人和其他组织之间发生合同纠纷和其他权益纠纷时，依照仲裁条款和仲裁协议，一方当事人向仲裁机构提出依法仲裁裁决请求的法律文书。

根据我国《仲裁法》规定，发生争议的当事人申请仲裁，应当向仲裁委员会递交仲裁协议、仲裁申请书及副本。因此，仲裁申请书既是当事人申请仲裁的意思表示，也是仲裁机构受理争议案件、开展仲裁活动的书面依据和前提条件。

（二）结构、内容和写法

1. 首部、尾部。首部在标题之下，依次写明申请人和被申请人的姓名、性别、年龄、职业、工作单位和住所，当事人为法人或者其他组织的，要写明名称、住所和法定代表人或代表人的姓名、职务，申请人若委托了代理人，还应写明委托代理人的基本情况。尾部，写明致送仲裁机构的全称，并附应当提交的仲裁申请书副本和证据材料并写明日期。

2. 正文。包括仲裁请求，事实与理由，证据和证据来源、证人姓名和住所。仲裁请求是指申请人通过仲裁委员会向被申请人提出实体权利的具体请求，要具体写明要求裁决被申请人履行什么义务，也可以是要求变更或者确认某种法律关系。事实与理由是仲裁申请书的核心内容，应当叙事翔实、清楚，论证明确、说理有力。证据部分应当引述与仲裁事务有关的证据材料，包括证据名称、来源，以及证人的有关情况，以便仲裁机构查实确认。

（三）应注意的问题

1. 仲裁申请书必须在法律规定的仲裁时效届满前提出。

2. 仲裁申请的提出必须以当事人双方在合同中订立的仲裁条款或争议发生后订立的仲裁协议为依据，因为这是仲裁机关受理案件的必备条件，也关系到仲裁申请是否有效。

三、仲裁答辩书

（一）概念、功能

仲裁答辩书，是仲裁被申请方针对仲裁申请方的仲裁申请书中的内容，依法提出的答复和辩驳性文书。仲裁被申请方收到仲裁申请书副本后，在仲裁规则规定的期限内向仲裁委员会提交的仲裁答辩，这是其一项重要的权利，仲裁答辩书既是被申请人申述自己观点与主张、维护自身合法权益的一种有效工具，同时也有利于仲裁机关全面了解案情、公正处理争端和纠纷。被申请人未提交答辩书的，不影响仲裁程序的进行。

（二）结构、内容和写法

1. 首部。在标题之下写明答辩人的基本情况，如果答辩人系法人或者非法人组织，则要写明答辩人的名称、住所、法定代表人（或代表人）的情况，有委托代理人的，应写清其情况，接着即转入正文部分。

2. 正文。仲裁答辩书的正文类似于诉讼活动中的答辩状，应当包括答辩意见和答辩理由两部分内容要素，其重点在于针对仲裁申请书的仲裁请求，根据事实和法律进行辩解，并阐明答辩人对争议所持观点和解决争议的主张。所以，答辩书正文必须具备较强的针对性和辩驳性，既要运用事实和证据揭示仲裁申请书中的偏颇不当乃至谬误之处，又要充分论证自己意见的正确性和合法性。

3. 尾部。除了写清致送仲裁机关全称、答辩人名称及答辩年、月、日之外，应尽可能附上所有的证据材料。

（三）应注意的问题

1. 仲裁答辩书必须力求抓住要害，根据双方当事人争执的焦点，抓住影响仲裁处理结果的关键性问题来反驳对方论点。不可纠缠细枝末节、避重就轻，因为这样做势必影响答辩效果，妨碍自身正当权利的行使。

2. 答辩人如确有失误、不当之处，也应实事求是地认可，并说明承担相关的责任。切忌违背事实，强词夺理。

四、仲裁调解书

（一）概念、功能

仲裁调解书，是仲裁委员会按照我国仲裁法的规定，根据双方当事人自愿原则，通过调解方式处理经济合同纠纷和其他财产纠纷时，在双方当事人自愿达成协议后由仲裁机构制作的法律文书。

我国《仲裁法》第51条规定："调解达成协议的，仲裁庭应当制作调解书或者根据协议结果制作裁决书。"按照自愿、合法的原则，在仲裁庭主持下达成协议而制作的调解书，与仲裁裁决书具有同等的法律效力。调解书在经双方当事人签收后，即发生法律效力。在仲裁调解书签收以前当事人反悔的，仲裁庭应当及时作出裁决。

（二）结构、内容和写法

1. 首部、尾部。首部在标题之下写明申请人和被申请人及其委托代理人的基本情况。尾部应写明"本调解书与裁决书具有同等法律效力，自双方当事人签收之日起即生效"字样，双方当事人签字，仲裁庭成员署名，仲裁调解作出的年、月、日，书记员署名，并加盖仲裁机构印章。

2. 正文。包括：(1) 写明仲裁委员会受理案件的依据、仲裁庭的产生和组成情况，以及仲裁庭对案件的审理情况。(2) 写明双方当事人之间订立的合同以及发生的争议事项。(3) 写明仲裁请求和当事人协议的结果。这是调解书中至为关键的内容，应当写得具体、明确和完整。协议不止一项的，应分别列明，并说明履行方式与期限，使调解内容便于操作、落实。

（三）应注意的问题

1.调解达成的协议内容，不得违背法律、法规、规章和政策，不得损害国家利益、社会公共利益和第三者的权益。

2. 仲裁调解书只适用于国内仲裁，而不适用于域外仲裁。为了便于在国外执行，涉外仲裁即使是以调解方式结案的，仍采用仲裁裁决书的形式。

五、仲裁决定书

（一）概念、功能

仲裁决定书，是仲裁委员会在审理仲裁案件的过程中，根据当事人的申请，就有关程序问题作出处理决定时所制作的法律文书。

我国《仲裁法》第20条规定："当事人对仲裁协议的效力有异议的，可以请求仲裁委员会作出决定或者请求人民法院作出裁定。"此外，仲裁决定书还适用于下述两种情况：一是当事人在仲裁过程中提出回避申请时，由仲裁委员会主任或仲裁委员会集体作出决定；二是当事人有正当理由要求在仲裁规则规定的期限内延期开庭的，由仲裁庭作出是否延期的决定等。

（二）结构、内容和写法

1. 首部、尾部。首部包括文书标题、文书编号、双方当事人及其委托代理人的基本情况；尾部包括仲裁员署名，发出裁定书的年、月、日，书记员署名，"本件与原本核对无异"的核对章等。

2. 正文。包括以下几个方面：(1) 缘由。简述仲裁委员会何时收到申请人的申请及受理的依据。(2) 申请人提出的仲裁请求及其所依据的事实和理由，被申请人辩证的内容。(3) 仲裁委员会针对当事人提出的事实与理由，查明的有关事实。(4) 仲裁决定的理由。包括两方面的内容：一是根据查明的事实、证据，依据相关的法律规定以阐明理由，明确表示对有关申请事项是支持还是不支持。二是仲裁决定所适用的法律。引用法律条文要求准确、具体。所引用的法律条文的条、款、项、目，不能笼统地只引用条文。

（三）应当注意的问题

1. 关于仲裁决定书何时生效的问题，《仲裁法》未作限制性规定，在通常情况下，仲裁决定书一经当事人签收，即发生法律效力。

2. 对仲裁决定书，不能申请复议。

六、仲裁裁决书

（一）概念、功能

仲裁裁决书，是仲裁委员会依照仲裁程序，在查明事实的基础上，根据法律和政策处理经济纠纷案件就其实体问题所作出的书面裁决。

我国《仲裁法》第51条规定:“调解不成的,应当及时作出裁决。”同法第62条规定:“当事人应当履行裁决。一方当事人不履行的,另一方当事人可以依照我国民事诉讼法的有关规定向人民法院申请执行。受申请的人民法院应当执行。”可见,仲裁裁决书是解决当事人争议的实体问题即权利义务问题的具有法律效力的一种文书。它又是当事人按规定期限自动履行义务的依据和当一方逾期不履行,另一方向有管辖权的人民法院申请执行的凭证。

(二)结构、内容和写法

1. 首部、尾部。首部包括文书名称,文书编号,当事人的名称、地址,法定代表人及委托代理人的情况,有关案件来源、仲裁经过的说明。尾部包括:仲裁费用的负担,“本裁决为终局裁决。本裁决书自作出之日起发生法律效力。”字样,首席仲裁员、仲裁员署名(按《仲裁法》第54条之规定:“对裁决持不同意见的仲裁员,可以签名,也可以不签名。”),写明发出裁决书的年、月、日,加盖仲裁委员会的印章,最后是书记员署名,左下方应有“本件与原本核对无异”的核对章。

2. 正文。可仿照民事判决书的写法,先写争议双方的仲裁请求及双方争议的事实、证据和理由,再写仲裁委员会查实认定的事实,然后写裁决的理由和法律依据,最后写裁决结果。根据案情的复杂与否,上述几项内容可以分别述写,若内容简单可以适当合并。

(三)应注意的问题

1. 仲裁裁决书要写明仲裁查明的案件事实,明确双方各自的责任,引用裁决适用的有关法律。要求做到事实清楚,是非责任分明,适用法律准确,裁决理由充分,仲裁决定具体明确。

2. 按照我国《仲裁法》第54条之规定,当事人协议不愿写明争议事实和裁决理由的,可以不写。

3. 写完裁决结果后另外写明仲裁费用的负担。仲裁费用应由败诉方承担,当事人部分胜诉、部分败诉的,按比例分担。

附:

【实例一】

仲裁申请书(合作经营纠纷)

申请人:香港××制衣贸易公司(以下简称港×)

地　址:香港九龙大角咀角祥街××号大利楼×室

电　话:789×××××

传　真:399×××××

联系地址:广东省广州市××路××街9号2楼

邮政编码:51××××

电　话:81××××××

法定代表人:关××,经理

被申请人:广东省韶关××棉纺织厂(以下简称×棉)

地　址:中华人民共和国广东省韶关市××工业中路

邮政编码:51××××

电　话:88××××××,77××××××

传　真:88××××××

法人代表:郎××,厂长

案由:申请人香港××制衣贸易公司因与被申请人广东省韶关××棉纺织厂合作经营韶×制衣有限公司(以下简称韶×公司)过程中发生纠纷,根据韶×001号《中外合作经营韶×制衣有限公司合同》第18条第1款规定,特提请贵会仲裁解决。

仲裁请求

1. 依法确认双方在合作期间签订的“承包协议”无效;
2. 依法解散并清算韶×公司;
3. ×棉对因其违约和侵权对港×造成的损失负责赔偿;
4. 由×棉负责本案一切仲裁费用以及因本案而支出的律师费、差旅费。

事实和理由

2002年6月29日,×棉与港×签订了韶×001号《中外合作经营韶×制衣有限公司合同》(以下简称合作合同,见附件一),决定合作经营韶×公司。该合同规定×棉以厂房3 000平方米,现有可利用的设备、水电、公用设施及生活设施等作为合作条件,港×投资135万港币进口生产设备、交通运输工具等作为合作条件,总投资额为39万美元和70万元人民币,合计折合58.1万美元,合作期10年;采用先还本后分利的方式还本,分成时×棉占75%,港×占25%;发生亏损按分成比例承担有限责任;×棉负责产品的内销和原料供应,港×负责产品的外销,双方另定产品销售合同等。

2003年2月23日,韶×002号补充合同经韶关市对外经济工作委员会批准(见附件二),由港×增加投资120万港元,使韶×公司总投资额由原来的58.1万美元增至73.7万美元,注册资本也由原来的43万美元(159.6万元人民币)增至54.3万美元,并按有关规定办理了变更手续,但分成比例并没有改变。

韶×公司建立后，在2002年底开始投产，至2003年2月底止，韶×出现亏损。于2003年3月1日，×棉与港×双方签订了一份“承包协议书”（见附件三），由港×“承包”韶×公司3年（自即日起至2006年2月28日止）。该“承包协议”没有报原审批机关审批。后来，经董事会决定在2005年3月1日起终止港×“承包”，实际上港×共“承包”韶×公司两年。在此期间，按该“协议”的规定，港×共应向×棉缴交港币53.75万元“利润”，人民币25.531 3万元“设备折旧费”和“厂房租金”，以及按实际用量每月计交水、电、气等费用。根据韶×公司委托的韶关会计师事务所出具的韶会字(2005)010号《查账报告》，韶×公司在2003年3至12月里，亏损了42万多元，2004年全年盈利7 800多元，2005年1至2月亏损10万多元，“承包”结束后的2005年3月份亏损11万多元，×棉认为这些亏损均应由港×全部承担。

“承包”结束后，×棉借口港×尚欠其承包期间应缴纳的费用，以各种手段阻止港×参与经营，以至引起纠纷。港×经进行法律咨询，方知道该“承包协议”违反了有关规定，损害了自己的合法权益。于是多次上韶关要求协商解决有关问题，但都因×棉提出种种理由而无法谈成，每次见面都弄得不欢而散。2005年10月12日更遭受×棉副厂长袁×的恶意谩骂和人身威胁。在无法协商解决的情况下，港×只好向贵会申请仲裁。

（一）关于该“承包协议”的效力问题

1. 该协议的主体不合格。从外部关系而言，韶×公司是一个独立的法人，与×棉并没有隶属关系。从内部关系看，×棉只是韶×公司股东之一，在韶×公司中的地位是与港×平等的。假如港×承包韶×公司，应是向韶×公司承包而不是向×棉承包，也就是说发包的主体应是韶×而不是×棉，×棉无权发包韶×。但在“承包协议”中×棉俨然成了发包的主体。

2. 该协议的内容不合法。×棉根据合作合同作为投资的厂房、设备、设施、水电等已属韶×公司的财产，在“承包协议”中规定由×棉对这些韶×公司的财产再收取租金、折旧费等费用以及加计这些费用的利息，实际上等于×棉抽逃合作企业的财产，不符合有关规定。

3. 该协议生效程序不合法。该协议等于对原合作合同中对韶×公司的管理（《承包协议》第2条第3款）以及流动资金（《承包协议》的第5条）等问题都进行了根本性的改动，属于对原合同的重大修改。根据《中华人民共和国中外合作经营企业法》第7条的规定，应当报审查批准机关批准，而该协议根本没有报批。因此，该协议不产生法律效力。

综上所述，该《承包协议》主体不合格，内容不合法，程序不合法，根据《中华人民共和国涉外经济合同法》第7条第1款的规定，该协议自签订时起没有法律效力。因此，在此期间×棉和港×的债权债务关系，仍应按原合作合同规定处理。

（二）×棉和港×双方已没有可能和必要再继续合作下去

关于要求解散韶×公司的问题，我们认为，×棉的违约和种种不友好行为以及韶×公司成立以来的经营情况显示，×棉和港×双方已没有可能和必要再继续合作下去了。具体来说：

1. 在合作经营过程里，×棉违反合作合同的规定，严重侵犯了港×的合法权益。例如：2005 年 3 月以来，×棉以港×尚欠其费用，必须还清为先决条件，拒绝并阻止港×参与过问韶×公司的管理和经营情况，扣压生产资料和车辆不让港×使用，不让港×查看当月、季会计报表，使港×对韶×公司目前的情况一无所知，严重侵犯了港×的经营权。

2. ×棉的种种不友好行为严重伤害了港商的感情。例如，×棉某高层领导人在一次中层以上干部会议上说港×法人代表关××先生把资金抽调往国外，“跑了”，“不回来了”，为拒绝港×参与管理韶×公司制造舆论基础，给港×和韶×公司在境内外造成了极坏的影响。此外，当港×找×棉要求协商解决问题时，×棉副厂长袁××竟恶言相向，说什么不给钱就没得说，并且无根据地说关××把工人的工资拿去买奔驰车去了，诬蔑港×“早已资不抵债啦”。港×自始至终都非常保持克制，但×棉某些领导人的如此作为，使协商解决问题成为不可能，给港×留下了永远难以愈合的伤口。又如，2005 年 6 月，在韶×与中国工商银行韶关分行经济信息咨询公司发生的纠纷中，韶关市××区××法院错把关××先生的私人财产一辆奔驰牌港商自用车当成韶×公司的财产扣押，×棉明知这辆车的所有权不属韶×公司所有，但仍多次拒绝港×的要求向法院作证，而且，作为韶×公司诉讼代理人的袁××，在法庭上也有意隐瞒了该车的所有权状况，这种至少是不友好不合作的做法致使该车被非法扣押至今。

3. 2005 年 11 月，×棉以港×欠韶×公司债款为借口，将实际是韶×公司内部合作经营的纠纷（按合作合同的规定，应提交贵会仲裁，法院没有管辖权），公然违约，擅自以韶×公司名义在××市中级人民法院向合作者一方港×提起诉讼，并在 11 月 19 日非法扣押与港×公司无关的关××先生私人财产一辆奔驰小车，企图逃避贵会仲裁，侵犯港×和关××先生的合法权益，请贵会纠正其违法行为（附件四）。

4. 根据韶×公司成立以来的经营情况，韶×公司未能取得满意的经济效益，达不到合作合同第 3 条第 1 款规定的经营目的，已经没有必要继续经营下去。

综上所述，由于×棉违约及其种种不友好行为，使双方没有可能继续经营下去，同时，韶×公司成立以来的经营情况，也使韶×公司失去了继续经营的必要。根据《合作合同》第 17 条第 1 款第 2 项、第 3 项、第 5 项和第 6 项的规定，特请求解除合同，并依照合作合同和有关法律法规来进行清算。

（三）造成目前的状况，×棉应负完全责任

我们认为，造成目前的状况，责任完全在×棉，根据《中华人民共和国涉外经济合同法》第18条的规定，×棉应负责赔偿其因侵权而给港方造成的损失，并承担本案的一切仲裁费用以及港方因仲裁而支出的律师费、差旅费。

申请人认为并承认本案所涉及的一切数额，以贵会的认定为准。

本仲裁申请书中所引用的××市会计师事务所出具的《查账报告》的数字仅起参考作用，由于×棉擅自以韶×公司名义委托××会计师事务所查账时，港×实际上已被排除于对韶×公司的管理之外，因此，引用这些数字并不表示港×同意该《查账报告》的结论。

申请人　香港××制衣贸易公司

法定代表人×××

200×年11月20日具书

申请书正本之附件：

一、韶×001号《中外合作经营韶×制衣有限公司合同》（复印件）1份；韶×002号《中外合作经营韶×制衣公司章程》（复印件）1份；韶×制衣公司营业执照及批准证书（复印件）各1份。

二、××市外经委批文（复印件）2份。

三、“承包协议书”（复印件）1份。

四、××中级人民法院民事裁定书（复印件）2份；××中级法院扣押命令（复印件）1份；××中级人民法院查封（扣押）财产清单（复印件）1份；被查封扣押300奔驰小车发票1份，进关提单1份，海关完税单（复印件）2份。

评析：这份申请书基本符合《仲裁法》规定的格式和内容要素，仲裁请求共有四项，明确、具体，事实与理由的表述也比较清楚。在事实部分，叙述了从申诉人和被申诉人订立“合作合同”以及合同的履行情况以及纠纷产生的时间、原因，直至双方关系紧张，向仲裁委员会提出仲裁申请。理由部分的仲裁请求从四个方面进行论述，说理比较严密、充分。对仲裁请求中的第1项和第2项的论证更为充分、理据充足，但对于第3项和第4项的理由部分没有讲明赔偿的具体数额，请求之中的差旅费可以计算在损害赔偿之中，而聘请律师的费用在诉讼或仲裁活动中一般均由聘请方自理，不可作为请求事项。

【实例二】

仲裁答辩书（购销合同纠纷）

答辩人：×国××××家具中国制作销售中心，地址：北京市××区××路。

法定代表人：郑××，总经理。

委托代理人：赵××，北京市××律师事务所律师。

答辩人于200×年6月30日收到你会转来北京××××家具有限公司的仲裁申请书。现提出答辩如下：

1. 答辩人依约全部履行了义务。在此期间，申请人从未提出任何异议。

2. 申请人交付答辩人的130万美元货款，扣除该套设备款以及各种必要开支，实际所剩无几，答辩人实际只得到不足10万美元（证据二：各种费用票据）。按照国际贸易惯例，这种获利比例已经很低了。

综上所述，申请人所提要求无事实和法律依据，纯属无理，应予驳回。

此致

中国国际经济贸易仲裁委员会

答辩人×国××××家具中国制作销售中心

200×年7月6日

附：1. 答辩书副本4份；

2. 证据材料4套。

评析：这份仲裁答辩书格式规范，事项齐全，正文部分的几项答辩理由条理清晰、言简意赅。

答辩书应充分论证自己主张的正确性和合法、合理性，同时必须基于运用事实和证据揭示申请人在仲裁申请书中的谬误、不当或自我矛盾之处。但这份答辩书只是从三个方面阐明自己的观点和主张，没有指出对方申请书中所陈述事实及阐述理由的要点及其错误、不当，这是一个缺陷。

【实例三】

××市仲裁委员会

裁 决 书

（2005）×仲案字第××号

第一申请人：李×，男，1946年4月出生。住所：北京市××区××门内大街××号。通信地址：××市××区××路341弄3-1203室。

第二申请人：陈××，男，1941年11月出生。住所：××省××市华北吕油油建工公司。通信地址：北京市××区××路115号6楼3门1106号。

委托代理人：李×，男，1946年4月出生，住所、地址同第一申请人。

被申请人：××××出版社，住所：××市××区××北路3663号。

法定代表人：张××，社长

委托代理人：李×，××市×建律师事务所律师

委托代理人：庞×，××市×建律师事务所律师

××仲裁委员会(以下简称仲裁委)根据第一申请人李×、第二申请人陈××(以下统称申请人)于2005年5月9日提交的仲裁申请书,及申请人与被申请人××××出版社于2003年2月28日签订的《出版合同》中的仲裁条款,于2005年5月9日受理了该合同仲裁案。同日,向申请人发送了受理通知书及附件、《××仲裁委员会仲裁规则》(以下简称《仲裁规则》)和仲裁员名册,向被申请人寄发了仲裁通知书、仲裁申请书副本及附件、《仲裁规则》和仲裁员名册。

依据《仲裁规则》的规定,本案适用简易程序,由一名仲裁员成立仲裁庭进行审理。

在《仲裁规则》规定的期限内,申请人选定邢××、任××、刘××为仲裁庭的仲裁员,被申请人选定任××、蒋××为仲裁庭的仲裁员。因双方共同选定任××仲裁员为仲裁庭的仲裁员,仲裁委主任依据《仲裁规则》的规定,确认任××为仲裁庭的仲裁员。本案由任××仲裁员成立仲裁庭对本案进行审理。

在《仲裁规则》规定的期限内,被申请人未向仲裁庭提交答辩书。

仲裁庭审阅了申请人提交的仲裁申请书、证据材料后,于2005年6月10日在仲裁委住所地开庭审理了本案。第一申请人本人及其第二申请人的特别授权代理人李×出席了庭审,被申请人的特别授权代理人李×、庞×同时出席了庭审。庭审中,申请人陈述了仲裁请求事项及理由;被申请人陈述了答辩意见;双方当事人对证据进行了质证,回答了仲裁庭的提问,进行了辩论,双方分别作了最后陈述。仲裁庭主持双方当事人进行调解,但未能达成调解协议。本案现已审理终结。

申请人称:申请人编著《周易图解汇编》一书,经人推荐,被申请人2000年3月2日派人取得书稿,并于次月以被申请人名义开具了收条。两年半以后,被申请人已将该书稿制成清样,编辑工作业已接近尾声,方于2003年2月28日与申请人签订《出版合同》。依合同第四条约定,该书“出版字数为4 000千字。”第十二条约定:“基本稿酬为每千字30元。”该书出版后,被申请人按版权页上标明的1 821千字支付申请人稿酬人民币54 630元。申请人认为这是违约行为,应按《出版合同》约定的字数付酬,遂托人带信给被申请人,希望按合同执行。被申请人给出了《关于〈周易图解汇编〉字数的说明》的书面答复,其理由主要是:1. 被申请人的“出版合同”兼具“约稿”合同之功能,合同字数非实际字数,实际字数应当以版权页为准;2. 被申请人依据自己的规定,把《周易图解汇编》页插图4 388幅折合成692 440字(每幅插图仅折合157.8字)。加上所谓“实际字数”,一共计算得1 821千字。

申请人认为,被申请人的这种解释是不成立的。理由是:1. 合同上明确写的是“出版合同”,被申请人在出具《关于〈周易图解汇编〉字数的说明》之前,也从未向申请人说过此合同兼具“约稿”的性质。且合同签订之日,被申请人已经收到书稿两年有余,并且已经将书稿制成清样,编辑工作也即将结束,说兼具

“约稿”性质是不能成立的。2. 关于“实际字数”的统计，被申请人在签订《出版合同》前已经就清样进行了认真计算。3. 被申请人自己规定的以插图折合字数的方法事前从未与申请人商定，违反了《出版合同》的有关条款。

鉴于以上理由，申请人遂于2004年11月向上海市版权局写信，希望他们能从中调解，促使被申请人履行合同。2005年1月12日，被申请人致函申请人，认为他们没有违背出版合同，并再次强调出版合同兼具约稿合同性质。

为此，申请人向仲裁庭提出仲裁请求：1. 裁决被申请人支付被克扣的应得稿酬（120 000−54 630元）人民币65 370元；2. 仲裁费用由被申请人负担。

被申请人在仲裁庭庭审中辩称：申请人关于《出版合同》订立之前已经有清样之说没有根据。按照出版的常理来看，在双方合同未订立前，出版社仅对该书的内容进行审核，被申请人无权亦不会对书稿进行排版与制作清样。该书有大量的插图，且插图大小不一，故在该书交付排版印刷前，依据作者的手稿是无法准确计算出实有字数的。而申请人在签署出版合同时告知被申请人该书字数约4 000千字，所以，出版合同约定的4 000千字仅作为预估，而非实有字数。

被申请人认为，出版合同属于合同的一种，它的制定与履行应符合合同法的有关规定，由于出版合同涉及著作权及出版专有权，属于著作权法管辖的范畴，《中华人民共和国著作权法》及有关法律、法规对于在有关文字作品、美术作品的字数计算与报酬给付方面均有具体和特别规定的，本案系涉及作品出版的稿酬纠纷，应当适用该具体和特别的规定。关于合同中的4 000千字，应以实际出版中的字数来确定。被申请人已经按书中的实际字数支付了稿酬，履行了义务；因此，要求仲裁庭驳回申请人的仲裁请求。

审理中，在仲裁庭的主持下，申请人、被申请人进行了举证，当事人对对方举证的证据进行了质证。

申请人提供了如下证据：

1. ××××出版社张××于2000年3月2日收到李×老师《周易图解汇编》书稿的收据，以及××××出版社于2000年4月出具的同样内容的收据，证明××××出版社收到书稿；

2. 申请人与被申请人于2003年2月28日签订《出版合同》一份，证明双方建立出版合同关系以及出版字数为4 000千字；

3.《周易图解汇编》版权页，证明被申请人标示的字数仅为1 821千字；

4.《××××出版社稿酬单》，证明稿酬仅为人民币54 630元；

5. 申请人于2004年9月1日写给卫××的书信，证明进行了一定的调解；

6. ××××出版社于2004年9月21日出具的《关于〈周易图解汇编〉字数的说明》，以及于2005年1月12日出具的《关于〈周易图解汇编〉字数的再次说明》，证明被申请人作出了错误的解释。

被申请人认为，证据5是申请人单方面提供的，与本案无关。被申请人对申请人提供的证据1、2、3、4、6的真实性无异议，但对《出版合同》的证明力有异议，认为应以出版后的实际字数为准。

为此，被申请人提供了如下证据：

1.《周易图解汇编》字数计算说明，证明被申请人在统计《周易图解汇编》一书的字数时，将该书大体字字数、小体字字数以及图、表折算成文字字数三部分相加而成，经计算，全书字数共计1 821千字。

2. 国家版权局1994年4月制定的《出版文字作品报酬规定》、《周易图解汇编》版权页，证明根据国家版权局的规定，文字作品的稿酬应按实有正文计算。被申请人是按照全书实有的字数计算稿酬。

3.《周易图解汇编》付酬情况说明，证明被申请人向申请人支付的稿酬应为人民币54 630元。

4.《美术出版物稿酬试行办法》、《国家版权局关于适当提高美术出版物稿酬的通知》，证明即使按照图片的幅数计算稿酬，因该书的插图属于资料类图片和照片，根据有关规定，资料类图片和照片的稿酬应在人民币0.75~7.5元范围之间酬情致酬。现被申请人给予申请人的稿酬实际为每幅人民币4.73元，符合相关的规定。

5.《周易图解汇编》序、编者序，证明《周易图解汇编》一书系资料性汇编。书中的图片是从历史上部分朝代的古籍书中收集而成，并非作者原创作品。

针对被申请人提出的抗辩和提供的证据，申请人坚持其请求意见和理由，并指出该合同是被申请人的格式合同，被申请人在合同条款中已经占尽了优势。被申请人是在这种情况下在《出版合同》中明确规定了字数4 000千字，每千字人民币30元。所以，字数应以《出版合同》为准。

仲裁庭经审理确认以下事实：2000年3月2日被申请人收到申请人的《周易图解汇编》书稿，并于2003年2月28日与申请人签订《出版合同》。《出版合同》中与系争事实有关的条款是：第四条本著作的出版字数为4 000千字。出版合同签订后，双方按约履行，于2004年4月出版该书。2004年5月19日被申请人按版权页上标明的1 821千字数付给申请人稿酬54 630元。申请人不服，遂通过各种途径与被申请人协商，收到被申请人两份关于字数的说明。

另经查明，申请人关于《出版合同》是格式合同之说，可由被申请人的第一份说明所佐证，仲裁庭予以采信。

以上事实由两份书稿收据、《出版合同》、《周易图解汇编》版权页、《××××出版社稿酬单》、《关于〈周易图解汇编〉字数的说明》、《关于"周易图解汇编"字数的再次说明》以及庭审笔录予以佐证。

仲裁庭依据查明的事实和证据认为，申请人与被申请人签订的《出版合同》

合法有效，双方应予恪守。本案事实清楚，双方对签约、履约的过程基本无异议，主要争议焦点有三项：1.《出版合同》是否兼具“约稿”合同的功能；2.《出版合同》第四条约定的“本著作的出版字数为4 000千字”中的“出版字数”是指实际支付报酬的字数还是预估字数；3. 实际字数的计算方法。

仲裁庭认为：

1.《出版合同》的签约时间是2003年2月28日，而第八条约定的原稿交稿时间为2000年6月30日之前。申请人提供的证据已证明按时交稿。因此，被申请人称《出版合同》兼具“约稿”合同功能的说法不合常理，仲裁庭难以支持。

2.《出版合同》对“出版字数”的含义没有作出明确的解释。双方对“出版字数”的理解有异议。申请人认为“出版字数”是实际支付报酬的字数，据此提出仲裁请求；被申请人认为“出版字数”是预估字数，而实际支付报酬的字数应是版权页上载明的字数。仲裁庭经审理后认为，《出版合同》中未作规定的应适用相关法规规定。国家版权局1999年4月的《出版文字作品报酬规定》第七条第二款规定：“支付报酬的字数按实有正文计算，即以排印的版面每行字数乘以全部实有的行数计算。”庭审中，双方对“出版字数”是指排印的字数而不是书稿的字数这一点没有异议。申请人称《出版合同》约定出版字数为4 000千字时，书稿已经制成清样，且编辑工作已接近尾声的说法，因申请人无法举证，仲裁庭难以支持；被申请人认为第四条的出版字数仅是申请人单方面提供的预估字数，对自己没有约束力的说法，不符合合同的合意和公平原则，且没有证据证明被申请人在合同签订时或支付报酬前已经提醒申请人注意，对此仲裁庭不予采信。

3. 双方当事人签订的《出版合同》，其重要目的之一是保障申请人获得合法的劳动报酬。现在本书已经出版，成为本案重要的事实证据，也为判定申请人是否获得合法报酬奠定基础。双方当事人就本书应支付报酬的字数进行核定，并就计算方法提出各自的观点。申请人认为：（一）成书的大字体每页40×37＝1 480字；小字体每页46×41＝1 886字，平均每页1 683字，全书2 301页，共3 833千字，加上序言和编者所制“易图目录”（正文“目录”不计算在内）共216千字。所以，以本书清样统计作4 000千字是正确的。（二）出版社自己规定的以插图折合字数的方法，事前从未与申请人商定。（三）将插图单独计算稿酬的话，全书共有4 388幅插图。被申请人认为：（一）大字体每页37×37＝1 369字，大字体页数共554页；小字体每页41×43＝1 763字，小字体页数共224页；周易八卦图页数1 686页，折算成字数1 686×1 369×30%＝692 440字。（二）《出版文字作品报酬规定》的原创作品的稿酬标准为人民币30～100元，而汇编作品的稿酬标准为人民币3～10元。成书的图片系“资料性的汇编”，故将其折算成文字时以满版字数的30%计算。（三）依据文字与图片分别付酬的方式。《美术出版物稿酬试行办法》和《国家版权局关于适当提高美术出版物稿酬的通知》规定，资料类图片和照片的稿酬应在人民币 0.75~7.5 元范围之间酌情致酬。本书共有图表 4 388 幅，现被申请人给予申请人的图片稿酬为：总稿酬－文字稿酬＝54 630－33 870＝人民币 20 760（元）。每幅图片的实际稿酬为人民币 4.73 元，符合相关的规定。（四）申请人在计算实际字数时，用大字体每页字数与小字体每页字数求出平均每页的字数，然后再用平均每页的字数乘以总页数，这种算法违背了一般统计的原理。

仲裁庭认为，申请人将大字体、小字体、插图按每页的平均字数计算的方法，以及被申请人将文字作品按原创作品标准计酬、插图按汇编作品标准反向折算计酬的方法，是造成总字数巨大差异的主要原因，其中主要争议在于插图的计算方法。鉴于双方当事人对于插图数已经达成共识，且有以插图单独计酬的意愿，为此，仲裁庭根据《出版文字作品报酬规定》第十三条关于图书出版者与著作权人因约定不明发生争议的，应按付酬标准的上限向著作权人支付报酬的精神，以及《美术出版物稿酬试行办法》和《国家版权局关于适当提高美术出版物稿酬的通知》规定，裁定被申请人应按人民币 0.75~7.5 元的上限，即人民币 7.5 元向申请人支付图片稿酬。其差额的具体计算方法为：应支付图片稿酬×图片数－已支付图片稿酬＝7.5×4 388－20 760＝12 150（元）。

审理中，仲裁庭根据双方的意愿主持了调解，但调解未成。据此，仲裁庭依据《上海仲裁委员会仲裁规则》第五十四条的规定，裁决如下：

一、被申请人××××出版社应支付申请人李×、陈××其余应得图片稿酬12 150元；

二、仲裁费用人民币 4 664 元（已由申请人预缴）由被申请人××××出版社承担。

上述被申请人××××出版社应付款项合计人民币 16 814 元，应于本裁决作出之日起十日内一次性支付给申请人李×、陈××。

本裁决为终局裁决。本裁决书自作出之日起发生法律效力。

仲裁员：任××
二〇〇五年×月×日
（印章）
书记员张××

本件与原本核对无异

评析：这份仲裁裁决书格式正确，程序合法、公开。对本案的审理虽然适用简易程序，但对文书正文部分的撰制依然十分细致与周详，这反映在下述几个方面：第一，对当事人双方的主张和意见及他们的举证、质证情况叙写得相当客观、完整；第二，仲裁庭查明的事实翔实、清晰且层次分明，先写认定双方签订合同、出版书稿，对稿酬有争议等双方没有异议的事实，而后归纳争议焦点并对各焦点问题依据本案事实及法律阐明仲裁庭采信或不采信各方主张的理由；第三，仲裁理由有针对性，也较有说服力。这部分根据双方已达成的共识，采用“以插图单独计酬”的方法，并援引相关法律条文确定被申请人应当支付的稿酬差额，应当说是比较公平合理的，最后得出的裁决结果也就当然会被双方所认可。因此，这是一份制作水平较高的法律文书。

思考与练习题

1. 什么是仲裁文书？与其他法律文书相比，仲裁文书有哪些特点？

2. 仲裁双方当事人必须向仲裁机构递交仲裁申请书或仲裁答辩书，试分别说明如何写好这两种法律文书。

3. 什么是仲裁裁决书？仲裁裁决书的正文部分包括哪些内容？怎样才能写好？

第一版后记

本教材是供成人高等教育法律专业使用的《法律文书》教材，是在我国立法机关对《中华人民共和国刑事诉讼法》、《中华人民共和国刑法》经过重大修改之后编写的教材。由于上述两个重要法律的修改，各司法机关对其使用的法律文书也作了较大的修改和增删工作。特别是有关刑事的法律文书修改和增删的情况甚多，如修改后的《刑事诉讼法》第12条规定："未经人民法院依法判决，对任何人都不得确定有罪。"由于增加了这一条的明确规定，这样在公安机关和检察院的法律文书中，有关刑事案件的当事人的法律称谓在正式提起公诉前就必须统一称为"犯罪嫌疑人"，而不宜称为"罪犯"、"人犯"等。在格式中的文字表述上，涉及某种犯罪时，只能用"涉嫌"某罪，而不能用"构成"、"犯有"等文字。再者，由于修改后的我国《刑事诉讼法》中删除了有关免予起诉的决定的法律规定，这样，公安机关的免予起诉意见书和检察机关的免予起诉决定书就必须去掉。同法第96条规定："犯罪嫌疑人在被侦查机关第一次讯问后或者采取强制措施之日起，可以聘请律师为其提供法律咨询、代理申诉、控告。犯罪嫌疑人被逮捕的，聘请的律师可以为其申请取保候审。涉及国家秘密的案件，犯罪嫌疑人聘请律师，应当经侦查机关批准。"这样，在侦查机关中就增加了聘请律师申请书和批准或不批准聘请律师决定书。此外，由于不少法律条款的实体内容有所改变，在相应的法律文书中的文字也必须作必要的改动，如原《刑事诉讼法》中关于逮捕的第一项条件为"主要犯罪事实已经查清"，修改后的条款中规定为"有证据证明有犯罪事实"，这样在有关提请批准逮捕和批准（或不批准）逮捕的文书中的条件则必须加以改动。当然实际工作中更必须按修改后的逮捕条件予以执行。加之上述法律的条款顺序也有较大的变动，即便条款内容未变，而条款序号已有变动。这使得部分已有固定条款文字的文书也必须作相应的改动。总之，我们在本教材的讲解中，力求符合各司法机关改变后的文书格式的有关规定。这是此次编写《法律文书》教材的重要特点之一。

另外，本教材在编写过程中，对文书的制作要求方面力求讲解详尽，以便于成人学习使用。但基于篇幅的限制，不可能列举大量的实例。为了弥补这一缺陷，随同该教材，我们另行编选了文书实例一书，供学员配合使用。

该教材的主编及参编人员包括多年从事法律文书教学与研究的专家、学者，也包括多位在各司法机关从事法律文书格式制定工作和具有丰富司法经验的实际工作者。该教材是这些人员贯彻理论紧密结合实际的原则、相互学习、取长补短,共同切磋、精心编写的产物。当然,由于时间紧迫,水平局限,错误和不当之处在所难免,尚希同行专家及广大读者不吝赐教。

第二版后记

随着20世纪末和本世纪初我国的《刑法》、《刑事诉讼法》等重要法律的不断修订增删，我国的公安、检察、法院等司法机关，对其所使用的各类法律文书的种类和格式，也都先后进行了修订补充工作。人民法院于1999年制定了《法院刑事诉讼文书样式》，对原来的《法院诉讼文书样式》予以补充和增删，增加了53种文书格式。公安、检察两司法机关也于2002年先后重新统一制定了新的法律文书格式。公安机关的文书格式为92种，检察机关的文书格式为159种。不久以前，人民法院又制定了《关于民事诉讼证据若干规定文书样式》31种和《海事诉讼文书样式》87种。当然，今后随着我国法律的日臻完善、增修，法律文书还会有所增删。但是从总体看，目前我国司法机关所使用的主要法律文书已经基本齐备和定型，今后虽可能仍有变化，但不会太大。基于这种认识和考虑，我们对《法律文书》进行了较为系统、全面的修改工作。原来的教材于1999年编写完成，距今已有8年之久，各类法律文书的变化较大，因此对教材进行这样的修改增补是非常必要的，否则就要滞后于司法实际工作的要求了。

在绪论部分我们也予以必要的充实和修订，其中增加了“法律文书的沿革”一节，对于系统学习我国法律文书的读者来说，应该对我国法律文书的历史演变有所了解，同时也能提高学习该课程的兴趣。

在重要的各类法律文书章节之后增加了部分实例和评介，以期有助于读者深刻地理解和掌握法律文书的写作知识和技能。

此外，这次修改，对个别撰稿人进行了调整，但基本撰稿成员没有变化，具体编写章节分工如下：

第一章　绪论	宁致远
第二章　公安机关的法律文书	周水清
第三章　人民检察院的法律文书	张弥恩　阎敏才
第四章、第五章　人民法院的法律文书	宁致远
第六章　监狱法律文书	顾克广
第七章　司法机关笔录类文书	顾克广
第八章　律师实务文书	潘庆云
第九章　公证文书	潘庆云
第十章　仲裁文书	潘庆云

第三版后记

作为法学专业必修课程教材,本书自初版至今,发行量日增,使用范围日益扩大。主要原因在于本书涵盖了我国执法机关和有关法律组织最常用法律文书的文种,讲解内容翔实、精确,切合高等院校学生和法律实务部门的实际需要,重点突出,要领明晰,便于学习、掌握,利于应用。总论部分的理论概括深入浅出,虚实结合,具有切实的指导作用。这是本书的一大特点。近年来,我国的司法审判机关在法律文书的规范、格式以及内容、范围等方面,均有一定的变化。为及时将这些变化和新增内容反映在教材当中,满足教学需求,本次修订主要集中在如下两方面:

一是人民法院的法律文书部分,即第四章、第五章全部重新改写。对于其他章节中涉及法院的文书,也作相应的修改,增加了有关证据和海事的一些文书。而且这两章特聘最高人民法院研究室的两位负责同志执笔撰稿以更加贴近实际应用。由于检察机关的法律文书大量增加,本书采用总述检察文书基本情况和讲解常用检察文书的方法编写,以避免重复和过于繁琐,这也是本书进行的一种新的尝试。但因撰稿人的更换且不止一人,因而造成本书编写体例上稍有差异。

二是对原有章节中过时的例证给予更换,对内容(文种)也有少量增删。其中,对文书写法讲解得详尽具体的,未附例文;有的写法较为繁难的文书则附有例文。例文写得基本符合规范的,也未加评析;有的需要突出强调的例文则附有评析。这也是此次修改中的一些变化。

相信本书对法律文书所做的增补、修订,使之更加系统配套,体现教材的"与时俱进",避免滞后于实务部门文书变化的情况。本书将更适合高校法学专业本专科、部分研究生专业以及广大司法实务工作者学习和使用。

本书的撰写分工情况如下(以撰写章节为序):

宁致远:第一章。

周水清:第二章。

张弥恩、阎敏才:第三章。

周加海、吴兆祥:第四章、第五章。

顾克广:第六章、第七章。

潘庆云:第八章、第九章、第十章。

最后，还应说明的是，该书特烦请中国政法大学法学院程滔副教授协助作了校订工作，在此谨致谢忱。

主编

2010年11月

郑重声明